낭만적 우정과 무가치한 연애들

THE OTHER SIGNIFICANT OTHERS:
Reimagining Life with Friendship at the Center
Copyright © 2024 by Rhaina Cohen
Originally published in the United States in 2024 by St. Martin's Press, an imprint of
St. Martin's Publishing Group, New York. Published by arrangement with St. Martin's
Press. All rights reserved.

Korean Transtlation Copyright ©2025 by Hyeonamsa Publishing Co., Ltd
Korean edition is published by arrangement with St. Martins Publishing Group
through Imprima Korea Agency.

이 책의 한국어판 저작권은 Imprima Korea Agency를 통해 St. Martins Publishing Group와
의 독점계약으로 현암사에 있습니다. 저작권법에 의해 한국 내에서 보호를 받는 저작물이므로
무단전재와 무단복제를 금합니다.

낭만적 우정과 무가치한 연애들

연인도 부부도 아니지만
인생을 함께하는
친구 관계에 대하여

The Other
Significant Others

라이나 코헨 지음
박희원 옮김

현암사

○

가장 충만한 관계는, 친구, 연인, 부모, 형제자매, 스승, 뮤즈처럼
우리의 삶에 존재할 것이라고 여겨지는 전형적 관계에
딱 들어맞지 않을 때가 많다. ……
이때 우리는 자신을 확장하는 성장통을 감내하며
이 유일무이한 관계에 맞는 형태로 새로운 틀을 힘껏 만들어내야만 한다.
아니면 돌처럼 굳고 만다.

— 마리아 포포바 Maria Popova

우리가 그렇게 선택하기로 선택하는 이유는 뭘까?
진정한 선택을 할 수 있다면 우리는 무엇을 선택할까?

— 엘런 윌리스 Ellen Willis

○

차례

작가의 말 6 들어가는 글 7

1
관계를 정의한다는 것
과거와 현재, 플라토닉한 사랑의 가능성들
27

2
다른 반려자들
'운명의 짝'을 넘어서
59

3
섹스가 무슨 상관?
다시 생각하는 파트너 관계
97

4
저마다의 남자 되기
남성성과 친밀성의 길을 찾아서
143

5
가족다운 가족
친구에서 공동 양육자로
183

6
긴긴 세월 동안
나이 들며 맞춰가는 생활
223

7
애도를 허하라
플라토닉한 사랑을 잃었을 때
263

8
친구들에게도 권리를
결혼이 독점한 세상에서 우리가 치르는 대가
303

나가는 글 352 감사의 말 375 미주 383

● **작가의 말** ●

 이 책은 버젓이 드러나 있어도 눈에 들어오지 않았던 어느 관계를 조명하고자 사람들의 사적 영역에 깊숙이 들어간다. 이 책에 등장하는 사람들은 내가 인터뷰한 70여 명 중 일부에 불과하지만, 그들이 자기 이야기를 이렇게나 많이 공유하기로 한 것은 자신들이 맺은 우정을 가시화하고자 하는 바람에서였다. 이름은 실명으로 했다. 몇 명은 성 없이 이름만 쓰거나 이니셜을 사용했다.
 나 자신의 이야기도 썼고, 간혹 내 삶에 들어와 있는 사람들을 언급하는 것이 적절할 때도 있었다. 인터뷰에 응한 사람들은 이 책에 발을 담그겠다고 능동적으로 선택했지만, 내가 사랑하는 사람들은 그저 내 친구나 파트너가 되기를 택했을 뿐이다. 일부는 책에 가명을 써달라고 부탁했고 이들의 사생활을 지켜주고자 그렇게 했다.

● 들어가는 글 ●

    2022년 하반기에 나는 결혼식에 다니느라 온 미국을 순회했다. 코로나-19 팬데믹으로 결혼식을 연기했던 친구들은 블랙 프라이데이*를 맞아 대형 마트 밖에 진을 친 쇼핑객처럼 예식장 문이 열리자마자 기다렸다는 듯 안전하게 축하할 수 있는 제일 빠른 날을 낚아챘다. 나는 6개월 동안 결혼식에 여섯 번 참석했고 두 번은 여정 문제로 가지 못했다. 결혼식에는 저마다 개성을 드러내는 요소가 있었다. 친구들과 일일 밴드를 결성한 어느 신랑은 행복에 겨워 북채를 휘두르면서 금박 입힌 파키스탄 전통 예복 사이로 땀방울을 흘렸다. 어떤 신부는 시인이라 하객 수백 명에게 결혼식을 위해 직접 쓴 시를 들려줬다. 한 손에는 마이크, 다른 손에는 인쇄한 시를 들고, 짙은 머리칼 뒤로 베일

---

*   미국에서 11월 넷째 주 목요일인 추수감사절 다음 날 진행되는 연중 최대 규모의 할인 행사. ─ 옮긴이

을 폭포처럼 늘어뜨린 신부가 또랑또랑 낭독했다. "우리는 우리 자신만의 것이 아닙니다." 나는 그날 마스카라를 워터프루프 제품으로 고르지 않은 나 자신을 속으로 나무랐다.

이렇듯 제각각인 결혼식에도 한 가지 공통점이 있었는데, 여기서도 저기서도 신랑 신부가 배우자가 될 상대를 '단짝'으로 불렀다는 것이다. 어떤 주례는 혼인 서약 순서를 시작하면서 신랑 신부더러 "단짝의 손을 잡으라"고 했다. 나는 신랑 측 들러리를 봤다. 정장 조끼까지 갖춰 입은 호리호리하고 훤칠한 들러리는 신랑과 대학 룸메이트가 되었던 날과 다르지 않은 모습이었다. 신랑과 신부가 사귄 건 그보다 1년이 더 지나서였다. 주례가 신랑과 신부에게 평생 서약의 일환으로 서로의 단짝이 될 것을 약속하라고 했을 때 나는 신랑 측 들러리가 무슨 생각을 할지 궁금했다. 단짝 칭호를 빼앗겨 버렸으니.

내 결혼식 순회는 모든 면에서 완벽한 로맨틱 파트너 관계[*]를 맺고 있는 것처럼 보이는 두 친구의 식에서 주례를 맡은 것으로 끝났다.[**] 주례를 준비하느라 결혼식 주례 경험이 있는 주변 사람들의 주례사를 좀 읽었다. 신부의 단짝이라고 자신을 소개한 여자의 주례사 몇 구절이 퍽 감명 깊었다(그때까지 이 여자의 칭호에 도전한 경쟁자는 없었다). 여자는 하객들을 환영한 뒤 이렇게

---

[*] romantic partnership. 연정을 기반으로 맺은 파트너 관계. 이 책에서 저자는 데이트를 하는 사이, 연애하는 사이, 결혼한 사이를 포괄해 로맨틱 관계로 지칭한다. ―옮긴이

[**] 미국에서는 신랑 신부와 또래인 친구가 결혼식 주례를 보는 경우가 늘고 있다. ―옮긴이

선포했다. "인생에서 가장 중요한 순간은 여생을 함께 보내고 싶은 사람을 만난 순간입니다. 이 사람이 있어 세상이 아름답고 마법 같은 곳으로 보이고 당신의 숨결 하나하나에 의미가 깃들죠. ○○(신부)가 23년 전 저를 만났을 때 이런 일이 일어났습니다."
(웃으라는 신호 보내기.)
주례사는 이렇게 이어진다. "그런데 8년 전 신부가 △△(신랑)을 만났습니다."
탁월한 농담이다 싶었다. 한편 흥을 깨는 데 일가견이 있는 기자로서 이 말이 웃음을 유발하는 이유가 무엇이냐는 의문도 들었다. 친구끼리는 남은 평생을 함께 보내기로 다짐하지 않는다는 통념이 이 유머를 어느 정도로 떠받치고 있는 걸까? 이게 그렇게나 얼토당토않은 소리인가?

○ ● ○

내가 이런 질문에 느낀 흥미는 이론적인 수준 이상이었다. 오래전부터 남들이 로맨스용으로 아껴두는 열정을 우정에 불태우며 그 관계에 몸을 내던져온 나였다. 나는 "친구로서 반했다"고 여러 사람에게 공공연히 알렸다(알고 보니 막 움트는 우정에 박차를 가하기에 아주 좋은 방법이었다). 내가 "친구를 강매"한다는 농담도 심심찮게 했다. 친구들 사이에 다리를 놔주고 그 친구들끼리도 관계를 형성하는 모습을 지켜보는 건 내게 큰 기쁨이다.
그러다 M이 나타났다. 우리는 20대 중반, 내가 새 도시로 이사하고 몇 달쯤 지나서 만났다. M은 우정이 내 인생에서 어떤 역할을 할 수 있는지 그 이해의 폭을 넓혀줬다. 친구가 매일의 일상에 없어선 안 될 요소일 수 있었다. 나는 M의 집에서 오트밀을 먹으며 M과 담소를 나누고 갈비뼈를 으스러뜨릴 기세로 포옹을 주고받은 다음 출근하러 지하철로 향하곤 했다. 친구가 회사 송년회에 나를 동행으로 데려가 말단 사원부터 최고 책임자 직함을 단 중역까지 모두에게 날 자랑스럽게 소개할 수도 있었다. 친구에게 홀딱 반한 나머지 그 애한테 집착하는 것처럼 보이지 않으려고 언급 빈도를 의식적으로 줄일 수도 있었다. 이 정도 자기 검열이면 지금 남편인 사람을 만나기 시작할 때와 다를 게 없었다. 친구 덕에 삶이 짜릿해질 수 있었다.

M을 통해 우정이 얼마나 확장될 수 있는지를 본 나는 우리보다 앞서간 사람들을 찾고 싶었다. 우정의 경계를 진작 새로 그리고 그 선을 거듭거듭 밀고 나가 서로의 삶에서 더 큰 비중을 차지하게 된 사람들. 앞에서 얘기한 결혼식 주례사 농담을 접한 건 남은 평생을 한 친구(혹은 여러 친구)와 보내길 원하는 사람들을 이미 수십 명 만나 이야기한 후였다. 사실 '원한다'도 적절한 표현이 아니다. 실현되지 않은 미래를 얘기하는 것이 되니까. 이 친구들은 벌써 수년 혹은 수십 년을 서로의 곁에서 살아왔고, 언제까지고 그렇게 살 계획이었다.

처음으로 이야기를 나눈 친구 한 쌍은 앤드루 버그먼과 톨리 린버그였다. 마침 나와 친구였던 앤드루의 여자 형제에게서 앤드루가 톨리와 무척 가까운 사이라 자기도 톨리를 남자 올케로 생각한다는 이야기를 들은 적이 있었다. 2018년에 내 회사 식당에서 넷이 만나 점심을 먹으며 앤드루와 톨리에게 두 사람의 우정에 관해 물었다. 회사는 의외로 이런 이야기를 하기에 안성맞춤이었다. 대화 분위기가 멘토링 시간 같았기 때문이다. 나보다 노련한 동료 두 명을 모시고 커피를 마시며 그간 일해 온 경험을 듣는 듯했다. 그때까지만 해도 나는 내가 M과 우연히 발을 들인 그런 유형의 우정을 다진 사람들과 길게 이야기해 본 적이 없었다. 두 사람처럼 서로에게 헌신하는 친구는 더욱이 처음이었다.

앤드루와 톨리는 15년 전에 만났다. 톨리는 앤드루가 다니던 뉴저지 교외 고등학교에 전학왔다. 톨리는 사교 활동이 뜸했고 형제와 놀고 공공 도서관 옆에 있는 주민 공용 공간에서 무술을 연습하는 것이 다였다. 둘 다 참석한 슈퍼볼 파티*가 두 사람이 지인에서 친구로 넘어간 기점이었다. 톨리가 합류한 앤드루의 친구 그룹은 열 명쯤 되는 범생이 남자애들 모임이었고, 방과 후면 원반던지기 경기를 하고 샌드위치 전문점에 드나들었다. 시간이 지나 두 사람은 일대일로도 우정을 다졌다.

앤드루와 톨리는 데이비드라는 반 친구와 셋이서도 친구가 되었다. 데이비드는 즉흥적이고 열정 넘치는 성격이라 특별한 일 없이 어울리는 시간에도 활력을 불어넣었다. 한번은 데이비드가 세상에 튀기지 못할 재료가 없다는 걸 알고 톨리와 같이

---

* 미식축구리그 결승전 슈퍼볼은 미국에서 가장 큰 스포츠 행사로 이 경기가 열리는 날이면 미국인들은 술집이나 집에 모여 축제 분위기를 즐긴다.—옮긴이

반죽을 준비해, 셋이서 톨리네 주방에 있는 음식을 죄다 튀기기도 했다. 한편 데이비드는 정신 건강 문제로 고생해서, 고등학교가 끝나갈 때와 대학에 다니는 동안 앤드루와 톨리는 그들의 표현을 빌리자면 데이비드의 두 "생명줄"이었다. 데이비드는 2학년 초반에 대학교를 자퇴했고, 톨리가 3학년일 때는 톨리네 자취방 침대 옆에 매트리스를 두고 몇 달을 지냈다. 이후에는 앤드루네에서도 살았다. 각자 대학은 수백 킬로미터 떨어져 있었지만 앤드루와 톨리는 전화를 자주 주고받았다. 때로는 몇 시간씩 전화기를 붙들고 둘 모두의 친구가 요즘 어떻게 지내는지 이야기했다. 데이비드는 훗날 자살로 생을 마감했다. 앤드루와 톨리는 데이비드의 장례식 때 쓸 소책자를 만들고, 추모사로 데이비드를 기리고, 앤드루네 본가 지하실에 친구들을 모아 밤새 추억을 나누며 애도했다. 이제 두 사람은 데이비드 이야기를 해도 목소리가 침울하게 가라앉지 않는다. 오히려 데이비드의 기억을 소환할 때면 혀를 내두르며 껄껄 웃는다. 애도하는 동안 데이비드를 잃은 심정을 확실히 아는 사람이 곁에 있었다는 게 두 사람에겐 약이 되었다.

 2011년에 대학을 졸업하고 앤드루와 톨리는 나란히 생활 터전을 옮겼다. 관습을 벗어나 사고했던 데이비드의 영향을 받은 두 사람은 세상에 도움이 되고 싶기도 해서 탄자니아 국립의학연구소에서 소프트웨어 개발자로 자원봉사를 하며 7개월간 같이 살았다. 앤드루가 말하기로는, 이 우정이 흔히 단짝이라 하는 수준을 넘어섰다고 둘이서 못 박은 순간이 따로 있지는 않았다.

"우리 헌신을 지탱한 건 관계가 깨질 수도 있었던 순간에 우리가 취했던 행동인 셈이죠." 나라의 끝과 끝에서 보낸 2년간 특히 그랬다. 둘은 자주 이야기를 나눴고, 나중에는 룸메이트로 대학원 생활을 하며 같은 연구실에서 연성물질 물리학을 공부했다. 정부 투명성 관련 비영리단체를 공동으로 설립할 때도 방을 같이 썼다. 동거부터 동업까지 두 사람은 서로를 중심에 놓고 삶을 꾸리기로 의식적인 결정을 내렸다. 앤드루와 톨리는 '우리'가 되었다.

둘을 아는 어떤 사람들은 두 사람의 가까운 사이를 당혹스러워했다. 앤드루가 서른쯤 되었을 때 어머니 리사는 통화하다가 앤드루더러 게이냐고 물었다. 네가 톨리와 로맨틱한 사이여도 엄마는 괜찮다는 걸 알려주고 싶었다면서. 앤드루는 어머니가 동성연애를 가정하고도 포용심을 보여준 걸 고맙게 생각하긴 했지만, 톨리와 그는 그런 사이가 아니었다. 톨리와는 연인 사이가 아니라고 이미 분명히 밝힌 줄 알았더니만.

리사는 말했다. "솔직히 마음 깊은 곳에서는 연인 관계라고 생각하지 않았어요. 앤드루는 실제로 그랬으면 그걸 밝히길 부끄러워했을 애가 아니거든요." 앤드루는 동성에게 끌림을 느끼지도 않고, 설령 느낀다고 해도 그걸 억누를 사람이 아니다. 앤드루와 톨리는 마라톤처럼 길게 이어지는 대화를 주기적으로 하면서 자신들의 감정과 행동을 정신분석학자처럼 꼬치꼬치 검토했다. 자신이든 톨리든 상대에게 성적 관심을 느꼈다면 이야기가 나왔을 것이었다.

리사는 앤드루와 톨리 사이의 우정이 어떤 성격인지 갈피를 잡지 못해 "좀먹히는" 기분이었다고 말하면서 의문을 속으로 삼켰다. 대신 앤드루에게 누구 만나는 사람 없냐고 묻는 쪽으로 노선을 틀었다. 앤드루도 질문으로 응수했다. 내가 누굴 만나는지가 엄마에게 왜 그렇게 중요하냐고. 리사는 앤드루에게 "정서적 온전함"을 느끼게 해주는 사람이 생겼으면 한다고 말했다. 문제가 있거나 결정하기 어려운 일이 있을 때 찾을 수 있는 사람. 아들 인생에서 누군가가 이런 충족감을 주고 있다면 엄마로서 무척 기쁘겠다는 게 리사의 말이었다.

앤드루는 그런 거라면 이미 다 느끼고 있다고 말했다. 톨리와 지내면서 말이다.

"그게 무슨 뜻이니?" 리사가 물었다.

앤드루는 톨리가 '플라토닉 생활동반자'라고 설명했다.

리사는 말했다. "어떻게 연인 아닌 사람이 인생의 동반자가 될 수 있단 건지 엄마는 이해가 안 가."

앤드루의 우정은 세상의 두 가지 통념에 반대되었다. 동반자 관계란 정의상 당연히 로맨틱한 관계라는 것, 그리고 오래 이어진 로맨틱 관계가 없다면 불완전한 인생이라는 것.

○ ● ○

이 책은 플라토닉하게 헌신하는 장기적인 관계로 자신들을 이끌어줄 수 있는 미리 정해진 틀도, 올릴 기념식도, 본보기가 될 모델도 거의 없는 상황에서 '우리'가 된 친구들을 다룬다. 이 친구들은 함께 주와 대륙을 옮겨 다녔다. 친구가 장기 이식과 항암화학요법으로 치료받는 동안 주 돌봄 제공자가 되어줬다. 공동 양육자고 집의 공동 명의자이며 서로의 유언 집행인이다. 이름도 가입 양식도 없는 클럽의 회원이고, 많은 경우 비슷한 사람이 더 있다는 걸 모르고 있다. 이들은 노스웨스턴 대학교 심리학 교수 엘리 핀켈Eli Finkel이 '다른 반려자들other significant others'*이라 명명한 포괄적인 개념에 들어간다. 삶의 전형적인 설정값을 거부한 이 친구들은 그러지 않았으면 맞닥뜨리지 않았을 위험을 마주하고 하지 못했을 발견을 해낸다.

이런 우정을 직접 경험하지 못한 사람들은 그런 관계를 본 적 있다는 사실조차 자각하지 못할 수 있다. 하지만 십중팔구는 지인 중에 그런 관계를 맺고 있는 사람이 있을 테고, 그 관계를 콕 집어 말해주면 알아차릴 것이다. 내가 이 책 이야기를 하면 친구들과 지인들은 머리 위로 만화의 '아하' 생각 풍선이 돋아난 것처럼, 생을 마감할 때까지 친구와 한집에 산 고모나 이모 혹은 할머니를 곧잘 떠올렸다. 고령 환자를 보는 의사들은 임종을 앞둔 환자의 침상을 지키는 사람이 배우자나 친척이 아니라 오랜 시간 교분을 쌓은 소중한 친구일 때가 많다고 했다.

*   significant other는 학술적으로는 한 개인의 자아상 형성과 사회화 과정에 심대한 영향을 미치는 다른 개인인 '중요한 타자'를 뜻한다. 일상 대화에서는 성 정체성이나 성적 지향, 결혼 여부 등을 드러내지 않고 친밀한 관계를 맺고 있는 소중한 상대를 중립적으로 지칭하며 주로 연인이나 배우자를 의미한다. ─옮긴이

이런 우정을 세상에 알리고 싶다는 단순한 소망에서 이 책을 쓰기 시작했다. 나는 M과의 우정 속에서 친밀성과 지지를 받을 가능성이 늘어나는 세계의 박동을 경험했기에, 이런 가능성을 다른 사람들도 직접 느끼길 바랐다. 인생을 결정 짓는 헌신적인 우정을 맺은 사람들과 이야기할 때면 앤드루와 톨리 같은 사연도 더러 들렸다. 사랑하는 가족이 혼란스러워하거나 의심하는 반응을 보일 때가 있다고. 이 남다른 관계가 어떤 도발이 될 수도 있다는 사실이 점차 보이기 시작했다. 이건 친밀성의 영역에 테두리를 두르는 사회적 원칙을 흔드는 도발이었다. 사회적 원칙대로라면 일생에서 중심에 자리하는 가장 중요한 인물은 로맨틱 파트너여야 하고 친구는 조연이다. 로맨틱한 사랑이 진짜고, 누가 플라토닉한 사랑을 강하게 느낀다 해도 그건 '진짜' 플라토닉한 사랑일 리 없다. 아이를 같이 키우는 성인들은 섹스하는 사이여야 하며 결혼 관계는 국가에서 특별 대우를 받아 마땅하다.

이런 사회 규범에 맞서는 도전이 새로운 것은 아니며 반기를 드는 사람이 플라토닉 파트너들뿐인 것도 아니다. 페미니스트, 퀴어, 트랜스, 유색인, 비일대일 관계를 지향하는 사람, 싱글, 무성애자, 무로맨틱,* 성관계를 안 하는 사람, 공동생활을 하는 사람 들이 이런 생각에 수십 년간, 어쩌면 수 세기 동안 의문을 제기해 왔다. 이들은 모두 사우샘프턴 대학교 엘리너 윌킨슨Eleanor

---

*　무연정자. 상대와 로맨틱한 관계를 맺고 싶다는 끌림 혹은 연정을 느끼지 않는 사람. ― 옮긴이

Wilkinson 교수가 '강제적 커플살이compulsory coupledom'[1]라 명명한 것을 반박하는 존재들이다. 장기적인 일대일 로맨틱 관계가 성인기를 정상적으로, 성공적으로 보내는 데 필수라는 관념. 이는 페미니스트 작가 에이드리언 리치Adrienne Rich가 제시한 영향력 있는 개념 '강제적 이성애compulsory heterosexuality'를 변주한 것이다. 사회적 압력과 실질적인 유인책으로 강화되는 강제적 이성애 개념에 따르면 유일하게 정상적이고 수용 가능한 로맨틱 관계는 남자와 여자 사이의 관계다. 우리가 어릴 때 일찍이 듣는 몇몇 이야기들은 강제적 커플살이 관념을 주입한다. 등장인물이 '단 하나의 진정한 사랑'을 찾는 것을 '영원히 행복하게' 사는 것과 동일시하면서.

 강제적 커플살이 관념이 지배하는 사회에서 커플이 아닌 사람은 배제당하는 느낌을 받을 수 있다. 이 책을 작업하며 알게 된 70대 예술가 맥은 친구들이 결혼해서 자신이 "점심 만남 상대"로 밀려난 시기가 있었다고 했다. 저녁은 남편 전용으로 예약된 시간이었다. 맥보다 한 세대 혹은 그보다 더 어린 여러 싱글도 남들이 자신을 강등하고 "곁다리"나 풋내기 취급하는 느낌을 받았다고 말했다. 완전한 성인기라는 역에 이르기 전에 기차가 멈춰버린 인간처럼. 학자들이 낱낱이 기록한 로맨틱 관계의 특권화*는 사회 규범뿐 아니라 법에도 만연하다. 한 예로 미국인은 자신의 건강보험과 사회보장 혜택을 배우자에게 확대할 수는 있으나 제일 가까운 친구에게는 확대할 수 없다.

 강제적 이성애가 동성 끌림을 느끼는 사람들의 경험을 등한

시하는 것과 마찬가지로 강제적 커플살이는 로맨틱한 관계 단위를 이루지 않는 많은 사람을 무시한다. 지난 몇십 년 동안 초혼 연령은 차츰차츰 높아졌다. 젊은 사람들이 재정 기반을 다지는 것을 우선하고, 파트너와 궁합이 맞는다는 확신을 얻은 뒤에야 죽을 때까지 헌신하는 계약을 맺으려 해서다. 어떤 이들은 나중에라도 식을 올리지만 어떤 이들은 결혼을 아예 하지 않는다. 현재 25세부터 54세 사이 성인 미국인 가운데 결혼 생활 중인 사람의 비율은 몇십 년 전의 67%에서 떨어져 약 절반밖에 되지 않는다.² 한편 같은 연령 집단에서 한 번도 결혼하지 않은 성인의 비율은 증가해 거의 3분의 1에 육박한다. 게다가 결혼은 사실상 교육 수준과 재산 수준이 높은 사람이 주로 획득하는 지위의 상징이 되었다. 부유한 미국인은 소득 수준이 낮은 미국인보다 결혼할 확률이 높다.³ 미국인들이 포기하는 건 결혼뿐만이 아니다. 하루를 마치고 돌아간 집에 로맨틱 파트너가 없는 사람이 수두룩하다. 퓨리서치센터가 내놓은 2019년 데이터에 따르면 미국 성인 38%는 결혼하지도 않았고 파트너와 동거하지도 않는다.⁴ 1990년의 29%에서 높아진 수치다.

* 철학자 엘리자베스 브레이크(Elizabeth Brake)는 '연애 정상성(amatonormativity)' 이라는 용어를 고안해 모두가 로맨틱한 관계를 맺어야 하며 이 관계가 의미 있는 유대 관계 중에서도 가장 좋은 유형이라고 하는 사회적 기대를 설명했다. 브레이크의 용어에 실마리가 된 것은 '이성애 규범성(heteronormativity)' 개념으로, 사람은 모두 이성애자이며 이성애가 유일하게 자연스럽고 정상적인 존재 양식이라는 통념이다. 이성애 규범성은 무조건 이성애자로 살아야 한다는 규범이 사회적으로 강제되는 결과를 낳는다(강제적 이성애). 내가 보기에 연애 정상성은 강제적 커플살이, 무조건 커플로 살아야 한다는 규범으로 이어진다.

이런 변화를 두고 세대를 개탄하며 시곗바늘을 되돌리려고 애쓰는 반응이 있었다. 정치인과 정책 입안자들은 결혼을 독려하며 열변을 토했고[*] 미국 정부는 결혼 장려책에 수억 달러를 소모했으나[5] 성과는 미미했다. 가부장적 온정주의는 일반적으로도 경계할 필요가 있지만 이 경우에는 특히 더 의심할 만하다. 이상화된 로맨틱 관계는 토대가 부실하기 때문이다.

현대인들이 로맨틱 파트너 관계에 기대하는 것들 때문에 이 불안정성이 발생한다. 한 남성 인터뷰원은 지인 다수가 "원스톱 쇼핑"[6]을 생각하고 로맨틱 관계에 접근한다고 말했다. 성적 파트너, 비밀까지 털어놓는 친구, 공동 양육자, 동거인 등등을 한 사람으로 다 해결하겠다는 심산이다. 유수의 전문가들이 이 패턴을 인식해 우려를 표한다. 심리치료사 에스터 페렐Esther Perel은 이렇게 쓴다. "친밀성을 원하는 욕구를 한 명에게 전부 쏟아내면 관계는 오히려 취약해진다."[7] 로맨틱 관계에 여러 가지가 덩어리진 기대를 품으면 파트너가 한 방면에서라도 부족한 모습을 보였을 때 충격을 완화할 방법이 없다. 우리는 너무 작은 기대치로 우정을 쇠하게 하는 동시에 너무 높은 기대치로 로맨틱 관계를 망친다.

성년 내내 로맨틱 파트너 한 명에게 모든 것을 의지할 수 없을 확률이 매우 높다는 사실을 알고 나면 한 사람에게 이렇게 많은 걸 요구하는 방식이 한층 더 위험해 보인다. 혼인 혹은 사

---

[*] 관련 내용을 8장에 썼다.

실혼 관계는 대개 성인기의 한시적 상태일 뿐이다. 나이 열여덟에 로맨틱 관계를 시작하고 죽을 때까지 쭉 한 관계를 지속하는 미국인은 거의 없다. 싱글로 보내는 기간도 있고, 헤어지거나 이혼도 한다. 파트너보다 오래 살 수도 있다. 특히 여성이라면 배우자가 먼저 사망할 확률이 높아서, 65세 이상 미국 여성 약 3분의 1은 사별한 상태다.[8] '점심 만남 상대' 자리에 배정받았다고 했던 멕은 쉰 살에 결혼했고(친구들이 무더기로 이혼할 쯤이었다) 20년 후 배우자와 사별했다. 지금까지 멕은 성년기 3분의 2 이상을 결혼하지 않고 살았다.

멕처럼 우리 다수는 삶의 큰 뭉텅이를 혼인 관계 밖에서 보낸다. 인생의 황금기라 여겨지는 18세부터 55세까지의 기간에서 혼인 기간이 차지하는 평균 햇수는 몇십 년 전과 비교하면 짧아졌다. 그 37년 중 결혼해 사는 기간은 1960년에는 평균 29년이었으나[9] 2015년에는 18년이었다. 결혼과 이혼, 사별 관련 통계를 보고 있으니 건강의 위태로움에 대한 수전 손택Susan Sontag의 말이 떠올랐다. "태어난 모두는 건강한 자의 왕국과 병든 자의 왕국에 이중으로 시민권을 지닌다." 우리 대부분은 커플의 왕국과 싱글의 왕국에 이중 시민권을 지닌다. 그러니 로맨틱 관계의 영토 너머에 존재하는 연결의 여러 형태를 끌어안는 것이 슬기로운 태도다.

○ ● ○

자신의 실제 삶과 이렇게 살아야 한다고 생각하는 삶의 형태 사이에 깊은 골이 나 있다면 혼란이 생길 수 있다. 내가 앤드루, 톨리와 비슷한 여러 우정 관계를 다룬 기사를 《애틀랜틱》에 기고했더니, 이 혼란을 익히 아는 사람들이 내 글에 우수수 반응했다. 이메일을 보내온 폴라 아치는 단짝의 가까움을 넘어선 친구 이야기를 해줬다. 폴라는 비상 연락인을 지정해야 할 때마다 이 우정 관계에 걸맞은 이름을 정하려 고심하다가 '플라토닉 생활동반자'나 '내 사람' 같은 용어를 써넣었다. 폴라는 30대 중반에 이혼했고 이후로 줄곧 새로운 로맨틱 관계를 찾아다녔다. 폴라는 이렇게 썼다. "내 사람이랑 제가 우리 사회에서 통상 결혼한 사이에 주어지는 것들을 서로에게 주고 있긴 했지만, 그 결혼 상대 역할을 해줄 사람을 찾아야 한다는 느낌이 남아 있었어요." 자신과 비슷한 우정을 맺고 있는 다른 사람들의 사연을 읽는 건 "(너무 필요했던) 따귀"였다. 폴라는 로맨틱 파트너가 있어야만 온전한 인간이 된다는 생각에 너무 젖어 있던 나머지, 지금 이대로도 행복할 수 있으며 자신을 지탱해 주는 관계를 이미 맺고 있다고는 미처 생각하지 못했다. 폴라는 자기 인생에 메워야 하는 구멍이 없다는 점을 비로소 깨달았다.

  데이트 같은 사회적 관습은 서로 깊은 간극 너머에 있는 다른 사람들이 서로의 생각에 닿도록 다리를 놓아주며, 거기에는 분명 가치가 있다. 데이트 관습 덕분에 사람들이 따라 할 수 있는 각본이 생기고 모두가 관계에 있어서의 기대 사항과 우선순위를 공유하게 되어, 모든 결정을 각자가 직접 내려야 하는 피곤

한 일을 면할 수 있다. 하지만 이런 관습, 또 관계에 대한 사회적 메시지는 부지불식간에 우리에게 영향을 미친다. 우리가 상상하는 삶의 가능성을 바꿔놓는다. 그래서 우리는 스스로 무엇을 원하는지 파악하기 어려워하거나, 폴라처럼 원하는 걸 이미 쥐고도 알아차리지 못할 수 있다. 욕구를 어찌어찌 분별했더라도 같은 걸 원하는 사람이 아무도 없다고 생각하면 고립감만 들지도 모른다. 하지만 《애틀랜틱》에 기사를 내고 이 책을 쓸 때 내게 돌아온 반응을 보면, 원스톱 쇼핑식 커플살이 이상에 맞아떨어지지 않는 삶을 살고 있거나 살고 싶어 하는 사람들, 친구와 삶을 꾸리기를 원하는 사람들이 예상보다 많았다. 이들은 다만 비슷한 사람이 세상에 얼마나 더 있는지를 모를 뿐이다.

나는 지각과 현실 사이의 이런 불일치를 밝히는 일을 업으로 삼아 몰두해 왔다. 우리를 옭아매는 잘못된 믿음과 사회적 규칙을 규명함으로써 우리가 타인과 더 깊은 유대를 형성할 수 있게 되기를 바란다. 미국인들이 '우정 불황friendship recession'[10]을 겪고, 고독이 너무 만연해 미국 공중보건국장이 이를 유행병으로 선포할[11] 정도인 요즘 이 문제는 사소하지 않다. 사회적 연결감이 부족하면 건강과 행복이 크게 저해된다는 사실이 여러 연구에서 잇따라 드러났고,*[12] 정치적 보수파마저 핵가족이 제공하는 것보다 더 광범위한 관계들이 필요하다고 주장하고 있다.[13] 정치학자 로버트 퍼트넘Robert Putnam이 미국인의 공동체 생활 참여

---

*   하버드 성인발달 연구에서도 마찬가지로 사회적 연결감이 사람의 건강과 행복에 가장 크게 영향을 미치는 것으로 드러났다.

가 감소하는 현상을 기록한 획기적인 저서 『나 홀로 볼링Bowling Alone』을 출간하고 수십 년이 지났다. 그동안 교회 출석률 하락[14]부터 친구 수 감소[15]에 이르는 여러 추세에서 포착되듯 미국인들은 사회적 연결감을 느끼게 해줄 관계들에서 지속적으로 멀어졌다. 동시에 우울과 불안[16]은 청소년과 성인 모두에게서 증가했다. 많은 현대인에게 더 두터운 관계망이 필요하다는 주장에는 이견의 여지가 없다. 그러나 이런 와중에도 하나의 로맨틱한 관계가 충족감을 얻을 열쇠로 이상화되고 있다.

사회는 깊고도 플라토닉한 유대의 가능성을 배제하지만, 내가 이 책의 각 장에서 소개하는 친구들은 그런 연결을 꿋꿋이 고집한다. 이들은 우정이 안정감을 주고 그 관계를 맺는 사람들에게 변화를 일으킬 수 있음을 보여준다. 대다수의 사람들은 오로지 섹스를 동반하는 관계에만 짜릿한 자극과 부드러운 다정을 기대하지만, 이런 자극과 다정은 우정에도 있다.

로맨틱한 커플을 이루지 않고도 의미 있는 삶을 추구하는 길에는 여러 갈래가 있지만, 그중 플라토닉 파트너 관계는 특히 주목할 만하다. 이 관계가 로맨틱 관계와 매우 유사하다는 데서 귀한 통찰을 얻을 수 있기 때문이다. 이런 관계 유형들을 비교해 보면 로맨틱 파트너 관계와 우정, 가족에 대해 모르고 넘어갔을 수도 있는 뿌리 깊은 통념의 실체가 드러난다.

이 책의 각 장은 하나의 우정을 클로즈업해 이런 통념에 의문을 제기한다. 파트너 관계에서 섹스는 정말 필수 불가결한가? 커플인(혹은 과거에 커플이었던) 두 사람만이 공동 양육자로 적합

한가? 어떤 관계의 상실은 가슴 찢어질 일이라고 인정하면서도 다른 관계의 상실은 그렇게 보지 않는 이유가 뭘까? 첫 번째 장에서는 나와 M의 우정에서 피어나 나를 이 집필 작업으로 이끌어준 질문을 던질 것이다. 이런 우정은 대체 '무엇'이며, 왜 요즘 사람들이 이런 관계를 이해하기 어려워할까? 이야기는 내 20대와 30대에 있었던 일로 시작한다. 20대와 30대는 삶을 충만하게 만들기 위해 앞으로 오래 유지할 수 있을 로맨틱 관계를 찾아야 한다는 압박을 많이들 느끼는 시기다. 이어지는 장에서는 생애 주기 후반부, 돌봄부터 은퇴에 이르는 영역에서 서로 헌신하는 우정이 어떻게 변화하고 넓어지는지 탐구한다. 친밀한 우정들의 초상을 담은 이 책은, 기존 규범을 새로운 명령이나 새로운 위계로 대체하자고 요구하지 않는다. 플라토닉 파트너 관계는 이렇게 맺어야 한다는 지침도 아니다. 오히려 우리에게 선택지를 제시하고 이를 확장해 보자고 손을 내미는 초대장이다.

　나는 우정의 각본 없음이 장점이 된다는 사실을 배웠고, 책에도 그런 이야기를 쓰긴 했다. 하지만 모두가 결혼반지를 전당포에 팔아야 한다고 말하려는 것도, 플라토닉 파트너 관계가 로맨틱 관계보다 본질적으로 우월하다고 주장하려는 것도 아니다. 플라토닉 파트너 관계라고 마냥 유토피아는 아니고, 로맨틱 관계도 엄청난 충족감을 선사할 수 있다. 다만 로맨틱한 커플살이가 모두의 꽃을 피워주지는 않는다. 게다가 싱글, 이혼자, 사별자를 비롯해 점점 더 많은 사람이 자발적 선택으로든 다른 사정이 있어서든 로맨틱 관계를 삶의 중심에 두지 않고 있다. 문제는 사람들이 존엄성을 지키고 사회와 법 체제에서 인정받으며 각자에게 중요한 관계를 추구할 수 있는지다.

로맨틱 관계 중심으로 삶을 꾸려왔고 다른 사람들에게도 그런 방식을 권해온 많은 사람들과 마찬가지로, 앤드루의 어머니도 의도는 좋았다. "난 자식 둘 다 행복하길 바라는 거예요. 내가 생각하기로는 그런 관계가 있어야 정서적 행복이 생기고요." 여기서 그런 관계는 로맨틱 관계를 뜻했다. 리사는 자신이 잘 아는 형태의 행복을 향해 아들의 등을 밀어주려던 것이다. 하지만 익숙한 것을 이치에 맞는 것으로 착각하기란 얼마나 쉬운가. 앤드루와 톨리는 리사가 아들이 닿기를 바란 그 목적지, 행복으로 자신들을 데려갈 다른 관계가 존재함을 발견했다. 그곳에는 리사가 상상하지 못한 풍경이 펼쳐져 있다.

1

관계를 정의한다는 것

과거와 현재,
플라토닉한 사랑의
가능성들

가장 이야기하기 어려운 것은
우리 자신조차 이해하지 못하는 무언가다.

— 엘레나 페란테 Elena Ferrante

워싱턴 D.C.로 이사하고 5개월이 지난 2017년의 어느 날, 길을 걸어 룸메이트 절친의 생일을 축하하기 위해 '로스트앤드파운드'라는 바의 좁다란 개별실에 도착했다. 인더스트리얼한 분위기의 네모진 방은 천장이 낮고 벽에는 벽돌이 노출되어 있었다. 바닥은 콘크리트라 북적대는 소리가 고스란히 갇혀 우리끼리도 고래고래 소리를 질러야 했다. 방 반대편에는 멀리서 보기에도 자석 같은 끌림이 느껴지는 사람이 있었다. 이 수요일 저녁에 술집을 찾은 워싱턴 D.C. 젊은이들, 블레이저 재킷과 버튼다운 셔츠 핏이 영 어정쩡해 성인 흉내 내려고 의상을 구해 입은 듯한 무리와는 닮은 구석이 없는 여자였다. 파스텔톤 민소매 블라우스와 몸에 잘 맞는 펜슬스커트를 입은 그 여자의 자세는 댄서 같았고(이사회 회의도 진행하는 댄서여야겠지만) 몸짓이 풍부했다. 이윽고 그 여자와 대화할 틈을 잡을 수 있었다. 또렷한 발음과 목소리의 선율이 귀에 꽂혔다.

살짝 알딸딸해진 나는 까딱하면 작업용 멘트로 들릴 말을 불쑥 내뱉었다. "노래 잘하죠?"

상대는 대화를 몇 마디만 나누고도 감이 왔냐며 놀랐다. 여자는 실제로 합창단 두 곳에서 소프라노로 노래하고 있었다.

그 여자의 이름은 M이었다. 우리는 손에 와인 잔을 든 채 내가 어렸을 때 아마추어 무대에 섰다는 얘기를, 가족이 음악을 좋아해서 M이 일찍부터 피아노와 성악 교습을 시작했다는 얘기를 했다. 술집의 소음을 뚫으려고 목청을 높이다 보니 목이 아파서 두어 시간 후에는 파티장을 함께 나와 지하철을 타러 갔다. 동네까지 네 정거장을 가는 사이 우리가 서로 겨우 몇 블록 떨어진 거리에 살고 있다는 걸 알게 되었다. 번호를 교환한 뒤 자기 집에 도착한 M과 헤어지고 나는 기분 좋게 해롱해롱한 느낌으로 집까지 걸어갔다.

금방 드러났지만 M은 차분한 성격이 아니었다. 적어도 열정을 표출하면서 남의 시선을 의식하지는 않았다. 그날 밤 헤어지고 얼마 지나지 않아 M에게서 음성 메모가 왔다. 나중에 알았는데 M에게 음성 메모는 친구들에게 보내는 녹음 이메일과 같았다. 그 메일은 의식의 흐름을 따르는 재치 있는 내용으로 차 있었다. M에게는 작디작은 대상을 관찰하고도 흥미로운 질문을 끌어내는 능력이 있었다. 우리 사이에서는 온갖 생각이 눈보라처럼 몰아쳤다. 읽고 있던 책과 기사, 우리 인생에 중요한 사람들의 시시콜콜한 면면에서 떠오른 생각들을 공유했다. 우리는 인간관계와 감정 이야기, 지적인 이야기 사이를 손바닥 뒤집듯 오갔다.

만난 지 사흘 만에 M은 자기 집에서 매주 여는 가벼운 모임에 나를 초대했다. 이 자리를 계기로 나는 M을 '외향적 내향인'으로 보게 되었다. M은 친구들을 자주 모았지만 자기 생일은 혼자 영화관에 가서 축하할 수도 있는 사람이었다. 그날 모임에서 M은 두 가지 마음을 하나로 합쳐, 친구들을 불러 자신이 요리한 음식을 먹으며 대화를 나누게 했다가 이어서 초를 켜고 거실에 웅크리고 앉아 각자 가져온 책을 조용히 읽게 했다.

얼마 안 가 우리는 각자에게 소중한 사람과 공간을 서로에게 소개했다. M은 경비원과 농담 따먹기를 하게 될 정도로 내 회사에 자주 얼굴을 비쳤다. 만난 지 한 달쯤 지났을 때 M은 자기 가족과 같이 워싱턴 D.C.에서 열리는 야외 재즈 페스티벌에 가자고 나를 초대했다. 나는 서로의 집에 꿀이라도 발라놓은 듯 자연스레 드나드는 건 시트콤에서나 가능한 일인 줄 알았다.

이 모두가 찬란하게 놀라웠다. M과 함께하면서 느낀 흥분감은 내겐 뜻밖이었다. 이런 감정이 내게 두 번 닥치리라고는 생각할 수 없었으니까. 내가 M을 만난 건 지금 남편인 사람과 사귄 지 2년 반이 되었을 무렵이었다. 남편 이름은 마코로 해두겠다. 나는 스물두 살이라는 젊은 나이에 운 좋게 파트너를 찾았으니 어떤 부분은 포기해야 한다고 생각했다. 마코와 내 사이가 틀어지지 않는 한 사랑에 빠지는 기분을 다시 느낄 기회는 없으리라고 말이다. 그런데 그 감정이 고스란히 돌아와 있었다. 딱 성적 욕망만 빠진 채로.*

M과 마코는 비슷한 면이 있었다. 분석적이고 절제력이 강했으며 매력적이었다. 하지만 마코가 기복 없이 일관적인 사람이라면(처져도 많이 처지지 않았고 들떠도 세상 모르고 들뜨지 않았다) M은 다이얼을 한껏 올려놓은 듯한 사람이었다. 쉽게 울었고 그 흔적을 감추지 못했다. 눈물이 마르면 눈 아래에 소금기로 고리가 생겼다. 내가 찾아가던 상담사가 실망스럽게 느껴질 정도로 현명한 조언을 해줬다. 통찰력이 M만 못한 사람들과 이야기하려고 시간과 돈을 쓰는 건 바보 같은 일이었다. 마코는 세상의 아름다움을 느끼고 싶으면 야외에서 시간을 보냈지만 M의 눈은 무대를 향했다.

M과의 우정에서 느낀 강렬함에는 어떤 전례도 없었다. 초등학생 때 사귄 단짝이 있었지만 그 애는 멀리 이사 갔다. 중학생 시절 다른 단짝과는 연기와 노래 수업을 같이 들었고 주말 대부분을 서로의 집에서 자며 즉석 맥앤치즈를 만들고 우스꽝스러운 영상을 찍었다. 그래서 내가 그 애의 가족이 된 것 같은 기분마저 들었다. 하지만 고등학교에 진학하며 그 애와 떨어졌고, 그 뒤로는 대체로 가까운 친구를 여럿 두었고 한 명에게 의지하지 않았다. 나중에 M에게 그런 것처럼 나를 열어 보이고 싶은 친

---

* 우정이라는 맥락에서 섹스할 가능성을 다루는 데 이 책의 시간을 할애하지는 않았다. 성적이지 않으면서 파트너 같은 우정을 보여주는 데만도 책 한 권 분량이 필요하니까! 우정 관계 내에서 섹스가 할 수 있는 역할이 궁금하다면, 팟캐스트 〈보이지 않는 것들(Invisibilia)〉의 2021년 에피소드 '프렌즈 위드 베네핏'에서 내가 동료들과 그 질문을 탐구한 바 있다.

구는 전혀 만나지 못했다. 고등학생 때는 친구들에게 내 상황을 이야기하기가 어려웠다. 엄마는 불황에 직장을 잃었고 아빠는 몇 년째 일을 안 하고 있다는 걸, 부모님이 사실상 갈라섰다는 걸, 엄마와 아빠가 뉴저지 집에 계속 같이 사는 이유는 둘 다 실직 상태라 따로 살 비용을 감당할 수 없어서라는 걸. 절망이 엄마를 어떻게 덮쳤는지, 내게는 다정했던 아빠가 엄마에게는 그렇게 역정과 짜증을 내서 얼마나 무서웠는지 말할 수 없었다.

졸업반을 한 해 앞두고는 나보다 한 학년 위인 소피아라는 여자애와 친해졌다. 소피아에게 내 얘기를 많이 했지만, 집안 문제 몇 가지는 도저히 털어놓을 수 없었다. 하지만 소피아 덕분에 내가 뭘 원하는지는 명확히 알았다. 소피아에게는 매일같이 대화하고 언제든 전화할 수 있는 단짝이 있었다. 소피아와 그 친구는 공인된 한 묶음이었다. 나는 대학원에서 애나와 단짝이 되면서 그와 비슷한 관계를 맺었지만, 시간이 지나자 다른 도시로 이사하며 애나와도 떨어지고 말았다. 그런 끝에 M을 만났다. 드디어 '단짝'이라는 단어로 부족하다 싶을 만큼 가까운 사람이 생긴 것이었다.

새해를 하루 앞둔 2017년 마지막 날, M과 나는 친구 여남은 명을 불러 내 집에서 파티를 열었다. 몇몇은 동네 친구가 아니라서 다른 손님들과 모르는 사이이기도 했다. 압운 형식이 창작에 가하는 제약을 즐기는 시인처럼, 친목 모임을 짜임새 있게 구성하는 건 M의 즐거움이었다. (자신을 포함해) 친구들이 음악을 연주하게 했고 글쓰기 활동을 이끌었다. 그러면 지난 한 해를 돌아보고 앞날을 생각하게 하는 땔감이 연달아 들어왔다. M이 우리에게 물었다. 다시 지키고 싶은 다짐이 있다면?

M의 다짐은 '도움을 더 요청하기'였다. "개인적으로든 일로든 새 프로젝트를 개시하면 무조건 이런 질문으로 시작하는 거지. '도와줄 만한 사람이 누가 있을까?'" 내 다짐은 회사에서 매달 더 알고 싶은 사람을 정해 먼저 다가가는 것이었다. 큰 회사에서는 평소 사람들을 대할 때보다 나 자신을 드러내기가 더 어려워서 소외감을 줄이는 게 목적이었다. M과 함께하는 건 성장을 고무하는 자극이었고, 나중에 보니 우리 우정의 이런 요소는 한 커플의 로맨틱 관계 이야기에도 비슷하게 나타났다. 그 커플 중 한 명이 블로그에 쓰기로, 자기들 관계의 핵심 원리는 "안주하지 않겠다는 상호 간의 약속"[1]이었다.

M을 통해 나는 전례 없는 우정에서 생겨나는 생명력과 도취를 경험했다. 그 모두를 만끽했다. M의 머릿속이 어떻게 돌아가는지 이해하고, M이 활력을 내뿜으며 세상을 누비는 모습을 따라 하고 싶었다. 남모를 비밀도 알게 된 기분이었다. 우리가 로맨틱 관계와 결부하는 아찔함과 안정감을 친구 관계에서도 찾을 수 있다는 비밀.

'비밀'이란 건 과장이 아니었다. M과 가까워질수록 이미 만들어져 있는 이름표는 우리의 우정에 맞지 않는다는 점을 알게 되었으니까. 우리는 생물학자들이 아직 분류하지 않은 종 같았다. 단순한 '친구'가 아니었다. '단짝'조차 낮춰 말하는 것 같았다. 우리 사이의 헌신은 우리가 아는 단짝들 대부분의 헌신을 넘어섰다. 우리는 하루에도 몇 번씩 음성 메모를 주고받았고 중요한 업무 메일에 서로를 자주 숨은참조로 넣었다. 각자의 친구를 서로에게 소개해 우리 둘의 끈끈한 관계를 유지하면서도 같이 아는 친구들의 관계망을 키웠다.

M과 안면을 트면 좋겠다 싶은 사람이 있으면 M이 몇 달에 한 번씩은 꼭 열었던 파티에 사람을 더 불러도 되겠냐고 M에게 물었다. 그런 파티에서는 음악 쪽으로 재능 있는 M의 친구들이 19세기 클래식 합창곡부터 아프리카의 동요와 직접 쓴 포크송까지 시대와 장르와 대륙을 넘나들며 공연을 펼쳤다. 분위기는 편안했다. 수십 명이 거실 바닥에 양반다리를 하고 앉았고, M이 큰맘 먹고 구매한 체인 슈퍼마켓의 5달러짜리 꽃다발이 벽난로 선반에 놓여 있었다. M은 셋리스트를 짜서 몇 시간을 들여 연습하고 폐장 시간을 정해 엄수하는 등 파티를 세심하게 계획했다. (어떤 파티에서는 M의 친구가 "9시에는 나가주기"라고 적힌 현수막을 선물하기도 했다.) M이 사회를 볼 때 단골로 날리는 농담 하나는 자기 부모님 나라의 말에 '가수'와 정확히 대응하는 번역어가 없다는 이야기였다. 사람이라면 노래는 당연히 한다고 생각하는 문화라서, 미국에서 그러듯이 자기를 "노래 좀 하는 사람"이라고 설명하거나 "난 노래는 잘 못해요"라고 말하면 유별나게 들린다는 것이다. M은 이 생각을 파티에 적용했다. 밤이 끝나갈 때쯤이면 우리를 몇 팀으로 나눠 돌림노래를 부르게 하거나 〈사랑의 계절들 Seasons of Love〉*처럼 유명한 노래를 선창하고 우리가

---

*   뮤지컬 〈렌트〉의 대표곡. — 옮긴이

따라 부르게 했다. 노래하면 철 수세미 삼킨 소리를 내는 사람이라도 감미로운 목소리에 숟가락 얹은 기분을 낼 수 있었다.

M은 다른 어떤 친구도 하지 않았던 방식으로 날 돌봤다. 쾌활한 요정 대모에 채소 좀 다 먹으라고 잔소리하는 진짜 엄마를 간간이 섞은 모습으로. 내가 감기에 걸렸을 때 M이 레몬과 생강과 홍차를 바리바리 싸 들고 우리 집에 와 레인지에 불을 올리고 약차를 끓여준 일이 한두 번이 아니었다. M은 김이 펄펄 나는 음료를 꼭 남김없이 마시라고 했고 그러면 나는 시큼한 맛에 움찔대면서 어린애처럼 툴툴댔다. M은 내가 가족 문제로 힘들어할 때 도움이 되는 말을 해줬고, 상담사는 찾았냐며 메일로 확인했고, 섹스 얘기를 할 때마다 보던 눈치를 덜 보게 해줬다. M 덕에 숨겨 왔던 일과 생각을 편히 이야기하게 된 것만 해도 충분히 고마운 일이다. 그러나 M의 열린 마음과 탐험 정신을 보며, 예전의 나였다면 하지 않았을 질문을 스스로 던지고, 미처 자라날 흙을 주지 않았던 생각과 감정을 확실히 밝히는 데까지 나아갈 수 있었다.

내가 'M의 사람'이란 것도 알았다. 가끔 M이 힘들어하는 밤이면 내가 M의 집으로 가 그 애를 안아줬다. M의 극세사 담요를 덮고 따뜻한 걸 넘어 더워하면서 하룻밤을 자고 갔다. M이 가족 일로, 또 산더미 같은 학자금 대출로 얼마나 속을 앓는지 봤다. M은 하나를 들입다 파고들어 분석하는 취미와 음악을 하고 글을 쓰는 창작자가 되겠다는 꿈 사이에서 균형을 잡는 데 종종 애를 먹었다. 가전을 한 번에 너무 많이 가동하면 합선이 발생하는 집 같아서 어느 전원을 켤지 늘 선택해야 했다. M이 자신의 두 가지 본질을 유지할 방법을 우리는 자주 상의했다.

만난 지 4개월이 지난 어느 날 M이 전화를 끊으며 말했다. "사랑해." 나도 맞받아쳤다. "나도 사랑해"라고, 열없어하는 목소리로. 기차에서 모르는 사람 옆에 앉아 있어 M의 말을 오롯이 느끼고 사랑한다는 말을 진솔하게 돌려주기가 곤란했다. 진심을 더 담지 못해 아쉬웠다. 내가 M을 사랑한다는 데는 의문의 여지가 없었으니까.

이틀쯤 지나서 나는 일기장을 펼치고, 우리가 같이 쌓아오고 있는 이게 무엇인지 분석해 보려 했다. 우리 우정을 어떻게 생각해야 할지 모르겠다고 썼다. 그리고 이어갔다. "(참고할 틀이 없어서) 다른 사람에게 우리 우정을 쉽게 설명할 수 없다니 미칠 노릇이다. 우리가 친구가 된 건 분명 내가 워싱턴 D.C.로 이사하고 생긴 가장 중요한 사건인데."

○ ● ○

M과 내가 키운 우정과 비슷한 선례를 개인적으로는 많이 알지 못했다. 하지만 역사 기록에 나타난 선례라면 적지 않다.

영국 옥스퍼드에 있는 머튼 칼리지 예배당, 사도들을 묘사한 스테인드글라스 창 아래의 바닥에는 약 3m 길이의 판판한 황동 소재 기념 조형물로 존 블록섬John Bloxham과 존 휘튼John Whytton 의 합장묘 자리가 표시되어 있다. 나란히 서서 발끝까지 내려오는 옷을 걸친 채 손 모아 기도 올리는 모습이 한 쌍의 성자 같다. 두 사람은 왜 이 예배당에, 그것도 같이 묻혀 한 쌍으로 추모되었을까? 가장 단순한 답은 휘튼이 그렇게 되도록 주선했다는 것이다. 휘튼은 1387년 블록섬이 죽은 후 자금을 대서 기념 조형물과 무덤을 만들었다. 그리고 자신도 블록섬과 같이 묻어달라고 부탁했다.

영국 역사학자 앨런 브레이Alan Bray는 이 추모소를 비롯해 다른 유사한 장소들을 방문한 후 급진적인 가능성 한 가지를 떠올렸다. 어쩌면 이게 오래전에 잊힌 동성 결혼 관행의 증거일 수도 있겠다는 것이다. 추모소들은 그 형태부터 중세 잉글랜드 교회가 남편과 아내를 함께 추모하던 양식을 모방하고 있었다.[2] 동성 한 쌍을 기린 다른 기념 조형물에는 배우자 사이를 의미하는 결혼 매듭* 형상도 있었다. 일부에는 두 가문의 결합을 나타내는 문장紋章도 들어가 있었다.

수십 년이 지나 브레이는 다른 결론에 도달했다. 이 남자들이 지금 우리에게는 낯설게 느껴지는 관계를 맺고 있었다는 것이다. 바로 플라토닉한 사랑을 중심으로 서로 헌신하는 관계, 그러면서 사회적 인정도 받는 관계다. 과거를 있는 그대로 해석하고자 한 브레이는 앞선 세기의 유럽인들이 우정을 우리와 다른 개념으로 생각했다고 판단했다. 우정은 지금 이해하는 것처럼 사적인 관계가 아니라 공적이었으며, 교회에서도 심심찮게 인정한 관계였다.

---

*   '매듭을 묶는다(tie the knot)'는 표현은 지금도 결혼한다는 의미로 쓰이는데, 켈트 문화 결혼식에서 끈이나 띠로 신랑 신부의 손을 실제로 묶던 의식에서 유래한 것으로 여겨진다. ─ 옮긴이

예배당의 안식처에 나란히 도달한 블록섬과 휘튼의 그 길은 두 사람이 머튼 칼리지에서 만난 1364년경에 시작되었다. 당시 휘튼은 젊은 학자였고 블록섬은 이 대학의 연구원이었을 것이다. 이들의 우정은 20년 이상 이어졌다.³ 교회에 묻혔다는 사실과 함께, 무덤 조형물의 한 디테일 역시 두 사람의 우정을 영적 차원으로 올려놓는다. 무덤에 '요한'이라는 이름이 새겨진 것으로 보아 세례 요한이 두 사람의 영적 대부인 듯하다. 따라서 블록섬과 휘튼은 영적 형제다.

블록섬과 휘튼은 중세와 근대 초기 잉글랜드에서 일반적이었던 어떤 관행을 따른 것으로 추정된다. 이 관행에 따르면 남성들이 의식을 치르고 형제가 되어 이후 남은 평생 서로를 지원했다. 이런 의형제 관계는 뿌리가 깊었다. 4세기부터 7세기까지 수도승들은 종종 짝을 지어 상대의 영적 성장에 책임을 졌다.⁴ 6세기 시리아의 두 수도승 시므온과 요한은 유대가 깊다 못해 환상까지 같이 보았다.⁵ 끝내 두 사람은 요단에서 입회했던 수도원을 떠나 함께 사막에 은거했는데, 떠나기에 앞서 수도원장은 이들을 한 명씩 양옆에 두고 무릎을 꿇은 채 기도해 줬다.⁶ 빈 대학교 비잔틴 연구자 클라우디아 라프Claudia Rapp에 따르면 두 사람 사이에 치러진 의식은 아델포포이에시스adelphopoiesis라는 결단식이었다. 말 그대로 형제를 만든다는 뜻이다.*

동방 교회에서는 수 세기 동안 이런 의식이 거행되었다. 두

---

* 그리스어로 '아델포스'는 '형제', '포이에오'는 '만들다'를 의미한다. — 옮긴이

친구가 교회에 입장해 복음서에 손을 포개어 얹으면 사제가 그 위로 기도를 읊었다.[7] 포옹을 마치면 두 남자는 남은 평생 '형제'로 인정되었다.[8] 비잔틴제국에서 아델포이에시스는 수도승이든 평민이든 모두 행한 의식이었다. 증거가 많지는 않지만, 여자들끼리나 여자와 남자도 이런 우정을 맹세한 것으로 보인다. 역사학자들은 유럽, 아시아, 중동 곳곳에서[9] 유사한 형태의 형제 관계가 '결약한 형제wed brother'나 '혈맹blood brother'[10]처럼 다른 이름으로 통하고 각양각색의 의식으로 기려진 사례를 계속 발견했다.* 가문 간의 전략적 동맹 체결 같은 목적을 위해 이런 관계를 시작하기도 했지만, 대다수는 서로를 향한 깊은 애정으로 형제가 되고 싶어 했다.[11] 의형제 관계는 혼인 관계와 나란히 존재할 수 있었다.[12] 남자들은 아내가 아니라 의형제와 같이 묻히는 쪽을 택하기도 했다.[13]

이렇게 강렬한 우정의 어떤 면들이 오늘날에는 어색하게 느껴질지 몰라도, 역사 속의 다른 시대에는 정상적이며 찬미할 만한 것으로 여겨졌다. 애정과 헌신, 이 관계에 수반되는 의식이 그랬고, 친구들이 한 묶음으로 움직이는 방식과 서로의 원가족에 통합되는 방식이 그랬다. 가장 오래된 기록 문학으로 꼽히는 『길가메시 서사시』는 갈라놓을 수 없는 남성 간의 우정을 향한

---

* 라프는 독일에 존재한 이러한 관계를 기술하며 고대 후기 이집트와 팔레스타인, 시리아에도 수도승끼리 한 쌍을 이뤘다는 기록이 있다고 말한다. 인류학자 데이비드 K. 조던(David K. Jordan)은 중국의 혈맹 관계를 기술한다. 이런 관계를 가리키는 용어는 나라마다 다양했다. 프랑스에서는 아프레르망, 발칸반도 지역에서는 포브라팀스트보(pobratimstvo)였다.

찬가다. 구약성서에는 친구 사이의 지극한 우정을 보여주는 이야기가 여럿 나온다. 훗날 이스라엘의 왕이 된 다윗은 친구 요나단이 "자기 생명을 사랑함 같이 그를 사랑"했으므로 요나단과 친히 언약을 맺었다. 고대 그리스와 로마 사상가들도 비슷한 말로 우정을 묘사했다. 고대 로마에서는 '내 영혼의 반쪽'[14]이나 '내 영혼의 더 훌륭한 부분'처럼 요즘 같으면 배우자에게나 어울린다고 할 표현으로 친구를 지칭했다.

고대와 근세에는 가족, 친구, 배우자 사이의 위계가 분명하지 않았고, 지금이라면 오로지 친척과 배우자 몫으로 여겨질 역할을 친구가 맡을 수도 있었다. 세계 전역이 마찬가지였다. 중세 후기에 프랑스와 여타 지중해 지역에 살았던 친구들은 아프레르망affrèrement*[15]이라는 법적 계약으로 살림을 합칠 수 있었다. 이들은 같이 살면서[16] "빵 한 쪽, 포도주 한 잔, 돈 꾸러미 하나un pain, un vin, et une bourse"도 나누기로 약속했고, 대개는 혈족의 권리를 가져와 서로의 법정 상속인이 되었다. 중국의 의형제 관계에서는 의형제의 딸의 결혼 예물과 의형제 가족의 장례 비용을 보탰고, 의형제의 부모가 죽으면 상을 치를 의무를 졌다.[17] 이런 관계 속에서 친구와 친족을 가르는 선은 흐릿했다.

의형제 관계를 혈연 관계처럼 표현했지만, 실상은 결혼과 비슷했다. 부부와 의형제 모두 사람들 앞에서 의식을 치렀다. 생물학적 요인이 아닌 약속으로 친족이 되는, 가문과 가문을 결합하

---

*　　거칠게 옮기자면 '형제됨'쯤 된다.

는 의식이다. 양쪽 모두 여러 증인 앞에서 거행했고 만찬을 들면서 승인되었다. 이런 우정 관계는 흔히 '결약한 형제'로 불렸다. 중세 영어로 '결약wed'은 서약이나 언약이란 의미였지[18] 꼭 '결혼한' 남편과 아내만을 가리킨 것이 아니었다.* 남성은 혼인한 사이나 친족 관계를 연상시키는 표현을 사용해 친구와 이야기했다. 17세기 영국 왕 제임스 1세와 초대 버킹엄 공작은 편지에서 서로를 부를 때 '친구', '낭군husbande', '각시wyfe', '자식chylde'** 같은 표현을 돌려썼다.[19] 둘의 우정에 이런 관계의 성질이 혼재했음을 알 수 있다. 배우자와 가족과 친구를 가르는 선명한 선 같은 건 없었다.

오늘날 우리는 친구들과 예배당이나 관청에서 '결약'해 사회가 인정하는 형제자매가 될 수 없다. 과거에도 지금처럼 관계 사이에 뚜렷한 구분선을 긋고 위계를 나눴으리라 생각하면 오산이다. '결약한 형제'*** 같은 표현은 우리 눈에야 앞뒤가 안 맞는 것 같겠지만, 역사학자 브레이가 쓰듯 "혼란스러운 이유는 이런 과거의 표현이 아니라 우리 자신 때문이다."[20]

○ ● ○

내가 M과 우정을 다지며 알게 된 친밀함이 전례 없이 새로운

---

*   현대에는 '맺다'의 의미로도 쓰이긴 하지만 대부분 '결혼하다'의 의미로 쓰인다. 웨딩(wedding)의 어근이기도 하다. —옮긴이

**   각각 남편(husband), 아내(wife), 자녀(child)의 옛말이다. —옮긴이

*** 영어로 쓰면 현대인에게는 '결혼한 형제'로 이해된다. —옮긴이

것은 아니었다. 하지만 이걸 기술할 표현과 기념할 의식은 사라진 뒤였다. 관계를 사회적으로 승인하는 형식도 없었고, 지금은 아는 역사적 사실들도 당시에는 몰랐으니, M과 나는 지도 없는 땅을 조사하는 것만 같았다. 어느 오후에 애덤이라는 친구가 M과 내 우정을 고찰할 좀 다른 방법을 내놓았다. 애덤은 내게 마코와의 관계가 M과의 관계랑 어떻게 다르냐고 물었다. 나는 질문을 놓고 잠시 고민해야 했다.

마코와 나는 옥스퍼드에서 만났다. 둘 모두 석사 과정을 밟고 있었다. 마코는 진중한 인상이었다. 첫 대화에서 소련의 몰락을 논했으니 오죽했을까. 그래서 와이셔츠를 평상복으로 입는 이 책벌레가 메신저에서는 이모티콘을 왕창 쓴다는 걸 알고 꽤 놀랐다. 마코는 데이트를 시작하고 몇 달 만에 내가 이전에 만나던 사람들과 다르다고 아버지에게 알렸다. 원래 정계 진출이라는 원대한 꿈을 꾸던 그 사람이, 내 옆에 남아 나를 지켜보고 뒷바라지하는 것도 괜찮을 것 같다고 아버지에게 말했다. 마코는 박사 학위를 취득하려고 나를 따라 미국에 왔을 때도 시간을 허투루 쓸까 봐 엑셀에 자기 활동을 6분 간격으로 기록했다. 그렇지만 나중에 보니 걸음마를 막 뗀 친구네 아기가 사인펜 뚜껑 여닫는 걸 홀린 듯 바라보며, 내게는 억겁 같았던 긴 시간 동안 마냥 행복해하는 사람이기도 했다.

마코는 놀리려는 게 아니고서야 애정을 표현하는 말을 잘 쓰지 않는다. 이 사람은 나를 '바너클(따개비)'이라 부르고 때로는 줄여서 '바니'라고 하는데, 내가 자기를 안고 가끔 떨어지지 않으려고 할 때 느낌이 비슷해서란다.(반면 M은 내 허리가 부러지도록 나를 안아줬다. 회사에서 돌아다닐 때는 손을 잡지 말자고 내가 부탁한 적도 있었는데, M은 무심결에 한 행동이었다.) 내가 애정 어린 말을 간헐천처럼 뿜는 사람이라면 마코는 네덜란드계답게 행동으로 애정을 보여준다.

  마코와 M은 자신을 표현하는 방식이 달랐지만, 나는 마코와의 로맨틱 관계와 M과의 우정 관계를 이루는 근본 요소들이 비슷하다고 느꼈다. 확실한 차이는 마코와는 섹스를 하고 M과는 하지 않는다는 것이었다. 친구 애덤은 나더러 폴리아모리*라고 했다. 애덤은 폴리아모리 경험이 있기에 그런 진단을 거리낌 없이 내릴 수 있었다. 애덤이 보기에 마코와 M은 둘 다 내게 파트너였다. M과의 파트너 관계에는 섹스가 따라오지 않을 뿐. 하지만 폴리아모리라는 틀은 내게 와닿지 않았다. 폴리아모리는 성적인 관계를 연상시켰고 다른 사람에게도 이건 마찬가지일 듯했다. 내가 마코, M과 폴리아모리 관계라고 설명했을 때 남들이 실제와는 다르게 이해한다면 그 이름표가 무슨 소용이겠는가? 내게 파트너가 둘이라는 애덤의 진단으로 관계를 명명하는 문제가 해결되지는 않았지만, 나는 M과 내 우정에 특별한 의미가 있다는 외부의 인정을 받았다. 이 우정은 어쩐지 통상적인 친구 관계보다 서로에게 헌신하는 로맨틱 관계에 더 가까웠다.

  그때까지 내 일상에서 매일 느껴지는 존재감으로 따지면 M의

---

*   다자간에 서로를 독점하지 않고 맺는 로맨틱 혹은 성적 관계.—옮긴이

비중이 마코보다 컸다. 워싱턴 D.C.에서 기차로 여섯 시간 거리인 학교에서 박사 과정을 밟고 있는 마코와는 한 주 걸러 주말마다 얼굴을 봤다. 마코는 내가 새 도시에 금방 정을 붙이도록 도와주면서 자신과도 함께 즐겁게 어울릴 수 있는 사람이 내 앞에 나타난 걸 기뻐했다.

 2017년 10월, 나는 마코에게 청혼했다. 일단 친구들과 모의해 우리 집에서 저녁 파티를 열었다. 마코와 내가 대학원생 시절에 자주 갔고 나중에는 직접 열기도 했던 여러 파티와 비슷하게, 모두 짤막한 읽을거리를 가져와 낭독하고 그걸로 이야기하는 형식이었다. 마코가 첫 타자로 정보이론 관련서에서 발췌한 부분을 읽었고, 이어 다른 사람들은 티나 페이Tina Fey[*]의 회고록에서 뽑은 글부터 할머니와 나눈 대화 기록에 이르도록 모두 사랑과 관련된 토막글을 읽었다. 마코는 냅킨에 메모를 끼적일 정도로 각각의 낭독문에 너무 몰입한 나머지 이 글들을 아우르는 사랑이라는 주제를 그대로 흘려보내고 말았다. 내가 청혼하자 마코는 잠시 얼이 빠졌다가 이내 승낙했다.
 각자 이탈리아산 화이트와인을 따른 우리 아홉 명은 이리저리 찢어져 대화했다. 나는 마코 친구의 아내와 같이 있게 되었고, 그 사람에게서 둘은 어떻게 그렇게 빨리 가까워졌냐는 질문을 받았다. 그런데 여기서 말한 둘은 나와 내 약혼자가 아니었

---

[*] 미국의 유명 여성 코미디언이자 제작자. — 옮긴이

다. 그 사람이 지칭한 건 나와 M이었다. 우리는 꿈결을 걷는 듯한 기분으로 번갈아 이야기를 풀며 우리 우정의 궤적을 되짚어 갔다. 나는 M과의 이야기를 들려주는 데 푹 빠져 있다가 불과 몇 분 전에 마코에게 청혼했다는 사실을 기억해 냈다. M과 내 관계가 사회가 공인하는 그 관계와 비슷하다는 사실을 새삼 되새긴 건 그때뿐만이 아니었다.

1년 반이 지나 네덜란드에서 결혼식을 올릴 때 M은 노래를 여러 곡 불러줬다. 첫 번째 춤으로 마코와 나는 M이 부르는 〈책도 쓸 수 있어요I Could Write a Book〉*의 박자에 맞춰 '슬로우-퀵-퀵' 폭스트롯 스텝을 나란히 밟았다. 이 노래는 M이 우리 약혼식 축가로도 골랐던 재즈 스탠더드였다. M이 결혼식 주말 동안 노래를 불러주고 깜짝 이벤트 준비도 도와줬기에 결혼식 전에 찍은 우리 둘의 사진을 액자에 넣어 M에게 감사 인사로 선물했다. 사진 속의 나는 한 손에 꽃다발을 들고 다른 손은 M의 허리에 두르고 있었다. 나보다 키가 18cm쯤 큰 M은 머리를 아래로 기울여 나와 이마를 맞대고 같이 웃고 있었다.

M의 책상에서 이 사진을 본 한 동료는 M에게 결혼했냐고 물었다. 그렇게 이해하는 것도 이상하지 않았다. 사진 속의 우리는 친밀한 사이인 게 명백했을 뿐더러 아치형 라벤더꽃 장식에 둘러싸여 있었고, 나는 레이스 드레스를, M은 장미가 그려진 하얀 여름 원피스를 입고 있었으니까.

* 철자법도 셈법도 잘 모르는 화자가 당신에 관해서라면 책도 쓸 수 있다고 노래하는 내용이다. ―옮긴이

○ ● ○

과거에는 여성이 남편에게 느끼는 것만큼 깊은 감정을 동성 친구에게도 느낄 수 있다고 생각했다. 여성은 남성 구혼자와 여성 친구 모두에게 똑같이 머리카락 다발을 선물했다.[21] 장 자크 루소Jean-Jacques Rousseau의 서간체 소설 『쥘리 또는 신 엘로이즈Julie, ou la nouvelle Heloise』에서 클레르와 쥘리 사이의 우정은 클레르와 약혼자 사이의 유대 이상으로 강렬하다. 클레르는 쥘리에게 보내는 편지에 "나의 쥘리에 비하면 (약혼자는) 내게 아무것도 아니야."[22]라고 쓰고 약혼자에게도 그렇게 말한다. 클레르는 쥘리에게 이렇게도 쓴다. "우리가 아주 어릴 적부터 내 마음은 네 심장에 흡수되어 있었어. …… 너라는 한 사람이 내게는 만물의 자리를 대신했지. 나는 다만 네 친구로 있기 위해 살았을 뿐이야."[23] 쥘리의 약혼자는 클레르를 향한 쥘리의 열렬한 마음을 위협으로 생각하거나 꺼리지 않았다. 오히려 그 마음이 근본적인 선함을 보여준다고 여겨 쥘리에게 더 끌렸다.

이런 관계는 소설에만 나온 것이 아니었다. 19세기 영국에서 가장 중요했던 품행 지침서를 쓴 작가 세라 스티크니 엘리스Sarah Stickney Ellis(빅토리아 시대의 에밀리 포스트Emily Post라 생각하면 된다)*는 여성 간의 우정이 결혼을 보조하는 시녀라고 봤다. 당

* 에밀리 포스트는 20세기 미국 작가로 귀족적인 예법이 아니라 타인에 대한 배려를 강조한 행동 규범을 안내하는 책 『에티켓』을 썼다. 후손들은 오늘날에도 '에밀리 포스트 연구소'를 운영하며 매너 관련 책을 펴내고 팟캐스트 방송을 하고 있다. ─ 옮긴이

시 결혼은 상반되는 본성을 지닌 두 피조물인 남성과 여성의 결합으로 여겨졌다.[24] 엘리스는 남성과 여성의 차이가 커질수록 배우자 간에 사랑이 고취된다고 주장했다.[25] 그리고 여기서 동성 간 우정의 역할을 설명했다. "내밀한 친구들과의 관계에서 …… (여성은) 언제까지고 심장을 울릴 짜릿한 감정의 신비로운 연결고리를 이해하는 법을 배운다. 남자는 철학을 아무리 많이 알아도 이를 절대 이해할 수 없다."[26] 여성은 서로 우정을 맺음으로써 여성 특유의 정서를 접하고 이것이 결혼에 도움이 된다는 말이었다.

낭만적 우정romantic friendship이 결혼과 순탄하게 조화를 이룬 데는 어두운 이면이 있었다. 그 조화의 뿌리에는 성별 간 불평등이 있었다. 여성이 남성에게 경제적으로 의존했기에 동성 간의 우정은 그로 인해 문제가 발생할 수 있다고 인지되더라도 그 위협의 날은 무뎌졌다. 대다수 여성에게는 결혼이 필요했다. 친구에게 느끼는 감정이 얼마나 뜨겁든 상관없었다. 남자들은 엘리스처럼 여성들의 '낭만적 우정'을 긍정적으로 기술했는데, 그 관계에서 아내 역할을 훈련할 수 있다는 생각이 있었기 때문이다.

다른 여성과의 관계로 결혼을 대체할 가능성은 19세기 후반에 나타났다. 이 시기에는 여성이 대학에 다닐 수 있게 되었고 여성에게 성직이 개방되었고 의사처럼 존경받는 직업을 가질 기회가 열려, 혼자 힘으로 생활한다는 선택지가 여성에게 생겼다.[27] 이 시기에 형편이 넉넉하거나 교육 수준이 높은 여성 둘이 함께 살며 서로를 뒷받침한 관계를 '보스턴 결혼Boston marriage'이라고 한다.²⁸ 역사학자 수전 프리먼Susan Freeman은 결혼하지 않은 두 여성의 이런 장기적 관계를 "낭만적 우정의 사촌"으로 기술했다. 내게는 통금 시간 없이 자유롭게 돌아다닐 수 있는 멋쟁이 사촌 언니 같은 느낌이다. 낭만적 우정을 맺었지만 결국에는 남성의 통제하에 살아야만 했던 여자들과는 다른 언니들 말이다. 보스턴 결혼 중인 여자를 많이 알았던 19세기 《애틀랜틱 먼슬리》의 한 편집자는 이들을 일컬어 이렇게 말했다. "하나의 조합union. 이보다 더 정확한 말은 없다."²⁹

조합이라는 말을 보면 우리 집에서 몇 킬로미터 거리에 있는 한 퀸앤 양식* 저택³⁰이 떠오른다. 이곳의 주인은 워싱턴 D.C.에서 지성인으로 이름 높았던 두 명사 루시 디그스 슬로Lucy Diggs Slowe와 메리 버릴Mary Burrill이었다. 1922년 두 사람이 이 언덕 위의 집을 샀을 때 슬로는 하워드 대학교 여학생 사감**, 버릴은 교사이자 극작가였다. 두 사람은 함께 교육과 정치, 예술 분야에 영향을 미쳤다. 슬로는 대학 내 첫 흑인 여성 사교 클럽을 만드는 데 힘을 보탰고 볼티모어에 본부를 둔 전미유색인종지위향상협회 NAACP 부사무장으로 일하며 참정권 운동에서 흑인 여성을 위해 싸웠다.³¹ 할렘 르네상스*** 작가들은 버릴의 작품을 모범으로

---

*   18세기 초에 재위한 영국 앤 여왕 시대의 건축 양식으로, 미국에서는 19세기 후반과 20세기 초에 인기였다. ─ 옮긴이

**   미국의 여러 대학은 19세기에 남녀 공학으로 전환해 여학생 수가 늘자 여학생을 관리할 직책을 따로 두었다. ─ 옮긴이

*** 1920~1930년대에 뉴욕에서 흑인 문화가 독자적 정체성을 형성하며 부흥한 시기. ─ 옮긴이

삼았고 일부는 버릴에게서 배우기도 했다.[32]

사람들은 두 여자를 한 몸 같은 한 쌍으로 대했다. 친구들은 슬로에게 편지를 쓸 때면 "버릴 양에게 안부"를 전해달라는 말을 넣었다.[33] 슬로는 시 한 편을 "나의 좋은 친구 MPB(버릴 이름의 머릿글자)"[34]에게 바치며 "그의 공감 어린 응원이 이 글줄을 쓰도록 나를 인도했다."라고 했다. 약 15년을 함께 산 두 사람의 집은 학생과 교육자, 정치인과 운동가가 모이는 거점이었다.[35] 슬로의 전기를 집필한 그리넬 대학의 태머라 보뵈프러폰턴트Tamara Beauboeuf-Lafontant 교수는 슬로와 버릴이 오드리 로드Audre Lorde*가 이해한 대로 에로틱한 관계였다고 본다. 의지에 힘을 더해주고 창조성에 양분을 주며 자신을 둘러싼 세상을 바꿀 활력을 불어넣는 관계. 이런 관계에 있었던 다른 많은 여성에게 그랬듯 이들의 관계는 다른 여성들의 지적이고 정서적인 삶을 중심으로 구축된 여성의 우주였다. 슬로와 버릴의 경우에는 흑인 여성의 삶이기도 했다.

1937년에 슬로가 사망하자 하워드 대학교 교무처장은 부고를 쓸 사람을 버릴에게 보냈다. 버릴이 "슬로 양 평생의 친구이자 동반자였기에 슬로 양의 삶을 버릴 양보다 더 잘 아는 사람은 없으리라 확신"한다는 말과 함께. 이런 전갈도 있었다. "버릴 양을 생각하니 참으로 마음이 아픕니다. 두 분은 자매가 아니고서야 그럴 수 없을 만큼 서로를 사랑했잖습니까. 다정한 동반자

---

* 20세기를 대표하는 미국의 흑인 레즈비언 페미니스트 작가이자 활동가.―옮긴이

를 잃으면 삶이 슬프고 외로워지지요."³⁶ 버릴은 슬로의 추도사를 제본해 동료들에게 나눠줬다. 슬로가 하워드 대학교에서 여러 차례 받았던 푸대접은(학교에서 슬로더러 학내 쓰레기 폐기장을 마주 보는 집에서 살라고 한 적도 있었다) 대학에서 장례식을 치를 때 총장이 어떤 공식적인 역할도 맡지 못하게 막는 것으로 돌려줬다. 슬로의 논문을 모건 주립대학에 보낸 것도³⁷ 하워드 대학교에 가한 보복이었다. 버릴은 이렇게나 맹렬하게 슬로의 유산을 수호했다.

○ ● ○

이런 질문이 슬로와 버릴의 사연이나 중세 의형제 이야기의 뒷면에서 맴돈다. 이 '친구들'이 섹스를 했을까? 그중 일부가 분명 했을 거라는 데는 의심의 여지가 없다. 학자들은 동성 한 쌍 간에 성적 관계가 이뤄졌다는 증거를 밝혀왔다.*³⁸ 이런 사례를 인정하는 것은 필요한 일이다. 같은 성별 간의 섹스를 언급한 기록이 오랫동안 역사에서 의도적으로 지워졌으니 더더욱 그렇다. 한 예로 영국 지주이자 일기 작가였던 앤 리스터Anne Lister의 상속인이자 골동품 수집가인 모 씨는, 어느 여자와의 성적 관계

---

* 가령 프랜시스 윌러드(Frances Willard. 금주 운동과 여성 참정권 운동을 이끈 19세기 미국 여성 사회운동가.—옮긴이)와 비서 애나 애덤스 고든(Anna Adams Gordon)이 로맨틱하게 혹은 성적으로 관계했다는 추측이 있다. 월트 휘트먼(Walt Whitman. 19세기 미국 시인.—옮긴이)과 피터 도일(Peter Doyle. 운수업 일을 했다고 한다.—옮긴이)도 마찬가지다.

1. 관계를 정의한다는 것

언급을 리스터의 일기에서 읽어내고는 리스터의 일기를 몽땅 태우려 했다.[39] 학자들은 섹스의 증거가 있어도 인정하지 않았다.

하지만 보정이 과할 위험도 있다. 현대의 섹스와 친밀성 개념을 다른 시대에 간단히 적용할 수는 없다. 역사학자 리처드 고드비어Richard Godbeer는 18세기 미국의 남성 간 우정을 다룬 저서에서 당시 사람들은 지금처럼 "사랑하는 사이라면 틀림없이 섹스하기를 원할 것"이라고 넘겨짚지 않았다고 지적한다.[40] 친구끼리 불타는 사랑을 선언해도 그게 반드시 성적 욕망을 암시하진 않았다.

섹스와 애정이 자동으로 연결되지 않았으니 친구끼리 감정을 분출하는 건 정상적이고 순수한 일로 여겨졌다. 20세기에 들어설 무렵 미국에서는 여자 대학의 두 학생이 서로에게 매료되면 '격돌한smashed'[41] 사이로 공표되었다. (영국에서는 비슷한 관계가 '황홀경rave'[42]으로 통했다.) 이 현상을 다룬 1873년의 한 편지는 이렇게 설명한다. "배서 칼리지* 여학생은 다른 여학생에게 첫눈에 반하면 곧장 정해진 단계를 밟기 시작합니다. 꽃다발을 보내고 간간이 색을 입힌 쪽지와 수수께끼의 꾸러미도 주지요. …… 머리카락 다발도 있었을 테고, 그 외에도 애정 어린 증표를 잔뜩 보내다가 비로소 관심을 쏟은 상대의 마음을 얻으면 둘은 떼어놓을 수 없는 사이가 됩니다."[43] 18세기부터 20세기 초까지 남성들은 한 역사학자의 말을 빌리자면 "거의 로맨스나 다름없

---

* 1861년 미국 뉴욕에서 개교한 여자 대학으로, 1969년에 남녀 공학으로 전환했다. ― 옮긴이

는."⁴⁴ 동성 간 우정을 쌓았다. 인쇄공 토머스 B. 웨이트Thomas B. Wait가 친구 조지 대처George Thatcher에게 한 것과 같은 뜨거운 선언은 당시에는 유별나 보이지 않았을 것이다. 1809년에 쓴 편지에서 웨이트는 대처에게 자신의 심장병을 설명하며 "나란 사람의 심장이 비록 이토록 허약하고 당장이라도 멈출 것 같을지언정 그 마지막 박동은 자네를 위해 뛸 걸세."⁴⁵라고 친구를 안심시켰다. 남자들은 한 침대를 썼고 형제지간의 사랑으로 감정을 표현했다.⁴⁶ 공공연했던 것은 여러 형태의 애정만이 아니었다. 오늘날에는 거의 로맨틱 관계에서만 떠올리는 정서적 강렬함과 육체성도 그 시절에는 우정의 표식이었다.*

격정이 반드시 성적 끌림으로 나타나거나 성관계로 완성된다는 생각이 위험한 이유 중 하나는 그로써 관계의 실제 모습을 보지 못할 수 있어서다. 영국 역사학자 브레이는 수십 년을 들여 블록섬과 휘튼의 무덤 같은 합장묘의 의미를 이해하고자 하다가 르네상스 시대 잉글랜드의 남성 간 섹스에 관한 책을 썼다. 브레이는 실제로 행해진 섹스를 부정할 마음은 없었지만, 다음 책 『친구The Friend』를 집필하다 보니 섹슈얼리티로 관심의 폭을 좁히다 보면 수 세기 전에 맺어진 관계들의 본모습을 놓치지 않을지 우려가 들었다. "성적인 방식 외의 관계를 상상하지 못하는 무능력은 현시대의 빈곤에 관해 시사하는 바가 있다."라고

* 낭만적 우정이 퀴어 계보에 포함되는지를 탐구한 역사학 연구가 많다. 예를 들어 마사 비치너스(Martha Vicinus)의 『친밀한 친구들: 여자를 사랑한 여자들, 1778년부터 1928년까지(Intimate Friends: Women Who Loved Women, 1778-1928)』를 보라.

브레이는 썼다. 섹슈얼리티에만 초점을 맞추면 우리가 던질 질문 역시 제한된다. 브레이는 탐구의 "더 넓은 틀이 흐려질"[47] 수 있다고 주장했다.

틀을 넓히면, 오늘날 뚜렷이 구분되는 관계의 범주와 위계가, 천부적인 것도 보편적인 것도 아님을 이해할 수 있다. 결혼이 반드시 우정보다 상위에 놓여야 하는 것은 아니다. 사랑에 욕정이 자동으로 수반되는 것도 아니다. 로맨틱한 감정과 플라토닉한 감정이 늘 간단히 구별되는 것도 아니다.

그리고 하나 더. '성적'인 것은 '에로틱'한 것과 같지 않다. 컬럼비아 대학교 샤론 마커스Sharon Marcus 교수는 빅토리아 시대 주류 문화가 어떤 식으로 어린 여자아이나 성인 여성의 동성 에로티시즘은 승인하면서도 성인 여성 간 섹스는 인정하지 않았는지 추적한다. 여자아이들이 여자 인형을 애지중지 어루만지는 것은 장려되었다.[48] 부인들이 최신 유행을 따라 단장한 여자들의 삽화를 들여다보며 즐거워하는 것은 당연했다. 마커스는 여성이 달뜬 표현을 써가며 다른 여자를 이야기하면서도 그 욕망을 성적인 것으로 해석하지 않을 수 있었던 것은 "다른 게 아니라 빅토리아 시대 사람들에게는 레즈비언 섹스가 어디에서도 보이지 않았기 때문"[49]이라 설명한다. 그랬기 때문에 1874년 스물다섯 살 기혼 여성이 스케이트 타는 여자들을 관찰한 감상을 이렇게 기탄없이 일기장에 쓸 수 있었다. "그 여자들의 아름다움은 기쁨의 비명을 내지르게 할 만했다. 난 나이를 먹을수록 아름다움의 노예가 되어간다."[50] 레즈비언이 성적 정체성, 그것도 낙인찍힌 성적 정체성이 되기 전만 해도 여성은 서로가 자아내는 관능적 쾌락과 강렬한 정서를 공공연히 향유할 수 있었다.[51]

과거에는 지금보다 한결 뚜렷했던 성적인 것과 에로틱한 것의 구분은 내가 관계를 맺으며 느꼈던 감정들을 이해하는 데 도움이 되었다. 내가 스스로 이성애자라 생각하며 자란 건 남자아이들에게 반한 적이 여러 번 있어서였고, 그랬으니 나는 레즈비언일 수 없었다. 내가 양성애자일 수도 있다는 생각은 하지 않았다. 양성애는 '진짜'가 아니라는 말을 들었던 탓이다. 자기가 바이(양성애자)라고 하는 사람은 남들에게든 자기 자신에게든 거짓말을 하고 있다나. 양성애자가 실재하며 내게 딱 맞는 이름표임을 알고 나서는 과거 여자들과의 우정 관계를 돌아보며 그들에게 퀴어로서 욕망을 느꼈는지 고민했다. 답은 '그랬다'였다. 특정 여자아이들에게 느낀 내 감정을, 과거에는 선망으로 해석했지만 이제는 성적 갈망으로 이해한다. 그렇다고 친구 누구에게나 그렇게 느낀 것은 아니었고, 마찬가지로 퀴어인 M에게도 그런 느낌을 받지 않았다. M과의 우정에서 생기는 감동은 종류가 다르다. 성적인 것이 아니라, 오드리 로드가 정의한 에로틱한 것이다. M은 내 안에서 살아 있다는 감각을 끄집어낸다. 생각을 주고받을 때는 마치 세계와 우리 자신을 바라보는 새로운 방식을 공동으로 창조하는 것만 같다. 커밍아웃과 역사 속 우정 관계 연구 사이에서, 나는 내가 생각할 수 있었던 것보다 훨씬 많은 형태의 욕망과 끌림과 유대가 있음을 이해했다.

M이 내 삶에 들어오고 나서, 둘 이상의 상대와 맺는 깊은 관계가 축복이란 점을 금방 깨달았다. 나는 마코뿐 아니라 M의 영향도 기쁘게 받아들인다. 개인적인 문제로 의논할 때 마코는 나와 다른 관점을 보여주는 편이지만, M은 대개 그 상황에서 내가 느끼는 감정들이 정당하고 자신도 이전에 비슷한 감정을 느껴보았다며 날 안심시킨다. 양쪽 다 도움이 된다. 두 사람과 가까이 지내니 일상적인 대화에서 마코가 읽는 정치적 화두는 물론 M이 신세계라 생각한 새로운 심리학 개념도 배워 시나브로 스며들었다. 두 사람의 기질과 인생 경험에서 배움을 얻었다. 둘은 내 머릿속에서 흐르는 두 갈래 주요 지류였다. 우리 동네에서 셋이 산책할 때면(가끔은 M이 내 한쪽 손을 잡고 마코가 다른 손을 잡았다) 호사를 누리는 기분이었다.

M과 나도 초반에는 주로 남에게 이 관계를 이해시키는 데 도움이 될까 하는 마음에서 우리 관계에 붙일 이름표에 목말라 있었다. '자매', '감독자', '배우자'처럼 확고하고 명쾌한 이름. 대중문화에서 비슷한 이름을 붙일 만한 사이를 더 찾을 수 있지 않겠느냐는 생각도 들었다. 〈브로드 시티Broad City〉의 일라나와 애비는 엉뚱발랄하면서도 애정 넘치는 유대를 다졌고 〈그레이 아나토미Grey's Anatomy〉의 크리스티나와 메러디스는 서로에게 굳건하게 헌신했으며(크리스티나가 메러디스에게 말한 대사 "넌 내 사람이니까."가 유명하다) 게일 킹Gayle King과 오프라 윈프리Oprah

Winfrey 사이의 애정은 길이길이 변함이 없었다. 오프라는 한 인터뷰에서 게일이 "자신에게 평생 없었던 엄마"이자 "모두가 갖고 싶어 할 언니, 모두에게 있어야 할 친구"라고 말하며 눈시울을 붉혔다.[52] 이들 못지않게 깊고 헌신적인 우정을 다진 사람들과 이야기할수록, 쌍쌍이 맺어진 친구들이 플라토닉한 소울메이트부터 비로맨틱 생활동반자에 이르기까지 저마다 자신들을 설명할 언어를 찾으려고 애면글면하면서도 자신들과 비슷한 관계가 더 존재한다는 사실을 모를 때가 많다는 게 안타깝고 답답하고 비효율적으로 보였다. 자신들의 우정이 단 하나뿐이라 믿으면 그 연결이 특별하게 느껴지긴 하지만 한편으로는 세상에 혼자라고 느껴질 수도 있었다.

공유하는 언어, 어쩌면 '낭만적 우정'처럼 과거에서 빌려온 이름이 오늘날 비슷한 우정을 다진 사람들이 자신의 경험을 분명히 이해하는 데 도움이 될 것이다. 이름 하나로 이런 우정들이 타인의 눈에도 합당한 것으로 받아들여지고, 또 우정이 무엇이 될 수 있을지 생각하는 사람들의 상상이 더 풍성해질지도 모른다. 나는 '플라토닉 파트너 관계'라는 이름으로 이 책에서 다루는 관계를 기술하기로 했으나, 시간이 지날수록 이름표를 대중화하려 애쓰는 일에는 관심이 줄었다. 각자의 관계 사전에 범주 하나를 선뜻 추가하고 넘어가는 것도 좋지만, M과의 우정이 내게 준 영향은 암기할 단어 카드가 한 장 더 생기는 것과는 비교도 안 되게 컸다. 이 우정은 내가 이제껏 검증이 필요하다는 생각도 못 하고 답습했던 관계에 대한 통념을 따져 묻도록 이끌었다. 어차피 우리 우정은 결국 플라토닉 파트너 같은 이름표가 무색해지도록 변할 것이었다. 단어 탐색보다 오래 이어진 건 우리 우정이, 또 우리와 비슷한 우정이 열어젖힌 질문들이었다.

2 다른 반려자들

'운명의 짝'을
넘어서

진정한 사랑이 황금과도 점토와도 다른 것은
나눠도 줄어들지 않기 때문이다.[1]

— 퍼시 비시 셸리Percybysshe Shelley

캐미 웨스트는 알아가던 남자와 데이트를 시작한 초반에 한 가지를 분명하게 해야겠다고 마음먹었다. 그 남자와의 사이가 어떻게 되든 캐미에게 마음속 1순위는 언제나 단짝 친구인 케이트 틸롯슨, 그러니까 틸리일 거라고. 틸리는 남자에게 그 이전에 틸리가 있었고 "당신 이후에도 틸리가 있을 것"이라고 말했다. "내가 그 관계를 1순위로 두지 않는 날이 올 거라고 믿는다면 잘못 생각하고 있어."

캐미와 틸리는 2007년 사우스캐롤라이나주 패리스아일랜드에 있는 미국 해병 훈련소에서 만났다. 위장무늬로 버무려진 군복 차림 신병들 사이에서도 여자 소대원 중 유난히 키가 큰 캐미는 눈에 띄었고, 캐미는 청소년 리더십 프로그램인 영 마린 해병대 캠프 생활을 거의 10년 동안 한 덕에 훈련과 제식에 능숙하고 자신감이 있었다. 반대로 틸리는 나서지 않는 조용한 성격이었지만, 캐미는 틸리가 사람과 상황을 영민하게 관찰한다는 걸 이내 알아차렸다. 틸리는 좋은 팀원이었다.

훈련이 한 달째에 접어들 무렵 두 사람은 이층 침대를 같이 쓰도록 배정받았고, 자신들이 다른 동기들보다 해병대 훈련에 진지하게 임하고 있단 걸 알았다. 군인 가정에서 자란 틸리는 이사를 자주 다니느라 홈스쿨링을 받다가 오클라호마주 털사 교외의 대형 공립 고등학교에 입학했다. 학교에 다니는 동안 점심을 거의 매일 혼자 먹었다. 콜로라도주 덴버 외곽 소도시에서 자란 캐미는 작은 고등학교에서 괴롭힘을 당했고 싸움에 자주 휘말렸다. 그 당시 교사들은 캐미를 큰사람 되기는 글러먹었다고 평가해 버린 듯했다. 하지만 훈련 교관들이 보는 캐미는 리더십 역량을 갖춘 인재였다.

한밤중의 대화로 서로를 알아갈수록 틸리에겐 이런 생각이 들었다. '난 너랑 통해. 내 안의 바보스러움이 네 안의 바보스러움과 통하잖아. 우린 친구가 아니면 안 돼.' 캐미의 어머니는 콜로라도주에서 털사 교외의 브로큰애로라는 동네로 이사했는데 알고 보니 틸리 부모님이 사는 곳과 가까웠다. 캐미와 틸리는 훈련소 수료 후 나란히 오클라호마주에 자리를 잡았고, 틸리는 부모님과 싸운 뒤 캐미의 집에서 2주를 같이 살았다. 두 사람은 캐미 어머니의 검정 세단을 몰고 이곳저곳을 한들한들 돌아다니며 그 시간을 보냈다. 얼굴에는 선글라스를 장착하고 창문을 내린 뒤 플로 라이다와 비욘세 노래를 쩌렁쩌렁하게 울려대면서.

이후로 이어진 수년간 두 사람은 전근하고 연애하고 아이를 키우고 팬데믹을 겪으면서 하루가 멀다고 이야기를 나눴다. "틸리는 나에 관해서라면 자잘한 것도 비밀도 속속들이 알아요. 전부 다요."라고 캐미는 말했다. 틸리는 연애 중이든 아니든 힘든 일은 캐미와 제일 먼저 상의했다. 본인 말을 빌리자면 "사제에게 신탁을 받는" 것이다.

캐미는 데이트 상대에게 자신과 틸리의 가까운 사이를 설명하기로 했다. 예전 남자친구 중에 이걸 문제 삼은 사람이 있었던 탓이다. 그 남자는 캐미가 틸리와 시간 보내는 걸 막으려 했다. 틸리더러 헤프다고도 했다. 연애 쪽으로 장기 가뭄이 진행 중인 틸리로서는 우습기만 한 욕이었지만. 캐미가 엉덩이로는 킴 카다시안한테도 안 진다고 칭찬하는 틸리의 말에 남자는 벌컥 화를 냈다. 남자의 통제 행동이 점점 심해지자 우정이 경직되었다. 캐미는 그 남자와 헤어지고 다짐했다. "이런 일은 두 번 다시 없게 하겠어. 틸리가 내 인생에서 얼마나 중요한데."

캐미는 자기에겐 틸리가 1순위라고 단도직입적으로 이야기하는 것으로 연애 때문에 우정이 위태로워지는 일을 막을 수 있길 바랐다. 하지만 이번 데이트 상대는 말귀를 통 못 알아들었다. "그래도 결국엔 내가 당신의 1순위가 될 거잖아, 맞지?"

○ ● ○

캐미의 데이트 상대는 미국 문화에 잔잔하게 퍼져 있는 통념

2. 다른 반려자들

에 따라 살고 있었다. 로맨틱 관계가 먼저고 우정 관계는 뒷전으로 물러나 있어야 한다는 것. 웃긴 것은, 심지어 드라마 〈프렌즈Friends〉에서도 우정은 2순위다. 레이첼은 절친 모니카와 함께 살던 집에서 쫓겨난다. 모니카의 남자친구가 들어와 살아야 한다면서.

디즈니 영화와 로맨틱코미디를 처음 접한 그 순간부터 우리는 소울메이트 찾기에 환상을 품도록 배운다. 심리학자 벨라 드폴로Bella DePaulo의 말을 빌리면, 우리는 이 상대가 우리의 '유일한' 짝이 되리라고 기대한다. 로맨틱 파트너는 모든 방면의 현실적 요구와 심리적 욕구를 충족해 주는 원스톱 쇼핑센터여야 한다.[2] 이제 단짝 역할도 이 관계에서 해결되어야 한다고 많은 사람이 생각한다. 결혼과 우정의 겹치는 특성을 보고 다른 유형의 관계들을 대등하게 여겼던 과거와 비교하면, 배우자가 곧 최고의 단짝이라고 하는 현상은 강박적인 사재기 같다. 이미 상석에 올라앉은 배우자가 다른 관계 범주에서도 최상위 칭호를 거머쥐겠다고 하는 모양새다.

이렇게 특권화된 로맨틱 관계는 강제적으로 느껴질 수 있다. 수십 년 전에 싱글, 특히 여자 싱글에게 붙던 낙인은 이제 떨어졌을지도 모른다.[3] 하지만 들어가는 글에 나온 폴라처럼, 로맨틱 관계를 맺고 있지 않으면 근본적인 무언가를 놓치고 있다는 메시지는 여전히 우리에게 내면화되어 있는 듯하다. '내 반쪽' 같은 표현은 로맨틱 파트너가 생겨야 비로소 어떤 단계를 넘어서 온전한 인간이 될 수 있다고 암시한다.

동시에 원스톱 쇼핑이라는 이상은 비현실적인 기준을 만들어 내 우리가 실망할 수밖에 없는 판을 깐다. (데이팅 앱도 도움은 안 된다. 그런 앱에서는 화면 한 번만 넘기면 더 나은 사람이 있을 것 같다는 착각이 든다.) 관계에 대한 두 가지 이상은 상반되는 방향으로 압력을 행사한다. '반쪽'을 찾아야 한다는 급한 마음에 로맨틱 관계에 무턱대고 달려들 수도 있고, 원스톱 쇼핑이라는 기준 때문에 이 관계를 너무 쉽게 포기할 수도 있다. 하지만 어느 쪽이든 로맨틱한 유대를 최고의 위치에 더욱 공고히 둔다는 점은 같다. 로맨틱 파트너가 우리를 완전하게 하고 우리의 모든 것이 되어준다면, 그 관계가 다른 모든 것보다 우선시되는 게 논리적으로 타당하다.

결혼에 항상 이런 압박이 가해졌던 것은 아니다. 지난 여러 세기 동안에는 배우자가 정열적인 연인과 단짝의 역할을 묶음으로 한번에 해결해 줄 것이라고 기대하지 않았다. 사실 18세기 후반 이전만 해도 미국과 서유럽에서 결혼은 〈배철러The Bachelor〉*보다는 정부 조약과 더 닮은 형태였다. 결혼은 무엇보다 정치·경제·군사 동맹을 형성하고 섹스와 재산 소유권 같은 권리와 의무를 정리하는 일이었다.

그렇다고 먼 과거의 사람들이 진정으로 로맨틱한 사랑을 경험하지 못했다는 말은 아니다. 심지어 목적을 위한 수단으로 결

---

* 2002년부터 이어지고 있는 미국의 연애 리얼리티 프로그램으로 '배철러'는 미혼 남성을 가리킨다. 다수 여성과 남성 한 명이 출연해 남성이 여성을 선택하며, 성별을 반전한 스핀오프 〈배철러렛〉도 있다. — 옮긴이

혼한 사람들까지도 로맨틱한 사랑을 경험했다. 최소 4천 년 전에도 약혼한 연인들은 낭만 가득한 시를 지었다. 그러나 역사학자 스테퍼니 쿤츠Stephanie Coontz가 쓰듯 1800년대 중반 이전에는 "혼인 관계에서 사랑은 뜻밖의 덤으로 여겨졌을 뿐 필수 요소가 아니었다." 실제로 구혼자가 경제적 안정은 제공해도 정열을 선사하진 못했다면, 여자는 굶주림이나 사회적 비난을 감수하면서까지 사랑을 좇을 가치가 있는지 따지고 재야 했다. 소설가 제인 오스틴Jane Austen은 여자 조카에게 보내는 편지에서 이 딜레마를 포착했다. "애정 없는 결혼을 하지 않을 수만 있다면 무엇이든 선택하고 견딜 수 있지."라고 힘주어 말하면서도 현실을 직시한 기운 빠지는 말을 덧붙인 것이다. "독신 여성은 가난하게 산다는 지독한 경향성이 존재해. 이건 결혼에 찬성하게 하는 아주 강력한 근거지."

오스틴이 글을 쓰던 시절 아내는 재산을 소유할 수 없었다. 모두 남편의 재산이었다. 남편은 (아내의 몸에 영구적인 부상을 입히거나 아내를 죽이지 않는 선에서) 아내를 구타해도 되었고[4] 내킬 때 언제든 아내와 섹스할 권리가 있었다. 그랬으니 20세기 전까지 사람들이 일반적으로 배우자보다 친구에게 더 강한 정서적 유대를 느낀 건 신기하지도 않다.[5]

평등과 시민성이라는 이상에 설득된 일부 계몽주의 사상가들은, 결혼이 남편과 아내 사이의 자발적인 계약이어야 하며 결혼의 이유는 경제적이거나 가족 혹은 종교와 관련된 것이 아니라 사랑이어야 한다고 믿기에 이르렀다.[6] 19세기 중반에는 급진적인 관념이 자리를 잡았다. 사랑은 결혼의 덤 따위가 아니라 그 '토대'여야 한다는 생각.[7] 결혼에 이런 변화가 일어난 시점과 원인에 대해서는 역사학자들이 열띤 토론을 벌이고 있다. 특히 경제 영역에 변화가 생겨서 혼인 관계의 역학이 바뀌었느냐, 아니면 결혼과 가족 관계의 역학에 변화가 생겨서 산업혁명이 가능했느냐 하는 문제가 화두다. 게다가 모든 계급에서 같은 방식으로 결혼의 의미가 변한 것도, 결혼이 한 방향으로 곧장 뻗어가는 선을 따라 변한 것도 아니다.[8]

원인이 무엇이든, 결혼은 쓸모 있는 인척이나 재산을 얻으려는 결합에서 두 사람이 맺는 사적 관계로 변모했다. '동반자적 결혼companionate marriage'이라는 이상[9]은 여성이 자율성을 얻으면서 달성하기 쉬워졌다. 원래는 법에 아내가 남편의 신분에 포섭된다는('덮인다covered'는) 개념이 있어 아내에 대한 권한을 남편에게 부여했었지만, 1800년대 중반 미국 일부 주에서는 이런 기혼 여성의 지위coverture 조항*을 해체하기 시작했다. 그러나 사랑을 결혼의 토대로 삼는 것은 일부에게만 허락되었다. 미국 법은 노예 신분인 흑인과 인종이 다른 커플, 동성 커플이 결혼할 권리를 인정하지 않았다.

---

* 영국 법학자 윌리엄 블랙스톤(Sir William Blackstone)이 1765년 출판한 저서 『영국 법 주해(Commentaries)』에 쓴 구절이 유명하다. "여성의 존재 자체 혹은 법적 존재는 결혼 생활 동안 유예된다. 적어도 남편의 존재에 포함되고 합병된다고 할 수 있다." 기혼 여성의 지위 조항은 영국에서 전파되어 미국 법에 영향을 미쳤다. 1800년대 후반 기혼여성재산법(Married Women's Property Acts)이 제정되면서 기혼 여성의 지위 조항에 영향을 받은 법이 점차 사라지기 시작했다.

20세기 후반에는 법적 풍경이 바뀌었다.* 이혼법은 더 이상 남자에게만 유리하게 편중되어 있지 않았고 부부 강간은 드디어 불법이 되었으며 여성은 자기 명의로 신용카드를 발급받는 사치를 누릴 수 있었다. 미국인들이 배우자에 대한 기대치를 높이기 시작한 것은 이 무렵이었다. 노스웨스턴 대학교 심리학 교수인 엘리 핀켈은 지난 수십 년을 '자기표현적 결혼self-expressive marriage'의 시대라 명명한다. 이 형태의 커플살이에서는 사랑과 동반자 관계를 누릴 수 있어야 할 뿐 아니라 심원한 심리적 욕구까지 충족되어야 한다.**[10] 핀켈에 따르면 우리는 배우자가 우리 앞에서 대리석을 다루는 미켈란젤로가 되어주길 바란다. 돌에 갇혀 있는 최선의 우리 자신을 꺼내주는 조각가가 되기를 말이다.***

이렇듯 높아진 기대치는 아내들이 바라던 배우자의 기준이 당황스러울 정도로 낮았던 시대에 비하면 반가운 변화이기도 하다. 쿤츠가 1950년대와 1960년대에 인터뷰한 여성들은 "아, 이만하면 괜찮은 결혼 생활이죠. 남편이 때리진 않으니까." 같은 말을 내놓았다.[11] 요즘 사람들은 이 정도로 눈이 낮지는 않다. 도리어 기대치가 반대 방향으로 너무 많이 높아진 것도 같다. 한

---

*　　부부 강간이 미국 50개 주 전체에서 불법이 된 것은 1993년의 일이다.
**　　시대를 보는 엘리 핀켈의 관점은 쿤츠의 역사학 연구에서 빌려온 것이다. 쿤츠는 『결혼의 역사(Marriage, a History)』에 이렇게 쓴다. "결혼에 대한 이토록 높은 기대치가 현실적이거나 바람직하다고 여긴 사회는 역사상 전례가 없다."
***　르네상스 시대 조각가 미켈란젤로는 "나는 대리석에 갇힌 천사를 보았기에 그 천사가 자유로이 풀려나도록 돌을 쪼아냈다."라고 말했다고 한다. ─ 옮긴이

사람이 다 만족시키기 힘들 정도로 요구사항이 광범위해진 것이다. 그렇다고 배우자들이 애쓰지 않는 건 아니다. 비교적 최근에 만들어진 "결혼은 노력이다"[12] 같은 경구를 들은 배우자들은 관계를 성공적으로 유지하고자 공을 많이 들인다. 《뉴욕 타임스》 문화 비평가 A. O. 스콧A. O. Scott은 결혼을 묘사한 영상물 속 유명 사례들을 분석한 에세이에 이렇게 쓴다. "영화와 방송에서 노력은 결혼 생활의 행복과 동의어가 되었다. 결혼 생활은 고될수록 더 로맨틱해 보인다."[13]

드높은 기대치를 맞추려면 시간을 더 많이 투자하고 정서 능력을 키우는 수밖에 없으므로 핀켈은 "오늘날 최상의 결혼 생활은 이전 시대에 최상이었던 결혼 생활보다 좋다. 사실 지금껏 세상에 존재한 그 어떤 결혼 생활과 비교해도 최고다."라고 주장한다. 하지만 최상의 결혼 생활이라는 작은 조각을 지고의 위치로 쏘아 올린 바로 이 기대 사항들이 보통의 결혼에는 해가 되는 듯하다.[14] 『모 아니면 도 결혼The All-or-Nothing Marriage』이라는 핀켈의 책 제목이 이 현격한 격차를 잘 표현한다. 지난 몇십 년 사이 결혼 생활이 기대에 미치지 못한다는 배우자의 비율은 늘었다.[15] 결혼 생활이 "아주 행복하다"고 답하는 미국인은 줄었다.[16] 핀켈은 이 시기에 보통의 결혼이 더 나빠진 것은 이렇게 부담스러운 요구 사항을 맞추기가 힘들어서라고 말한다. 한 가지 관계에 너무 많은 걸 바라는 오늘날의 결혼은 수공예 유리와 비슷하다. 정교하고 아름답지만 쉽게 깨져버린다.

결혼을 향한 한없이 포괄적인 기대는 결혼이라는 아늑한 고치 밖에 있는 여러 관계를 망가뜨릴 수 있다. 사회학자 나오미 거스텔Naomi Gerstel과 내털리아 사키지언Natalia Sarkisian이 쓰기로, 수십 년 전만 해도 갈망의 대상으로 공표된 적이 거의 없었으나 이제는 흔하게 들을 수 있는 '소울메이트 찾기'라는 목표는 곧 "관심을 안으로 돌린다는 의미, 다른 관계들은 밀어낸다는 의미"[17]다. 서로를 소울메이트로 생각하는 파트너들은 상대에게 에너지를 쏟느라 친구와 이웃에게 들이는 시간이 줄어든다. 거스텔과 사키지언은 1990년대와 2000년대 초에 진행한 대규모 전국 조사를 분석해 기혼 미국인은 미·비혼이거나 이혼한 미국인보다 친척과 함께 살거나 친척을 만나러 가거나 친척에게 전화할 확률이 낮다는 사실을 밝혔다.[18] 미국에서 기혼자는 미·비혼자보다 이웃이나 친구와 적게 교류했고, 결혼하지 않은 성인 자녀보다 나이 든 부모를 돌볼 확률이 현저히 낮았으며 정치 참여도 적었다. 거스텔과 사키지언은 결혼이 다수 정치인과 전문가의 주장처럼 공동체의 주춧돌을 이루기는커녕 공동체의 유대에 부담이 될 때가 많다고 결론짓는다.[19] 다른 연구자들은, 아내가 결혼을 (서로 사랑하는 것 외에도 경제적 파트너가 되고 자녀 양육 공동체가 되는 것까지 포함하는 게 아니라) 소울메이트끼리 맺는 관계라고 생각하면 남편과 아내 모두 자원봉사에 시간을 쏠 확률이 줄어든다는 사실도 발견했다.[20] 결혼은 분산되지 않은 오롯한 관심을 요구하므로 "탐욕스러운 제도"[21]라고 사회학자들은 말한다.

 미국인들이 결혼을 보류하거나 포기할수록 결혼에 결합된 기대는 혼인이 아닌 다른 로맨틱 관계로까지 덩굴처럼 뻗쳤다. 로맨틱 파트너 관계가 결혼으로 공식화되었든 아니든 결과는 같다. 맺고 있는 관계가 불만족스러울 때면 잘못된 기대보다 자기 자신이나 파트너를 더 쉽게 탓한다. 친구나 가족과 유대를 더 깊이 다져야겠다는 생각이 뇌리를 스쳐도, 그건 결혼 관계를 강화하지 못하고 현실에 안주하는 길로만 느껴진다.

이런 표준은 스스로 불만족스러워하는 사람들에게만 해로운 것이 아니다. 당장 로맨틱 관계에 만족하는 사람들에게도 기댈 수 있는 사람이 둘 이상 있을 때 삶이 더 풍요로워진다는 사실을 깨닫는 순간이 온다. 이건 안전망이다. 한 사람이 자신의 전부이면 그와의 관계가 끝났을 때 모든 걸 잃는다. 비밀을 털어놓을 상대, 단짝, 성적 파트너, 전문 코치, 그 밖의 여러 존재가 한꺼번에 없어지고 만다.

로맨틱 파트너는 오늘날 우리 삶에서 무척이나 큰 비중을 차지해야 하는 존재라서, 달리 견줄 만한 사람을 상상하기가 어려울 정도다. 하지만 캐미와 틸리는 우정이 주는 변함없는 지지를 누림으로써 로맨틱 관계에 모든 걸 잡아먹힐 필요가 없음을 알게 되었다.

두 사람의 관계가 평탄하기만 하지는 않았다. 둘의 우정은 2008년에 휘청거렸다. 캐미는 자신의 당시 약혼자와 틸리가 주고받은 마이스페이스 메시지를 우연히 발견했다. 캐미는 잔뜩 화가 나서 해병 기지에서 근무 중이던 틸리에게 전화를 걸었지만, 틸리는 전화를 끊어버렸다. 둘 사이엔 몇 달 동안 대화가 없었다. 메시지가 오간 상황을 오해했던 캐미가 페이스북으로 사과 메시지를 보냈지만, 그때는 틸리가 이미 이라크로 파병된 뒤였다. 이후 연락은 이어갔지만 두 친구가 비로소 얼굴을 다시 맞댄 건 2010년이 되어서였다.

그사이 많은 일이 있었다. 캐미는 아들 코디를 낳아 혼자 기르고 있었다. 틸리는 백금발의 이 걸음마쟁이가 너무 예뻤지만 한편으로는 캐미가 걱정이었다. 해병대의 다른 싱글맘이 고생하는 모습을 이미 본 탓이었다. 실제로 캐미의 근무는 녹록하지 않았다. 코디는 적혈구 수치가 낮았는데 캐미는 아들의 진료와 수혈 때문에 결근해야 할 때마다 면박을 당했다. 해병대의 남자 관리자들과는 사정이 달랐다. 남자들은 육아 문제를 맡아줄 민간인 부인이 집에 있는 경우가 많았으니까. 한때 직업 해병이 되어 법률 분야 일을 하겠다는 꿈도 꿨던 캐미건만, 현실은 캘리포니아의 한 기지에서 따분한 행정 업무만 떠안고 있는 처지였다.

한편 틸리는 불행한 결혼 생활에 말려들어 있었다. 열아홉 살에 파병을 앞두고 혼인 신고만 한 결혼이었다. 이제 노스캐롤라이나주에 배치된 틸리는 남편과 거리를 두려고 해변 근처 집을 빌려 살고 있었다. 남편과 관계를 끝낼 마음의 준비는 되어 있었다.

서로의 얼굴을 보자 두 사람의 우정은 되살아났다. 캐미는 "감정의 파도가 다시 밀려오는" 기분이었다. 잠들어 있던 기쁨과 활기가 다시 수면 위로 떠올랐다. 틸리가 떠나기 전에 둘은 계속 연락하기로 약속했다. 그리고 문자와 이메일과 전화를 내리 주고받기 시작했다.

틸리에게는 전화로 하지 않은 이야기가 있었다. 결혼을 바로잡아보려 애썼지만 소용이 없었고, 외상후스트레스장애 때문에 자려고 하면 악몽이 영사기 돌아가듯 펼쳐졌다는 이야기. 2012년 오클라호마주로 돌아간 틸리는 이혼하는 자신이, 계속 뉴욕에 살 형편이 안 되는 자신이 창피스러웠다. 반대로 캐미는 틸리가 돌아온다는 소식을 들뜬 마음으로 반겼다. 캐미는 나가서 재미있는 일을 하자며 틸리 손을 잡아끌었다. 둘은 줌바 강습을 들었고 캐미가 〈치어스Cheers〉* 분위기가 난다고 좋아한 술집에서 술을 마셨다.

틸리는 어린이집 하원, 이어서 유치원 하원을 함께하는 고정 멤버가 되었다. 코디는 두 여자 사이에서 손을 하나씩 잡고 섰다. 세 사람이 복도에서 아이들 사물함 옆을 지나갈 때면 캐미는 "바다가 갈라지는" 장면을 보는 기분이었다. 교사는 틸리를 보며 "이쪽은 누구시죠?"라고 물었다. 그 우정이 얼마나 깊은지 묻는 사람마다 일일이 답해주기는 너무 번거로워서, 둘은 서로를 '훈련소 베프'로 소개하기 시작했다.

'훈련소 베프'라는 이름에 둘이 우정을 다지게 된 계기는 드러나지만 그 우정이 지금처럼 강렬해진 과정은 잘 담기지 않는

---

* 작중 술집 '치어스'를 배경으로 한 1980~1990년대 미국 시트콤. ─ 옮긴이

2. 다른 반려자들

다. 오클라호마주에서 지내는 동안 이 우정은 새로운 범주로 들어갔다. 캐미와 틸리는 언제나 함께였다. 캐미는 틸리의 제안에 따라 틸리네에 더 가까운 대학으로 편입했다. 둘은 교재를 같이 써서 돈을 절약할 수 있게 전부 똑같은 수업을 들었다.

캐미는 자신을 통제하려 드는 남자친구, 킴 카다시안을 들먹인 틸리의 농담에 죽자고 달려들었던 그 남자와의 연애를 얼마 전에 끝냈지만 그렇다고 기운이 나지는 않았다. 틸리네 벽난로 옆에서 캐미는 자기는 언젠가 이동식 주택 신세가 될 거라고, "조그만 가게에서 일하고 조그만 아들이랑 살다가 인생이 끝날 거라고" 말했다. 대학도 졸업하지 못하고 평생 로맨틱 파트너도 못 찾고 형편은 더 쪼그라들 것 같았다. 틸리가 말했다. "네 인생이 그렇게 될 리가 없잖아!"

틸리는 캐미더러 파트너에게 바라는 점과 참을 수 없는 점을 정리해 리스트를 만들어 보라고 했다. 캐미를 생각하는 마음으로 남자친구와 헤어지라고 종용하지 않았던 틸리도 비로소 속에 있던 말을 털어놓았다. 파트너라면 "그쪽에서도 주는 게 있어야" 하고 캐미의 아들을 기꺼이 받아들여야 한다고 강조했다. 그게 어떤 모습인지, 틸리는 캐미의 친구로서 진작 실천해 보였다. 캐미가 아들을 돌봐야 해서 같이 술을 마시러 가지 못해도 틸리는 개의치 않았다. 캐미가 술집에서 일할 때는 틸리가 코디를 챙겼다.

이제까지 로맨틱 파트너들에게 썩 좋은 대우를 받지 못했던 캐미는 이 대화를 "날 위한 디딤돌"로 받아들여 자신이 "엄마로 가치를 인정받고 아내로도 가치를 인정받을 수 있다고, 안주할 필요 없다고" 생각했다. 캐미의 말이다. "(틸리한테) 맨날 말해줘요. 진짜로, 나 자신을 인정하고 눈을 높이는 법은 다 너한테 배웠다고요."

데이트 중에 관계의 순위에 대해서 처음 이야기했을 때 결과가 좋지는 않았지만 캐미는 꿋꿋이 계속 시도했다. 캐미는 자신에게는 틸리가 누구보다도 우선이라고 말하는 것으로 관습을 끊어냈다. 캐미의 말이다. "남자친구, 반려자, 남편이 1순위여야 한다고 하는데, 우리 둘 세계는 거꾸로 뒤집혀 있죠."

시간이 흘러 캐미는 롤리 브렌턴이라는 남자와 데이트를 시작했다. 이 남자의 반응은 좀 달랐다. 롤리는 캐미에게 전 남자친구 때문에 그런 일을 겪어서 힘들었겠다고, 틸리가 곁을 지켜줘서 얼마나 다행인지 모르겠다고 했다. 두루마리 휴지 포장지에 그려진 체격 좋은 체크 셔츠 차림 남자가 현실로 튀어나온 듯한 롤리에게는 틸리도 곧바로 좋은 인상을 받았다. 특히 코디를 아끼는 모습이 눈에 띄었다. 롤리는 코디를 조수처럼 데리고 다녔다. 물건을 고칠 때면 코디에게 자기가 뭘 하고 있는지 설명해 줬다. 둘끼리만 통하는 농담도 생겼다.

2014년에 캐미와 롤리 사이에 딸이 태어났는데, 그 딸 딜라일라가 희귀 유전병 진단을 받았다. 졸업반 마지막 학기에 캐미는 매주 며칠씩 딜라일라와 병원에 있느라 대학을 중퇴했다.

학교에도 직장에도 갈 수 없었던 캐미는 사람들과 관계가 단절되었다. 캐미의 말이다. "사면의 벽이 나를 둘러싸고 있었고,

누가 찾아오지 않는 이상 바깥과는 소통이 전혀 없었어요." 친구들도 잃었다. 특수 돌봄이 필요한 아이를 키운다는 의미를 아무도 이해하지 못하는 것 같았다. 틸리만 예외였다. 틸리는 줄곧 캐미와 병원에 있었고, 때로는 캐미가 몇 시간씩 전화기를 붙들고 보험사와 사투를 벌이는 동안 묵묵히 곁을 지키기도 했다. 캐미가 매일 80km씩 운전하지 않아도 되게 자기 집 열쇠도 내줬다. 딜라일라가 다니는 반일제 특수학교가 틸리네 집에서는 길만 조금 따라가면 나왔기 때문이다. 그러면 캐미는 정오에 딸을 데리러 가기 전까지 낮잠을 자거나 틸리와 "평범한 어른의 시간"을 보낼 수 있었다.

캐미와 틸리는 얼핏 상충하는 듯한 두 가지 견해를 주장한다. 둘의 우정이 있기에 관계에 대한 기준이 높아지는 동시에 로맨틱 파트너에게 바라는 게 적어진다는 것. 커플을 이루지 못하면 온전한 성인으로 대우해 주지 않는 사회에서는, 완벽하지 않은 로맨틱 관계나마 맺고 있는 편이 아예 혼자인 것보다 낫다고 많이들 느낀다. 하지만 캐미와 틸리는 우정이 있기에 이런 찝찝한 거래에서 해방된다. 서로가 있으니, 로맨틱 관계가 없다면 인생의 복잡한 면면을 함께할 사람이 없을 거라고 걱정할 필요가 없다. 게다가 우정에서 이미 너무나 많은 걸 얻고 있으므로 꼭 파트너 한 명으로 모든 걸 해결해야 한다고 생각하지 않는다. 틸리는 로맨틱 관계가 부수적이라고, "케이크에 얹은 체리"라고 생각한다. 자신과 캐미로 말하자면, "우리 둘이 케이크죠."

로맨틱 파트너에게 바라는 게 적으면 기준이 너무 낮아질 위험이 있다. 어디까지가 합리적인 기대고 어디부터가 안주하는 것인지 표시하는 명확한 선이 있는 건 아니다. 하지만 캐미와 틸리의 우정은 로맨틱 관계의 기준을 낮추지 않았다. 기준은 오히려 세밀하게 조정되었다. 캐미와 틸리는 갖은 기대 사항의 수렁 사이로 길을 내고 자신에게 가장 중요한 걸 파악할 수 있다.

○ ● ○

일반적으로 관계의 포트폴리오를 다양하게 구성하면 로맨틱 관계의 만족도가 높아진다. 심리학자 일레인 청Elaine Cheung이 이끈 2015년 연구에서는, 정서적 욕구를 여러 관계에 분산한 사람이, 적은 수의 관계에 욕구를 집중시킨 사람보다 행복하다는 결과가 나왔다.[22] 2018년에 진행된 한 연구는 기혼자의 스트레스 호르몬 코르티솔 수치를 측정했다. 그 결과 혼인 관계 밖에서 누리는 사회적 지지 정도에 만족하는 배우자가, 지지 네트워크에 그보다 덜 만족하는 배우자보다 일상적 부부 갈등에서 생리적 스트레스를 적게 경험했다.[23] 앞서 언급한 심리학 교수 핀켈은 결혼 생활을 탄탄히 하고 싶다면 OSOother significant others, 즉 다른 반려자들을 두라고 추천한다.

짐을 나눈다는 발상은 윤리적 비非일대일 관계ethical non-monogamy, 상호 합의한 비독점적 로맨틱 관계 실천의 기반이기도 하다. 윤리적 비일대일 관계를 옹호하는 사람들은, 다른 관계가 더 있어서 주主 파트너와의 관계에 부담이 줄어든다면 주 파트너의 관계가 더 좋아질 사람들이 많다고 주장한다.

이런 방식으로 파트너가 되려는 사람들은 전형적인 로맨틱 관계의 궤적을 비껴가야만 한다. 이 궤적은 그간 '관계의 에스컬레이터'라 불렸다. '관계의 에스컬레이터'는 '진지한' 관계인 커플이라면 헌신과 얽힘의 단계를 높여가야 한다는 기대를 지칭하는 용어다. 서로를 독점해 비밀을 털어놓는 친구, 룸메이트, 집 공동 명의자, 공동 양육자, 돌봄 제공자, 당연한 동행의 역할을 차곡차곡 누적해 가야 한다는 것이다. 에스컬레이터처럼, 이런 기대에는 그 자체로 추진력이 있다.

로맨틱 관계에 모든 게 포함된다는 생각이 너무나 뿌리 깊이 박혀 있기에 다른 이름을 찾으려는 시도는 까다로울 수 있다. 들어가는 글에서 소개한 앤드루 버그먼과 톨리 린버그는 로맨틱 파트너가 될 수도 있는 상대에게 자기 우정의 깊이를 설명하느라 애를 먹었고 결국에는 비일대일 관계를 하나의 본보기로 활용했다.

2019년에 톨리는 데이트하던 여자에게 앤드루가 자기에게 어떤 존재인지 솔직하게 이야기했다. 앤드루는 고등학생 때부터 단짝이었고, 몇 년을 룸메이트로 지냈고, 지적으로 또 정치적으로 함께 성장한 동반자였다고. 몇 달쯤 만나고 여자는 같이 아침을 먹자며 톨리를 불러냈다. 매사추세츠주 서머빌의 어느 테라스에 앉아, 여자는 그간 톨리와 앤드루의 우정 관계에 대해 상담사와 이야기했다는 말을 꺼냈다. 상담사의 반응은 이랬단다. "듣기에는 꼭 두 사람이 결혼한 것 같네요." 여자는 생각했다. '그러니까요!' 톨리는 상담사의 정의가 마뜩잖았다. "이걸 굳이 '그런 말'로 설명한다고요?" 톨리는 내게 이야기를 마저 들려줬다.

그날 아침에 여자는 톨리에게 그만 만나자고 통보했다. 자기 삶에 더 많이 관여하는 로맨틱 파트너, 그러니까 '동반자'를 원한다는 뜻을 내비치면서. 톨리는 실망했지만 이게 최선이겠거니 생각했다.

그 무렵의 톨리와 앤드루는 이미 오랫동안 남들이 우정에 일반적으로 기대하는 면들을 위반해 왔었다. 앤드루와 톨리가 박사 과정 학생으로 일하던 연구실의 실장은 두 사람이 사귀는 사이냐고 다른 연구원들에게 물었다. 톨리가 아까의 여자와 헤어지기 한참 전부터 앤드루의 어머니는 아들에게 톨리와 연애하는 게 아니냐는 질문을 지겹게 던졌다. 주변에서 보기에 앤드루와 톨리의 우정에는 고개를 갸우뚱하게 되는 구석이 있었다.

두 사람은 서로를 염두에 두고 인생 중대사를 결정했다. 이 정도의 헌신은 단짝 중의 단짝에게서도 보기 드물었다. 스탠퍼드 대학교에서 응용물리학 박사 과정을 밟기 시작하고 1년쯤 지났을 때 톨리는 하버드 대학교로 편입을 신청했다. 그 학교로 가면 앤드루와 같은 연구실에서 일할 수 있어서였다. 명문 학교에서 다른 명문 학교로 편입하려는 거라서, 톨리는 더 흥미로운 연구를 하기 위한 결정이라고 해명할 수 있었다. 앤드루네 연구실에서 하게 될 일에 열의가 있었던 것도 맞지만, 거기로 가면 몇 년을 앤드루와 같이 지낼 수 있으니 옮기고 싶다는 마음도 강했다. 2016년 도널드 트럼프가 대통령으로 선출되자 톨리와 앤드루는 나란히 대학원을 쉬고 워싱턴 D.C.에서 정부 투명성 관련 비영리단체를 차렸다. 두 사람은 워싱턴 D.C.에서 함께하는 시간을 만끽했다. 7층 사무실 공간 일부를 빌려 단체를 세웠고, 우정의 단계를 높였다. 앤드루는 둘의 선택을 이렇게 설명했다. "좀 종류가 다른 헌신이었죠. 삶에 변화를 주는데 그걸 같이 바꾸고 있었으니까요."

두 사람은 이후 학교로 돌아가 노동계 활동을 하고 과학계에서 이산화탄소 제거 분야에 몸담았다. 그때부터는 조곤조곤해서 상냥해 보이는 톨리가 사교적이고 기운 넘치는 앤드루보다 둘이 공유하는 생각을 잘 전달한다는 사실을 발견했다. 톨리는 앤드루의 별스러운 아이디어를 구현할 수 있도록 실행력을 발휘했다. 같이 하는 일이 늘어서 친구로도 더 가까워진 건지, 아니면 가까워지는 친구 사이가 자연히 합동 프로젝트로 이어진 건지를 분간하기란 쉽지 않았다.

앤드루와 톨리는 이 우정을 정의할 필요를 느끼지 못했지만 다른 사람들에게 이 관계를 더 쉽게 이해시킬 방법을 찾기는 해야겠다고 생각했다. 앞서 카페에서 여자와 헤어진 일은 매번 반복되는 패턴이었다. 로맨틱한 관계를 시작하고 3개월에서 6개월쯤 지나면, 데이트 상대는 앤드루나 톨리의 삶에서 두 사람이 내주려는 것보다 더 많은 비중을 차지하고 싶어 했다. 앤드루와 톨리는 자신들에겐 우정이 너무나 중요하고 앞으로도 이 우정이 최우선이리란 걸 숨기지 않았지만, 데이트하는 여자가 이 생각을 완전히 이해하기까지는 시간이 한참 걸렸다. 앤드루와 톨리의 우정은 마치 자외선 같았다. 눈에 보이지 않는 색. 여자친구들은 말로는 아무리 설명을 들어도 보지 못하다가 타들어 가는 느낌이 들면 그제야 그 위력을 깨달았다.

결혼에 빗댄 상담사의 말이 톨리 귀에 거슬리긴 했어도 최소한 그 표현대로라면 앤드루와의 우정은 로맨틱 관계와 대등한 위치에 놓였다. 내가 M과 마코랑 폴리아모리를 실천하고 있다는 친구의 말에 인정받은 기분을 느꼈던 것처럼. 앞으로 만날 로맨틱 파트너에게 혼란을 주지 않으려면 앤드루와 톨리는 이렇게만 전달하면 되었다. 오래된 로맨틱 관계를 맺고 있는 사람들처럼 서로에게 헌신하는 거라고. 두 사람은 비일대일 관계라는 이미 존재하는 틀을 발견하고 그 이름표를 자신들에게 대어 보았다. 앤드루도 톨리도 로맨틱 파트너를 둘 이상 둔다는 생각에는 끌리지 않았지만, 그래도 앞으로 만날 데이트 상대에게는 비일대일 관계를 추구한다고 말하기로 했다. 아무 언질도 못 받은 여자가 둘의 인생에서 우정이 그렇게나 중요하다는 사실을 알고 기겁하지 않도록.

2020년 2월에 앤드루는 이 결단에 따를지도 모르는 위험 때문에 조마조마했다. 노동조합에서 같이 활동하는 여자 네버나를 만나러 가려고 준비할 때였다. 상대가 비일대일 관계란 말에 뒤도 안 돌아보고 거절하면 어쩌나 싶었다. 술집에서 대화한 지 한 시간쯤 되었을 때 비일대일 관계 이야기가 자연스럽게 나왔다. 다행히 네버나도 관계를 대하는 이런 태도에 기대감을 보였다.

톨리는 이 이름표가 그렇게 편안하지 않았다. 앤드루와 자신의 관계가 로맨틱하지는 않으니까, 데이트 상대를 비일대일 관계도 괜찮다고 하는 사람으로 한정하고 싶지 않았다. 일대일 로맨틱 관계를 원하는 사람 중 누군가는 데이트 초반에 앤드루와 자신의 우정에 대해 설명을 들어도 자신을 계속 만나려 할 수도 있을 거라고 생각했다. 하지만 앤드루는 생각이 달랐다. 독점적 관계를 기대하는 여자라면 자신들의 우정을 받아들일 것 같지 않았다. "(일대일 관계를 원하는 사람 중에서) 자기는 이런 것도 괜찮을 거라고 생각하는 사람은 '이쯤' 돼요." 앤드루가 손을 양어깨보다 넓게 벌려 보였다. "근데 진짜 아무렇지 않아 하는 사람은 이만큼이죠." 앤드루의 양손이 목 너비 정도로 좁아졌. 결국에는 톨리까지 동의해 두 사람은 서로를 '파트너'라 부르기 시작했다. 앤드루와 네버나가 서로에게 쓰는 용어도 같았다. 톨리는 2021년 데이트에서 이 업데이트한 용어로 앤드루와 자신의 우정을 설명했다. 만난 지 얼마 안 된 상대 여자는 톨리가 앤드루와의 우정을 최우선 순위로 둔다니 마음이 놓인다고 했다. 여자에게도 자기 공동체가 무척 소중했던 것이다.

각자 로맨틱 관계를 맺으면서 "일종의 완충 장치로 다른 관계에 의지하고 서로에게서 충족되지 않는 요소를 얻는 법을 배우고 있다"고 톨리는 말했다. 비일대일 관계라는 틀은 어떤 면에서 우정에 바라는 걸 줄이라고 둘을 다독이지만 한편으로는 더 많이 요구하도록 격려하기도 한다. 앤드루가 땀에 전 러닝복을 거실 의자에 던져두거나 보내기로 한 중요한 메시지를 안 보내서 실망스러울 때면 톨리는 앤드루에게 파트너 역할을 소홀히 한다고 지적했다. 원래 다른 존재를 의미하는 '파트너'라는 단어가 서로에게 많은 걸 기대해도 된다는 사실을 두 사람에게 일깨워 줬다.

앤드루와 톨리가 손수 만든 자기들만의 '파트너' 개념에도 한계는 있다. 학계나 직장에서 쓸 명칭은 못 되기 때문이다. 만약 쓴다면 이런저런 조건을 달거나 더 구체적이지만 길이도 긴 '플라토닉 생활동반자'라는 용어로 의미를 부연해야 한다. 톨리는 둘의 우정 관계에 대해 사람들이 물어오면 기꺼이 답해주지만 자신이 먼저 이야기를 꺼내지는 않으려 한다. 자신에게 관심이 쏠리는 것도, 특이한 사람으로 비치는 것도 싫어서 톨리는 일상에서 자신의 우정이 곡해되는 걸 내버려둔다. 톨리와 앤드루는 일대일 관계인 커플의 특권을 누리지 못한다. 시종일관 설명을 늘어놓지 않고도 관계를 수행할 수 있는 특권 말이다.

○ ● ○

아들더러 게이냐고 몇 년을 물었던 앤드루의 어머니 리사가 또 비슷한 대화를 하던 중이다. 그런데 이번에는 입장이 바뀌었다. 친구들과 화상으로 모여 자식 결혼 문제로 이야기꽃을 피울 때였다. 저마다 자기 자식이 통례적 성공 지표를 어디까지 획득했는지를 경쟁이라도 하듯 중계했다. 앤드루 이야기가 나오자 한 친구가 앤드루는 톨리와 사귀지 않느냐고 넌지시 말했다. 리사는 아들과 톨리가 가까운 사이지만 사귀는 것과는 다르다고 했다. 가까운 두 사람 사이에는 반드시 로맨틱한 기류가 흐른다는 친구 머릿속의 통념을 전면에서 반박한 것이었다.

몇 세기 전에 서구에서는 동성 간의 친밀성에는 반드시 성적 욕망이 수반된다는 믿음이 힘을 얻었다. 1749년 런던에서 간행된 『사탄의 수확 축제Satan's Harvest Home』라는 소책자에는 이런 주장이 실렸다. 서로 인사할 때 입을 맞추는 남성들은(당시에는 여전히 흔하게 보이는 인사법이었다) 소돔*으로 이르는 길에 발을 들였다는 것이다.[24] 18세기 영국에는 남색을 겨냥한 혐오가 넘실거렸고, 정부에서는 고발된 남색가들을 대규모 체포와 처형으로 단속했다.[25] 남성 간의 육체적 소통에 섹스의 망령이 어른거리게 되자 남자들은 현명하게도 서로와 거리를 두기 시작했다. 1780년대 후반 영국에서는 입맞춤이 악수로 대체되어 있었다.[26]

미국에서는 남성끼리 친밀성을 표현하는 행위가 이보다는 오래 지속되었으나, 그것도 19세기에 이르자 점차 공공장소에서 보기 힘들어졌다. 20세기로 접어들 무렵에는 시어도어 루스벨트Theodore Roosevelt가 체현한 한층 공격적인 형태의 남성성이 등장해, 앞선 시대의 감성적인 남성성을 가려버렸다. 자기 심장의 "마지막 박동은 자네를 위해 뛸" 거라는 말을, 이상하게 보일지도 모른다는 걱정 없이 같은 남성 친구에게 건넬 수 있었던 남성성 말이다. 근대화가 진행되면서 경제적으로 중위와 하위에

---

*   성적 타락과 퇴폐로 멸망했다는 기독교 성서 속 고대 도시. 남색(sodomy)이라는 단어가 여기서 비롯되었다. — 옮긴이

속하는 남성의 지배력은 약해져 갔다. 꼼짝없이 임금 노동을 하게 된 남자들은 한때 자영 노동자로 누렸던 자율성을 잃어버렸다. 여성들이 경제와 정치 활동에 참여하게 해달라고 요구하자 (그리고 때때로 그 요구를 관철하자) 여성과 비교했을 때 우위에 있었던 상대적 남성 권력 역시 불안정해졌다.*27 근육이 우락부락한 남성성은 남성의 상실에 대한 일종의 보상으로 작용했다. 이즈음에 동성애라는 범주가, 더불어 여기에 들러붙은 낙인이 생겨났다.28 남자가 남성인 친구에게 사랑을 표현하면 성적인 의도가 있다고 오해받을 수 있었다.

역사학자 조지 촌시George Chauncey가 저서 『게이 뉴욕Gay New York』에서 상술하기로, 남성 동성 간의 성교는 19세기 후반과 20세기 초에는 쉬쉬할 것이 아니었으나 1930년대쯤에는 격앙된 적개심의 표적이 되었다.**29 20세기 중반에 이르자 성적 행동과 성적 정체성의 연관성도 달라져 있었다. 이제 동성끼리 성적 접촉을 하면 '동성애자'라는 새로운 딱지가 붙을 위험을 무조건 감수해야 했다.30 이 차이는 자신이 뉴욕에 산다고 말하는 것과 '뉴요커'라고 하는 것의 차이다. 하나는 아마 일시적일 사실이지만, 다른 하나는 자기라는 사람의 본질을 설명한다. 이성

---

*   존 입슨(John Ibson)이 설명하듯 이 새로운 남성성은 문자 그대로 근육질이었다. 이 시기에 "중산층 문화에서 이상적으로 여겨진 남성 신체가 '군살 없고 탄탄한' 몸에서 '실제로 두툼하면서 근육이 도드라지는' 몸으로 바뀌었다."

**   영국에서도 사정은 비슷했다. 역사학자 데버라 코언(Deborah Cohen)은 영국의 노동계급 구역에서 남자가 퀴어로 인식되는 것은 그가 하는 섹스의 종류가 아니라 옷을 입고 행동하는 양식 때문이었다고 서술한다.

애와 동성애는 상반되는 범주로 굳었고, 전자는 정상성과 연결되었지만 후자는 신체 질환과 결부되었다. 동성애를 에둘러 말할 때면 '병적'이라고들 했다.[31]

여성 간의 친밀성은 남색만큼 널리 범죄화되거나 가혹하게 처벌되지는 않았어도 시간이 지나자 역시나 성애화되고 낙인찍혔다.[32] 20세기로 접어들던 시기, 해블록 엘리스Henry Havelock Ellis를 비롯한 영향력 있는 성과학자들의 저서는 서로를 향한 여성들의 격정을 일탈로 재편하는 데 한몫을 했다. 동성 간의 뜨거운 감정은 당사자 여성이 다른 여성과의 성교를 갈망하지 않아도 모두 '도착倒錯'에 해당하게 되었다. 그 여성의 욕망이나 행동이 거꾸로 뒤집혀 여자보다 남자의 것에 가깝게 여겨졌다는 의미다. 엘리스가 '진짜 도착자'로 판별한 어느 여성은 그저 친구를 향한 열렬하고도 순결한 사랑을 이야기했을 뿐이었다.* 그러나 또 다른 어느 성과학자의 책을 집어 든 이후로 이 여성은 자신의 애정에 의문을 품었다. 책은 "내가 느끼는 것 같은 감정이 '부자연스럽고 타락한' 것이며 '사회에서 금지된' 것"이라 가르쳤다.[33] 여자들은 평생 아무 문제 없이 용인되었던 감정을 스스로 검열하고 있었다. 여느 성과학자보다 큰 영향력을 발휘한 지크문트 프로이트Sigmund Freud는 동성애를 자아 발달이 멈춘 결과의 일종으로 규정했다.[34]

영국에서 인화점이 된 것은 『고독의 우물The Well of Loneliness』

---

*   이 여성이 쓴 더 상세한 내용은 다음과 같다. "내가 친구들에게 품은 애정의 본질은 절대적으로 신성하지 않은 요소가 여기에 침투할 가능성을 차단한다."

에 가해진 정부 검열이었다. 1928년에 출간된 이 소설은 레즈비언 관계를 묘사해 대대적인 외설 재판의 대상이 되었다. 의학 학술지 《랜싯》은 이 소설을 문젯거리로 판단하고 비평을 발표했다. "이 책은 동성 간의 강한 애착이 정상적인 발달 과정의 한 단계일 뿐이라는 점을 인식하지 못하는 오류를 저지른다."[35] 이 소설은 서로를 향한 여성들의 애착을 한시적인 것으로 그리지 않았고 그래서 위협적이었다. 동성 간 사랑을 청소년기의 유희로만 즐긴 여성은 남자의 아내가 될 수 있었으나, 동성끼리 사랑하는 관계 속에 있는 성인 여성은 그럴 수 없었다. '낭만적 우정'과 '격돌한 사이' 같은 관계는 순수성을 잃었다. 동성 간 우정에서 친밀성이 빠져나갔고, 이런 변화는 결혼에 정서적 유대를 더 많이 기대하게 된 시대적 흐름과 시기적으로 맞물렸다. 결혼은 지하철의 쩍벌남과 다를 바 없었다. 다른 사람을 위한 공간을 안 남긴다는 면에서. 여기를 비집고 들어가려면 우정은 잔뜩 움츠려야 했다.

○ ● ○

2022년, 팬데믹 기간 대부분을 워싱턴주에서 보낸 틸리는 브로큰애로에 있는 캐미네 집으로 이사했다. 오클라호마주에서 새로운 생활을 시작할 참이었다. 나는 그해 여름 두 사람을 만나러 갔다. 주방에 앉아 함께 이야기를 나누는 동안 틸리와 캐미 사이에는 만져질 듯 생생한 만족감이 감돌았다. 두 사람이

해주는 이야기를 듣고 있으면 즉흥 코미디를 보는 느낌이 든다. 둘은 연기자처럼 기다렸다는 듯 서로의 말을 이어받고 무대에 선 것처럼 연극적인 기운을 풍긴다. 틸리는 뭔가를 설명할 때 마임을 했고 짜증 나는 사람의 말을 옮길 때는 금방 새된 목소리를 장착했다. 캐미는 재미있거나 기막히다 싶은 일을 얘기할 때 걸걸한 소리를 냈다. "매일 24시간 엄마 모드"가 익숙한 캐미는 친구 덕분에 "2007년 버전 캐미"로도 살 수 있다고 했다. 차창을 내리고 음악을 듣던, 틸리와 "개웃긴 일"로 수다를 떨었던 캐미. 틸리는 캐미와 있으면 "각종 기대에서 벗어난 세계에" 존재할 수 있다고 했다.

대화하는 동안의 틸리는 활기찬 모습이었지만, 자기는 포옹에 스스럼없거나 감정을 솔직히 드러내는 사람이 못 된다는 말을 먼저 꺼낸 쪽도 틸리였다. 틸리는 만성 통증이 있는 전직 해병 남자와 사귀고 있는데, 그 사람 이야기를 많이 하려 하지는 않았어도 수년째 관계를 유지 중인 상대를 얼마나 사랑하는지 말할 때는 도취된 미소를 지었다.

내가 보기에 캐미에게는 못해도 세 가지 얼굴이 있었다. 피로에 찌든 캐미, 거침없는 악동 캐미, 까부는 인간은 가만 안 두는 캐미. 제일 쉽게 보이는 건 첫 번째 얼굴이었다. 캐미가 딸을 보느라 하룻밤 눈을 못 붙이면 다음 날 밤에는 온 가족에 비상이 걸렸다. 가득 찬 빨래 바구니를 어기적어기적 거실로 옮기는 움직임이나 딜라일라에게 아침으로 먹일 부리토를 기계적으로 잘게 써는 모습에서 피로가 생생하게 드러났다. 그럴 때면 캐미는 밝은 분홍색 추리닝 바지를 이틀 연속으로 입었다. 그래도 한 번씩 눈썹을 치켜올리고 이를 환히 드러내며 웃는 모습에서 규칙을 어기거나 바에서 술을 벌컥벌컥 털어 마시며 즐거워하는 캐미를 상상할 수 있었다.

내가 캐미에게 질문하려고 그 집 식탁에 앉아 있을 때 틸리는 뒷마당을 돌아다니며 딜라일라에게 줄 간식을 챙기고, 아이를 훈육하고, 팔걸이 있는 가죽 의자에 앉아 아이를 무릎에 올리고 얼렀다. 틸리의 몸짓에서는 딜라일라에게 신뢰받는 사람이라는 권위와 자신감이 보였다. 몇 달 전에는 캐미가 조카의 졸업식에 참석했다가 돌아왔더니 틸리가 집을 구석구석 쓸고 닦아놓은 일도 있었다. (캐미 표현에 따르면 청소하기 전 집은 "토네이도를 맞은 토네이도" 같은 상태였다.) 틸리가 같이 살기 전까지 캐미는 자신과 롤리에게 얼마나 도움이 필요한지 알지 못했다.

한쪽 친구의 사정이 더 어려워 도움을 더 많이 필요로 하는, 관계의 불균형이 느껴져 이 부분을 틸리에게 물었다. 틸리는 내 질문 속에 굳어 있는 통념에 이의를 제기했다. "나한테 득이 되는지 따져서 친구가 되는 건 아니니까요. 내가 편안하게 느끼는지가 더 중요하죠." 이용당한다는 기분이 들었다면 이야기가 달랐을 거라고 틸리는 말했다. "근데 나한텐 이런 느낌이거든요. '괜찮아, 내 컵에는 음료가 한가득 있으니까 너한테 그냥 더 따라주고 싶어.'"

게다가 캐미는 더 섬세한 방식으로 틸리를 챙겼다. 내가 틸리와 이라크 파병 시절 이야기를 한참 하고 얼마 안 있어 틸리에게 민감한 주제를 꺼내려 하자 캐미가 틸리에게 "부탁 하나만 하자"고 했다. 틸리가 집을 나가 다른 곳에 다녀와야만 하는 부탁이었다. 나는 몇 분이 지나서야 (그리고 캐미가 확실히 말해준 뒤에야) 캐미의 진짜 의도를 알 수 있었다. 틸리에게 자리를 피할 핑계를 만들어준 것이었다. 그것도 돌봄의 한 가지 형태였다.

두 사람의 우정 관계와 다른 숱한 로맨틱 관계 사이에는 이 끈끈함과 플라토닉함 말고도 중요한 차이점이 하나 더 있다. 둘의 우정에는 비슷한 강도의 다른 유대 관계가 더해질 여지가 있다는 것이다. 2015년 봄, 틸리는 캐미에게 "미안한데 내 친구 한 번만 도와줄" 수 있겠냐고 물었다. 친구를 캐미네에서 지내게 해달라는 부탁이었다. 친구의 이름은 자이라이아로, 두 아이를 키우며 오클라호마주로 오고 싶어 하는 싱글맘이었다. 이 친구 덕분에 틸리는 해병으로 복무하면서 싱글로 아이를 키우는 삶이 얼마나 고단한지 짐작할 수 있었다. 틸리는 같이 살다가 껄끄러워지면 자기가 전부 책임지겠다고 했다. 캐미가 결정하기는 어렵지 않았다. "당연히 되지. 난 널 믿고, 네 판단을 믿어. 친구 데려와." 군인으로 살던 사람이 민간인 세계에서 엄마 되는 법을 익히는 험난한 과정이 자이라이아를 기다리고 있다는 걸 캐미는 알았다. 그래서 틸리와 함께 힘닿는 데까지 도와주고 싶었다.

틸리는 모두가 잘 지낼 수 있을지를 가장 걱정했다. 한집에 아이들이 너무 많은 것 같았다. 하지만 다행히 함께 산 지 아홉 달쯤 만에 동갑내기인 자이라이아의 아들과 코디는 단짝이 되었다. 캐미와 자이라이아가 너무 친해져 훈련소 베프와 자신의 관계를 넘어설까 하는 걱정은 없었다. "오히려 이 친구가 나랑 캐미 사이를 보완해 줄 것 같아 기대되던걸요."

2020년 팬데믹이 덮치자 캐미는 안 그래도 많았던 스트레스를 한층 더 많이 감당해야 했다. 롤리는 근무하는 건축 자재 회사가 호황을 맞아 집에 돌아오는 시간이 늦어졌고 캐미는 '독박 육아'를 하는 기분이었다. 아이들은 등교도 못 했다. 코디는 다시 학교에 가고 싶다고 떼를 썼고, 딜라일라는 학교에 있느라 캐미와 주기적으로 떨어져 있던 시간이 없어지자 안 그래도 있던 분리불안이 더 심해졌다. 캐미가 방에서 나가려고 발이라도 떼면 딜라일라는 캐미가 손을 안 잡아줬다며 소리를 내질렀다. 팬데믹 초반 몇 달 동안은 외출도 여의치 않았다. 딜라일라의 안전이 걱정이었다. 코로나-19에 걸렸다간 건강이 위중해질 아이였다. 이웃들이 조심성 있는 편도 아니라 더 난감했다. 마트에 장을 보러 가면 으레 캐미 혼자만 마스크를 쓰고 있었다.

2020년 5월, 틸리는 부모님이 이사한 워싱턴주의 섬으로 떠나기에 앞서 캐미와 며칠간 같이 지냈다. 그러는 동안 캐미의 생활이 시끄러움과 군색함으로 뒤엉키는 걸 보았다. 틸리는 캐미의 정신 건강 보전을 위한 장비로 에어팟을 사줬다. 모든 공간이 트여 있는 단층집에 흐르는 소음을 묻어버릴 수 있도록.

매일같이 통화하던 캐미와 틸리는 어느 순간 생활이 팬데믹으로 단조로워지자 이야깃거리도 별로 없어졌다는 걸 깨달았다. 날마다 전화로 소식을 알려야 할 만큼 새로운 일이 생기지 않았다. "팬데믹이 시작되고 셋이 얘기한 지 여섯 달째"에 캐미는 생각했다. "거리 두기 8,326일 차 같았어요. 똑같은 일만 징글징글하게 하고 있으니." 일부러 길게 끈 '똑같다'는 말에서 격한 감정이 느껴졌다. 틸리가 말을 얹었다. "애들도 똑같이 뒷마당에서 소리를 질러대고." 둘은 나란히 웃음을 터뜨렸다.

워싱턴주에 있던 틸리의 생활은 캐미만큼 고역이지 않았다. 틸리는 체중이 45kg 가까이 빠져 몇 년 만에 처음으로 몸이 건강하다는 느낌을 받았다. 태평양 연안 북서부의 장엄한 풍경을 보며 평온을 얻었다. 하지만 캐미의 인생이 뒷걸음하는 판국에 그런 긍정적인 변화를 미주알고주알 알리자니 마음이 불편했다. 어떤 즐거움은 친구 없이 온전히 누리기가 힘들기도 했다. 캐미와 멀리 떨어져 있으니 "집이 밍밍해진 것 같았다"고 틸리는 말했다. 안개 사이로 소나무들이 삐져나와 있는 올림픽 국립공원 허리케인리지를 차로 올라가면서 틸리는 캐미에게 "콜로라도!"라 외치고 싶은 마음이 굴뚝같았다. 콜로라도주는 캐미의 고향이자 캐미가 사랑하는 산이 펼쳐져 있는 곳이다.

고생스러운 생활 속에서 캐미에게는 생각지 못한 관점이 생겼다. 세계를 자유롭게 돌아다닐 수 없다는 게 어떤 의미인지 통렬하게 와닿아서, 그만큼 틸리가 자유를 즐기도록 더 응원하게 된 것이다. "난 역마살을 타고난 것 같거든요. 할 수만 있었으면 당장이라도 박차고 일어나 떠났을 거예요." 그럴 수 없으니 "다른 사람 입장을 생각해 보게 되었다"고 캐미는 말했다. "할 수 있는 사람은 원하는 걸 하러 가라고 해야죠. 난 못 하니까요."

캐미는 틸리의 도움이 있어 스트레스가 줄고, 스트레스 때문에 롤리와의 관계를 들쑤시는 일도 줄어든다고 생각한다. 틸리와 커피를 한잔하거나 어울려 시간을 보내고 나면 기운이 난다. 틸리라는 "기분 전환 파트너"가 있으니 모든 걸 롤리에게 쏟아내지 않아도 된다. 캐미의 설명이다. "파트너가 집에 아직 안 왔어도 틸리가 퇴근한 시간이면 바로 이러죠. '야, 오늘 무슨 일이 있었는지 알아?'" 틸리가 끼어들었다. "뒷마당에서 아이들이 '이야!' 하면서 꺅꺅거리는 소리도 들리고요."

캐미 틸리가 롤리 일을 엄청 많이 덜어줘요. 왜냐하면······ 난 화나면 '이놈의 보험회사'니 '이놈의 그룹 치료'니 하면서 부글부글 끓거든요. 방금 내 자식이 날 때렸다거나 나한테 침을 뱉었다면서 당장 집을 나가겠다고, 다 관두겠다고 할 수도 있고요.

틸리 집구석에 불을 싸지르든가 해야지!

캐미 내가 저래요. 한바탕 저러고 나면 롤리가 집에 올 땐 "왔어?" 하고 맞아줄 수 있어요. 롤리가 "응, 오늘은 어땠어?"라고 하면 "구린 일이 많긴 했는데, 지금은 너무 좋아."라고 하는 거예요.

캐미의 기분이 나아지면 롤리는 한결 차분한 파트너를 보게 된다. 다른 플라토닉 파트너들의 이야기도 맥락이 같았다. 이런 우정 덕분에 인내심을 더 발휘하면서 안정적으로 로맨틱 관계에 임할 수 있다고. (일반적인 친구 관계들도 로맨틱 관계의 파트너에게 부수적인 도움을 준다. 하지만 물론 친구 관계 각각의 효과가 하나의 플라토닉 파트너 관계보다 낮을 수 있다.) 틸리의 기분이 밝아지고 캐미에게 도움도 받으니 틸리의 로맨틱 파트너도 득을 본다. 각각의 관계가 서로 부담을 덜어준다.

캐미와 틸리는 관계 전문가들의 주장을 몸소 실천하며 배웠다. 현재 이상적이라고 간주되는 로맨틱 관계에서는 한 사람이 모든 걸 제공해야 하지만, 한 관계에 의존하는 걸 조금만 줄이면 오히려 유대가 더 탄탄해지는 결과가 나온다.

얻는 게 있으면 잃는 것도 있는 법이다. 폴리아모리 공동체에서 하는 말처럼, 사랑은 무한하지만 시간은 유한하다.[36] 틸리 생각에 틸리는 캐미와 로맨틱 파트너에게 언제나 기댈 수 있어서 자매들과는 대화를 많이 하지 않게 되었다. 캐미와 틸리에게는 서로가 1순위 대화 상대라서 둘의 로맨틱 파트너들은 두 사람의 생활을 실황 중계 듣듯 알게 되지 않는다. 그래도 이렇게 도달한 평형 상태가 이들에게는 잘 맞는 듯하다.

틸리는 캐미와의 우정을 "신뢰 저금통"이라 표현한다. "신뢰를 저축하는 거죠. 이 돼지 저금통, 제법 두둑해요." 틸리는 로맨틱 파트너에게 그가 혼자서 자신을 만족시켜 주기를 기대하지 않고, 이와 마찬가지로 "캐미에게서 모든 걸 얻을 수는 없단 걸 알고" 있다. "캐미한테 그런 의무가 있는 건 아니잖아요. 게다가 캐미한테 그런 책임을 지우면 결국엔 내가 실망할걸요. 다 인간이잖아요. 인간은 늘 실수를 하고요." 로맨틱 파트너든 친구든 한 사람으로 모든 욕구가 충족되기를 바라는 건 욕심이라고 생각한다. "단짝이 모든 문제에 대해서 누구보다 현명한 사람이길 기대하면 안 되죠."

실제로 올인원 단짝이나 연인을 두는 건 브로큰애로에서 펼쳐지는 확장된 가족 개념과 상충한다. 틸리는 가족 같은 친구를 의미하는 프래밀리framily*라는 말로 삶에서 가까운 사람들을 지칭한다. 캐미와는 종종 차로 5분 거리인 캐미 부모님 댁으로 가서 그 집 온실에 한가로이 앉아 뉴포트 담배 연기를 아른아른 피워내며 웃고 떠든다. 캐미네 식탁 옆 커다란 화분에는 틸리네 가족 식물이 서 있다. 고양이가 자꾸 물어뜯는 바람에 틸리네가 애지중지하는 고사리 '고살희'를 캐미에게 맡긴 건 10년 가까이 된 일이다.

틸리가 주방 팬트리 문을 열자 "2022년 가족 선발전"에서 "로런스를 뽑아주세요"라고 적힌 전단이 나타났다. 로런스는 자이라이아의 남자 형제로, 오클라호마주로 이사하고 곧바로 롤리와 친해졌다. 몇 년 전에 틸리가 코디에게 NFL이나 NBA의 신인 선수 선발전처럼 가족 선발전이란 것도 있다고 한 말이 시작이었다. 코디는 같이 살고 싶은 가족이 있으면 자기를 뽑아달라고 그 집에 열심히 청원하면 된다고 믿었다. 틸리는 캐미와 같이 살게 되었을 때 "틸리를 뽑아주세요"라고 쓴 전단을 인쇄해

---

* 친구(friend)와 가족(family)의 합성어.

2. 다른 반려자들

변기 커버 안쪽이나 택배 봉투 안처럼 뜬금없는 곳에 끼워놓았다. 코디가 학교에서 교과서를 펼쳤는데 틸리 홍보 전단이 나온 적도 있었다. 친구들이 어리둥절하게 보자 코디는 가족끼리 하는 농담이란 말로 질문을 떨어냈다.

이번 선수는 로런스였고, 홍보 포인트는 춤과 음악을 사랑한다는 점이었다. 내세울 만한 여러 기술 중에서도 적절하기로는 춤이 제일이다. 캐미와 틸리의 우정을 보고 있노라면 긴 연습 끝에 상대와 능숙하게 동작을 맞출 수 있게 된 한 쌍을 구경하는 기분이 든다. 하지만 캐미와 틸리는 파트너가 한 명인 춤만 출 수 있는 게 아니다. 스코틀랜드 민속춤 케일리나 유서 깊은 사교춤으로 갑자기 넘어가는 것도 얼마든지 가능하다. 사람들이 서로의 사이를 드나들고 여러 사람과 팔짱을 끼면서 한 대형으로 모였다가 또 새로운 대형으로 다시 모이는 춤 말이다.

사람이 늘어나면 유동적인 요소도 늘어난다. 취향이 다른 누군가는 다른 사람과 부딪힐 일이 너무 많아 생각만으로도 어질어질하다고 할 것이다. 하지만 파트너가 한 명이 아니면 넘어질 때 도와줄 사람도 한 명이 아니다. 그 사람들이 함께 춤출 수 있는 새로운 방법을 가르쳐줄 것이다.

3

섹스가 무슨 상관?

다시 생각하는 파트너 관계

어떨 때 보면 우린 오직 우리만이 믿거나
이해하는 미래에 같이 살고 있는 것 같아. ……
우리 사이의 사랑이 너무 이상야릇해서 그런가?
난 널 사랑해. 이건 로맨틱한 사랑이 아니야.

— 앤드리아 드워킨 Andrea Dworkin

　어떤 집단을 '특권층'이라 부르면 반드시 반발이 일어난다. 그런데 로맨틱 관계를 맺고 있는 커플들은 예외다. 이 커플들은 싱글보다 성숙하고 안정적이고 행복한 사람으로 인식되는, 상위 계층의 혜택을 '특권층' 딱지 없이 누린다. 그 특권을 부정하는 격분을 받기는커녕, 오히려 낮 시간대의 토크쇼와 영화가 로맨틱 관계가 있으면 삶이 완전해진다는 통념을 강화하고 영속화한다. 미국 문화에서 우정에는 이만큼 삶을 완전하게 하는 힘이 없다.

　그러나 내가 대화해 본 플라토닉 파트너 관계 당사자들은 진심을 다하는 로맨틱 관계에 맞먹는 헌신과 사랑, 충족감을 이야기했다. 두 관계는 모두 선택하는 것이지 태어나면서부터 정해져 있지 않다. 플라토닉 파트너 관계에서도 로맨틱 파트너 관계에서도 '단짝'은 파트너가 서로를 설명하려 할 때 흔히 사용하는 이름표다. 내 친구 애덤이 마코와의 관계와 M과의 관계가 어떻게 다르냐고 물었을 때 내가 떠올릴 수 있는 차이는 섹스 하나였다. 나는 마코와는 섹스를 하지만 M과는 하지 않았고 서로 끌림을 느끼지도 않았다. 친구 관계가 아무리 막역해도 로맨틱 관계와 구분되는 지점이 있다면 무엇이겠냐는 문제에서는 다른 사람들의 직관도 나와 같았다. 한 저녁 식사 손님은 이렇게 묻기도 했다. "로맨틱 관계는 결국 우정에 섹스를 더한 거 아닌가요?" 이 등식에 따르면 섹스는 그냥 친구에서 친구 이상으로 나아가는 상태 변화를 유발하는 요인이다.

스테이시 라이먼은 대학에서 그레이스라는 여자를 만나고부터 셀 수 없는 시간 동안 관계 유형의 경계를 함께 고민했다. 1학년이었던 그레이스는 스테이시가 관계에 대한 자신의 여러 믿음을 뒤흔들 거라고는 예상하지 못했다. 영향을 받는 건 고사하고, 당시 그레이스에게 스테이시는 말을 걸고 싶은 사람도 아니었다. 스테이시를 처음 본 순간 그레이스의 마음속 내비게이션은 아예 반대 방향으로 돌아가라고 안내했다.

그레이스가 방 건너편에 있는 스테이시를 발견한 건 두 사람이 모두 소속되어 있던 시카고 대학교 학보사가 열었던 파티에서였다. 스테이시는 남성성을 발산하고 있었고, 그레이스는 스테이시가 남학생 사교 클럽 소속이겠다고 제대로 짐작했다. 나중에 그레이스의 친구 한 명은 스테이시를 말런 브랜도*에 견

---

*   거친 반항아 이미지로 유명했던 할리우드 배우. ─ 옮긴이

주기도 했다. 스테이시는 턱선이 더 날카롭고 광대뼈가 더 솟은 데다 눈이 파랗긴 했지만, 그레이스가 생각한 닮은꼴은 그보다 덜 매력적이었다. 스테이시를 보면 뉴저지 교외 고등학교에서 죽어라 피해 다녔던 라크로스 선수들이 생각났다. 10대 시절 그레이스는 묵던 호텔에 폭파 협박이 들어와 대피해야 하는 상황이 닥쳐도 숙제를 날릴 수 없다는 마음에 가방을 챙기러 건물로 다시 뛰어 들어갈 사람이었다. 편집장의 집에서 스테이시를 본 그레이스는 뻔할 뻔 자라면서, '반반한 얼굴로 허세나 부릴 사교 클럽 남자애랑은 말도 섞기 싫다'고 생각했다. 대학에 가면 저런 남자들에게서 벗어날 수 있으리라 기대했던 그레이스였다.

몇 주 뒤 스테이시와 그레이스는 학생 경력 개발 행사에서 다시 만났다. 저널리즘과 미디어, 예술에 관심 있는 학생을 모은 책상에 함께 앉게 된 것이다. 스테이시와 그레이스가 비슷한 일을 꿈꾸는 게 분명했다. 그레이스는 갤러리 같은 곳에서 시각예술 관련 일을 했으면 했고, 스테이시는 영화계에 흥미가 있었다. 그래도 그레이스는 여전히 스테이시에게 관심이 없었다. 시간이 지나자 그날 대화했다는 사실조차 잊어버렸다.

그레이스는 2학년 때 스테이시를 세 번째로 마주쳤다. 봄에 이별을 겪고 아직 마음을 추스르는 중이었다. 처음 해본 진지한 연애였다. 그레이스와 전 남자친구는 둘 사이의 아이가 어땠으면 좋겠는지, 어떤 강아지를 키우고 싶은지, 어떤 집에서 살고 싶은지, 어디로 여행 가고 싶은지 이야기했다. 스스로 "말도 안 되게 커다랗고 열렬한 사랑"이라 표현한 감정을 경험했으면서도 관계 때문에 숨이 막히는 기분이 들자 그레이스는 상대에게 이별을 고했다. 그레이스는 대학에 다니면서 다양한 사람을 사귀고 다양한 경험을 하고 싶었다. 단 한 명과 집착에 가까운 연애를 하니까 바라던 만큼 탐구를 할 여유가 남지 않았다. 헤어지자는 말을 먼저 꺼냈지만 이후의 절망감은 어마어마했다. 가을에 학교로 돌아오고도 몇 주 동안 짐을 풀지 않았을 정도로. 한 학기를 무사히 버틸 수 있는 상태인지 스스로 확신이 없었다.

그레이스는 암울한 생각에 빠져 있는 대신 친구들을 사귀어 다른 일로 바쁘게 살아보자고 결심하고 버라이어티 예능 같은 생활을 시작했다. 아카펠라 합창단 오디션을 봤다가 제대로 죽을 쒀서 그 자리에 있던 사람들에게 큰 웃음을 선사했다. 흔히 말하는 여성스러운 성격도 사교적인 성격도 아니었지만 여학생 사교 클럽에 가입했다. 정치를 잘 아는 것도 거기에 흥미가 있는 것도 아니었지만 학내 정치 연구소에 지원했고, 두 학기째에 연구원 사무 보조 학생단을 이끄는 일을 맡았다. 막아놓은 잔디밭에 자꾸만 싹을 틔우는 민들레처럼, 그레이스가 들어간 학생단에도 스테이시가 있었다. 그레이스는 다 같이 밀크셰이크를 마시러 가거나 동네 식당에서 연구원과 저녁 먹는 자리를 마련하는 등 팀 단합을 위해 애썼다. 스테이시와 친해지는 건 사실상 그레이스의 직무였다. 놀랍게도 스테이시와 어울리는 건 꽤 좋았다.

웬걸, 스테이시는 그레이스가 작업하던 학보 영상 프로젝트의 편집자로도 지정되었다. 스테이시는 그레이스에게 필름 사진을 가르쳐달라고 부탁했고, 잠이 없는 편인 그레이스는 그해 겨울 야심한 밤 암실에서 스테이시를 만나 사진을 현상했다. 해보니 스테이시에게 (장난스럽게) 이래라저래라 하는 건 성미에 맞았다.

그레이스는 요즘 암실에서나 다른 데서나 같이 있는 시간이 많은 남자애가 있다고 친구 캐럴라인에게 이야기했다. 지적으로도 예술적으로도 스테이시라는 사람은 너무 흥미로웠다. 말도 너무 잘 통했다. 밤에 같이 암실에 있으면 로맨틱한 느낌도 들었다. 그저 분위기 탓이었을까? 플라토닉과 로맨틱을 가르는 선을 찾기 어려웠다. 한 친구가 그레이스와 스테이시 사이의 성적 긴장감이 만져질 듯 생생하다고 말하기는 했지만.

스테이시는 그레이스가 일하는 카페에 얼굴을 비치기 시작했다. 누가 계산대로 오든, 어느 테이블을 응대하든 그레이스는 가게에 있는 모두와 농담을 하거나 친근하게 굴었다. 그레이스는 일상적 소통에 기운을 불어넣었고, 스테이시는 그런 기운을 키워보고자 무진장 노력 중이었다. 스테이시는 손님들과 말을 주고받는 그레이스를 지켜보기만 해도 취하는 기분이었다.

서너 살 된 스테이시가 리키 마틴 노래에 맞춰 춤을 추는 영상은 라이먼 가족의 고전 작품이다. 아이는 자신이 퀴어 아이콘의 노래에 따라 엉덩이를 흔들고 있다는 건 물론이고 '퀴어'라는 단어의 뜻을 알기에도 너무 어렸다. 하지만 지금 성인이 된 스테이시의 눈에 비친 그 어린이는 나 홀로 퀴어 댄스 파티를 즐기고 있는 것 같다. 그는 자연스럽게 여자아이들에게 다가갔고 수영할 때는 오로지 분홍색 물안경만 쓰려 했고 초등학교 졸업식 때 입을 옷으로 밝은 분홍색 셔츠를 골랐다. 스테이시의 춤사위는 이런 어릴 적 다른 행동들과 마찬가지로 가족과 주변인에게 아무렇지 않게 인정받았다. 그런데 가족이 애틀랜타 교외에서 앨라배마주 버밍엄으로 이사하고 스테이시가 중학교에 입학하자 이런 인정이 증발해 버렸다. 스테이시는 수영부 첫 연습을 마친 뒤 무리에 어울리고 싶으면 분홍색 물안경을 쓰면 안 된다는 사실을 알았다. 중학교에서 어떤 여자아이가 이런 말을 하는 것도 들었다. "내 남자친구 목소리가 높다는 애들이 있는데, 스테이시 목소리가 더 높다고 대꾸하면 그만이지롱." 스테이시는 자신의 여자친구가 창피할까 봐 혼자 목소리 낮추는 연습을 했다.

굵직하게 낮춘 목소리는 남자친구를 사귀기 시작한 중학교 1학년 때도 유지했다. 둘 사이를 알게 된 상대 남자아이의 아버지는 아이들에게 교회에 가라고 했다. 거기서 스테이시는 자신이 악마의 시험에 들었다고 배웠다. 그래서 신앙심을 키우는 데 전념했다. 등교 전에 성경 공부를 하러 갔고 자기 전에 성경을 읽었다. 하지만 3년이 지나서도 가능만 하다면 자신은 계속 남자와 데이트하는 쪽을 택할 거라는 점을 깨닫고 새로운 목표를 세웠다. 앨라배마 탈출이었다. 스테이시는 학업과 축구에 더더욱 욕심을 냈다. 두 방면에서 다 우수하면 다른 주 대학에 갈 장학금을 받을 가능성이 커졌다. 아이러니는 스테이시도 분명하게 인지하고 있었다. 앨라배마주에 퍼져 있던 이성애적 남성성 규범에서 벗어나기 위해서, 그 전형적 남성성을 더 키우는 활동에 전력투구하고 있었다.

○ ● ○

퀴어 당사자에게 섹슈얼리티와 관련해 묻는 상투적인 질문이 있다. '자신이 동성애자란 걸 언제 처음 알았나요?' 하지만 1990년대 후반 심리학 대학원에서 공부하던 리사 다이아몬드 Lisa Diamond는 성소수자 여성들을 인터뷰하며 다른 질문을 던졌다. '살면서 가장 강한 끌림을 느낀 사람을 세 명 꼽는다면 누구인가요?' 여자들은 너도나도 감정을 많이 쏟았고 자기 인생에서 많은 부분을 차지했던 우정을 이야기했다. 한 여자는 이렇게 말했다. "우리 관계는 너무 강렬해서 영적이라 해도 될 수준이었죠."² 여자들의 이야기를 들으며 리사는 고등학생 시절 단짝을 떠올렸다. 같이 아방가르드 영화를 분석하고 고백시*를 찾아 헌책방을 뒤졌던 친구다.

리사와 단짝은 로스앤젤레스의 한 여자 고등학교에서 영문학 수업을 들으며 반에서 단체로 버지니아 울프Virginia Woolf의 소설 『댈러웨이 부인』을 읽었다. 책의 주인공 클러리사는 한 친구에

---

* 시인 자신의 사적 경험을 드러내는 서정시.— 옮긴이

게 설레는 사랑을 느낀다. 그 친구를 만나려고 준비할 때면 "흥분감에 몸이 굳"고, 그 친구가 가까이 있다는 걸 알고서는 어쩔 줄 모르며 속으로 생각한다. "그 애가 이 지붕 아래에 있어······ 이 지붕 아래에 있다고!"

『댈러웨이 부인』속 이 장면을 놓고 토의하는 시간에 리사와 단짝은 말했다. "우리도 이렇게 느끼는데!"(수십 년이 지나 내게 이야기를 들려준 리사는 새된 소리로 외치듯 말하며 10대 시절 자신을 흉내 냈다.) 두 사람이 자신들의 관계처럼 사랑 가득하게 묘사된 우정을 접한 건 그때가 처음이었다.

반 친구들은 그 장면을 다르게 해석했다. 소설 속 인물들은 딱 봐도 레즈비언이라고. 리사와 단짝은 친구 사이에도 저런 감정을 느낄 수 있으니 인물들은 레즈비언이 아니라고 맞받아쳤다. "감정을 느끼는 건 정상이야!" 수업 시간이 끝날 무렵 리사와 단짝은 자신들이 별종으로 보였단 걸 알았다. 학생들이 다 같은 생각을 하고 있는 듯했다. '기막힌 우연이네. 저 등장인물들이 레즈비언이 아니라고 생각하는 여자애들이 마침 껌딱지처럼 붙어 다닌단 말이지.'

대학에 온 리사에게 룸메이트가 물었다. 지금 듣는 믹스테이프*를 만들어준 남자친구는 어떤 애냐고. 리사는 룸메이트의 말을 바로잡았다. 시간 들여 믹스테이프 노래를 조합한 사람은 자기 단짝이지 웬 남자가 아니라고. 그러자 룸메이트는 테이프에

---

*   카세트테이프가 보편적으로 사용되던 시절에는 좋아하는 노래를 직접 골라 녹음한 '믹스테이프'를 선물하는 문화가 있었다.—옮긴이

든 노래가 죄다 사랑 노래라고 짚었다. 리사는 말했다. "뭐, 서로를 향한 우리 사랑이 그만큼 강력하단 거지." 리사는 대학 생활 후반에 레즈비언으로 커밍아웃했지만 단짝을 향한 감정은 쭉 플라토닉했다.

그래서 리사는 대학원 연구로 만난 여자들이 기존 범주를 거부하는 우정을 이야기할 때 그들이 무엇을 경험했는지 알았다. 그리고 이 여자들을 더 연구하기로 했다. 레즈비언이나 양성애자 혹은 성적 지향에 이름표를 붙이지 않은 인터뷰 대상 여성 80명 중 70명이 로맨틱 관계만큼 감정적으로 강렬한 플라토닉 우정을 맺어봤다고 말했다.[3] 리사가 '격정적 우정passionate friendship'이라 명명한 이 관계에서는 서로 떨어지지 않으려는 태도, 껴안기, 손잡기, 몰입 등 로맨틱 관계에 결부되는 생각과 행동이 통상적인 우정에 비해 훨씬 많이 나타나는 경향이 있었다.[4] 우정에 성적 욕망이 가미되어 있는 여성도 있었다. 하지만 다수에게 우정은 리사의 경우와 마찬가지로 리사가 "사이 세계"라 표현한 영역에 들어앉아 있었다. 일반적인 우정이라 하기에는 너무 깊게 얽혀 있지만 그 격정을 억눌린 성적 갈망으로 설명할 수는 없었다.

리사가 인터뷰한 여성들은 현재든 과거든 다른 사람들도 비슷한 관계를 맺었다는 사실을 알지 못했다. 학술 연구 사례를 꼼꼼히 훑었어도 소득은 별로 없었을 것이다. 리사가 2000년에 발표한 논문은 현대의 격정적 우정을 다룬 몇 없는 학술 논문 중 하나였다. 리사의 인터뷰에서는 이런 우정이 흔히 존재한다는 사실이 나타났지만, 리사가 대화한 여성 다수는 자신들의 우정이 독특하다고, 심지어는 비정상적이라고 생각했다.

○ ● ○

2학년 겨울 사교 클럽 파티에 같이 갈 사람을 정할 때 스테이시가 그레이스를 찾으리란 건 물어볼 필요도 없는 사실이었다. 스테이시는 그레이스와 어울릴 때가 제일 좋았다. 두 사람은 시도 때도 없이 만났고, 대학이나 여름 수련회 같은 공동생활 환경에서는 그렇게 지내는 게 자연스러웠다.

그레이스는 스테이시와 저녁 내내 이야기하겠다는 생각에 들떴고, 어쩌면 키스하거나 잘 수도 있겠다 싶었다. 저녁을 먹으러 간 스테이시의 집에는 스테이시가 친구 둘과 각자의 데이트 상대를 위해 식사를 차려놓고 있었다. 테이블을 꾸미고 칠판에 메뉴를 써둬서, 지중해식 음식을 포장해 온 것이 아니라 레스토랑에서 식사하는 것 같았다. 식사 후에는 우버 택시를 불러 시카고 시내에 있는 지하 클럽으로 향했다. 유세 떠는 듯한 클럽 분위기는 그레이스 취향이 아니었다. 클럽 중앙에 있는 네모 공간에는 돈을 내야 들어갈 수 있었고, 그러지 않은 사람들은 벨트 차단봉으로 막힌 그 네모 밖에 둘러서서 돈을 더 낸 사람들을 쳐다만 봐야 했다. 술도 진탕 마시고 춤도 실컷 췄지만 고삐 풀린 말처럼 달리기에는 그레이스와 스테이시가 주변을 너무 의식했다. 그레이스가 돌이키기로 둘은 "거기 있는 내내 거의 정신 분석을 했고, 그것도 나름대로 재미는 있었는데 진짜 즐겼다고 하긴 어려웠"다. 그 공간을 합평하는 게 그레이스에게는 호감을 주고받는 티키타카였다.

그날 저녁은 화려하고도 허술하게 계속되었다. 카네이 웨스트의 노래 〈페이머스Famous〉가 나올 때 스테이시와 그레이스는 돈을 내지 않고 몰래 벨트 차단봉 속 네모 공간으로 들어가 춤을 췄다. 얼마 안 있어 클럽을 나온 두 사람은 한 커플과 같이 우버 택시를 탔다. 커플의 남자가 잠깐 내려 속을 게운다고 택시를 잠시 세웠다. 여자는 남자와 함께 남았고 스테이시와 그레이스만 학교로 돌아갔다. 학교가 가까워질수록 스테이시와 뭔가가 될 것만 같다는 그레이스의 예감은 점점 더 강해졌다.

두 사람은 그레이스가 사는 기숙사에 들어갔다. 약 100개쯤 되는 개인실로 나뉜 위풍당당한 벽돌 건물이었다. 학생들 사이에는 이 건물에서 길을 찾으려면 예비 소집 주간에 스태프들이 매년 페인트로 쓰는 벽 위의 명언을 봐야 한다는 우스갯소리가 돌았다.[5] 3층에 있는 그레이스 방 밖에 잠시 멈춰선 스테이시는 로마 황제이자 철학자였던 마르쿠스 아우렐리우스의 명언을 읽었다. 무지개색으로 쓰인 글은 빨강으로 시작해 보라로 끝났다. "소멸이든 변형이든 인내하며 기다려라."

그레이스가 방문을 열었다. 검은색과 밤색으로 장식된 방은 그레이스가 찍는 사진처럼 무거운 분위기였다. 두 사람은 그레이스의 싱글 침대에 앉았다. 이러다 키스하겠다는 느낌이 오자 스테이시는 그레이스에게 할 말이 있다고 했다. 입학처에서 일하며 알게 된 남자, 최근 졸업해 보스턴으로 이사한 남자와 데이트 중이라고. 사귀기 시작하고 석 달이 지나도록 스테이시는 그 관계를 누구에게도 말하지 않았다. 입학처에서 친해진 사람들이라면 커밍아웃한 자신을 지지해 주리란 건 알았지만(대부분 퀴어였다) 남자친구가 누구인지 밝히는 게 골치 아플 것 같았다. 서로를 선택한 가족chosen family*으로 생각하는 친구들이었으니, 그중 누군가와 사귀었다가는 무리가 와해될 수도 있었다. 스테이시는 한 번에 아홉 명에게 커밍아웃할 마음의 준비도 되어 있지 않았다. 설상가상으로 자신의 성적 지향에 어떤 이름표를 붙여야 할지도 알 수 없었다. 게이인 것 같긴 한데, 남자와 섹스해도 기대만큼 모든 게 자리를 찾은 느낌이 들지 않았다. 스테이시는 혼란스러운 마음을 그레이스에게 털어놓고 이렇게 말했다. "우린 그냥 친구로만 지내는 게 좋겠어."

그레이스는 어안이 벙벙했다. 생각지도 못한 대화 방향이었다. 한편으로는 실망스러웠다. 달아오른 대학생들로 가득한 클럽에서 춤을 추며 밤을 보낸 뒤였으니까. 분위기도 데이트였다. 하지만 그레이스는 얼른 생각의 방향을 틀었다. 스테이시가 하는 말의 무게가 얼마나 무거운지, 이 순간이 스테이시에게 얼마나 중대한지 인식했다.

그레이스는 자기 침대에서 우는 스테이시를 감싸 안았다. 스

---

* 혈연이나 혼인 관계가 아니지만 각자의 의지로 유대를 형성해 애정과 지지를 제공하는 관계인 사람들. '선택된 가족' 또는 '내가 찾은 가족(found family)'이라고도 한다. ─옮긴이

테이시는 그레이스에게 말했으니 조만간 다른 사람들에게도 전부 커밍아웃하겠다 싶었지만, 그 단계를 밟을 준비가 되었다는 확신이 없었다. 그레이스가 어장 관리를 당했다고 느낄까 봐 걱정도 되었다. 하지만 그 눈물에는 행복감도 섞여 있었다. 스테이시는 세상이 신호를 보낸다고 느껴질 때마다 계시를 받아들이는 사람인데, 무지개색으로 적힌 마르쿠스 아우렐리우스의 명언이 자기 본모습을 보여줄 때가 됐다는 계시 같았다. 그레이스는 자신의 이야기를 털어놓기에 딱 맞는 사람이었다. 스테이시는 말했다. "20년 동안 가슴에 얹혀 있던 돌덩이인데, 석 달 전에 알게 된 이 사람(그레이스)에게라면 편하게 꺼내 놓을 수 있었어요. 내 삶에 들어와 있는 그 누구보다 편했죠." 돌이켜 생각하니 자신의 눈물에는 다른 이유도 있었던 듯했다. "평생 되고 싶었던 사람이 되었단 느낌을 그날 밤에 받은 거죠. 앞으로 펼쳐질 좋은 삶의 전조 같았어요."

○ ● ○

공교롭게도 리사 역시 시카고 대학교 학부생 시절 레즈비언으로 커밍아웃했다. 그랬더니 사람들은 고등학생 때의 그 우정이 동성애자란 걸 자각하는 계기였냐고 물었다. 리사는 아니라고 했다. 그 친구에게 성적 끌림을 느낀 적은 없었다고(그리고 친구는 이성애자라고). 리사는 조사한 우정 관계 다수에서 이 패턴이 나타나는 것을 확인했다. 인터뷰한 여성들은 여성에게 끌림을 느꼈지만, 이들이 친밀한 유대를 나눈 친구는 이성애자인 경우가 많았다. 그래도 그 우정의 격정은 쌍방이었다. 이 친구들은 서로에게 편지를 썼고, 포옹했고, 한시도 떨어지지 않았다. 리사는 이 연구와 이후 연구에서 몇몇 이성애자 여성과도 이야기했는데, '가장 강한 끌림을 느낀 세 명'을 꼽아달라고 했을 때 여자와 맺은 감정적으로 격렬한 우정을 이야기한 사람은 이들 중에도 많았다. 격정적 우정은 성적 지향을 예측할 수단으로 유효성이 떨어지고 "오히려 우리가 …… 인간으로서 사랑과 애착을 광범위하게 수용할 수 있다는 사실을 나타내며, 이 사랑과 애착이 섹슈얼리티와 반드시 일치하지는 않는다."라고 리사는 말한다.

사랑과 섹슈얼리티의 차이는 리사가 심리학자로서 수행하는 연구의 중심이 되었다. 현재 유타 대학교 교수로 있는 리사는 다른 학자들과 더불어 욕정과 사랑에 관계되는 뇌 내 경로와 화학물질이 다르다는 사실을 발견했다.[6] 이들은 성적 욕망은 안드로겐과 에스트로겐의 영향을 받고, 사랑에 빠진 사람들에게서는 동기 부여 작용을 하고 보상감을 주는 옥시토신과 도파민을 비롯한 다른 신경 화학 물질이 분비된다는 사실을 밝혔다.[7] 유수의 심리학자들은 욕정과 사랑이 진화에서 다른 기능을 수행한다고 주장한다.[8] 욕정은 우리의 재생산을 촉진하고 그렇게 유전자의 행진을 지속하지만, 사랑은 안전하고도 만족스러운 유대를 오래 키워나가도록 우리를 독려한다. 이를 '애착attachment' 관계라고 한다.[9] 연약한 영아 시절, 살아남으려면 돌봄 제공자 곁에 붙어 있어야 하는 시기에 처음으로 경험하는 유대다. 리사는 본래 영아의 생존을 위해 진화한 이 생물학적 장치의 목적이 재설정되었다고 보는 연구자 중 한 명이다. 그렇게 이 장치는 성인 한 쌍이 긴 세월 동안 함께하는 원동력이 되었다.*¹⁰

어떤 연구자들은 애착을 로맨틱한 사랑의 두 번째 단계로 간주한다.**¹¹ 첫 단계는 심취로, 덕분에 우리는 애착이라는 감정이 가동될 때까지 상대방 곁에 충분히 오래 머물게 된다. (일반적으로 그렇다는 얘기다. 로맨틱한 사랑이 전부 격앙된 상태에서 시작하지는 않는다. 어떤 사람들은 처음부터 안정과 평온을 느끼며, 예측 불가능하게 널뛰는 격정보다 한결같은 사랑을 선호한다.) 리사는 시간, 함께 있음, 접촉을 애착을 만드는 '마법 재료'로 꼽는다. 리사의 말에 따르면, 성적 욕망이 있으면 연인들이 많은 시간을 함께 더 보낼 수는 있겠지만, 애착 형성에 섹스가 필수는 아니다.

욕정과 사랑의 생물학적 과정과 목적이 판이함을 밝힌 연구를 토대로, 리사는 거기서 더 나아가 성적 지향은 성적 끌림의 방향을 가리킬 뿐 사랑의 방향이 아니라고 주장한다.¹² 직접 연

---

*   철학자 캐리 젱킨스(Carrie Jenkins)는 로맨틱한 사랑을 순수하게 생물학적으로만 설명하는 데 회의적인 시각을 보이는 연구자 중 한 명이다. 저서 『사랑은 무엇인가(What Love Is)』에서 젱킨스는 위에 서술한 연구를 분석해 로맨틱한 사랑에는 "이원적 성격"이 있다고 결론짓는다. 우리가 경험하는 로맨틱한 사랑은 생물학적인 면의 영향도 받지만 그 사랑에 대한 사회적 기대에도 영향을 받는다는 것이다.

**   신디 해잔(Cindy Hazan)이 이렇게 주장한다. 철학자 로버트 노직(Robert Nozick) 역시 저서 『무엇이 가치 있는 삶인가(The Examined Life)』에서 다음과 같이 말한다. "여기에 심취의 한 기능이 있는지도 모른다. 하나의 우리로 통합되는 길을 내고 그 길을 평탄하게 하는 기능. 심취는 자신의 자율성에 대한 우려라는 장애물을 뛰어넘게 하는 열정을 만들고 상대방 생각, 그리고 상대방과 자신이 함께 있는 생각으로 시종일관 머릿속을 채워 우리-사고를 하도록 인도한다."

구한 격정적 우정의 여러 사례에서도 단서를 찾을 수 있었다. 이 우정의 대다수가 끝까지 성적 관계로 발전하지 않았던 것이다. 앞서 인터뷰한 여자들과 후속 면담을 진행하면서도 이 견해를 뒷받침하는 근거를 더 얻을 수 있었다. 처음 면담하고 10년이 지나는 사이 여자 다수는 스스로 밝힌 성적 지향에 따르면 끌림을 느끼지 못했어야 할 상대와 사랑에 빠졌다. 레즈비언이 남자와 사랑에 빠지고 이성애자 여성이 여자와 사랑에 빠졌다. 리사는 이 여성들이 자신의 성적 지향을 잘못 알았다고 추정하는 대신, 사랑과 섹스가 항상 같은 노선을 따르지는 않음을 보여주는 증거로 이들의 경험을 이해했다. 물론 이 동인들은 서로를 강화할 수 있다. 어떤 여성에게는 사랑이, 평소라면 성적 끌림을 느끼지 않았을 상대에게 성적 욕망을 느끼도록 유발할 수도 있을 테다.

리사의 연구와 다른 학자들의 신경생물학 연구 외에도 사랑과 성적 욕망이 항상 일치하지 않는다는 증거가 더 있다. 1979년 한 연구에서는 여성 61%, 남성 35%가 섹스하고 싶다는 욕망 없이 사랑을 느껴본 적이 있다고 답했다.[13] 30년 후에는 설문 응답자 76%가 "진정한 사랑은 열렬하거나 활발한 성생활 없이도 가능"하다는 진술에 동의했다.[14] 1980년대에 유소년 대상으로 진행한 한 연구도 마찬가지로, 흔히 로맨틱한 사랑의 핵심 요소로 여겨지는 심취가 성적 욕망을 반드시 수반하지는 않음을 확인했다. 심취와 성적 욕망이 불가분하다면 사춘기를 지나지 않은 어린이는 심취를 느낄 수 없어야 한다. 하지만 연구 대상이었던 4세부터 18세까지의 아이들에게 자신이 반한 상대에 관한 여러 진술에 동의해 보게 했을 때 그 정도는 아동의 신체 성숙도에 따라 달라지지 않았다. 그 설문의 진술은 "(반한 사람을) 언제나 생각한다."와 "(내가 반한 사람이) 내 존재를, 내 생각을, 내가 무서워하는 걸, 내가 바라는 걸 알아주면 좋겠다." 등이었다.[15] 어릴 적 누군가에게 반해봤거나 서로밖에 모르는 우정 관계를 맺어본 사람이라면 놀랍지 않을 결과다. 리사는 친구의 일곱 살 난 딸과 그 딸의 단짝이 같이 노는 자리에 친구와 함께 있었던 최근의 경험을 떠올렸다. 그만 놀아야 할 시간이 되었을 때 엄마들은 줄다리기에서 밧줄 양쪽 끝을 잡듯 아이들의 다리를 붙들고 몸을 떼어놓아야 했다. 난리도 아니었지만 특이한 상황도 아니었다. 단짝 아이의 엄마는 딸을 당기면서 체념한 듯 "또 시작이네"라고 말했다. 리사가 보기에 이렇듯 서로에게 매료된 친구들은 "안정감을 추구하며 타인에게 다가가는 법과 유대를 형성하는 법을 배우는 인간의 뇌"를 보여준다.

리사는 고등학생 시절 자신이 맺었던 우정에 애착이 담뿍 묻어 있었음을 이제 이해한다. 친구가 쓰던 로션의 장미 향을 맡으면 마음이 진정되었었는데 "그건 100% 애착이죠."라고 리사는 말한다. 갓 태어난 자기 아기의 냄새에 편안함을 느끼는 양육자와 근본적으로 다르지 않다.『댈러웨이 부인』속 장면에 리사가 공감한 건 "그 애가 이 지붕 아래에 있다"고 외친 등장인물이 순전히 친구가 그 공간에 있다는 사실만으로 기뻐했기 때문이었다. "그렇게 누군가를 소중히 여기고 또 자신이 소중히 여겨지는 기분은 사실 섹스랑 아무 상관이 없어요. 영아와 돌봄 제공자 사이의 애착 체계와 상관있는 거죠. 모든 인간이 이걸 원해요. 다른 누군가가 자신을 최우선으로 생각한다는 느낌요. 우리가 사는 현대에서는 그 누군가가 대개 성적 파트너긴 하지만, 애착 체계는 그거랑은 쥐뿔도 관계없어요." 그러니까, 섹스는 문제가 아니다.

○ ● ○

사교 클럽 파티 다음 날 아침, 그레이스는 자전적 만화인 『페르세폴리스Persepolis』 내용을 빌려 몇몇 친구에게 농담조로 문자를 보냈다. 이 만화에서는 주인공의 전 남자친구가 주인공더러 자기가 게이란 걸 깨닫게 해줘 고맙다고 한다. 그레이스는 이 예상 못한 전개를 보고 친구들과 웃었다. 하지만 『페르세폴리스』와 달리 스테이시와 그레이스의 이어질 수 없는 성적 지향은 두 사람이 가까운 사이를 유지하는 데 걸림돌이 되지 않았다. 그날 밤 이후 둘은 버릇처럼 매일 이야기를 나눴다.

달력에 무슨 일정이 들어오든 두 사람은 동행으로 함께했다. 다른 사람들도 둘 사이가 얼마나 단단히 얽혀 있는지 알아차리기 시작했다. 스테이시가 사교 클럽 파티에서 만난 어떤 여자는 한 파티에서 "너 그레이스랑 그렇고 그런 사이야?"라고 묻기도 했다. 스테이시는 분명한 답을 주지 않고 자리를 피했다.

스테이시와 그레이스는 오랫동안 자신들의 우정에 이름표

를 붙이지 않았다. 스테이시가 축구팀 전원 앞에서 커밍아웃하고부터 자기 여자친구는 그레이스라고 장난스럽게 말하긴 했지만. 자타가 공인하는 팀의 열성 팬인 여자친구가 다음 경기를 보러 오냐고 팀원들이 물으면 스테이시는 웃음을 터뜨렸다.

시간이 지나 스테이시는 이 우정의 성격을 규정할 덜 장난스러운 방법을 찾았다. 두 사람이 졸업한 다음 해, 이 축구팀이 노스캐롤라이나주에서 대학축구 3부 리그 4강 경기를 치르게 되었을 때였다. 스테이시가 선수로 뛰는 친한 친구를 응원하고 싶다고 하자 그레이스도 경기를 같이 보기로 했다. 그레이스는 나라 반대편에서 비행기로 날아와 스테이시 가족과 시간을 보냈다. 스테이시 가족은 그레이스가 칙필레*에 한 번도 가본 적이 없다는 걸 알고 이 프랜차이즈 식당에 꼭 들르려고 했다. 그레이스는 감자튀김 없이 너겟만 주문했다. 그게 스테이시의 고정 메뉴란 걸 몰랐는데도. 스테이시와 그레이스는 이런 소소한 공통점은 물론이고(스테이시가 그러듯 우주의 계시 비슷한 것에 혹하는 건지도 모르지만) 이게 가능한가 싶은 영역에서도 겹치는 부분을 발견하곤 했다. 매일 비슷한 시간에 기상하는 것처럼 기분이 동기화되었다. 같은 도시에 살지 않을 때도 동시에 몸이 안 좋아졌다. 둘은 자신들이 '하나의 영혼' 혹은 '같은 사람'이라고 말하기 시작했다. 많은 사람이 언젠가 찾고 싶어 하는, 뭐라 설명할 수 없는 유대였다.

* 치킨버거 전문 프랜차이즈. ─ 옮긴이

스테이시가 자신의 삶에 들어오기 전, 그레이스에게는 다른 단짝 캐럴라인이 있었다. 그레이스와 캐럴라인은 2014년에 시카고 대학교 입학 허가는 받았지만 정말 입학할지 말지 마음을 정하지 못한 학생들이 모인 페이스북 그룹에서 만났다. 두 사람 모두 시카고 대학교와 조지타운 대학교를 두고 고민하고 있어서, 확신이 서지 않는 부분에 대해 의식의 흐름대로 긴 메시지를 주고받았다. 이렇게 결정을 망설이는 건 평소에 또래보다 침착했던 캐럴라인의 모습과는 너무 달랐고, 그래서 캐럴라인은 "같은 문제로 고민하고 있어 나랑 비슷하게 느껴지는 사람을 만나니 마음이 한층 가벼워"지는 기분이었다.

두 사람이 실제로 처음 만난 건 기숙사 입소 때였다. 부모님 차에서 내린 그레이스는 캐럴라인과 포옹을 나누려고 다가가다가 발을 헛디뎌 넘어졌고, 그 바람에 입고 있던 청바지가 다 찢어질 정도로 무릎이 심하게 까졌다. 캐럴라인은 이렇게 허당미가 드러나는 때가 "딱 그레이스다운" 순간임을 차차 알게 되었다. 3학년 때는 한밤중에 건설 현장용 톱질 받침대를 장애물 넘듯 뛰어넘으려다가 팔꿈치를 접질렸다는 그레이스의 황당한 문자가 줄줄이 날아와 잠을 깬 적도 있었다.

캐럴라인은 그레이스처럼 혼돈의 기운을 내뿜는 사람이 아니었다. '캐럴 엄마'라는 별명까지 얻은 캐럴라인은 주말에 친구들과 오두막에서 놀기로 하면 균형 잡힌 식단 계획까지 짜고 필요한 식재료와 양념을 아이스박스에 챙겨 오는 사람이었다. (스테이시와 그레이스는 빨아야 할 꼬질꼬질한 옷으로 배낭을 채우고 사이에 핸드폰 충전기나 하나 끼워 오는 편이었다.) 분석적으로 사고하면서도 이타적인 캐럴라인이 공공 서비스 분야로 나간 건 당연했다. 캐럴라인은 고등학생 때부터 이쪽 일을 하고 싶다는 확신이 있었다.

캐럴라인과 그레이스는 서로에게서 자기 모습을 봤다. 교외에서 단란한 가족에게 응원받으며 자란 사람. 대학에서 성장기의 위기를 함께 견뎌낼수록 가족 같다는 느낌은 커져만 갔다. 두 사람은 첫해 겨울을 혹독하게 보냈고 캐럴라인의 표현을 빌리자면 "구질구질한 걸 즐기는" 기숙사생들 때문에 너무 답답했다. 둘은 조지타운 대학교로 편입할지 각자 지도교수와 상담했지만 결국 둘 다 시카고 대학교에 남기로 했다. 그해 후반 캐럴라인은 그레이스가 결별을 이겨내게 도왔고, 그레이스는 캐럴라인이 대학 생활 내내 간간이 해온 여러 차례의 혼란스럽고 실망스러운 연애를 헤쳐나가도록 도왔다. 캐럴라인은 그레이스가 "소울메이트 같은 친구"라고 했다. 캐럴라인에게 그레이스는 봐도 봐도 한없이 흥미로운 사람, 인생에서 중요한 사람들을 진심으로 대하는 모습이 감탄스러운 사람이었다. 그레이스는 캐럴라인이 "다른 몸에 들어간 내 일부"라고 표현했다. 그레이스는 시시콜콜한 개인사를 캐럴라인과 스테이시에게 똑같이 얘기하지만, 다른 반응을 예상한다. 캐럴라인이 "내 말도 안 되는 꿈이나 발상을 언제나 열심히 응원해 주는 건 스테이시와 같지만 스테이시보다 더 현실주의자 같은 면이 있다"고 그레이스는 말한다. 캐럴라인은 그레이스가 기자 일을 관두고 전업 예술가가 되겠다고 결심했을 때 생계를 유지할 방안이 있는지 확인해 준다.

졸업반이 되었을 무렵 스테이시와 캐럴라인은 각자 이사한 벽돌집이 이웃하고 있단 사실을 알게 되었다. 캐럴라인의 집에는 다른 여자 다섯 명이 같이 살아서 두 사람은 여기를 '수녀원'이라 불렀다. 스테이시는 축구 선수 여덟 명과 한집에 살았다. 두 집 앞에는 한 갈래 돌길이 깔려 있었고 한 그루 나무가 그늘을 만들었으며 뒷마당이 하나로 붙어 있었다. 그레이스는 두 친구를 한 번에 만나러 와 잠은 스테이시 집에서 자고 아침은 캐럴라인 집에서 먹거나 그 반대로 했다. 스테이시는 한 '수녀원' 여자에게 줄 생일 선물로 두 벽돌집을 그린 그림을 준비했다. 이렇게 맞닿은 집의 형상은 스테이시, 그레이스, 캐럴라인이 앞으로 꾸려나갈 성인기의 삶에서 중심에 두고자 하는 친구 공동체를 상징하는 증표가 되었다. 캐럴라인은 더 오래 알고 지낸 친구 두 명이 만든 신조를 빌려왔다. "서른다섯 살에는 시카고로." 친구들에게 이 신조는 경력이나 학업을 위해 필요하다면 흩어져도 된다는 허가이자 언젠가는 같은 구획이나 동네로 이사해 와야 한다는 부름이었다. 캐럴라인의 친구들이 함께하는 환경을 조성하려 한 데는 감성적인 이유만 있지 않다. 그들은 대체로 공공 서비스 분야에서 일해서(뜻: 수입이 적다) 앞으로 혼자 살기에도, 단둘이 벌어 아이를 키우기에도 형편이 빠듯하겠다고 생각했다. 공동체를 이루면 비용과 돌봄을 분산하고 또 대학 때 누린 상호 연결된 사회적 세계의 기쁨을 되살릴 수 있었다.

캐럴라인과 스테이시는 나란히 스페인에서 영어를 가르칠 풀브라이트 장학생으로 선정되었고, 그 소식을 듣고는 같이 쓰는 뒷마당에서 마주쳤다. 서로의 품으로 달려가 캐럴라인이 "삶을 긍정하는 포옹"이라 표현한 행동을 나눈 두 사람은 혹시라도 우정 결혼식을 치르고 싶어지면 장소는 여기 뒷마당으로 해야겠다며 웃었다. 그 순간 서로의 인생에 함께하겠다는 더 큰 약속에 발을 들인 느낌을 받았다. 스테이시는 스페인 소도시에서 1년간 영어를 가르쳤고, 캐럴라인은 그 도시에서 기차 한 번으로 갈 수 있는 마드리드에서 지냈다. 몇 주에 한 번씩 같이 여행을 다녔더니 캐럴라인에게 스테이시는 '중거리 남자친구' 같은 존재가 되었다. 그레이스는 그해 가을 인도 신문사에서 근무했고, 이후로는 뉴욕에서 워싱턴 D.C.로, 또 시카고로 지역을 옮기며 언론 일을 했다. 스테이시는 스페인에 있는 동안 그레이스와 메신저로 줄곧 문자와 사진과 음성 메모를 주고받았고, 캐럴라인과 그레이스도 그랬다. 그렇게 멀리서도 각자 생활을 조각조각 전했다. 이들의 우정은 이제 3인 파티가 되어 있었다.

○ ● ○

고등학생 시절 스테이시에게 섹스는 경고로만 대화에 등장했다. 결혼하기 전에 섹스하면 안 된다, 섹스는 위험하다. 그런데 대학에서는 섹스가 당당하게 무대 중앙으로 올라왔다. 학생들은 각자의 성적 일탈을 늘어놓으면서 돈독해졌다. 스테이시의 말이다. "그 급격한 태세 전환이 혼란스러웠어요. 전에는 얘기를 피했으면서, 이제는 '오로지' 그 얘기만 하려 하잖아요." 성을 억압하는 환경에서 자란 스테이시에게 대놓고 하는 섹스 이야기는 해방적이었다. 잠시뿐이긴 했지만.

 스테이시의 흥미가 식은 건 이성애자 시스젠더* 남성이 섹스의 조건을 결정한다고 생각하게 되었을 때였다. 축구팀 동료 선수들도 예외가 아니었다. 동료들은 여자와 했던 섹스나 하고 싶은 섹스를 이야기했고 누가 누구와 데이트한다며 입방아를 찧었다. 스테이시가 여자 축구팀 선수들과 친해졌다고 놀리기도 했는데, 거기에는 여자 선수들과 자고 싶어서 그러냐는 암시가 깔려 있었다. 스테이시가 어디에 그렇게 끌렸는지 동료 선수들은 짐작도 못 했다. 스테이시는 여성 친구 무리의 관계 역학을 부러워했다.

 동료 선수들의 농담은 여자를 향한 성적 관심뿐 아니라 스테이시로선 느끼지 못한, 섹스를 원하는 일반적인 욕망까지 상정하고 있었다. 스테이시는 대학 생활을 하는 동안 이런저런 남자들과 로맨틱한 사이가 되긴 했지만 섹스에는 내내 별 관심이 없었다. 해명이야 만들어낼 수 있었다. 오랫동안 성적 지향을 숨기고 살아서 지금은 과도기를 지나고 있다, 가톨릭 신자라서 느끼는 죄책감을 씻어내야 한다, 그 남자에게는 그다지 끌리지 않았던 것 같다. 몇 번은 장거리 연애도 했는데 상대 남자가 자기 동

---

* 출생 시 지정된 성별과 스스로 정체화한 성별이 일치한다고 느끼는 사람으로, 트랜스젠더와 반대되는 개념이다. ― 옮긴이

네로 올 때면 한 침대에 들어가는 일을 피하려고 각종 활동으로 일정을 꽉꽉 채우고 치즈퐁뒤 같은 진수성찬을 먹도록 계획을 짰다. 위장이 부글거리면 할 마음이 싹 사라지니까.

스페인에 있을 때 스테이시는 자신이 남자에게 성적으로 관심이 있는 건 아니라고 친하게 지내던 여자에게 털어놓았다. 그 친구도 섹스가 자신의 삶에서 무슨 역할을 하는지에 대해 비슷한 의문을 품고 있었다. 스테이시가 다른 사람에게서 자신과 생각이 비슷하다는 말을 들은 건 그때가 처음이었다. 그 대화로 자신이 이상한 게 아니라는 믿음을 얻은 스테이시는 막 알아가고 있던 남자에게 솔직히 말하기로 했다. 감정적으로 가까워지고 싶은 건 맞지만 육체적 요소를 받아들일 준비는 되지 않았다고, 자기는 무성애를 탐색하고 있다고. 상대 남자는 공감해 줬고 계속 만나는 건 의미가 없겠다는 데 동의했다.

상대의 인정 어린 반응에도 스테이시는 상심이 컸다. 남자에게 끌리는 건 분명한데 왜 섹스할 마음은 들지 않는지 이해할 수 없었다. 스테이시는 게이라고 커밍아웃했을 때 한쪽 "문이 닫히긴 했지만 다른 문이 나타났고 그 열린 틈으로 빛이 들어오는 게 보였다"고 했다. 하지만 자신이 무성애자일 수도 있겠다고 인정하려던 때는 달랐다. "그 다른 문마저 닫히더군요. 남은 건 닫힌 문 두 개를 마주하고 덩그러니 앉은 나뿐이었죠."

○ ● ○

무성애자, 에이스ace*라고도 하는 이들은 스스로 망가진 사람이라 느낄 때가 많다. 『에이스: 무성애로 다시 읽는 관계와 욕망, 로맨스Ace: What Asexuality Reveals About Desire, Society, and the Meaning of Sex』의 저자 앤절라 첸Angela Chen이 쓰기로, 에이스들은 자신이 "인간 형상을 하고 있으나 배선에 결함이 있으며 무언가가, 좋은 삶의 근본을 이루는 무언가가 빠져 있다."[16]라는 메시지를 받는다. 성소수자를 대상으로 한 2020년 연구에서는 무성애자인 응답자가 무성애자가 아닌 퀴어 남성과 여성보다 더 강한 낙인을 체감하는 것으로 드러났다.[17] 한때 성생활을 했다고 해도 어딘가 잘못된 사람 취급을 받는 것은 매한가지다. 어디서나 보이는 비아그라 같은 약품 광고는 남성에게 나이를 먹어서도 정력을 유지해야 한다는 압력을 넣는다. 이런 평가와 압력은 섹스가 '정상적'이고 만족스러운 삶을 이루는 결정적 요소이며 섹스를 원하지 않는 건 자연스럽지 않다는 생각을 부추기는 일단의 통념, 강제적 섹슈얼리티compulsory sexuality가 작동하는 사례다. 강제적 커플살이와 한 사슬을 이루는 고리로 이 개념을 생각해 보자.

섹스가 충만한 삶의 필수 요소라는 관념을 떠받치는 주장은 떨어지는 법이 없다. 섹스는 두 사람을 하나로 만들어주는, 나아가 새로운 삶을 만들어줄 가능성까지 품은 위대한 결합제로 여겨진다. 섹스는 친밀성을 길러준다. 맨몸이 되어 특정한 사람에게만 은밀히 자신의 욕망을 내보이고 그 앞에서 억제되지 않은

---

* 무성애자를 의미하는 에이섹슈얼(asexual)의 별칭이다. — 옮긴이

쾌락을 표출하는 건 취약함을 드러내는 일이다. 종교적 맥락에서 섹스는 일반적으로 신성한 행위다.

현대에 상상되는 섹스의 역할은 여기에 그치지 않는다. 섹스는 우리 자신이 누구인지 발견하는 데도 도움이 된다고 한다. 네 권짜리 연구인 고전『성의 역사The History of Sexuality』에서 철학자 미셸 푸코Michel Foucault는 19세기가 서구에서 하나의 전환점이 되었다고 본다. 그 전까지 섹스는 결혼하고 가족을 이뤄 사회에서 한 개인의 자리를 확보하게 해준다는 의의가 우선시되는 행위였지만, 이때를 기점으로는 그런 의미가 아니게 되었다. 각 개인이 하는 섹스의 유형, 특히 그 섹스가 용납되는지 거부되는지에 따라 그 사람의 정체성이 형성되고 도덕적 가치가 지각되었다.[18] 푸코는 섹슈얼리티를 해방의 열쇠로 보는 것이 모순이라 생각했다. 푸코의 관점에서 섹스란 언제나 권력과 사회 규범에 얽혀 있었다. 어떤 규범을 벗어 던지려 해도 결국은 다른 규범을 취하게 된다. 아니면 옛것과 새것이 섞인 규범이 등장한다. 20세기 후반 성 긍정주의 운동에서 그랬다. 이 운동은 특정 형태의 섹스를 둘러싼 낙인을 제거하려 했으나 섹스와 자아 사이의 연결 고리는 그대로 유지했다. 섹스는 자기발견과 자기표현, 자기실현의 장이어야 했다.

섹스가 이런 의미를 자아내고 성장을 이끌 수도 있다. 하지만 어느 때나 모두에게나 그렇지는 않다. 섹스가 항상 심오한 결합인 것은 아니다. 상담사들은 가벼운 만남에서든 헌신하는 관계에서든 성적 접촉이 생명을 창조하는 건 고사하고 '사랑 만

들기'보다도 쾌락 생산에 가까울 때가 왕왕 있다고 지적한다.[*19]
섹스가 친밀성을 만드는 한 가지 매개는 될 수 있어도 분명 유일한 매개, 또는 궁극적인 매개는 아니다. 내가 인터뷰한 각양각색의 사람들, 행복하게 로맨틱 관계를 맺고 있는 사람, 싱글, 독실한 기독교인, 폴리아모리, 섹스를 즐기지 않는 사람, 포르노 배우가 되기로 결심할 만큼 섹스를 즐기는 사람에게서 듣기로도 그랬다. 작가 앤드리아 드워킨Andrea Dworkin과 범주를 거부하는 관계를 맺었던 존 스톨텐버그John Stoltenberg가 다음과 같은 재담으로 이를 탁월하게 표현했다. "오르가슴은 중심을 단단히 잡아준다. 동시에 상당히 덧없다. 왔나 싶으면 가버린다."

사회 지배적인 문화적 메시지는 섹스를 친밀성과 결합하지만, 두 가지가 뚜렷하게 구분됨을 암묵적으로 인정하는 인식이 적어도 하나는 나란히 존재하고 있다. '정서적 외도' 개념은 성적이지 않은 관계여도 성적인 관계에 맞먹는, 심지어 그 관계를 위협할 수준으로 가까워질 수 있음을 시사한다. 섹스를 원하는 정도가 파트너 간에 다를 수 있는 것과 마찬가지로 친밀성이 고픈 정도도 다를 수 있다. 그래서 사람들은 때로는 서로를 독점하는 로맨틱 관계 밖에서 친밀성을 찾는다. '정서적 외도'라는 용어의 존재는 사람들이 저마다 다른 곳에서 핵심 욕구를 채운다는 사실을 강조해 보인다.

* 가령 심리치료사 맷 런드퀴스트(Matt Lundquist)는 이렇게 쓴다. "친밀성이라는 맥락 내부에 언제나 반드시 섹스가 존재한다는 사회의 고집은 억압적이며, 세계와 역사를 통틀어 각양각색의 건강한 사람들이 친밀성 없는 섹스에서 큰 쾌락과 의미를 발견했다는 사실을 부정한다."

섹스가 자신이 누구인지 인식하는 데 도움이 되고 나아가 정체성의 큰 부분을 형성할 수는 있어도 자기발견의 유일한 경로일 수는 없다. 미술도 탐구하고 표현하고 즐거움을 느끼는 방식이지만, 그렇다고 온전한 인간으로 인정받고 싶으면 매주 이젤 앞에 서라고 미국 사회가 모두에게 강요하지는 않는다.

○ ● ○

스테이시는 어쩌다 보니 부모님에게 두 번 커밍아웃했다. 대학에 다닐 때 한 번, 수년이 지나고 앨라배마주 시골에 있는 부모님 집에서 또 한 번. 가림막을 둘러놓은 그 집의 현관 앞 테라스, 온전한 실내도 실외도 아닌 그 공간은 스테이시가 기억하기로 가족끼리 긴히 할 이야기가 있으면 늘 모이던 곳이었다. 아버지가 다른 도시에 있던 2020년의 어느 여름밤, 해가 넘어가고 벌레들이 옹알대던 그때 스테이시는 어머니와 저녁을 먹으려고 자리에 앉았다. 뉴욕에 새로 구한 집으로 돌아가기 전 앨라배마에서 마지막으로 보내는 밤이었다. 그날 아침과 오후에는 쓰라린 순간이 몇 번 있었다. 스테이시는 어머니가 자신의 퀴어 정체성을 불편해하는 것 같자 반작용으로 어머니가 서운해할 게 뻔한 말을 뱉었다. 그래서 뻣뻣해진 분위기를 풀 겸 테라스에서 저녁을 먹자고 했다.

스테이시의 어머니는 아들이 3년 전 대학교 3학년 때 이미 자신이 게이라고 밝혀놓고서 왜 이제 와 자신을 '퀴어'라고 하는

지 이해하지 못했다. 그날 밤 스테이시는 이유를 설명했다. 자신이 무성애자라서 그렇다고. 스테이시는 섹스가 즐겁지 않았고, 연애를 해보려 할 때면 자신이 섹스 생각이 없다는 걸 파트너가 될지 모를 상대에게 솔직하게 알렸다.

몇 년 전 보수적인 부모님 앞에서 게이라고 커밍아웃할 때 스테이시는 공격을 방어하듯 게이에 대한 부모님의 지레짐작을 열심히 쳐냈었다. 그때에 비하면 가림막 두른 테라스에서 어머니와 나눈 대화는 상대를 알고 싶어 하는 열린 자세로 부드럽게 공을 주고받는 듯했다. 어머니는 말했다. "너희 세대에겐 자기가 원하는 걸 명확히 설명할 어휘가 있으니 참 잘된 일이야." 결혼이라는 단계에 이르면 섹스를 하고 싶어진다, 사람에 따라 시기 구분 없이 섹스가 당길 수도 있다는 메시지를 받으며 자란 어머니였다. 스테이시가 예상한 질문 세례는 없었다. 스테이시는 대화 내내 심호흡을 했다.

일주일쯤 지나 아버지에게서 전화가 왔다. 아버지는 엄마한테 얘기 들었다며, 네가 파트너를 원하지 않는다면 그 마음도 이해한다고 했다. 그 순간 스테이시는 깨달았다. 어머니와 했던 대화가 자기 생각처럼 흘러가지 않았단 걸. 다른 건 몰라도 이야기 중에 의미가 뒤죽박죽된 건 확실했다. 스테이시의 말이다. "섹스랑 파트너 관계가 그 정도로 단단히 묶여 있단 거겠죠. 내가 파트너까지 원하지 않는다고 넘겨짚을 정도로요." (이렇게 속단하는 사람은 스테이시네 부모님만이 아니다. 무성애자 커뮤니티인 '무성애 가시화와 교육 네트워크Asexual Visibility and Education Network'의 자주 묻는 질문 페이지에는 이런 항목이 있다. "무성애자들이 어떻게 누군가와 가까운 사이가 될 수 있는지 모르겠어요. 섹스 없는 연애가 어떻게 가능한가요?"[20]) 스테이시는 아버지에게 날을 잡고 직접 만나 이야기하자고 했다. 부모님 앞에서 무심결에 자꾸 하게 되는 기초 성교육을 또 하게 될 터였다. 어느 일요일 오전 앨라배마의 언덕진 시골길을 자전거로 달리며, 스테이시는 스페인에서 학생들 성교육을 하느라 만들었던 강의 계획안 내용을 가져다 아버지에게 설명했다. 섹스가 파트너 관계에 필수인 건 아니라고. 아버지는 이해한 것 같았다. 그 대화를 마치니 날아갈 것 같았다고 스테이시는 그레이스에게 말했다.

　섹스와 파트너 관계에 대한 스테이시의 견해는 자신과 그레이스의 관계에도 적용되었다. 두 사람은 시간이 흐르면서 자신들이 파트너 관계를 구축했다는 사실을 깨달았다. 졸업 이후 해가 갈수록 주변 동기나 동료와는 다르게 살고 있단 점이 보였다. 대학 친구들은 남자친구나 여자친구를 고려해서 앞으로 살 곳을 정했고, 귀한 휴가는 친구보다는 로맨틱 파트너와 함께했다. 스테이시와 그레이스는 그렇지 않았다. 두 사람은 서로를 보려고 비행기를 탔고 휴일을 같이 보냈다. 서로가 최우선이었다. 그레이스의 표현을 빌리자면, 둘은 서로의 "1번"이 되었다.

　서로의 1번이라는 역할은 일상 속에서 내리는 여러 결정으로 더 강화되었다. 전부터 그레이스가 계속 말하던 책을 완독하고 덕분에 집까지 장거리를 이동하는 차에서 눈물을 쏟았다고 스테이시가 말하면 그레이스는 그날 밤에 그 책 이야기를 하자고 했다. 이런 대화는 한 번이 아니었고, 커플이 퇴근하고 저녁을 먹으며 나누는 대화와 같았다. 서로의 하루를 궁금해하는 대화. 파트너 관계에 필요한 건 평범함과 친밀함의 배합이다. 일상적인 면과 내밀한 면 양쪽을 모두 소상히 알아야 파트너 간에 서로의 삶이 최신 고화질 이미지로 보인다. 스테이시와 그레이스는 대학 시절 내내 생각과 감정을 전방위로 공유했으니, 그레이스로서는 이런 식으로 서로의 삶에 얽히던 관계가 끊기는 게 오히려 이상했을 것이다. 캐럴라인은 대학을 졸업한 이래로 쭉 진지한 연애 중이라(상대는 그레이스 어머니가 연 파티에서 만난 남자였다) 가끔은 이 뜻깊은 우정에서 자신만 빠져 있는 게 아닌가 하는 생각도 들었다. 스테이시와 그레이스는 특정한 유대 관계를 이어가고 있으니. 하지만 머릿속 '불안부'가 잠잠해지면 캐럴라인은 자신이 스테이시와 그레이스의 관계를 동경하고 또 응원하고 싶어 한다는 점을 자각했다. "서른다섯 살에는 시카고로"라는 신조를 실천하려는 의지는 세 사람 다 여전했다.

스테이시는 아버지에게 기초 성교육을 하고 여섯 달쯤 지나 앤절라 첸의 책을 집어들었고, 이후 무성애를 스펙트럼으로 이해하게 되었다. 누구는 성적 끌림을 드문드문 경험하고 또 누구는 평생 경험하지 않는다. 성적 행위에 어떻게 반응하는지도 사람마다 다르다. 무성애자라도 누구는 섹스에 심드렁하고 누구는 거부감을 느끼며 또 다른 누구는 섹스를 기분 좋게 생각한다. 스테이시는 끌림의 유형이 다양함을 배웠고, 자신이 남성에게 느끼던 끌림이 성적 끌림이 아니라 다른 유형의 끌림일 수도 있다는 점을 깨달았다. 키스나 손잡기처럼 특정한 방식으로 몸을 쓰고 싶은 마음, 이를 무성애자는 '관능적 끌림'이라 부른다.

스테이시가 그 책에서 제일 좋다고 느꼈던 부분, 무성애를 탐색하며 얻은 가장 큰 소득이라 생각한 부분은 이 개념이 대화의 물꼬를 터준다는 것이었다. 스테이시는 '섹스가 당신에게 어떤 의미인가요? 당신 인생에서 섹스는 어떤 모습이면 좋겠나요?' 같은 질문을 할 수 있게 되었다. 섹스를 이렇게 바라보는 시각은 혼외 성관계, 비이성애 성관계를 비난하는 환경에서 성장한 스테이시가 접하지 못한 것이었다. 청년기에도 이런 생각은 떠오르지 않았다. 스테이시에게 그 시기는 성욕이 과잉된 환경이었고, 그 안에서 성 긍정주의는 '섹스는 많이 할수록 좋다'는 생각과 다를 게 없었다.

왜 섹스에 흥미를 더 느끼지 못하냐고 자문하는 대신 스테이시는 다른 질문에 이르렀다. '내 인생과 관계를 앞으로 나아가게 할 힘이 섹스가 아니라면 뭘까?' 스테이시는 그레이스와의 관계에서 답을 찾았다. 자신과 그레이스가 둘의 관계를 최우선으로 생각하고 서로를 지지한다는 걸 자각했다. "내가 파트너에게 바라는 게 딱 이거거든요. 우리는 이미 이뤘어요. 바로 여기서요. 난 준비됐고, 이제 궁금한 건 이런 거죠. 이 관계를 중심에 두려면 어떻게 해야 하나? 그런 삶은 어떤 모습이 될까?" 스테이시는 무성애자 커뮤니티에서 퀴어플라토닉 파트너 관계queerplatonic partnership라는 개념을 접한 상태였다. 관습적인 로맨틱 관계와 성적 관계의 온갖 덫 없이 서로 헌신하는 우정 관계의 한 가지 유형이다. 스테이시는 그레이스와 그런 관계가 될 수 있을 것 같았다.

2020년 11월까지 석 달 동안 스테이시는 앨라배마주에서 상원의원 선거운동 일을 했고, 선거를 마치고는 정치 분야에서 일하는 다수와 마찬가지로 완전히 진이 빠져버렸다. 그래서 재정비를 위해 그레이스와 시간을 보낼 예정이었다. 당시 그레이스는 신문 기자로 계단을 착착 올라가고 있었다. 두 사람은 시카고에서 장거리 자전거 여행을 했다. 그레이스가 마침 같은 도시의 다른 동네로 이사할 생각을 하던 터라 두 사람은 그레이스에게 다소 낯설었던 예술가 동네를 찾아갔다. 자전거 페달을 밟으며 자신들이 살면 잘 맞겠다 싶은 거리를 이곳저곳 골랐더니 점차 "서른다섯 살에는 시카고로"라는 신조가 공상이 아니라 한층 현실에 가깝게 느껴졌다. 둘은 에티오피아 음식을 먹으며 서로의 생각을 확인했다. 미래에 친구 공동체를 일굴 동네에 어떤 요소가 갖춰져 있으면 이상적일지 의논해, 미시간호와 가깝고 다양성 높은 공립 고등학교가 인근에 있으면 좋겠다고 의견을 모았다. 그레이스와 그레이스네 고양이랑 3주 동안 한 침대를 쓴 그 여행에서 스테이시는 "그레이스와 사는 게 얼마나 특별한 느낌일지, 우리가 그 생활을 얼마나 잘할 수 있을지 깨달았다"고 했다.

스테이시는 나이가 들수록 자신이 바라는 삶의 모습을 고민하는 시간이 늘었다. 스스로 게이라고 생각했지만 무성애자로 정체화하지 않았을 때는 남성 파트너와 가정을 꾸리고 옆집에 그레이스가 사는 생활을 상상했다. 자신이 무성애 스펙트럼에 있다는 걸 알고서는 "모든 걸 새로 그려야" 했다. 그레이스가 공동 양육자가 되는 게 좋을지도 몰랐다. 스테이시와 그레이스는 로맨틱 관계의 파트너들에게 기대되는 단계를 밟아볼까 상의했다. 같이 살고, 아이를 키우고, 결혼식을 하는 단계. 두 사람은 이 계획을 보험으로 생각했다. 각자 로맨틱 파트너를 찾지 못하면 서로의 삶에서 그 역할을 해줄 수도 있겠다고.

이듬해 여름 술집 테이블을 사이에 두고 마주 앉아 각자 술을 들고서, 스테이시는 조금 더 재촉하듯 이 질문을 다시 꺼냈다. 정말 그렇게 할 건지 확실히 정하고 싶었다. 둘의 파트너 관계를 기념하고 싶었다. 가족 앞에서 우정 결혼식을 올려도 좋고 아예 법적으로 혼인 신고를 해도 좋았다. 그건 규정되지 않은 두 사람의 관계를 규정해 보자는 제안이었다.

그레이스는 어안이 벙벙했고, 자기는 잘 모르겠다고 대답했다. 로맨틱 관계 대신 스테이시와의 우정을 인생에서 1번이 되는 관계로 놓을 수 있을까 고민하며 그레이스는 소설 『리틀 라이프』의 한 구절을 생각했다. 두 등장인물 주드와 윌럼은 친구, 동반자, 연인 사이에서 선이 흐릿한 관계를 맺고 있다. 윌럼은 『오디세이아』에서 오디세우스가 이타카로 귀환하고도 여기가 고향이 맞냐고 물어야 했던 순간을 생각한다. 너무 큰 혼란을 겪은 오디세우스가 자신이 다스리던 나라조차 알아보지 못한 그때. 윌럼이 한 가지 범주로 분류할 수 없는 주드와의 관계에서 보금자리를 찾고도 그걸 알아보지 못했다는 것이 그레이스의 해석이다. 그러니 궁금했다. 자신도 보금자리를, 삶의 기반이 되어줄 스테이시라는 인생의 동반자를 찾았는데 그 사실을 받아들이지 못하고 있는 건 아닌지. 이 생각이 뇌리를 맴돌았다. 스테이시가 내 이타카인가?

스테이시에게 로맨틱한 사랑의 이상적 전형은 영화 〈이터널 선샤인Eternal Sunshine of the Spotless Mind〉 속 한 장면이었다. 밸런타인데이 밤, 두 주인공은 얼어붙은 호수에 꼭 붙어 누운 채 별 총총한 하늘을 올려다보며 서로를 놀린다. 얼어붙은 호수 위를 걷는 위험은 스테이시가 생각하는 로맨틱 관계와 닮았다. 스테이시의 말이다. "파트너 관계를 맺는다는 건 두 사람의 유대에 위험과 난장을 같이 불러들이겠다는 선택 같아요. 어떻게 되든 일단 해보기로 하는 거죠."

사실 스테이시와 그레이스는 어느 겨울날 실제로 얼어붙은 호수에 간 적이 있었다. 인디애나주로 캠핑을 하러 갔을 때였고, 마침 밸런타인데이에 계획한 일정이었다. 체온을 나누려고 같이 담요와 침낭을 겹겹이 둘러쓴 채 옹그리고 앉아 별을 바라보던 때 스테이시는 로맨스의 감각을 느꼈다. 스테이시에게 로맨스는 헌신하고, 취약함을 내보이고, 누군가를 깊이 아는 것이었다. 심리학자들이 '동반자적 사랑companionate love'이라고 하는 개념과 궤를 같이하는 정의다. 그레이스가 이해하는 로맨스는 좌우지간 스테이시의 이해와 나란하지 않다. 그레이스가 말했다. "스테이시를 사랑한다고 말하는 건 어렵지 않아요. 다만 의미가 좀 다르겠죠." 대학 시절 전 남자친구를 향했던 심취의 사랑과는 다른 의미라는 것이다.

그 밸런타인데이 주말여행 이후로 많은 것이 바뀌었다. 캐럴라인은 위스콘신주에서 워싱턴 D.C.로 이사했고, 그레이스는 대학 때의 전 남자친구와 다시 만날지 고민 중이었고, 스테이시는 자신이 젠더퀴어genderqueer*라는 걸 알아가고 있었다.(여기서부터 스테이시는 데이/뎀they/them 대명사로 지칭하겠다. 이보다 앞선 삶을 서술하며 남성형 대명사 히/힘he/him을 쓴 것은 스테이시의 요청이었다.)** 하지만 여러 해가 지나 캐럴라인이 파트너 앤드루와 같이 사는 워싱턴 D.C.의 집에 나까지 모여 앉았을 때도, 이들 모두는 여전히 각자가 생각하는 로맨스의 정의를 정리하는 중이었다. 그레이스와 스테이시는 2023년을 맞아 그날 밤 캐럴라인이 여는 새해 전야 파티를 위해 미리 운전해 와 있었다. 로맨스를 대하는 생각에 변화가 있었냐는 내 물음에 그레이스는 로맨스라면 수수께끼가 어느 정도 따라오는 것 같다고 조심스레 말했다. 스테이시의 본능은 정반대였다. 로맨스를 정의하는 특성은 확실성, 즉 자신이 지금 상대방의 '그 사람'이며 앞으로도 그러리라 확신하는 것이었다. 나는 금색 시퀸 랩드레스를 입고 집을 쏘다니며 끝이 가는 양초에 불을 붙이고 파티용 애피타이저를 준비하는 캐럴라인에게 질문을 넘겼다. 캐럴라인은 친구를 향한 플라토닉한 감정과 로맨틱한 감정을 구별

---

* 자신의 성별 정체성이 기존의 이분법적 성별 구분에 맞지 않는다고 느끼는 사람. — 옮긴이
** 영어의 데이/뎀은 성별을 구분하지 않는 3인칭 단수 대명사로 쓰인다. — 옮긴이

하기가 어렵다고 느낀 과거를 소환했다. 가장 동의를 많이 얻은 생각은 로맨스가 친밀성을 기념하는 것이라는 스테이시의 의견이었다. 옷을 차려입고 시간을 내서 서로가 서로에게 얼마나 중요한지 기리는 것 말이다. 생일 파티 같은 행사는 한 사람을 축하하는 자리지만, 로맨스는 관계를 기념하는 일로 분명하게 구분된다.

주거니 받거니 의견이 오가는 동안 나는 친구들 사이에서 최근 우연히 나온 비슷한 대화를 떠올렸다. 로맨틱 관계가 무엇인지 정의해 보려던 우리는 그게 불변의 본질을 기초로 한 것이 아니라서 파악하기 어려운 용어라고 결론지었다. 오히려 이 용어는 철학자 루트비히 비트겐슈타인Ludwig Wittgenstein이 제시한 '가족 유사성family resemblance' 개념과 더 어울린다. 사진 속 사람들의 생김새가 똑같지 않은데도 가운데 뾰족하게 내려온 이마 선과 쏙 들어간 보조개로 생물학적 관계가 있음을 짐작하게 하는 가족사진을 생각해 보라. 마찬가지로 로맨틱 관계들에는 겹치는 특성이 있지만, 같은 조건을 전부 충족해야만 한 범주로 묶일 수 있는 것은 아니다. 어떤 로맨틱 관계는 성적인 격정과 더불어 빠르게 치닫고 어떤 로맨틱 관계는 한결같은 동반자적 사랑을 누리게 해준다. 서로가 비밀을 털어놓을 가장 가까운 친구인 로맨틱 파트너도 있지만 그 역할을 친척이나 친구가 해주는 로맨틱 파트너도 있다. 이렇듯 여러 가지가 달라도 사회적으로는 다 로맨틱 관계로 인식된다.

오후 9시 30분쯤 되니 캐럴라인, 앤드루, 스테이시, 그레이스의 친구들이 파티에 참석하러 하나둘 집으로 들어오기 시작했다. 그레이스는 친구들이 비에 젖어 반질반질해진 외투를 벗기도 전에 기습 질문을 날렸다. "로맨스를 뭐라고 정의할래?" 한 손님은 예전에는 로맨틱 관계가 우정에 섹스를 더한 것과 같다고 믿었지만 요즘은 생각이 바뀌었다고 말했다. 자기는 "궁서체 로맨티스트"인데, 로맨틱 관계는 자기 이상에 못 미치는 반면 우정 관계는 이상적이라 느껴질 때가 많은 게 희한하다면서.

나는 로맨스가 가미되어 친구 관계가 변할 수 있다는 점을 직접 경험했다. 내가 M에게 느낀 심취는 마코와의 관계 초반에 느꼈던 것과 매우 비슷했는데, 이걸 폴리아모리 커뮤니티에서는 신관계 에너지New Relationship Energy, 약칭 NRE라 한다.* NRE는 관계 초반의 황홀한 나날, 새 파트너에게 마음을 사로잡혀 온 세상이 환하게 빛나는 시기를 설명한다. 자극 가득했던 우정의 초기가 지나가고도 M과 나는 계속 애정을 표현했고 꽃과 커플 목걸이로 우리 우정 기념일을 축하했다. 첸이 『에이스』에서 주장하듯 로맨틱한 사랑과 플라토닉한 사랑은 "중첩되는 부분이 있어 깔끔하게 구분할 수 없다." 로맨틱 관계와 플라토닉 파트너 관계에도 역시 가족 유사성이 있다고 할 수 있겠다.**

*   신재생에너지(New and Renewable Energy)의 영어 두문자 약어와 같다.—옮긴이
**   '로맨틱'과 '플라토닉'이라는 범주를 흔드는 것이 내 의도이긴 하지만 이 책에서는 명료하게 쓰기 위해 '로맨틱 관계'와 '플라토닉 파트너 관계'라는 용어를 그대로 사용했다. 여러 관계 유형 내부에 존재하는 다양성과 관계들 사이의 중첩을 인식하는 방향으로 우리의 이해가 발전하기를 바란다.

사람들은 로맨스의 의미를 콕 집어 말하긴 어려워해도 인생에서 로맨틱 관계가 해야 하는 역할에 대해서는 확고한 견해를 품고 있는 듯하다. 최근 그레이스의 친구는 그레이스를 붙잡고 사회복지학 석사 과정에서 배운 활동을 같이 해보자고 했다. 두 사람은 종이에 방울을 그려 '사회원자social atom'* 지도를 만들었다. 동그라미의 크기와 중심에서 떨어진 거리는 그 사람이 자기 인생에서 차지하는 비중과 자신과 가까운 정도를 나타냈다. 친구는 그레이스에게 가까운 관계가 감당이 안 되게 많다고 지적하면서, 이러니 로맨틱 파트너가 들어올 자리를 무슨 수로 마련하겠냐고 했다. 로맨틱하게 만나는 상대가 없는 건 친구도 마찬가지였지만, 친구의 종이에는 언젠가 인생에 나타날지 모를 상대를 위해 예비해 둔 공간이 동그라미로 그려져 있었다. 그레이스도 성적 욕망을 채워줄 관계에 관심은 있지만(시도도 하고 있다. 얼마 전에도 데이트를 했지만 상대가 외계인 음모론자로 드러나 잘 풀리지 않았을 뿐이다) 그걸 위해 이미 지도에 있는 '방울을 터뜨릴' 마음은 없었다. 그레이스는 누가 자기 인생에 로맨틱 관계로 엮이게 되어도 로맨틱 파트너에게 으레 예정되는 자리를 차지하지는 않으리라 생각했다. 무슨 일이 생겼을 때 제일 먼저 연락할 사람이 되지 못할 거라는 의미다. 스테이시나 캐럴라인 다음 순위라면 모를까.

---

*   20세기 미국의 정신병리학자이자 심리학자인 제이컵 모레노는 사회원자 투사법이라는 검사 기법을 고안했다. 사회원자는 한 개인의 인간관계와 친소 관계를 이루는 사람들을 나타내며 이를 도형으로 배치해 관계의 역동을 나타낸 것을 소시오그램이라 한다. ─옮긴이

자신의 인간관계 지도를 본 친구의 반응에 그레이스는 살짝 반감이 들었다. 다른 결론을 낼 수도 있지 않나. '내 사람이 이렇게 많다니. 인생에 사랑이 넘쳐나네.' 이래서야 로맨틱 파트너가 들어올 자리를 마련할 수 있겠냐는 친구의 말에 그레이스는 말했다. "그건 모르겠지만 아무튼 난 행복해. 그게 제일 중요한 목표 아냐?"

한때 스테이시는 자신은 섹스를 하지 않으니 상대와 온전한 친밀성을 느끼지 못하리라고 생각했다. 섹스가 자신이 느끼는 정서적 친밀성에 새로운 층 혹은 깊이를 더해주리라고 짐작했다. 스테이시는 이제 가까운 사이에 여러 형태가 있다는 사실을 믿는다. 그런 가까움이 이제는 스테이시가 정의하는 친밀성에 맞아떨어진다. 이 친밀성은 "있는 그대로의 자신을 편안하게 느끼며 꿈을 꿀 수 있고 또 누군가와 함께하는 삶에서 생겨나는 생각과 감정을 탐구할 수 있는 공간"이다. 육체적 유대가 친밀성과 무관하다고 생각하는 것은 아니다. 본인부터도 가까운 관계인 사람과 껴안고 한 침대를 쓴다. 스테이시의 생각은 육체적 유대에는 수많은 형태가 있으며 어떤 형태가 더 친밀하게 느껴지는지는 사람마다 다르다는 쪽이다. "섹스가 포옹보다, 포옹이 춤보다, 춤이 안마보다 더 친밀하다고 하는 위계는 없으니까요."

스테이시와 그레이스는 지금도 서로를 '하나의 영혼'이라 표현한다. 스테이시가 그레이스를 만나러 시카고로 와 있을 때 탐사보도 기사를 쓰고 있던 그레이스는 시간순으로 사실을 나열

할지 아니면 취재원 시점을 바꿔가며 진행할지 결정을 못 내리고 있었다. 스테이시는 다른 방에서 독서에 열중해 있다가 책을 내려놓고 그레이스에게 해줄 말이 있다며 왔다. 지금 읽고 있는 소설이 엄청 강렬한데 여러 인물 사이에서 시점을 바꿔가며 전개하는 게 이유라고. 그레이스는 생각했다. 역시 스테이시도 저런 걸 읽고 있었군. 딱 내가 고민하던 스토리텔링 형식이잖아. 그레이스의 말이다. "우리가 하나의 영혼이라는 이상야릇한 느낌이 있어요. 세계 어디에 있든 같은 경험을 하고 같은 감정을 느끼고 같은 생각을 하고 있는 거죠. 어디까지가 나고 어디까지가 상대인지 구분하기 어려워요."

스테이시에게 이 특별한 관계는 둘의 우정만을 위하고 다른 사람들과는 분리된 세계를 만들 구실이 되지 않는다. "특히 그레이스가 내 삶에 있어서 생기는 장점이라면, '우린 한 영혼이니까 앞으로도 쭉 이렇게만 살자' 싶은 사람과 함께하고 싶어지지 않을 거란 점이에요. 오히려 내 영혼에서 다른 사람들의 영혼과 더 이어질 부분은 없나 생각하게 되죠. 난 이렇게 해야 우리 둘 모두가 꿈꾸는 공동체가 만들어질 거라고 봐요." 다시 말해 스테이시와 그레이스는 취향이 워낙 비슷하므로, 둘의 관계에서는 같은 그물에 잘 엮여들 만한 다른 사람들과도 깊은 유대를 형성하는 게 가능하다.

'하나의 영혼' 같은 연결과 더불어 스테이시와 그레이스가 맺은 파트너 관계의 핵심은 인생을 함께할 사람, 일상의 지루함과 고단함을 누그러뜨릴 팀메이트를 찾는 것이다. 싱글인 친구들과 이야기해 보면 친구들이 로맨틱 관계에서 가장 갈망하는 것도 이런 부분인 듯했다. 섹스가 아쉬운 문제라면 훨씬 쉬운 방법으로 욕구를 채울 수 있다. 틴더 같은 데이팅 앱을 쓰면 그만이니까.

로맨틱 관계들 사이에 가족 유사성밖에 없다고 해도, 로맨틱 관계가 종교적으로 중요하지 않고 자녀 출산으로 연결되지 않는 경우가 많은 요즘 시대에까지 로맨틱 관계가 특권화된 지위를 누리는 이유를 설명해 줄 공통 요인이 있다고 나는 생각한다. 그 요인이란 오래 함께할 팀메이트의 존재라는 가치다. 캐럴라인의 파트너 앤드루는 관계의 성질을 '로맨틱'하게 만드는 요소를 설명하면서 용어를 '로맨틱'에서 '동반자 관계'로 자기도 모르게 쓱 바꿨다. 앤드루는 자신이 죽마고우들을 너무 아끼고 매일 연락한다고, 응원이 필요하면 언제든 그 친구들한테 기댈 수 있다고 하면서도 "그중 파트너라 할 수 있는 친구는 한 명도 없다"고 말했다. 캐럴라인과의 관계에서 뚜렷하게 다른 것은 둘 사이에서는 미끄러지듯 부드럽게 모드를 전환할 수 있다는 점이다. 앤드루의 말이다. "이 관계에선 점심으로 뭘 먹을지 얘기하다가도 오늘 무슨 일이 있었는데 그래서 기분이 어땠다는 얘기로 언제든 넘어갈 수 있죠." 파트너는 이 모든 걸 장기적으로 함께하는 사람이다.

'좋을 때나 나쁠 때나, 아플 때나 건강할 때나 영원하겠다'는 혼인 서약의 바탕을 이루는 것도 이런 생각이다. 결혼식에서 신랑 신부의 목이 메기 시작하는 순간도 높은 확률로 이쪽이다.

내가 주례를 본 결혼식에서 신랑은 서약 내용으로 이런 이야기를 풀었다. 발목을 다쳐 회복하고 있을 때 아내 될 사람이 쟁반을 가져와, 여자네 어머니 요리법을 따라 준비한 재료로 둘이서 완탕 만두를 빚었다고. "그날 저녁 그렇게 앉아 만두를 먹으면서 우리가 함께하는 미래를 봤습니다."

스테이시는 미래를 그릴 때 더 이상 섹스가 '우리'를 이룰 사람을 정하는 결정적 요소라고 생각하지 않는다. 무성애 지향을 처음 알았을 때는 문이 닫히는 것 같았지만, 그와 동시에 다른 문이 활짝 열렸고, 그 문 너머는 상상력과 호기심을 자극하는 곳이었다. 인생에서 큰 덩어리를 로맨틱 파트너 몫으로 잘라두고, 로맨틱 파트너를 각자의 사회원자에서 제일 두드러지는 방울로 만들도록 미국 문화가 장려하고 있다는 사실을 스테이시는 점차 인지했다. 로맨틱 파트너는 섹스하는 사이라는 게 통념이란 점도. 이제는 이런 게 궁금하다. "그 행위를 같이 하지 않는 사람에게는 비중을 얼마나 두지? 아이를 같이 키우는 일, 가족 장례식에 서로 참석하거나 같이 사는 일은 얼마나 비중 있게 생각하고?" 스테이시는 말한다. 그레이스와 함께라면 "그 비중은 한없이 크다"고.

4

저마다의 남자 되기

남성성과 친밀성의 길을 찾아서

밤낮으로 온 힘 다해
나를 남들과 같게 만들려 하는 세상에서,
다른 누구 아닌 나 자신이 되는 것은 인간으로서
싸울 수 있는 가장 지난한 싸움이다.

— E. E. 커밍스 E. E. Cummings

2020년 화상으로 진행된 어느 웨비나에서 처음 만난 닉 갤루초는 아무리 봐도 규범을 파괴하는 사람 같진 않았다. 선입견이라 해도 어쩌겠나. 내 눈에는 있는 듯 없는 듯 남들에게 섞이고 싶어 하는 남자만 보였다. 검은색 아디다스 캡 모자와 베이지색 후드티 차림의 닉은 말할 때 피동형을 사용해서 그의 이야기에서조차 그 자신이 주인공이 아니라는 느낌을 풍겼다. 그래서 닉이 친구이자 청소년 사역자 동료인 아트 페레이라에 대해 다정하고도 진심 어린 이야기를 불쑥 꺼냈을 때 놀랐다. 마치 배우가 다른 인물의 대사를 읊는 듯했다. 2013년 대학생 시절 아트와 처음 차를 마시면서 거리낌 없이 속을 털어놓을 수 있었던 이유가 뭐냐고 묻자 닉의 얼굴에 미소가 번졌다. "아트는 그냥 최고니까요."

우연의 일치인지 모르지만, 내가 닉에게서 본 외모상의 이모

저모는 성격의 근본적인 면면을 암시하는 힌트였다. 20대 중반까지 닉의 머릿속에서는 성장기에 받아들인 여러 보수적 규범에서 벗어나선 안 된다고 하는 목소리가 다른 어떤 목소리보다도 강했다. 닉과 네 남매는 결혼 전에 애인과 동거하는 건 부끄러운 짓이며 동성애자는 인생에 어떤 불행이 닥쳐도 싸다는 메시지를 들으며 자랐다. 가족이 설파하는 얘기는 때로 '기독교적 가치 추구'라는 외피를 두르기도 했지만 그저 남들이 못마땅하게 볼까 봐 전전긍긍하는 체면치레 같을 때도 있었다.

닉의 가족은 체면치레 때문에 아트와 멀찍이 거리를 두려 했다. 아트는 게이였고, 닉의 부모님은 아들이 아트와 서로 헌신하는 가까운 친구 사이란 사실을 남들이 알면 둘을 비밀 게이 연인으로 볼까 봐 걱정하는 듯했다. 닉이 겨우 몇 달 사귄 여자들은 가족과 휴일을 같이 보내자고 초대받았지만 아트는 초대받지 못했다.

닉의 부모님 같은 희귀한 부류가 아니라면 대부분은 아트를 보자마자 마음에 들어 한다. 잘 다듬은 수염 사이로 따스한 미소를 짓는 아트는 곰 인형 같고, 그래서 그가 상대를 꽉 안아주거나 서럽게 우는 사람의 팔을 쓸어주는 모습이 쉽게 그려진다. 아트를 만나자마자 자기 인생사를 풀어놓고 한 시간 만에 통곡하는 사람이 드물지 않았다. 아트는 2년 동안 뉴욕의 작은 기독교 대학 기숙사 바닥에서 600번도 넘게 사람들과 차를 마시며 대화했다. 닉과도 이 학교에서 만났다. 닉은 아트의 도자기 찻잔으로 차를 마시며 처음으로 길게 대화를 나누었고, 아트가 자신을 진심으로 알고 싶어 한다는 느낌을 받았다. 간간이 눈물까지 보이며 평소보다 자기 이야기를 더 많이 털어놓았다. 얼마나 외로운지, 이 학교에 편입생으로 적응하기가 왜 이렇게 어려운지, 여자친구와는 어쩌다 싸우고 있는지.

아트와 닉이 웨비나 연사로 초청받은 건 두 사람이 보통 사람들과는 비교도 안 되게 우정에 대해 많이 고민했고, 무엇보다 고민한 바를 실천하며 살고 있었기 때문이다. 두 사람은 가족이 되어 살기로 약속했고 서로를 형제로 생각했다. 웨비나 열흘 전에 살림도 합친 참이었다. 이런 방식은 누구에게라도 특이하겠지만 보수적인 교회에서 일하는 청소년 사역자 둘에게는 더더욱 그랬다. 그 웨비나는 보수적인 성 윤리를 따르는 동성애자 기독교인 대상이었다. 100명쯤 되는 참가자들에게 아트와 닉은 기독교에서 우정이 지니는 영적 중요성을 이야기하며 우정을 지향하는 풍요로운 삶이 어떤 모습일 수 있는지 보여주고자 했다. 더군다나 동성애자와 이성애자의 선을 가로지르는 우정이 어떤 방식인지. 조용히 결정해 남들 앞에 드러내지 않고 실천하는 것과 그 모습을 대대적으로 보여주는 것은 다른 문제였다. 지난 사반세기 동안 체면치레에 급급했던 닉은 남들 눈치를 덜 보는 연습을 하고 있었다.

○ ● ○

웨비나 개최 4년 전인 2016년, 닉이 대학에서 사귀던 여자친구와 헤어졌을 때쯤 아트는 자기 내면을 들여다봐야 할 필요를 강력하게 느꼈다. 닉이 전 여자친구 일로 몇 달 동안 괴로워하는 모습을 본 터였다. 남자인 친구들이 여자에게 느끼는 감정을 어떻게 묘사하는지도 생각났다. 공중제비를 돈 듯 아찔하다, 함께하고 싶은 강렬한 욕망을 느낀다. 아트는 가까운 사이인 남자들에게 그렇게 느낄 때가 더 많았다. 아트는 스스로 물었다. "나 진짜 여자를 안 좋아하나?"

그 의문이 새롭지는 않았다. 아트는 열한 살에 자신이 게이라고 처음 생각했다. 그때부터 죽, 아트는 남들이 하라는 대로 했다. 이성애자가 되게 해달라고 8년 동안 기도했다. 전환 치료를 받으러 갔다. 열다섯 살에는 기독교 상담사가 시키는 대로 지향 전환을 유도한다는 이성애 포르노를 봤다. 음란물 시청이 기독교 가르침에 어긋난다는 사실은 아무래도 좋았던 건지.

성인이 된 아트는 이성애자로 정체화했다. '전前 동성애자'가 된 것이다. 여자와 약혼한 기간도 짧게나마 있었다. 스물네 살이 되어서는 여자와 사귀고 있었다. 섹슈얼리티에 대한 의문이 해소된 줄 알았다. 그러나 이 의문들은 완전히 꺼지지 않은 전구처럼 깜박이고 있었다.

이 사실을 누군가에게 고백한다면 상대는 닉이 될 것이었다. 아트는 닉을 제일 친한 친구로 여겼다. 서로에 대해 많이 알지 못할 때도 닉에게는 얼마 전에 돌아가신 아버지 이야기가 편하게 나왔고, 임종 직전인 아버지와 말다툼했다는 이야기까지도 솔직하게 털어놓았다. 닉이 남을 함부로 재단하지 않는다는 게 느꺼졌다. 닉은 주변 사람들이 잘 지내기만을 바라는 사람이었다.

몇 년째 우정을 다지고 있는 닉과 아트는 친구가 된 날을 일명 '형제 기념일'로 축하해 왔다. 두 사람은 매주 목요일 밤이면 서로의 집에서 자고 금요일 오전에 커피를 마시고 보드게임을 하며 수다를 떨었다. 닉은 아트에게 짐을 넣어두라고 자기 집 옷장 한켠을 내주기도 했다.

여느 때와 다름없던 2017년의 한 목요일 밤, 아트는 더플백을 방구석에 둔 채 닉 집의 소파에 앉아 있었다. 그리고 자기가 게이인 것 같다고 말했다. 고백하자마자 아트는 본인 표현을 빌리자면 "회까닥 돌아버릴" 것 같았다. 그래서 허둥지둥 가방을 챙겨 집에 가겠다고 했다. 자고 가면 닉이 불편해할 거라고 확신했다. 아트는 네가 게이인 걸 알면 다른 남자들이 가까이 오려 하지 않을 거라는 말을 듣고 자랐다.

닉에게 이 상황은 영화 속 한 장면 같았다. 배우자가 짐을 싸서 이혼하자고 선포하는 장면. 닉은 아트를 달래 다시 앉히고 말했다. 무슨 일이든 같이 방법을 찾자고. 닉은 자고 가라고 아트를 설득했다.

닉 덕분에 일단은 진정했지만 아트에게는 여전히 의문이 드리워져 있었다. 지금껏 기독교인으로서 교육받아 왔는데 어떻게 자신의 섹슈얼리티를 대해야 하냐는 의문. 아트는 펜실베이니아주 숲속 수련원에 오두막을 예약했다. 그곳에서 사흘 동안 일기장과 성경을 들고 기도를 올렸다. 성경을 분석했지만, 같은 성별끼리 결혼하고 섹스하는 것을 허용하는 진보 기독교적 해석을 뒷받침할 근거는 찾지 못했다.

아트는 이 결론에 너무나도 속이 상했지만 차마 신앙을 버리겠다는 생각은 할 수 없었다. 아트는 열여섯 살에 신을 영접했고 인생이 바뀌었었다. 부모님이 참가비를 내버린(아니었으면 가겠다고 하지 않았을 것이다) 청소년 영성 수련회에서 지저분한 교회 지하실 구석에 앉아 있던 아트는 신에게 대차게 한마디 했다. "그쪽이 날 만들 때 일을 엉망진창으로 했던가, 아니면 당신 교회를 말아먹었거나, 둘 중 하나겠네요." 이윽고 아트는 하나님의 목소리를 들었다. "너는 동성애자이고 나는 너를 사랑한다. 나와 같이 걷자. 그렇게 함께 헤쳐 나가자꾸나." 다음 날 아침 눈을 뜬 아트는 아주 오랜만에 처음으로 살아 있어서 행복하다고 느꼈다. 한 주에 몇 번씩 습관적으로 하던 자해도 끊었다. 스페인어와 포르투갈어권 출신 이민자들이 모이던 교회가 부모님에게는 안식처였지만 아트에게는 원래 억지로 나가는 곳이었다. 그해에 아트는 교회에 나가는 걸 넘어 진짜 기독교인이 되겠다고 결심했다.

아트에게 주님 없이 살기란 아예 불가능한 일이었다. "영적으로 외로워진다는 건 참담한 일이죠."라고 아트는 말했다. 그랬다간 삶의 토대가 되는 기본적인 현실감마저 잃을 것이었다. "기독교는 선일 뿐 아니라 진리이므로 설사 불편한 면이 있어도 유일하게 견고하고 실제인 것"이라는 게 아트의 믿음이다. 아트는 신약성서에 나오는 어느 순간을 이야기했다. 껄끄러운 내용으로 설교한 예수가 자신을 따르던 무리가 줄어드는 모습을 볼 때였다. 예수는 너희도 떠나겠냐고 제자들에게 물었다. 베드로가 답했다. "주여, 영생의 말씀이 주께 있사오니 우리가 누구에게 가오리까?" 아트는 말했다. "기독교를 버린다는 건 그런 느낌이거든요." 아트가 누구에게 간단 말인가?

아트는 자신의 섹슈얼리티와 종교를 조화시킬 방법을 찾아냈다. 성관계를 안 하면 되었다.

"성관계를 안 한다니, 그보다 나쁜 게 있을까 싶었죠." 아트가 말했다. 섹스 포기가 큰 희생이라고 생각한 건 아니었다. "집에서 당연하게 날 맞이해 줄 사람"을 영영 만나지 못하리란 것이 진짜 희생이었다. 고된 하루를 마치고 온 내게 차 한 잔을 건네주고, 내 비행기가 언제 도착하는지 알고 있을 사람. 깊은 사회적 유대를 쌓고 싶어 하는 아트에게, 신의 뜻에 따라 성관계를 하지 않고 살아야 한다는 것은 '우주적 가혹 행위'와 같았다. 아트는 닉 그리고 자칭 '아메바'*인 가까운 친구 두 명과 얼마 전 성격 검사를 받았는데, 결과지는 아트가 다른 사람들과 삶을 공유해야만 한다고 고래고래 외치고 있었다.

어느 저녁, 아트는 시원찮았던 근무를 마치고 아무도 없는 엄마 집으로 돌아왔다. 아트는 이 집에 살고 있었다. 그 순간이 남은 인생의 미리보기 같았다. 힘든 하루 끝에도 혼자인 삶. 스물여덟이면 결혼해 아이 셋은 키우고 있겠거니 했던 아트로서는

---

* 무성 생식을 한다고 알려진 아메바는 '인간 아메바를 위한 안식처' 같은 초창기 무성애자 커뮤니티에서 무성애자를 가리키는 말로 쓰였다. 무성애 지향을 암시할 가능성이 있다. —옮긴이

싱글로 오래 만족하며 사는 삶이 상상되지 않았다. 엄마 집 주방에서 아트는 닉에게 전화를 걸었다. 목소리는 공허했다. 고작 스물다섯 살에, 아트는 닉에게 말했다. "이런 식으로 25년을 더 살 수는 없어."

닉이 말했다. "난 네가 쉰을 넘기도록 살고 싶은 이유가 되어 주고 싶어."

냉막한 홀로살이가 아닌 다른 길이 아트에게 분명 있을 거라고 닉은 말했다. 그 길을 찾아줘야겠다는 책임감이 들었다. 아트에게 말했다. "이건 너만의 문제가 아니야. '우리' 문제지." 둘은 함께 기도를 올렸다. 닉이 소파에서 우는 아트의 어깨를 붙들어 줬을 때도, 밤길을 운전하던 아트가 자동차 블루투스 스피커로 닉에게 전화를 걸었을 때도. 닉은 혼자서도 기도했다. 선하신 하나님을 믿는다고, 아트의 좋은 삶이 어떤 모습인지 우리에게 보여달라고.

닉은 아트의 인생에 친구로 함께하는 것이 자신의 정해진 자리라 믿었고, 아트가 '풍요롭고 충만한 삶'을 살도록 도우라는 신의 부르심이 있다고 느꼈다. 아트가 성관계를 하지 않겠다고 결심한 지 6개월쯤 지났을 때 닉은 둘이 같이 살면 어떻겠냐고 제안했다. 아트에게는 희망의 불씨가 깜박이는 듯한 얘기였다. 하지만 아트는 그 불씨를 곧장 꺼뜨렸다. "기대하기엔 너무 거창한 일 같았기" 때문에. 아트는 그렇게까지 마음 써주지 않아도 괜찮다고 했지만 닉은 물러서지 않았다.

어떤 집을 사면 좋겠냐는 구상이 둘의 일상 대화에 흘러들었다. 땅을 매입해서 두 채가 나란히 붙은 소위 땅콩집을 짓는 것도 괜찮을 것 같았다. 아트네 동네에서 운전하며 닉은 곰곰 생각했다. '진짜 같이 산다고 생각해 봐. 내가 퇴근할 때 아트가 뒷마당에서 바비큐를 굽고 있으면 끝내주지 않겠어?' 닉이 이런 말을 꺼내고 몇 달이 지나서, 아트는 망상은 이제 그만하자고 했다. 진심으로 그럴 생각이 있는 게 아니라면. 이 구상에 대해 아트는 훗날 내게 이렇게 말했다. "환상적이었죠. 들으면 마음이 편안해졌어요. 근데 한편으로는, 잘못되면 그보다 더한 상처가 없겠더라고요." 닉은 아트를 안심시켰다. 같이 사는 건 진지하게 생각해 봤고, 자기도 그 생활을 원한다는 확신이 전보다 더 강해지고 있다고.

2019년에 아트는 신용카드를 새로 발급하고 혜택으로 받은 카드 포인트를 계산하다가 이거면 하와이행 왕복 항공권 두 장 값은 너끈하겠다고 생각했다. 아트는 이 횡재를 얼른 닉과 나누고 싶었고, 닉의 집에서 만나 소식을 전했다. 공짜 휴가에 닉이 얼마나 들떴건 그 흥분은 염려에 억눌리고 말았다. 닉은 남들 눈에 자신과 아트가 연인끼리 여행을 떠나는 것처럼 보이면 어쩌나 하는 걱정이 들었다.

닉이라는 사람은 이렇게 모순적이다. 그는 성격상 타인의 이목을 끌고 싶어 하지 않고, 그 점을 분명히 인식하고 있다. 그러나 다른 한편으로는 보수적인 종교 공동체에서 지도자 일을 하면서도 게이 친구와 함께 삶을 꾸리겠다는 결정을 진심으로 내리는 사람이다.

닉의 반응에 아트의 의구심은 깊어졌다. 같이 살자는 제안은 닉이 먼저 했지만, 이 계획을 믿어도 될지 아트는 확신이 서지 않았다. '나랑 휴가 가는 것도 이렇게 겁내는데, 그런 네가 집을 살 수 있다고 믿어도 되나 모르겠어. 집까지 사고 나면 남들이 우릴 어떻게 보겠어?' 아트가 생각하기에 두 사람이 함께 산다면 분명 자신과 닉을 로맨틱 파트너 사이로 넘겨짚는 사람들이 나올 것이었다. 아트와 닉만큼 가까운 남성 친구들을 아무렇지도 않게 여길 미국인은 거의 없다. 아트가 게이라고 커밍아웃하면 "그럼 닉도 게이야?"란 질문이 늘 제일 먼저 뒤따르고는 했다. 사람들 머릿속에 그런 법칙이 있는 듯했다. 게이와 많이 어울리는 남자는 게이라고. 비슷한 상황이 시간 간격도 얼마 안 두고 연달아 일어나지 않았더라면 아트가 이 순간에 그렇게 의미를 부여하진 않았을지도 모른다. 닉이 남들에게 게이로 보일까 봐 걱정하는 상황들 말이다.

사회학자 에릭 앤더슨Eric Anderson은 동성애자로 비칠 것을 두려워하는 공포를 '동성애 히스테리homohysteria'로 명명했다. '히스테리' 때문에 자극적으로 들리고 어쩌면 불편할 수도 있지만, 그래도 이 개념은 귀중하다. 닉 같은 남자들이 자신의 행동을 제약하는 이유, 게이로 찍힐 수도 있는 활동과 사람과 단체를 피하는 이유가 이 개념으로 어느 정도 설명된다.[2] 동성애 혐오는 동성애자와 양성애자에 대한 적대감과 편견으로 정의된다. 동성애 혐오는 남자들이 자신의 이성애성을 공고히 해야 한다고 생각하지 않더라도 강하게 나타날 수 있다. 동성애자가 드물지 않은 존재로 여겨지면 남자들은 자신의 행동을 조정하게 된다. 남들에게 게이로 비치거나 게이 딱지가 붙으면 대가가 따르리라고 걱정하게 되고, 그 걱정에 근거도 있기 때문이다. 앤더슨에 따르면 미국의 동성애 히스테리에 전환점이 된 것은 남성의 성적 실천에 관한 성과학자 앨프리드 킨제이Alfred Kinsey의 핵폭탄급 연구였다. 1948년에 발표된 이 연구는 인구 10%가 동성애자라는 주장을 내놓았다.³ 그즈음 남성들은 정서적으로도 신체적으로도 서로와 거리를 두기 시작했다.

지난 수십 년 사이 동성애 혐오가 약해졌다고는 해도⁴ 무리에 잘 어울리고 싶은 미국 남자라면 대개는 지금도 다른 남자를 너무 스스럼없이 대하지 말아야 한다. 남자아이들은 청소년기에 서로와의 신체적 애정 표현 레퍼토리가 등짝 때리기와 어깨동무로 한정된다는 점을 배운다.⁵ 남성 간 친구 관계에서는 경쟁심을 발휘하도록 훈련되고,*⁶ 친밀감을 나누기보다는 여러 활동을 하며 유대를 형성할 것이 요구된다.**⁷ 이 책을 쓰면서 알게 되었는데, 남성들은 우정에 대해 여성과는 다른 방식의 심문을 받는다. 이성애자 남성들인 물리학자 친구 앤드루와 톨리 이야

---

*　『우정의 심리학(The Psychology of Friendship)』이라는 책에서 데이비드 R. 히버드(David R. Hibbard)와 게일 E. 월턴(Gail E. Walton)은 "남자아이는 어릴 때부터 경쟁심을 느끼도록 '훈련'된다"는 사실이 연구에서 드러나며 "남성 간 우정의 규범에 따르면 공동체적 표현이나 감상성은 무슨 일이 있어도 피해야 하는 반면 직접적인 경쟁과 '아득바득 이기려는 의식'은 장려된다"고 설명한다.
**　제프리 그라이프(Geoffrey Grief)는 "어깨를 맞대는" 친구 관계가 남성에게 일반적이라고 말하며 이를 "얼굴을 맞대는" 여성의 친구 관계와 구별한다.

4. 저마다의 남자 되기

기를 하면 두 사람이 '진짜' 이성애자가 맞느냐는 질문이 돌아오곤 했다. 이성애자 여성 친구들을 이야기할 때는 이런 반응이 나오지 않았다. 이 질문에는 남자가 다른 남자랑 너무 가까우면 이성애자인지 의심할 만하다는 의미가 숨어 있다.

아트는 남들이 자기 섹슈얼리티를 어떻게 넘겨짚을까 걱정하지 않았다. "난 게이니까, 애초에 남성성의 고정관념에 맞추려는 사람이 아니잖아요. 누가 날 보고 게이라 생각했다면 사람 잘 본 거죠. 하지만 닉도 자기 자신 그대로 보이고 싶은 거니까요. 닉에게도 그럴 권리가 있어요."

아트는 닉이 경직된 남성성에 얽매여 있다는 걸 알았지만, 닉의 은은한 동성애 히스테리는 참기 어려웠다. 친구 사이의 행동을 닉이 좌지우지하는 것도 불만스러웠다. 이대로 지낸다면 아트는 자신의 자연스러운 행동을 계속 검열해야 했다. 더군다나 관용이 없는 닉의 가족들에게 장단을 맞추기는 더 싫었다. 섹슈얼리티를 숨겨야 하는 시절을 비로소 벗어났는데, 앞으로 닉과 한 집에 살다가 닉의 부모님이 방문할 때마다 '이성애자 행세'를 하고 싶진 않았다. 아트의 말이다. "내 섹슈얼리티랑 나 자신에게 상당히 중요한 부분을 억누르면서 인생 27년을 살아온걸요. 닉과 함께하는 선택이 남들의 시선을 겁내며 살겠다는 선택이 될까 봐 정말 두려웠어요. 닉이 그런 식으로 살았으니까요." 아트는 남들의 시선에 따라 우정을 이어나갈 방식을 결정하고 싶지 않았다.

아트는 닉이 남들의 평가에 신경을 덜 쓰도록 용기를 북돋아줬다. 어떤 신체적 애정 표현이 이상스럽다는 생각이 든 닉이 아트에게서 몸을 뺄 것 같으면, 아트는 어느 정도까지가 친구 사이에 할 수 있는 정상적인 행동인지는 특정 문화권에서만 통하는 기준이라고 짚어줬다. 아트는 브라질계 미국인이고, 브라질 남자에게는 서로 뺨에 입을 맞추거나 몸에 팔을 두르는 행동도 정상이다. 이런 행동이 그 나라에서는 게이라는 표식이 아니다.

무엇이 남성 친구들 사이의 정상적인 행위인지에 대한 미국인의 생각은 남성의 보편적인 무언가에 근거를 두고 있지 않다. 한국에서 남성 친구들은 '스킨십'*을 한다.[8] 스킨십이란 성적이지 않은 신체적 애정 표현을 이르는 용어로, 케이팝 아이돌 뮤직비디오에 예시가 무더기로 나온다. 2005년에 조지 W. 부시와 사우디아라비아의 압둘라 왕세자가 손을 잡고 산책하자 미국 언론은 남성끼리 손을 잡는 것이 아랍 문화에서는 일반적이라고 자국 시청자에게 알렸다. 인도[9]와 아프리카의 여러 나라도 사정이 같다. 이들 사회는 성별이 분리된 정도가 높아서 가장 친밀한 관계를 형성하는 상대는 동성일 때가 많다. 이 중 일부 사회는 동성애를 규탄하기도 하지만, 동성애가 일탈로 취급되고 심지어는 서구와 결부되기 때문에 남자들은 자신이 이성애자라고 줄기차게 증명할 필요가 없다.**[10] 우간다처럼 남성 사

---

*   외래어 같지만 영어권에서 처음 만들어진 단어는 아니다. ─ 옮긴이
**   예로 2007년에 마무드 아마디네자드 당시 이란 대통령은 미국에 비하면 이란에서는 동성애가 흔하지 않다고 말했다. 로버트 무가베 전 짐바브웨 대통령은 동성애가 "비아프리카적"이며 "백인 병"이라고 했다.

이에 신체적 애정 표현이 사라지고 있는 나라의 학자와 작가 들은 이 변화를 서구적 가치의 침투와 연결 짓는다.[11]

20세기 초까지만 해도 미국과 유럽에서 남성들이 서로 신체적으로 애정을 표현하는 상황을 어렵지 않게 포착할 수 있었다. 1851년 제임스 블레이크James Blake라는 젊은 기술자는 친구와 이별하기 전날 밤을 지새웠다고 서술했다. 이유는 이러했다. "우리 심장에는 말로 표현할 수 없는 진실한 우정이 가득했다. 우리는 서로의 가슴에 머리를 두고 흐느꼈다. 흐느껴 우는 게 남자답지 않다고 해도 영혼이 맞닿았는데 그게 무슨 상관이랴." 블레이크에게 남성다움의 경계를 넘는 행동은 다른 남자의 가슴팍에 머리를 기대는 게 아니라 흐느껴 우는 것이었다. 캘리포니아 주립대학교 풀러턴 교수 존 입슨은 『남자를 그리다Picturing Men』에서 1850년대부터 1950년대 사이에 촬영된 남성들의 일상 사진 수천 장을 연구했다. 이 연구는 인종, 계급, 지역을 불문하고 남자들이 다른 남자와 육체적으로 친밀해지는 행위를 공공연히 했음을 보인다.*[12] 서로의 무릎에 앉거나 손을 잡는 자세, 혹은 상대 남자의 어깨에 머리를 기대는 자세는 흔했다. 한때 육체적 친밀함은 남성들의 우정에서 가장 주된 특징이었다.

닉은 자신의 직관을 검토했고, 자신이 불편함을 느꼈다고 해서 그게 뭔가 잘못되었다는 신호는 아니라고 생각하게 되었다. 하지만 이 새로운 생각은 혼란스러웠다. 닉이 자란 문화는 다른

---

*   입슨이 설명하기로 1930년대까지는 사진관에서 남자끼리 사진을 찍는 것이 흔하고 의례적인 일이었다.

남자와 정서적 유대를 다지는 경험을 가로막아 왔는데, 자신이 무엇을 원하는지를 무슨 수로 안단 말인가? 이 문화에서는 남자가 감정적으로 벽을 치는 것이 너무나 일반적이라 이런 경험을 가리키는 임상 용어까지 존재한다. '규범적 남성 감정표현불능증normative male alexithymia'.[13] 심리학자들은 남성들이 강인하고 냉철해야 한다고 사회화되기 때문에 감정을 말로 표현하는 데 어려움을 겪는다고 본다.[14]

아트가 스스로 게이임을 인정한 지 1년쯤 지났을 무렵 닉은 자기도 남자에게 끌림을 느끼는지 궁금해졌다. 가까운 친구 관계가 점점 편안해지고 있었다. "근데 이래도 되나?" 닉은 자문했다. 켄터키주 어느 주립공원에서 하이킹을 하던 중 닉은 아트에게 자기가 게이인 것 같다고 말했다. 아트는 남성을 향한 욕망을 판별할 몇 가지 질문을 읊었다. 이를테면, 남자에게 키스하고 싶었던 적이 있는지, 아트에게 그런 끌림을 느꼈는지. 답은 '아니오', 또 '아니오'였다. 동성 끌림을 가리키는 신호가 전혀 없다고 본 아트는 닉에게 왜 자기가 게이일 수도 있겠다 싶었냐고 물었다. 닉은 아트가 자기를 안아줄 때 좋고, 아트가 일주일씩 떠나 있으면 보고 싶어서라고 했다. 아트가 말했다. "아하, 그냥 친밀감이네. 누군가를 아끼고 그 사람과 가깝게 지내는 거."

닉은 정서적 친밀성을 성적 끌림과 동일시했다. 플라토닉한 맥락에서 정서적 친밀성을 느낄 수 있다는 사실을 몰랐다. 지금껏 본인이 그렇게 느껴본 상대는 여자친구뿐이었으니까. 과거 미국 남자들은 동성 친구에게 공공연히 사랑을 표현했다지만,

오늘날의 이성애자 남성은 다른 쪽에서 친밀성을 찾는다. 연구자들은 이성애자 여성 다수가 남성 로맨틱 파트너보다 여성 단짝에게 정서적 친밀성을 더 느끼는[15] 반면 이성애자 남성은 일반적으로 그렇지 않다는 사실을 발견했다. 남성에게는 로맨틱 파트너가 정서적 친밀성을 느낄 주된 원천일 가능성이 더 컸다.

2021년에 실시한 한 조사[16]에 따르면 남성들은 최근 친구에게서 정서적 지지를 받았다고 응답할 확률이 여성의 절반 정도였고, 기혼 남성은 문제가 생겼을 때 첫 번째로 상의할 사람이 배우자라고 답할 확률이 기혼 여성보다 확연히 높았다. 남자들은 우정을 말로 인정하기를 피했다. 여성은 약 절반이 지난 한 주 사이 친구에게 사랑한다는 말을 했다고 응답한 반면 그렇게 했다는 남성은 4분의 1이었다.[17] 남성성을 주제로 책을 쓴 앤드루 라이너Andrew Reiner는 남자아이와 성인 남성 약 200명을 인터뷰했는데, 이들이 특정한 유형의 문제만 남성 친구에게 의지해 해결하려 한다고 결론지었다. 그걸 빌미로 자신이 재단당할 가능성이 낮은 문제들이었는데, 이를 '표적 투명성targeted transparency'이라 명명했다. 이들은 친구들에게 정서적으로 무거운 문제를 상의하면 친구들이 싫어할까 봐 걱정했다. 자기 문제로 남에게 '짐을 지우기'를 원치 않았다.[18] 정서적 지지가 필요할 때는 대개 로맨틱 파트너나 여성 친구에게 기댔다. 남성들은 서로에게 제공하지 않는 돌봄을 여성에게 강요했다. 어떤 작가는 이성애자 남성이 정서적 욕구라는 짐을 몽땅 여성 로맨틱 파트너에게 지우는 경향을 '정서적 갈취emotional gold digging'로 명명했다.[19]

앞서 말한 줌 행사에서 닉은 과거 아트와의 사이에 나타난 관계 역학을 이렇게 묘사했다. "이성애자인 저는 너무 쉽게…… 이런 태도를 보였습니다. '저기, 나 불편하니까 네가 좀 바꿔. 난 다수잖아.'" 닉은 자신이 느끼는 불편감을 여러 이유로 설명할 수 있다는 사실을 이제는 안다. "건강하고 좋은 경계선일 수도 있지만, 자라면서 배운 동성애 혐오나 인식 문제 혹은 친밀성의 문제"일 수도 있다고. 이어서 아트를 보며 말했다. "내가 불편하다고 해서 네가 잘못된 건 아니니까."

○ ● ○

보편적으로 인정되는 진리가 하나 있다. 팬데믹 동안 봉쇄령을 함께 겪은 커플은 서로에게 헌신하게 되거나 아예 파국을 맞는다. 아트와 닉의 우정 관계는 전자였다.

아트는 혼자 살 때 해외에 있는 친구들이 이탈리아에 자택 체류 명령이 떨어졌다며 올린 페이스북 게시물을 읽었다. 아트와 닉은 전화로 얘기하며, 동거를 포기할 수 없다고 마음을 정했다. 이미 두 사람은 자신들이 사실상 한 가구household로 기능하고 있다고 느꼈다. 코로나-19 팬데믹 초기에 가구라는 용어는 실제로 유효했다. 그 시기에는 같은 공간에 사는 사람들이 친인척이 아니더라도 그들끼리 대면 생활 세계를 구성했으니까.

2020년 여름에 닉은 이러다간 우리 둘 다 무시무시한 겨울을 홀로 맞이하겠다고 꼬집어 말했다. 동거 계획을 진행할 때가 되었다. 함께 집을 보러 다니자 안 맞는 커플 같은 두 사람의 상반된 면모가 전면에 드러났다. 아트는 공예 재료와 자잘한 장식으로 방을 그득그득 채웠다. 조용한 걸 못 견뎌서 목욕할 때 바닷소리를 틀었다. 언제나 손님이 가득한 집에서 자라 모임을 주최하는 데도 취미가 있었다. 반대로 닉은 물건을 막 들이지 않았고, 온전히 혼자 있어야 제대로 쉴 수 있었다. 같이 살아도 서로의 사이에 문과 벽이 있기를 바랐고, 그래서 방이 세 개 있거나 거실이 두 개인 집을 고집했다.

예산도 제한되어 있고 서로 필요한 것도 다르다 보니 집을 찾을 때 스트레스가 이만저만이 아니었지만, 두 사람은 끝끝내 측면이 테라스인 복층 집을 찾아냈다. 테라스는 이 집의 별명이 되었다. 주방에는 홈 카페를 꾸며서 금요일마다 같이 모닝커피를 마셨다. 이건 거의 신성시하며 지키는 의식이었다.

두 사람이 이 '테라스' 집에서 산 초반 몇 달을 한 편의 서사시라고 하면, 세 번의 시련으로 이야기를 풀어낼 수 있겠다. 첫 번째 시련은 닉의 연애였다. 두 사람이 한집으로 이사했을 즈음 닉은 한 여자와 데이트를 시작했다.

이런 시험이라면 전에도 치른 적이 있었다. 아트와 닉이 친구가 되고 오래되지 않았을 때 닉은 심심찮게 아트를 바람맞히고 터무니없이 늦게 나타나곤 했다. 들쭉날쭉하게 만나던 대학시절에는 언제나 여자친구가 우선이었던 탓이다. 아트가 따져도 닉은 자기 행동을 변명했다. 닉은 그 여자친구와 헤어진 뒤로 마음을 고쳐먹고, 아트를 기다리게 하는 일이 없도록 시계에 알람을 설정했다. 닉 때문에 감정 소모가 너무 심하다고 아트가 하소연하자 상담에 등록했다. 대학 시절의 연애가 끝나고 나서, 닉은 자신의 데이트 상대가 반드시 자신의 우정을 수용해야 한다고 판단했다. "내 삶에 아트가 있어야 앞으로 혹시 결혼해도 그 관계가 건강할 수 있겠단 사실을 절감했거든요." 닉의 생각에 아트는 자신이 성장하도록 독려해 줬고, 자기 인식 부족으로 스스로는 모르는 문제를 지적해 줬다. 두 사람은 닉이 누군가와 첫 데이트를 하면 아트가 같이 가야 한다는 농담까지 하기 시작했다. 진짜 그러진 않겠지만, 닉이 데이트 초반에 아트 얘기를 꺼내리라는 건 확실하다. 함께 아트의 목사를 만나 혼전 상담 비슷한 우정 상담을 받으려 했을 때 아트는 닉이 언젠가 결혼해도 이 우정이 결혼과 나란히 이어질 수 있을지 물었다. 목사는 고무적인 답을 주었다. "그게 가능할지는 너희 의지에 달렸단다."

'테라스'로 이사하고 몇 주가 지나 닉은 새 여자친구와 데이트 약속을 잡았다. 닉에게는 아트와의 우정과 자신의 연애가 공존할 수 있을지 가늠하는 척도가 될 데이트였다. 세 사람은 닉과 아트의 집에서 점심을 먹기로 했다. 데이트 당일 오전, 아트는 어머니가 코로나-19에 걸려서 피 섞인 기침을 하고 있고 계부는 코로나-19로 입원 중이라는 얘기를 닉에게 했다. 닉은 이 소식을 듣고도 여자친구 올 때가 다 되었다며 장을 보러 나갔다. 한 시간 동안 다 같이 점심을 먹고 닉은 여자친구와 외출했다. 여자친구와 약속한 둘의 시간을 보내는 대신 네 곁에 있어줄까 하고 아트에게 묻지 않았다. 아트는 닉 스스로 그럴 마음이 없는데 같이 있어달라고 부탁하는 건 과하다고 생각해 굳이 요구하지 않았다. 대신 집에 돌아와서는 자기를 좀 도와주면 좋겠다고만 말했다. 닉은 아트에게 무슨 일 있으면 연락 달라고, 다녀오면 같이 있자고 말했다.

아트는 닉이 일찍 잠자리에 드니 늦어도 여덟 시에는 돌아올 줄 알았다. 저녁 아홉 시를 넘겨 돌아온 닉은 꺼진 컴퓨터 같은 모양새였다. 집에 온 닉은 아트가 침대에 누워 있자 놀랐다. 같이 대화를 나누기로 한 줄 알았으니까. 아트는 닉더러 그냥 가서 자라고 했다. 이 시점에서는 닉도 별 신경을 쓰지 않았다. 닉은 가족 상황이 더 안 좋아졌다는 아트의 문자를 씹었었다. 아트가 우려하던 바로 그 사태, 여자친구가 생기자 닉이 사라지는 사태가 벌어진 셈이었다.

닉은 그날 밤 아트의 반응에 기습 공격을 받은 느낌이었다. 그는 아트도 자신이 데이트하러 가길 바란 줄 알았다. 시간이 지나고 보니, 아트가 필요한 걸 거듭거듭 자신에게 요청하기를 기다리는 대신, 먼저 나서서 우정을 가꿔야 했었다는 생각이 들었다.

나중에 돌아보면 그때 어떻게 해야 옳았는지가 너무도 분명하지만, 당시 닉으로서는 여자친구와의 약속을 취소한다는 생각을 떠올리기 어려웠다. 싹트는 로맨틱 관계보다 우정 관계를 앞세우는 문제로 이미 싸운 뒤였다. 아트부터 생각했다간 여자친구의 화를 돋울지 몰랐다. 여자친구는 나중에 이 친구 관계로 한 시간 반 동안 닉을 추궁했다. 아트와 닉이 웨비나 중에 한 말도 들먹였다. 아트가 닉더러 귀엽다고 했다면서. 하지만 그런 장난 섞인 말은 아트와 닉의 대화에서 일상적이었다. 닉의 여자친구는 둘의 우정에 끌림이 발생할 여지가 너무 많다고 생각했다. 그렇게 왈가왈부하고 있노라면 닉은 "재판대에 선" 기분이었다.

그 데이트 이후 아트와 닉은 밤늦게 소파에 앉아 대화에 대화를 거듭했다. 아트는 이렇게 말했다. 이렇게 살기로 함께 결정했을 때 두 사람 모두 닉이 이 우정으로 무슨 대가를 치르게 될지 몰랐다. 자신 때문에 닉이 결혼하지 않고 가족도 꾸리지 않아서는 안 된다. 아트는 눈물을 흘리며 이야기했다. 각자의 길을 가는 게 어떻겠냐고, 전에도 한 말을 다시 꺼냈다.

닉이 말했다. "그 얘기는 그만해. 그럴 때마다 속상해 죽겠어." 닉에게는 아트 없이 삶을 계속 꾸린다는 선택지가 없었다. 아트는 자신이 "금방 헌신하지만 재고를 많이 하는" 사람이라면 닉은 "헌신하기까지는 시간이 걸려도 일단 약속하면 절대 발을 빼지 않는" 사람이라고 했다.

닉은 자기 삶에 제약이 생긴다고 느끼지도 않았다. 자신이 생각하는 최고의 삶에는 아트가 있다고 말했다. 아트에게도 이야기했다. "그래, 네가 있어서 결혼을 안 할 수도 있겠지. 하지만 너 없이 결혼한다는 선택지가 다른 선택지보다 낫지는 않아." 닉은 일이 결국엔 잘 풀릴 거라며 아트보다 낙관적인 자세를 보이기도 했다. 닉 생각에 이건 두 관계가 어떻게 맞물릴지의 문제지 맞물릴 수 있을지의 문제가 아니었다.

아트가 우정에서 잠시 거리를 둬보자고 제안한 건 단순히 죄책감과 이타심 때문만이 아니었다. 닉이 로맨틱 관계를 유지하는 동시에 자신에게도 신경을 쓸 수 있을지 확신할 수 없었다. 이번 연애에서 닉은 누차 실수를 저질렀으니까. "그래서 이런 마음도 조금은 있었어요. 앞으로 닉이 누굴 삶에 들이기로 할 때마다 이런 식으로 나온다면, 이걸 감내하는 건 나 자신한테 못 할 짓이라고."

○ ● ○

두 번째 시련은 두 사람이 2020년 10월 한집으로 이사하기 전부터 시작되었다. 아트는 미국 정치가 두 사람의 새 가정에 서서히 스며드는 걸 느꼈다. 경찰의 직권 남용에 항의하는 '흑인 생명은 소중하다Black Lives Matter' 시위대가 전국 거리에서 홍수를 이루고 있었다. 몇 주 뒤가 대선이었고, 아트는 트럼프 대통령의 이민 정책이 자기 삶을 위태롭게 한다고 느꼈다. 아트는 비합법 입국 청년 추방 유예* 해당자였다. 그는 변호사에게서 노후 자금 저축은 그만두고 그 돈을 혹시 나라를 떠나야 할 때 쓸 수 있는 자금으로 돌려두라는 조언을 들었다. 갈등을 싫어하는 닉, 트럼프 지지자 가족을 둔 닉이 이번 선거를 '그냥' 정치로 치부하

---

* DACA, Deferred Action for Childhood Arrivals. 부모를 따라 어린 나이에 미국에 들어와 미등록 이주자가 된 청년 가운데 조건을 충족하는 사람에게 추방을 유예하는 정책으로, 오바마 행정부에서 행정명령으로 발동했으나 트럼프 행정부에서 폐지를 시도했다.—옮긴이

면 어쩌나 아트는 걱정이었다. 아트와 가까운 사람들 일부는 그런 식으로 아트를 괴롭게 하는 정책에 무관심한 자신들을 정당화했다. 아트에겐 삶 자체가 정치적이었으니, 이성애자 백인 남성 옆에서 온전히 자기 자신으로 있는 게 가능할지 확신이 들지 않았다. 닉에게도 이야기를 했다. 집에서도 백인 이성애자의 규범에 맞추느라 모드를 전환해야 한다면 문제가 될 거라고. 닉은 모드 전환을 그만두고 어떻게 되는지 확인해 보자고 아트에게 제안했다. 아트가 느낀 주된 차이는 소통에서 육체적인 면이 늘었다는 점이었다. 닉은 자기가 적응하면 되겠다고 판단했다.

아트는 이렇게 말했다. "라틴계 게이, 거기다 종교까지 믿는 아주 특정한 유형의 게이이다 보니까 사람들이 날 심하게 오해한다 싶을 때가 많거든요." 하지만 닉은 달랐다. "개랑은 그냥 통해요. 나랑 같은 점이 하나도 없는데도요. 닉은 이성애자 백인 남성이고 중상류층 사회에서 자랐죠. …… 하지만 닉은 날 제대로 알아줘요. 닉에게는 정말 이해받고 있다는 느낌이 들죠. 닉과 있을 때는 나 자신을 설명할 필요가 거의 없어요." 2020년 11월 7일, 주방에 있던 닉에게 조 바이든이 대통령으로 당선되었다는 소식이 전해졌다. 닉은 아트를 부둥켜안고 안도의 울음을 터뜨렸다.

한 달쯤 지나서, 아트의 인생은 이 선거와는 아무런 관계도 없는 이유로 변하게 되었다. 아트가 속한 교단과 온라인 복음주의 사이트에 닉의 여자친구를 화나게 했던 그 웨비나 소식이 흘러 들어간 것이었다. 동성애자가 교회에서 겪는 애로 사항을 쓴 아트의 몇몇 트위터 게시물도 함께.

아트를 채용한 지역 교회에서는 닉과의 우정이나 아트의 성적 지향을 문제 삼지 않았지만(일터에서 성적 지향을 밝히는 것도 가능했다) 교단 전체적으로는 사귀는 동성 상대가 있든 없든 동성애자가 사역자가 되는 것을 금지하고 있었다. 아트가 말했다. "정말 좋은 일자리를 구해 인생 처음으로 커밍아웃도 하고, 전에는 할 수 없던 방식으로 섹슈얼리티와 신앙을 함께 유지하고, 내가 다니는 교회를 좋아하고, 또 처음으로 교회에서 인정도 받고 있었는데, 한순간에 매섭게 사냥당하는 처지가 되어버렸죠."

복음주의 블로그들은 아트에게 공격을 퍼부었다. 닉과의 친구 관계가 성적이지 않은 건 잠시뿐이란 식이었다. 이런 글도 있었다. "본질은 아트와 닉이 섹스 빠진 동성 결혼 생활을 은밀히 즐기고 있다는 것이다."[20] 이어지는 주장은 이렇다. "일생 전부를 친구와 산다니 가당치도 않다." 아트는 아이들에게 위험하다는 비난도 들었다. "종교를 믿는 사람들이 동성애자에게 할 법한 안 좋은 말은 죄다 튀어나왔죠." 아트는 끝내 스스로 물러났다.

공개적으로 물어뜯기고 속이 시끄럽지 않을 사람이 있겠냐마는, 선한 성품이 직무의 본질과 연결되는 사역자에게 이런 평가는 특히 심한 모욕이었다. 정해진 일자리 없이 지내고 있으니 아트는 자신의 도덕성에 의구심이 들었다. 집에 들어가면 닉에게 이렇게 물었다. "내가 학생들한테 위험한 존재야?" 아트는 말했다. "닉 같은 사람이 있어서 정말 도움이 많이 됐죠. 닉은 '야, 잠시만. 우리는 그렇게 안 믿잖아. 그건 우리 가치관하고 달라.

우린 성경을 그렇게 읽지 않아.'라고 말해주거든요."

이 모든 일이 있고 1년쯤 지나서 나는 닉과 아트의 식탁에 두 사람과 함께 앉았다. 닉이 입은 회색 운동복 상의를 보니 이 사람이 매일 오전 4시 45분에 일어나 헬스장에 가고, 운동 목표를 달성하기 위해 주방 저울에 매번 음식 중량을 달아본다는 사실이 새삼 떠올랐다. 아트는 운동 목표가 없는 사람들이 먹을 간식을 내왔다. 반으로 썬 무화과에 신선한 바질과 굵은 소금을 얹은 것이었다. 말할 때 손을 많이 쓰는 아트가 손가락에 낀 반지들을 반짝거리며 그 불안했던 시기를 이야기하는 동안 닉은 이글거리는 눈으로 먼 곳을 응시했다. 아트가 "괜찮아, 버브?"라고 물었다. '버브'는 아트가 닉을 부르는 애칭인 '버바'의 변형이다. 닉은 가라앉은 목소리로 "응."이라고 대꾸했다. 교단에서 압박받는 아트를 지켜보는 건 닉에게 "무지막지하게 힘든 일, 쉽지 않은 시기"였다. 닉은 잠시 멈췄다가 말을 이었다. 자신은 "아무런 힘도 없고, 가만히 앉아 슬퍼할 뿐 아무것도 바꿀 수 없다"는 느낌을 받았다고.

아트에게도 뾰족한 수가 없었다. 아트가 해석하기로 동성애자에 대한 성경 말씀은 보수 기독교와 진보 기독교가 만나는 자그마한 교집합이었다. 동성 성관계와 결혼은 허용하지 않는다는 것. 하지만 "성경이 정말 아름다운 삶으로 동성애자들을 이끌고 또 주님이 동성애자들에게 진심으로 사랑을 보여주신다는 것도 알아요."라고 아트는 말했다. (자신이 이해한 기독교가 동성 결혼을 허용하지 않아도 정부는 이를 허가해야 한다고 아트는 생각한다.) 퀴어를 공개적으로 인정하는 교회로 옮기면 자신이 믿지 않는 성경 내용을 가르치는 곳에서 일하게 되었다. 게다가 그런 교회는 자기 같은 사람에게 친절한 공간도 아니었다. 비교적 자유주의적인 기독교를 믿는 계부는 성관계를 하지 않겠다는 아트의 결심을 알고 화를 냈으며 남자친구를 사귀라고 몇 시간씩 아트를 설득하려 들었다. 성관계를 하지 않는다는 건 아트가 깊이 고민하고 기도한 끝에 내린 결단이었지만, 이런 교회의 신도들이 보기에 아트는 자신을 억누르는 혹은 외부에 의해 억압된 사람이었다. "가끔 진보적인 사람들이 내가 괴로움을 자처한다면서 자기들이 구원해 주겠다고 하는데, 그런 구원은 필요 없어요."

○ ● ○

모건과 사귀기 시작한 2021년 여름, 닉은 이것저것 설명할 필요가 없다는 데 놀랐다. 모건은 아트와 자신의 우정을 곧바로 이해한 듯했다.

애초에 모건과 닉이 서로를 소개받은 것도 우정을 대하는 모건의 태도 때문이었다. 아메바 모임에 속한 닉의 친구는 모건과 아는 사이였고, 헌신적인 우정을 경험해 봤다는 공통점이 있으니 모건이 닉과 잘 통할 것 같다고 생각했다. 아트와 닉은 서로에게 헌신하는 친구가 되자고 의식적으로 결정했지만 이와 달리 모건은 우연히 그런 관계에 발을 들였다. 모건은 대학을 졸업하고 고향인 일리노이주 시골로 돌아와서 빈대가 득실대는 집에서 지냈다. 임대 기간이 끝나고 친구들의 집을 전전하며 살던 중 교회에서 가까워진 한 커플이 당분간 자기네 집에 들어와 살면 어떻겠냐고 모건에게 제안했다. 그 커플의 집에서 세 살, 일곱 살짜리 아이들과 같이 지낸 지 여러 달이 지나자 모건은 이 사람들이 그저 룸메이트가 아니란 사실을 자각했다. 매일 하루를 마치고 보는 이 사람들이 가족으로 느껴졌다.

2020년에 이 가족 중 한 명이 뉴저지 교회에 일자리를 구했다. 커플은 같이 이사하자고 모건을 잡아끄는 대신 모건이 그러겠다면 얼마든지 환영이라는 뜻을 알렸다. 모건은 이사하기로 결심하고 뉴저지에 직장을 구했다. 커플은 새집 서재를 모건의 침실로 꾸며줬다.

닉에게 전 여자친구와의 연애는 취조실에 앉아 있는 것 같았다. 아트와 왜 그렇게 많은 시간을 보내는지 끝없이 해명해야 했다. 하지만 모건은 채근하지 않았다. 모건도 여러 친구에게 헌신하고 있었고, 그런 관계를 방어적으로 변명하지 않아도 된다는 데 안도감을 느꼈다. 닉의 과거 연애에서는 "대체로 아트와의 우정과 데이트 상대와의 관계가 반대 방향으로 줄을 당기는 것 같았다"면, 모건과의 연애에서는 힘이 좀 다르게 작용했다. 관계들이 "오히려 서로를 지탱하는 쪽으로 나아가고 있다"고 닉은 말했다.

아트와 닉처럼 인생에서 닻이 되어주는 사람을 둘 이상 둔다는 발상을 화제로 대화해 보면 어떤 사람들은 간혹 너무 복잡할 것 같다며 꺼린다. 모건은 지금 생활이 진 빠지게 피곤할 때도 있다고 망설임 없이 인정했다. "가족이란 게 원래 피곤하니까요. 사람을 돌보고 챙기는 건 피곤한 일이에요. 늘 순탄한 것도 아니고 늘 즐거운 것도 아니죠. 하지만 대체로 즐거워요. 그래서 힘든 순간, 쉽지 않다 싶은 5% 정도의 시간도 정말, 정말이지 애쓴 보람이 있어요."

2장의 캐미와 틸리처럼, 닉과 아트도 인생에 중요한 사람을 한 명 더 둔 덕분에 무엇을 얻었는지 열정적으로 이야기했다. 닉의 말이다. "이게 얼마나 큰 선물인지 상상도 못 할걸요. 다들 팀메이트가 한 명 더 생겼다고 느껴요." 모건이 힘들어하면 아트는 모건을 응원하는 닉을 응원한다. 아트에게는 더 많은 돌봄이 보답으로 돌아온다. 교단에서 들고일어나 아트가 휘청일 때 모건은 계속 아트의 안부를 확인했고, 배달 앱 상품권을 보내 아트가 저녁에 뭐라도 먹도록 챙겼고, 아트에게 웃음을 줬다. 한때 아트는 닉이 결혼하면 어떻게 될지 걱정했지만, 이제는 그 결혼이 너무나 기다려진다. 그러면 "제일 좋아하는 두 사람과 같이 살게" 될 테니까. 아트는 닉이 관계를 천천히 진전시킨다는 걸 아는 만큼 친구들에게 모건 이야기를 할 때 단어를 신중히 고른다. 아트의 말이다. "내가 결정할 일이었으면 크리스마스에 진작 청혼했을걸요. 닉한테 말했겠죠. '야, 크리스마스에 모건한테 반지 주는 거야. 그러기로 한 거다. 얼른 해.'"

2022년 여름날 아트는 나와 얘기하던 중에 자신이 다른 지역에 가 있는 닉을 대신해 모건과 저녁 데이트를 할 거라고 했다.

둘이서 저녁을 먹고 노는 것이다. 조금 전에는 모건에게서 청록색 벨벳 소파 사진도 문자로 왔었다. 자기가 닉과 결혼하면 이 소파를 사는 게 어떻겠냐고 묻는 내용이었다. 아트는 말했다. "우리한테 딱이네."

다른 사람들에게 밸런타인데이는 로맨틱 파트너를 위한 날이지만 아트와 닉은 이날을 자신들의 형제애를 기념하는 날로 삼았다. 2020년 밸런타인데이에는 닉이 저녁을 요리하고 아트와 자신이 줄곧 보고 싶어 한 영화를 예매했다. "이렇게 실천하고 있어요. 로맨틱한 사이로 보일 수 있단 건 알지만 신경 쓰지 않는 자세 말이에요. 내가 더 신경 쓰는 건 이 사람이니까요." 아트는 게이로 보일까 봐 벌벌 떨던 닉과 지금 자신이 아는 닉이 "밤과 낮만큼 다르다"고 했다. 지금 같으면 '하와이 사건'은 상상도 할 수 없다. 내가 하와이 항공권 이야기를 꺼내자 닉은 앓는 소리를 냈다. 3년 전 그렇게 반응한 게 지금은 부끄러웠다.

닉과 아트는 닉이 뭔가를 불편하게 느끼는 이유를 해석하는 유용한 틀을 만들었다. 둘이서 이런 질문을 던져보는 것이다. '도덕적인 이유는 뭐야? 문화적인 부분은? 개인적인 이유는 어때?' 과거 닉은 남자와 접촉하면 불안해했고, 그래서 아트는 성경이 남성 간의 애정을 도덕적으로 제한하지 않는다고 짚어줬다. 초기 교회의 남자들은 입맞춤으로 서로와 인사했고, 요한이 예수의 가슴에 기댔다고 서술한 성경 구절도 있다.[21] 닉이 특정 접촉에 느끼는 불편감의 근원을 허물기 위해 아트는 미국 문화 특유의 규범과 닉 가족의 분위기를 언급했다. 아트는 친구에게 거리낌 없이 신체적 애정 표현을 하는 브라질 사람들 사이에서 성장했지만, 닉이 양육된 가정에는 여타 미국 가정과 마찬가지로 남성 간 신체적 애정 표현의 본보기가 없었다. 아버지와 마지막으로 포옹한 기억도 까마득했다. 닉은 어떤 접촉이 자신에게 불쾌했던 이유가 감각 과부화가 쉽게 와서임을 깨달았다. 앞의 세 가지 질문을 곱씹은 닉은 자신이 어떤 접촉을 선호하는지 파악했다. 아트가 자신에게 손을 얹고 그 손을 옮기지 않을 때가 좋았다. 알아가는 과정에는 노력이 들어간다. 닉이 말했다. "내 행동의 많은 부분이 내가 어떤 가족 사이에서 자랐는지를 뒤늦게 드러내는 지표더라고요. 26년간 생각하던 방식을 바꾼다는 게…… 하루아침에 되는 일은 아니죠."

아트는 일에서도 이 틀을 활용하기 시작했다. 청소년 사역자 자리에서 물러난 아트는 '리보이스Revoice'에서 일을 시작했다. 성관계를 하지 않기로 결심한 동성애자 기독교인을 지원하는 단체로, 문제의 그 웨비나를 주최한 곳이기도 하다. 아트는 보수적인 교회의 목사들이 LGBTQ+로 정체화한 사람들에게 더 열려 있는 교회를 만들도록 돕는 활동도 한다. 아트는 목사들이 설교단에 서서 옹호하는 내용들이 개인적이거나 문화적인 가치에 기반할 뿐, 성경 말씀이 아니란 사실을 밝힌다. 요한이 예수의 가슴에 기댔다는 예를 언급하면 얼마나 통쾌한지 모른다. 아트는 재미있다는 듯 말했다. "구세주께서 남자를 껴안았다는 사실에 어쩔 줄을 모르죠."

아트가 한 손을 핸들에 얹고 뉴저지 고속도로를 달려 나를 기차역에 내려주러 가고 있을 때였다. 둘만 있는 자리라 이런 말을 꺼내봤다. 누군가는 아트가 몇 년 동안이나 닉의 상상 속에서 동성애 히스테리 괴물을 쫓아내느라 애쓰는 게 아트를 소진시킨다고 보지 않겠냐고. 두 사람 우정의 관계 역학은 최근 출간된 어떤 책에 나온 조언을 거스르는 것이었다.[22] 그 조언에 따르면 특권을 더 많이 누리는 친구에게는 특권을 덜 누리는 친구가 경험하는 삶을 이해하려 노력할 책임이 있다. 아트는 둘 사이가 그렇게 단순하지 않다고 말했다. 닉은 게이 남성과 공개적으로 평생을 약속해 이성애자로 누리는 특권 일부를 포기했다. 아트를 겨냥했던 마녀사냥은 닉에게도 닥쳤다. 사람들은 닉이 일하는 교회에 연락해 징계를 요구했다. 복음주의 블로그도 닉을 비난했다. 아트의 말이다. "내가 중요하게 생각하는 일이 하나 있는데요, 퀴어가 겪는 동성애 혐오를 기꺼이 경험하겠다고 하는 사람에게는 뭐든 물어봐도 된다고 해주는 거예요."

특권을 더 누리는 쪽이 스스로 배우려 노력하는 게 일반적으로는 옳다고 아트도 생각하지만, "노력하고 있다는 걸 보여주는 사람"이라면 아트 같은 사람이 개입해 도울 수도 있다. 아트는 닉이 책을 읽거나 다른 퀴어들과 대화해 동성애 혐오의 기본 개념을 배우길 바라면서도 일부는 자신에게서도 배워갔으면 한다. "매일매일을 같이 살아갈 게이는 나니까요."

아트는 근래에 퀴어 친구들을 사귀었고 이들과 어울릴 때 편안함을 느꼈다. 그 친구들에게서는 그들이 자기와 같은 언어로 자신을 표현한다는 느낌을 받았다. 하지만 아트 정체성의 이런 차원을 닉 역시 자기 나름으로 이해하게 되었다. "퀴어 친구들이 퀴어다운 게 뭔지 닉보다 더 잘 알까요? 당연히 그렇죠. 하지만 닉만큼 나를 잘 아는 사람이 있냐면, 그건 또 아니거든요."

○ ● ○

아트와 이렇게 끈끈한 우정을 다진 덕에 닉은 또래 남성 다수에게 닥치는 운명을 피했다. 미국인은 불과 수십 년 전과 비교해도 가깝게 지내는 친구 수가 줄었고, 남자는 여자보다 사정이 더 나쁘다. 1990년에는 남성 절반 이상이 가까운 친구가 최소 여섯 명은 있다고 답했다. 2021년에 똑같이 말할 수 있는 남자는 4분의 1 정도밖에 안 되었다. 남성 15%는 가까운 친구가 아예 없다고 응답했는데, 1990년 대비 다섯 배 증가한 수치다. (스탠드업 코미디언 존 멀레이니John Mulaney는 베이비부머* 남성 이야기로 SNL에서 이런 농담을 했다. "아버지들은 친구가 없어요. 당신 아버지는 친구 있다고요? 잘못 안 겁니다. 어머니한테 친구가 있고, 그 친구들한테 남편이 있는 거죠. 그 사람들, 아버지 친구 아니에요."[23])

가까운 친구 수의 감소는 외로움과 연관되고,** 외로움은 고

---

*   미국에서는 제2차 세계대전 이후 1946~1965년 사이에 출생한 세대를 가리킨다.—옮긴이
**   콕스가 2021년 실시한 조사 내용이 한 예다. "가까운 친구가 3명 이하인 미국인은 …… 절반 이상이 지난 7일간 최소 한 번은 (외로움을) 느꼈다고 말했다. 반대로 가까운 친구가 10명 이상인 미국인은 3명 중 1명만이 지난 7일간 외로움을 느꼈다고 응답했다."

혈압부터 우울, 인지 저하에 이르기까지 건강에 초래되는 각종 부정적 결과와 이어진다.[24] 남편을 잃은 여성과 비교하면 배우자를 잃은 남성에게서는 외로움과 우울감이 확연하게 치솟고 그 상태도 오래 지속된다. 이들은 여성에 비해 자살로 생을 마감할 확률이 높다. 연구자들은 이 차이가 여성의 사회적 지지 체계가 더 다양하다는 데서 기인한다고 본다.[25]

옛날 남자들은 현대 남성의 빈곤해진 우정에 충격을 금치 못할 것이다. 과거 남성들은 오직 자신들만이 플라토닉 관계의 정점에 이를 수 있다고 내세우며 여성은 그럴 성품도, 사회적 위치도 되지 않는다고 보았다.* 16세기 철학자 미셸 드 몽테뉴 Michel de Montaigne는 잘 알려진 에세이 「우정에 관하여」에서 여성의 불같은 본성, "이리저리 흔들리는 급격한 불길"[26]이 "진정한 우정"에 필요한 차분한 기질과 양립할 수 없다고 기술했다. 식민지 시대와 그 이후의 미국 남성들은 다윗과 요나단의 이야기에 나타나는 형제지간 사랑의 모범을 따라 살기를 염원했다.[27] 다윗과 요나단은 서로를 위해 희생했고, 이들의 유대 관계는 성경에 이런 말로 묘사되었다. "요나단의 마음이 다윗의 마음과 하나가 되어 요나단이 그를 자기 생명같이 사랑하니라." 18세기 미국 상류사회의 편지 작법서 같은 자료에는 친구 사이에 감정을 솔직히 표현하라고 남성들에게 조언하는 내용이 있다.[28] 남

---

* 키케로가 논하는 『우정론(amicitia)』에서 여성은 빠져 있다. 아리스토텔레스는 친구 간에는 서로의 덕스러운 품성을 빼닮는다고 했으며 덕을 공적이고 정치적인 것으로 정의했는데 이런 영역에서 여성은 배제되어 있었다.

성 간의 친밀한 우정은 수치스러운 것이 아니었다. 그 친밀성이야말로 남성의 척도였다.

남성의 가까운 우정 관계가 전국적으로 줄긴 했으나 앞으로, 특히 젊은 세대에서는 닉과 아트 못지않게 가까운 우정을 경험할 남성이 늘어나리란 징후가 보이기도 한다. 지난 수십 년간 동성애 혐오는 감소했고, 연구자들은 게이에게 따라붙는 낙인이 경감된 만큼 동성애 히스테리 역시 약해졌다는 사실을 확인했다. '브로맨스' 경험이 있는 영국 대학생을 대상으로 한 소규모 연구에서 남성들은 이런 우정으로 깊은 정서적 친밀성을 얻었고, 포옹 같은 동성 간 육체적 친밀성을 편안하게 느꼈으며, 남들에게 게이로 보이리란 걱정은 하지 않았다고 말했다.[29] 남성 청년을 대상으로 한 여타 연구에서도 이런 사실이 드러난다. 지난 수십 년과 비교해 수용되는 남성성의 색깔이 다양해진 덕분에 오늘날 남성들의 우정에서 정서적 친밀성과 신체적 애정 표현이 점점 더 많이 나타날 수 있게 되었다.[30]

○ ● ○

로맨틱한 관계든 플라토닉한 관계든 장기간 이어진 관계라면 으레 그렇듯 아트와 닉 사이의 저울은 시간이 지나면서 조정되었다. 한때 아트는 그들 사이에 암묵적인 권력 관계가 있고 닉이 칼자루를 쥐고 있다고 느꼈다. 자신에게는 닉만 있지만 "닉에게는 정상적인 삶에 내가 더해진 것"이기 때문이었다. "관계

초기에는 내가 외롭지 않도록 닉이 구해주는 것 같아서" 닉에게 부채감이 들기도 했다. 하지만 더는 그렇게 생각하지 않는다. 아트는 (캘리포니아에도 친구와 일자리가 있으니) 자신에게 다른 선택지가 있는데도 닉과 뉴저지에서 지내는 삶을 적극적으로 선택했다.

닉 역시 자신에게 필요한 파트너를 얻었다고 느낀다. 자신의 사용자 매뉴얼, 스스로 무엇을 좋아하고 무엇을 싫어하는지, 가치관이 어떤지, 자기 능력을 발휘하려면 무엇이 필요한지를 파악하는 것은 성인기의 주요 과제다. 닉은 이 우정 덕분에 자신의 매뉴얼을 알게 되었다. 이제 더는 주변 문화에 의지해 저 질문들의 답을 내줄 (많은 경우 엉터리인) 단축키를 얻으려 하지 않는다.

아트와 닉은 함께하는 삶의 일상적인 면면에서 기쁨을 발견한다. 닉이 아트 몫으로 더 내려서 남겨놓는 커피, 대화 중간중간에 닉이 끼워 넣는 픽사 영화 대사, 닉이 운동하고 집에 돌아갈 시간이면 아트가 소파에서 코바늘로 뜨개질하고 있을 거라는 사실을 아는 예측 가능성의 아늑함. 아트는 말했다. "내겐 아주 실질적이고 완전한 동반자가 있잖아요. 이런 인생은 절대 혼자가 아니죠." 두 사람이 같은 공간에 있지 않을 때조차 아트는 이렇게 느낀다. "어떤 사람을 안다는 감각 있잖아요. 그 사람이 내 인생에 단단히 통합되어서, 그 사람이 당장 옆에 있지 않아도 인생이 충만하게 느껴지죠."

두 사람은 서로를 너무도 잘 이해하게 되었고, 그래서 아트는 닉이 일진 사나운 하루를 보내고 있을 때 기분을 환기해 줄 방법을 정확히 알았다. 대형 할인 마트에서 닉에게 전화를 걸어 마트 커피를 사갈지 물어보기. 커피 취향이 꼬장꼬장한 닉은 그 말에 웃음을 터뜨렸다. 부스터라도 가동한 듯 순식간에 기분이 좋아졌다.

인생에는 재미가 더해졌다. 아트는 가벼운 잡담이나 재미있는 걸 마냥 즐기는 천성이 못 된다. "다들 나한테 트라우마를 털어놓고 같이 울었으면 해요." 목소리는 태연했지만 진심으로 하는 말이었다. 닉 덕분에 아트는 속마음을 훤히 드러내는 대화를 하지 않고도 유대감을 느낄 수 있다는 걸 알았다. 고정관념에 따르면 성별에 따라 갈리는 친구 사이의 행위를 아트와 닉은 한데 섞었다.* 두 사람은 활동과 대화를 모두 하면서 끈끈해졌다.

재미를 새로 알게 된 아트는 "뭐든 쪽팔린다 생각하지 말 것"이란 가훈을 가슴에 품었다. 즐거움을 가져다주는 일이면 닉과 아트는 사람들과 어울려 즐긴다. 이 정신에 충실하게 '테라스'라고 쓴 밀짚 발 매트와 배지도 주문 제작했다. 가훈은 주변 사람들의 기쁨을 함께 기뻐하는 닉의 태도에서 뻗어 나온 것이었다. 닉과 아트가 생각하기에 닉이 이런 면을 더 잘 보여주게 된 것은 자신의 감정과 조화를 이뤘고 다른 사람들의 평가를 걱정하는 데서 벗어났기 때문이다. 닉은 이 우정 덕분에 일관성을 지

---

*　남녀 수백 명의 우정을 연구한 『버디 시스템(Buddy System)』에서 그라이프는 여성 간 우정은 친밀성을 중심으로, 남성 간 우정은 활동을 중심으로 형성되는 경향이 있음을 확인했다.

킬 수 있게 되었다. "구체적으로 말하자면, 어디를 가든 나 자신 그대로 있을 수 있다는 얘기예요. 자리에 따라 다른 사람이 되지 않고요." 그러자 로맨틱 관계도 영향을 받았다. 모건은 닉의 꾸밈없는 열정을 특히 좋아한다. 닉은 자신이 치어리더처럼 응원해서 오글거린다는 평을 받아도 개의치 않는다는 것이다. 닉은 그냥 그런 사람이다.

즐거움을 추구하는 닉의 성향이 이 집의 정신을 만들었다면 아트는 장식에 안목을 발휘했다. 이사할 때 들인 식물이 마흔 그루였는데, 이제 집에 있는 식물은 예순 그루가 넘는다. 그런 아트니 닉과의 우정을 돌이켜 생각할 때 식물 비유를 들지 않을 수 없다. "담쟁이덩굴은 격자 구조물을 세워주는 대로 무조건 따라가죠. 그런데 구조물이 없으면 빛을 찾아가죠."

아트가 말을 이었다. "우리 다수는 사회가 짜놓은 구조물을 따라가잖아요. 그 구조물이 우리 본모습에 이상적으로 맞아떨어지는 것도, 우리가 무럭무럭 자라는 데 도움이 되는 것도 아닌데요. …… 우리는 구조물이 없었으니까 우리한테 맞춰서 진짜 유일무이하게 아름다운 관계와 삶을 창조할 수 있었어요. 지금 내 삶이 정말 마음에 들어요. 그냥 흐르듯 살다가 남편이나 아내를 만나 개 두 마리, 자녀 셋을 키우게 된, 뭐 그런 것보다 훨씬 좋아요."

관계의 표준 사양 없이 길을 내다 보니 아트와 닉은 괴롭기도 했다. 헌신하는 친구 간에 어려운 대화를 나눌 때나 이 남다른 우정에 문제가 생겼을 때 지침이 되어줄 언어나 책이 없었다.

닉은 이전에 연애와 우정을 조화시키는 데서 애를 먹었다. "사회가 짜놓은 구조물이 우리에게 맞지 않았고 또 우리가 맺고 싶어 하는 우정에 맞지 않았다"는 것이 닉이 생각하는 고생스러움의 이유다.

  닉은 말한다. "우리가 더 좋은 걸 추구하려면 그 구조물을 해체해야만 했어요."

5

가족다운 가족

친구에서
공동 양육자로

우정은 갑작스레 지위가 높아진 범주이니,
친족 관계의 자리를 탈취하는 건 물론
그 자리에 침투하려는 것조차 주제넘은 일이다.

― 엘시 클루스 파슨스Elsie Clews Parsons

 2009년 어느 봄날 밤, 린다 콜린스와 너태샤 바크트는 저녁을 먹으려고 오타와 차이나타운에 있는 둘의 아지트 같은 식당에 자리를 잡고 앉았다. 몇 번 왔던 곳이라 익숙한 저녁 식사였다. 초염새우와 두 사람이 즐겨 먹는 다른 요리 세 가지를 주문했다. 그런데 린다가 가만 보니 친구가 어쩐지 평소와 달랐다.
 "너 무슨 일 있어?" 린다가 물었다.
 너태샤는 코를 훌쩍였고 벌건 눈에서 눈물이 났다. 계절성 알레르기라고 말하면서도 린다가 주는 알레르기 비염약은 받지 않았다. 이어질 린다의 질문을 피하고 싶었다. 하지만 이쯤 되니 너태샤의 변변찮은 거짓말 실력이 바닥을 드러냈다.
 "어휴, 안 되겠다. 나 임신했어." 너태샤가 말했다.
 "뭐라고?" 린다가 대꾸했다.
 너태샤가 알레르기로 골골거리고 있는 건 임신 중에 약을 먹고 싶지 않아서였다. 나이 서른여섯, 만나는 사람이 없었던 너태샤는 괜히 서두르고 싶지도 않았지만, 파트너를 찾지 못했다는 이유로 자기 아이를 키울 기회를 놓치기도 싫었다. 살던 지역의 임신 클리닉에서 익명 정자 기증을 두 차례 받은 끝에 너태샤는 임신에 성공했다.[1]

린다가 불쑥 말했다. "네 출산 코치, 내가 하고 싶어." 너태샤와 산전 수업을 같이 듣고, 분만실에 함께 들어가고, 임신과 출산 과정에서 생기는 문제를 헤쳐나가도록 도울 사람 말이었다. 린다다운 제안이었다. 자기를 둘러싼 세계를 경이롭게 느끼기에 나오는 충동적이지만 고마운 제안. 린다 생각에 출산은 마법 같은 순간이었고, 이번은 그 경험을 몸소 해내는 사람을 지켜볼 일생일대의 기회였다. 아이를 갖고 싶다는 확신도 있어 임신을 가까이서 직접 지켜볼 수 있다는 데도 끌렸다. 린다는 자기소개서라도 쓰듯 자신의 자격 사항을 늘어놓았다. 조산사와 3년 동안 같이 살아서 임신에 대해서라면 비공식 수업을 받은 셈이고, 위기 상황에도 잘 대처한다고. 우리는 사는 곳도 가까우니, 몇 시간씩 걸리는 거리에 사는 친구와 가족 대신 같은 도시에 의지할 사람이 있는 게 너태샤에게도 좋을 거라고.

린다의 갑작스러운 제안에 너태샤는 고심했다. 린다의 제안은 일종의 출산 조수가 되어주겠다는 얘기였고, 그 조수는 앞으로 몇 달간 너태샤와 붙어 지내며 분만실에도 함께 들어갈 것이었다. 아무나 덥석 끌어들이기에는 퍽 친밀한 역할이었던 데다, 너태샤가 린다를 좋아하긴 했지만 둘이 그 정도까지 단짝은 아니었다. 두 사람은 몇 년 전 린다가 오타와 대학교 법학 강사로 채용되는 과정에 너태샤가 관여하며 알게 되었다. 너태샤는 린다와 안면을 트자마자 이 유쾌하고 착실한 사람과 친해지는 미래를 상상할 수 있었다. 둘은 동료였지만 너태샤는 인권법, 린다는 환경법으로 분야가 달라서 구태여 일 얘기를 해야겠다는 마음은 들지 않았다. 어느 가을날에는 농산물 직판장을 거닐며, 린다가 어떤 남자한테 반했는데 가까운 시일 내에 사귈 수 있을 것 같진 않다는 얘기, 오타와에 오기 전까지 각자가 살아온 인생 얘기를 나눴다. 너태샤가 무용수로 순회공연을 다니면서 구경한 세계 여기저기의 얘기도. 린다가 본 너태샤는 빛나는 사람이었다. 정신도 그렇고 무용으로 다져진 몸도 그렇고 한쪽으로 치우침 없이 모두 날렵했다. 너태샤와 린다가 같이 있으면 시간이 순식간에 날아갔다. 예닐곱 시간이 지나도 그렇게 오래 같이 있었단 걸 알아차리지 못할 때가 부지기수였다.

일주일쯤 고민한 끝에 너태샤는 린다가 자기 곁을 항상 지켜줄 사람이란 사실을 깨달았다. 린다라면 믿을 수 있었다. 너태샤는 린다에게 전화를 걸어 출산 코치 제안을 받아들이겠다고 했다. 린다에게 어떤 역할을 맡기겠다는 거창한 계획은 없었다. 이 변화의 시기에 자신을 도우면서 린다가 흥미로운 경험을 할 수 있겠거니 짐작할 따름이었다. 어쩌면 세상에 나올 아이의 삶에 깊게 관여하는 이모가 될지도.

너태샤가 어머니에게 임신 계획을 말하자 돌아온 답은 이랬다. "결혼도 안 한 아가씨가 무슨 애를 갖는단 거니?"

너태샤가 말했다. "내가 아가씨는 아니잖아요. 서른여섯 먹은 법대 교수인데요."

너태샤는 혼자 아이를 갖겠다고 결심함으로써, 핵가족 모델 밖에서 가족을 구성하는 사람들이라는, 점점 커지는 집단의 일원이 되었다. 너태샤가 사는 캐나다에서는 두 부모 가족이 감소하는 추세이며, 현재 15세 미만 아동 가운데 한 부모와 생활하는 아동은 20%에 육박한다.[2] 이 추세는 미국에서도 유효하고, 미국에서는 혼인 상태와 무관하게 양육자가 둘인 환경에서 생활하는 아동의 비율이 1968년 85%에서 2020년 70%로 떨어졌다.[3] 아동이 복합적이고 유연한 가족 구조 내에서 성장하는 것도 흔한 일이 되었다. '복합가족blended family'[*]과 '계부모, 이복·이부 형제자매' 같은 용어는 이제 가족을 이야기할 때 예사로 쓰인다. 미국에서는 '일반적인' 가족 형태를 더는 하나로 꼽을 수 없다.[4]

여러 정치인과 공인은 갈수록 '전통적 가족상'에서 멀어져 표류하는 사회에 큰 우려를 표명했다. 미국 상원의원 마코 루비오 Marco Rubio는 2022년 영상에서 "외벌이로도 가족을 부양할 수 있게 해야" 한다며 "전통적인 가족이 무너지지 않도록 막는 일에도 도산 위기에 처한 대기업을 대할 때와 같이 절박한 태도가 필요"하다고 국민들에게 호소했다.[5] 핵가족을 둘러싼 농성 대부

---

[*] 두 성인이 결합 혹은 결혼했을 때 이전에 맺었던 관계에서 얻은 자녀를 데리고 와 모인 가족 형태. ─옮긴이

분이 우파 진영에서 시작되었지만 전부가 그런 것은 아니었다. 버락 오바마는 2008년 시카고에서 손꼽히는 대형 흑인 교회에서 연설하며, 자신이 아버지가 부재한 가정에서 성장하느라 겪은 어려움을 이야기했다. "행방불명 상태인 아버지가 너무 많습니다. 무단이탈한 아버지가 너무 많습니다. 아버지가 부재하는 삶과 가정이 너무나 많습니다. …… 이런 이유로 우리 가정의 기반은 약해지고 있습니다."[6] 핵가족 옹호자들이 흔히 주장하는 대로라면 이 특정한 가족 구조는 비할 데 없이 안정적이고, 아동 발달을 촉진하고, 종교적 가르침에 충실하고, 국력을 강화한다. 이 모든 걸 동시에 해낸다.

너태샤의 어머니는 가족을 형성하는 방식에 대해서는 관습을 고수했으나 실은 본인도 나고 자란 문화권의 전통적 결혼관을 거스른 사람이었다. 힌두교를 믿는 젊은 인도 여자가 이슬람교를 믿는 남자와 결혼했으니 말이다. 너태샤가 임신하자, 딸이 싱글맘이 되는 것을 탐탁지 않아 하던 모습은 물러났고 미래의 손주와 딸의 건강을 염려하는 모습이 그 자리를 채웠다. 딸과 거의 500km를 떨어져 살았으니 너태샤의 어머니로서는 린다가 딸을 도와줘 안심이었다. 두 친구는 매주 같이 산전 수업을 들으러 갔다. "엄마는 이쪽으로 오시고 아빠는 저쪽으로 가주세요." 같은 안내나 "그래도 세상에서 제일 사랑하는 사람과 함께하는 일이잖아요." 같은 격려에 해당하지 않는 유일한 한 쌍이었다. 강사가 이런 말을 하면 린다는 너태샤에게 일생의 사랑이 아니라 미안하다고 장난스레 사과하면서 자기가 최선을 다하겠다고 약속했다. 오랫동안 양심적 핸드폰 거부자로 지내온 린다도 연락이 되어야 하니 핸드폰을 갖고 다니기 시작했다. 임신 후반기에는 토론토에 사는 너태샤의 아버지가 딸의 오타와 집에 들어와 함께 지냈다. 린다까지 세 사람은 TV로 테니스 경기를 보고, 너태샤가 시도 때도 없이 먹고 싶어 하는 하겐다즈 아이스크림을 먹으며 숱한 저녁을 함께 보냈다. 너태샤 아버지와 린다는 그 시기에 자기들한테 임신 살이 잔뜩 붙었다는 말을 즐겨 한다.

출산 예정일을 일주일쯤 앞두고 너태샤의 아버지가 딸의 정기 진찰에 동행했다. 초음파사는 태동이 느껴지지 않는다며 너태샤를 병원으로 보내 유도 분만과 태아 감시를 진행하게 했다. 너태샤는 린다에게 전화해 당장 병원으로 와달라고 했다. 린다는 강의하다 말고 뛰쳐나가, 본인 말을 빌리자면 "미친 사람처럼" 도시의 꽉 막힌 도로를 뚫고 차를 몰았다. 병원에 도착한 린다는 너태샤의 아버지를 안심시켰다. 너태샤가 말하기로 자기 아버지는 "너무너무 좋은 분이지만 자식이 곤란해하거나 아파하는 건 잘 감당하지 못하는" 사람이다. 둘라*는 너태샤 아버지를 위로하느라 바빴고 의사와의 대화는 린다가 너태샤와 같이 했다. 너태샤가 응급 제왕절개술을 받아야 할 것 같다는 말이 나왔다. 너태샤는 아이가 무사할지 걱정되어 왈칵 울음을 터뜨렸다.

린다는 너태샤와 함께 수술실에 들어갔다. 마취로 몽롱한 와

---

* doula. 산후는 물론 임신 중과 출산 중에도 산모를 신체적·정신적으로 지원하는 직업.— 옮긴이

중에 너태샤는 탯줄 '진결절'*이 보인다는 의사의 목소리를 들었다. 의사는 린다에게 아기를 보겠냐고 했다. 린다는 세상에 나온 그 아이를 처음으로 안아 든 사람이 되었다.[7] 기쁘고 들떠야 했을 순간에 린다는 덜컥 겁이 났다. 아기가 회색이었다. 살지 못하면 어쩌나 속이 탔다. 아기의 몸을 닦고 나니 다른 생각이 들었다. "정말이지 아름답고 눈부시고 생명력 가득한 사랑둥이였죠. 순간 사랑이 커다란 파도처럼 밀려왔어요. 어쩌면 호르몬도요." 2.5킬로그램도 채 안 되는 남자아이는 신생아 중환자실로 이송되었다.

린다는 너태샤, 그리고 일란이라는 이름을 얻은 아기와 병원에서 사흘을 보낸 뒤 너태샤가 아기와 같이 집에 잘 적응하도록 도왔다. 삼인조는 너태샤의 침대에 모여 잤다. 세 시간 반마다 일란의 수유 알람을 맞춰놓고서.

이튿날 너태샤의 어머니와 형제, 단짝이 임무를 인계받을 준비를 하고 토론토에서 올라왔다. 그날 린다는 문을 닫고 너태샤의 집을 나서는 순간 눈물이 솟았다.

"이건 아니라는 느낌이 강하게 들었죠." 몇 날 며칠을 24시간 동안 일란을 돌보았는데도 결국 외부인이 되어버린 린다의 심정이었다. 이미 일란에게 마음을 뺏긴 뒤였다. "슬슬 현실을 자각하게 되더라고요. 난 이 아기의 인생에서 핵심 인물이 '아니'라는 현실요." 완전히는 못 해도 미련을 조금은 버려야겠다고

---

* 태아가 움직여 탯줄에 매듭이 생기는 것을 결절이라 하는데 그중에서도 쉽게 풀리지 않아 산소와 영양분 공급을 차단할 정도인 것을 진결절이라 한다. ─ 옮긴이

린다는 마음을 다잡았다.

　하지만 끝내 그러지 못했다. 처음 한 달 동안 린다는 원래 갖고 있던 너태샤 집의 열쇠로 그 집에 매일 들렀다. 린다는 폐를 끼치지 않으려 조심하고 또 조심했지만, 이만 가보겠다는 말을 꺼내면 너태샤 가족이 저녁을 먹고 가라며 붙잡곤 했다. 한 달 뒤 너태샤는 남은 육아 휴직 기간 내내 쭉 지낼 생각으로 토론토의 부모님 집에 들어갔고, 린다는 몇 주에 한 번씩 꼭 얼굴을 비쳤다. 그 집에 가면 너태샤의 옛날 방에서 잤다. 너태샤네 부모님은 그 방을 '린다 방'이라 부르게 되었다.

　일란에게 푹 빠져버린 린다는 아기와 멀리 떨어져 있을 수가 없었다. "핸드폰으로 소식을 받는 것도 물론 좋았지만, 그냥 품에 안고 그 예쁜 눈을 들여다보고 싶을 때가 있었거든요." 린다는 새벽 다섯 시에도 냅다 차에 올라 토론토로 네 시간을 운전해 가곤 했다. 린다가 운전대를 잡은 어느 날은 마침 너태샤네 부모님이 모두 집을 비우는 날이었다. 너태샤는 다른 사람 도움 없이 일란을 혼자 잘 돌볼 수 있을지 걱정되어 한 친구에게 그날만 와달라고 부탁했지만 막판에 약속을 취소당한 참이었다. 그때, 온다는 말도 없던 린다의 차가 집 앞 진입로에 섰다. 너태샤는 생각했다. '살았다!' 다른 친구들도 함께 있으면 좋은 것은 마찬가지지만 린다는 그게 다가 아니었다. 일란을 돌보는 데 있어 린다에게는 거의 신기가 있었다. 일란은 배앓이 같아 보이는 증상으로 힘들어했는데, 음악이 아이를 달래준다는 사실을 린다가 발견했다. '린디 이모'로 통하게 된 린다는 입으로도 코로도 쉬지 않고 노래를 불렀고, 숨 들이쉬기마저 노래처럼 하는 요령을 터득하는 경지에 이르렀다. 숨을 마신다고 노래를 멈췄다간 일란이 울음을 터뜨렸다.

그렇게 육아 첫해를 보내던 어느 날, 너태샤의 어머니가 딸 방으로 와서 말했다. "린다가 일란의 대모가 되는 게 맞을 듯싶어."

너태샤가 말했다. "근데 우리는 그런 거 안 하잖아요. 그런 관계는 우리 전통에 없는데."

"너도 알다시피 린다는 그냥 이모 이상이잖니. 린다와 일란 관계는 정말 특별해." 어머니가 말했다.

이모가 대단찮다는 말은 아니었다. 너태샤 어머니의 삶에서도, 너태샤의 삶에도 이모와 고모는 언제나 붙박이처럼 존재했다. 너태샤 부모님의 친척들은 모국 인도에 있었으니 이들에겐 토론토에서 친해진 남아시아계 이민자들이 가족 같았고, 너태샤는 족보상 관계가 없는 사람들을 '이모'와 '사촌'이라 부르며 자랐다. 민족이나 출신 국가가 같은 사람들끼리 가족 비슷한 유대를 형성하는 것은 이민자 공동체에서 일반적인 경험이다.[8] 자기 아들도 이런 관계가 있는 세계에서, 돌봄 제공자가 많은 환경에서 키우게 되리라고 너태샤는 생각했다. 성장 환경 덕에 너태샤는 웬만한 인류학자들이 주장하는 바를 직관적으로 이해하고 있었다. 친족을 이루는 데 생물학적 요인은 필수가 아니라는 것을.[9]

오늘날에는 부모됨parenthood을 주로 유전적 관계에 결부해 생각하지만, 예일 대학교 법학대학원 더그 니제임Doug NeJaime 교수는 이런 생각이 현대에 만들어졌다고 말한다. 미국 역사에서는 오랫동안 생물학적 요인이 아니라 혼인 관계에 따라 법률상 양육자가 정해졌다. 결혼한 여성이 아이를 낳았을 때 법으로 인정되는 양육자는 두 명이었다. 여자가 법적 어머니, 여자의 남편이 법적 아버지였고, 남편은 아이와 유전적 관계가 없어도 무방했다. 남자는 아기의 어머니와 결혼으로 맺어지면 아버지가 되었다. 혼인 관계 밖에서 태어난 아이는 '사생아'*로 여겨졌고 낙인이 찍혀 법적 권리를 박탈당했다. 법에서는 이들을 필리우스 눌리우스filius nullius라고 했다. 직역하면 '누구의 자녀도 아닌 자'란 뜻이다. 생물학적 부모와 법적으로 남남인[10] 이 아이들은 상속권자가 될 자격도[11] 경제적으로 부양받을 자격도 없었다. 아버지의 성을 사용할 권리조차 없었다.

19세기와 20세기 초 미국 일부 주에서는 '사생아' 차별을 완화하는 법 개정안이 통과되었다. 하지만 혼인 관계 밖에서 생긴 자식도 혼인 관계 안에서 생긴 자식과 동등한 대우를 받을 헌법적 권리를 지닌다는 연방 대법원 판결은 1968년에야 나왔다. 부모의 혼인 상태 때문에 자녀가 고통받아서는 안 된다는 논리였다.[12] 대법원은 곧 여기서 더 나아가 1972년의 획기적 판례, 스탠리 대 일리노이주 판결**로 미혼부에게도 권리를 확대했다. 판결문에는 혼인 관계 밖에서 작용하는 "가족적 유대"가 "그보

---

*   영어로는 illegitimate child, 즉 적법하지 않은 아이다. — 옮긴이
**   피터 스탠리라는 남성이 18년 동안 존이라는 여성과 결혼하지 않고 세 아이를 낳아 길렀는데, 존이 사망한 이후 주 정부에서 피터가 양육자로 부적격하다고 판단해 아이들을 데려가자 스탠리가 이의를 제기한 사건이다. — 옮긴이

다 공식적으로 조직된 가족 단위 내에서 생겨나는 유대 못지않게 따뜻하고 지속적이며 중대할 때가 많다"고 쓰였다.[13] 이로써 아버지가 양육 책임을 지는 한 생물학적 요인이 혼인 상태보다 우선하게 되었다.

이런 법적 권리 확대는 미국 인구 구조에 일어난 지각 변동과 맞물렸다. 이제 결혼이 유일하게 인정되는 아이를 낳아 기르는 방식이 아니었다. 1970년대에는 싱글로, 또는 결혼하지 않은 파트너끼리 아이를 갖는 경우가 늘어났다.[14] 이혼율과 재혼율이 상승하자 가족 구조는 갈수록 복잡해졌다. '엄마', '아빠', '자녀'라는 이름표는 그 다양한 가족 관계를 포착하기에 충분치 않았다. 나라 곳곳에서 주州법이 현실과의 거리를 차차 좁혀나가기 시작했고, 계부모가 배우자의 자녀를 입양하기도 수월해졌다.*

20세기 후반 보조 생식 기술ART이 등장하자, 신기술이 도래하면 으레 그렇듯 여러 가능성의 문이 열리는 동시에 민감한 법적 문제도 대두되었다. 난임 문제를 겪는 커플이나 결혼하지 않은 여성, LGBTQ 커플이 난자 기증, 대리모, 체외 수정 그리고 (너태샤가 이용한) 정자은행의 도움을 받아 가족을 이룰 수 있게 되었다. 이런 기술들이 시작될 즈음에는 법원이 혼인 상태가 아닌 생물학적 요인에 따라 양육자를 결정하는 것이 진보의 증표였다. 하지만 ART로 생식 수단이 확대되자 생물학적 요인을 근거로 한 접근법은 점차 시대에 뒤떨어진 것이 되었다. 커플이 익

---

* 계부모 입양이나 두 번째 양육자 입양 절차는 일반 입양보다 간소하다.

명으로 정자를 기증받아 아이를 임신했는데 처음부터 아이를 기를 예정인 파트너가 아니라 정자 기증자를 법적 아버지로 간주한다면 황당하지 않겠는가.

재판부는 다시 한번 입장을 바꾸기 시작했다. 1994년 캘리포니아주 항소법원에서 심리한 어느 사건은 드라마라 해도 될 법했다. 네 살 남자아이를 자식으로 대하며 살던 남자가 있었는데, 남자의 전처가 아이의 생물학적 아버지는 다른 사람이라며 자신이 생물학적 아버지라 생각하는 남자에게 친부권이 위임되기를 바란다고 한 것이다.[15] 법원은 여자의 편을 들어주지 않았고 전남편인 이 남자가 아이의 법적 양육자로 남았다. 재판부는 생물학적 요인이 친부권의 충분조건이 아니라고 판단하며 다음과 같은 사고 실험을 제안한 판례를 인용했다. 남자가 아이와 같이 살았고 그 아이를 친자식처럼 대하며 유대를 형성했다면 어떤가? 판결문은 이렇게 쓰였다. "적어도 아동에게는 이러한 사회적 관계가 실제 친부와의 생물학적 관계보다 훨씬 중요하다."[16]

친권을 이렇게 바라보는 새로운 법적 이해는 LGBTQ 활동가와 페미니스트 활동가에게 특히 의미가 컸다. 1980년대와 1990년대에 ART는 훗날 '레즈비언 베이비붐'[17]이라 불리게 된 현상을 촉발했는데, 이성애자 커플과 마찬가지로 레즈비언 커플 역시 갈라서는 경우가 있었다. 하지만 이성 커플과 달리 여성 커플에게는 양육권법이 적용되지 않았다. 게다가 생물학적 연결 고리가 깔끔하게 떨어지지 않기 때문에, 두 파트너 모두에게 친권자 지위가 보장되는 것도 아니었다. 법적으로 따지면 아이의 생물학적 어머니가 아닌, 어머니의 파트너는 아이와 생판 남이었다. 생물학적 어머니는 원하면 전 파트너를 아이의 인생에서 완전히 차단할 수 있었다. 이런 양육권 소송에서 재판부는 검증된 방식, 즉 혼인 관계, 생물학적 요인, 성별에 근거한 방식으로 친권 분쟁을 해결할 수 없었다. LGBTQ 활동가들은 대신 의사나 행위를 근거로 법적 인정을 받도록 양육자를 변호하는 데 성공했다. 커플에게 이 아이를 함께 낳고 기를 의사가 있었나? 이 사람이 양육자답게 행동했는가?

이런 사건들의 판결은 여론에 반영되었다. 1989년의 한 조사[18]에서는 혈연이나 혼인 관계로 맺어졌거나 입양한 경우만 가족이라고 규정하는 사람은 응답자 중 22%에 그쳤고, 오히려 74%라는 압도적 다수가 더 광범위한 정의를 수용하는 것으로 확인되었다. 구성원끼리 서로 사랑하고 돌보는 집단은 모두 가족이었다. 혼인이나 유전과 무관하게, 갈수록 성별과도 무관하게, 행동이야말로 가족 관계의 핵심이라고 법과 사회가 인정한 것이었다.

법정에 앉아 자녀 양육권을 박탈당할지 모르는 상황을 (혹은 양육비로 거금을 내놓아야 할 상황을) 마주하고 있을 때 '양육자' 이름표가 중요하다는 건 두말할 나위가 없다. 하지만 삶이 이것저것 보채는 상황에서 정확한 용어를 찾고 싶다는 바람은 뒷전으로 밀리기도 한다. 너태샤와 린다도 그랬다.

"우린 육아란 말을 쓰기 전부터 진작 그렇게 하고 있었던 것 같아요."라고 너태샤는 말했다. "사느라 바빠서 생활을 찬찬히 뜯어볼 틈이 없었나 봐요."

둘은 일란에게 노래를 불러줬다. 대개는 린다가 쓰고 기타로 연주한 곡이었다. 가사는 이런 식이었다. "그래, 세상이 더 아름다워졌어. 네가 옆에 있잖아. 넌 내 음악을 만드는 음표야. 침묵도, 빛도, 소리도 너야."[19] 두 사람이 일란을 어를 때면 짧은 깜장 머리카락이 일란의 이마를 훑었다. 일란의 머리 모양은 작은 너태샤였다. 일란에게서 이를 드러내는 환한 미소나 까르르 터지는 웃음을 끌어내기는 어렵지 않았다. 일란을 재우고 나면 두 사람은 녹초가 된 채로도 친구들에게 선물받은 앙증맞은 옷을 입은 일란 사진을 보며 호들갑을 떨거나 그날 일란이 한 행동을 돌이키며 즐거워했다.

린다와 너태샤가 일란을 돌보느라 다른 걸 생각할 겨를이 없었다는 점도 용어 문제가 뒤로 밀려난 이유였다. 일란이 태어나고 몇 개월이 지나, 두 사람은 배앓이인 줄 알았던 게 뇌성마비 증상 중 하나인 대뇌 과민성 반응임을 알게 되었다. 뇌 전문 재활의학과 의사인 린다의 어머니는 일란이 반복적으로 보이는 자잘한 안구 운동이 실은 발작이란 점을 간파했다. 너태샤는 일란 생후 첫해에 아이를 데리고 MRI 검사를 진행하고 신경과 의사에게 진료를 받았다. 속상해할 것 같은 자기 부모님을 진료에 대동하긴 싫었다. 린다는 너태샤가 병원에 혼자 가려 하자 동행하겠다고 나섰다.

신경과 의사는 일란에게 뇌 손상의 일종인 뇌실 주변 백질연

화증 진단을 내렸다. 일란의 뇌는 많은 부분이 죽어 있는데, 그 원인은 탯줄 결절과 관련이 있는 듯하다는 설명이었다.[20] 일란은 모든 영역에서 상당한 장애가 있을 거라고 했다. 그때까지 너태샤는 가까운 시간만 짧게 생각하며 그저 한 시간 한 시간을 무사히 넘기려 애쓰는 식으로 살고 있었다. 그러나 의사의 말을 들으니 아들의 일생 전체에 어떤 일이 펼쳐질지 생각하지 않을 수 없었다. 집으로 돌아가는 차 안에서 너태샤의 머릿속은 충격과 걱정으로 어지러웠다. 너태샤는 린다에게 물었다. "일란이 앞으로 어떻게 살게 될까?"

린다가 말했다. "일란은 환상적인 삶을 살 거야.[21] 꼭 그렇게 되게 하자." 린다는 재활의학과 의사 어머니가 뇌 손상 환자들이 의미 있는 삶을 살도록 이끌어주는 모습을 30년간 지켜봐 왔다. 게다가 진료를 받으러 가면서 더 암울한 결과를 예상했던 탓에 린다에겐 실제 진단 결과가 그렇게 참담하게 다가오지 않았다. 린다는 생명이 위독한 병이면 어쩌나 우려했었다. 의사의 말을 듣고는 오히려 마음이 놓였다.

린다는 너태샤에게 말했다. 생명에 지장이 없단 걸 알았으니 일란에게 최고의 삶을 선사하는 데만 집중할 수 있겠다고. 린다의 말 덕분에 너태샤는 충격에 가려 보지 못하던 것을 비로소 볼 수 있었다. "일란은 네가 잘 알잖아. 뭘 해야 일란이 웃는지, 뭘 하면 일란이 싫어하는지 알아." 검사 결과로 이런 것들이 달라지진 않는다고 린다는 짚어주었다. 앞으로 수년간 일란에게 차곡차곡 쌓일 진단명, 의사들이 들려줄 자못 심각한 목소리와

'안타깝게 됐습니다' 따위의 말과 정반대인 린다의 낙관이 너태샤는 반가웠다.

린다가 맡은 역할이 일반적이지 않다는 점은 병원에 다니는 동안 수시로 분명하게 드러났다. 의사들은 린다가 대체 누구인데 치료법을 제안하면 이 사람과 장단점을 조목조목 따져야 하는지 궁금해했다. 진료실에서 받은 "환아랑은 어떤 관계인가요?"라는 질문에 "친구 아이"라고 답하는 게 린다는 석연치 않았다.[22] 의사들이 무례하지는 않았지만, 일란과 법적으로 남남인 린다의 말을 들어줄 의무도 그들에게 없었다. 린다의 친구들도 린다에게 너는 일란에 대해 아무 권리도 없는데 아이 인생에 정말 그렇게 적극적으로 관여하고 싶냐고 물었다. "너태샤가 갑자기 피지 같은 데로 이사 가겠다면 어쩔래? 너희 둘이 다투고 사이가 틀어지면?"

린다가 양육자 지위를 확보해야 하나 생각한 것은 일란이 다섯 살, 본인은 마흔 살이 되고서였다.[23] 그즈음 한 동료가 지나가면서 한 말에 린다는 자신이 이미 양육을 하고 있음을 실감했다. 자신과 너태샤, 일란이 한꺼번에 감기에 걸렸다고 하자 동료는 이렇게 말했다. "린다랑 가족 모두 빨리 낫길 바랄게요." 린다는 생각했다. '와, 내가 가족을 꾸린 거구나. 기적 같은 일이네.'[24] 그래도 아직 스스로 일란의 엄마란 생각까지는 들지 않았다. 린다는 여전히 정자 기증이나 입양으로 자기 아이를 가지는 방향을 고민하고 있었다. 하지만 어느 국립공원을 산책하던 중 불현듯 이런 생각이 떠올랐다. '일란이 있는데 모르는 아이를 굳이 입양할 이유가 있나? 내가 엄마 역할을 하고 싶은 아이는 일란이잖아. 지금까지 그렇게 해왔고.' 일란은 마침 보살핌이 많이 필요한 아이였다. 린다의 말을 빌리자면 일란에겐 "둘, 아니, 가능한 한 많은 양육자가 필요"했다.

린다는 자신이 일란의 두 번째 양육자가 되면 어떻겠냐고 너태샤에게 물어보기로 했다. 두 여자가 너태샤 집 바닥에서 사이에 앉힌 일란에게 밥을 먹이고 있던 어느 저녁이었다. 린다가 너태샤에게 물었다. 자신이 일란을 법적으로 입양하겠다면 허락할 생각이 있냐고.

너태샤의 말이다. "출산 코치 얘기를 꺼냈을 때랑은 달랐죠. 그땐 '생각 좀 해봐야겠는데' 싶었거든요. 근데 이번엔 '어, 그러게. 이거 말 된다. 왜 진작 이 생각을 못 했지?' 싶더라고요." 린다가 양육자라는 법적 지위를 얻음으로써 그 단어가 상징하는 의미를 갖추는 것은, 여러 해 동안 아이를 공동으로 양육해 온 둘의 현실을 그대로 반영하는 일일 뿐이었다.

두 사람은 너태샤의 법학대학원 동기 마르타 시미아축에게 도움을 받기로 했다. 가족법 변호사인 이 동기는 집안이 콩가루가 되어가는 고객을 응대하는 데 이골이 난 터라 새로 가족을 꾸리려는 사람들을 돕고 싶은 마음이 굴뚝같았다.[25] 그러나 두 여자가 커플인 줄 알고[26] 일에 착수한 마르타는 이 친구들이 입양에 성공하기까지 여러 장애물을 맞닥뜨리겠단 걸 깨달았다. 결혼한 사이면 복잡하게 갈 것 없이 린다가 계부모의 의붓자녀 입양 절차를 따르면 되었다. 하지만 두 사람은 친족이 아니므로, 린다가 일란을 입양하면 너태샤가 엄마로서 법적 권리를 박탈당하게 되었다.[27] (미국이었어도 약 3분의 1개 주에서 비슷한 법적 난관에 부닥쳤을 것이다.[28] 결혼하지 않은 파트너가 두 번째 양육자로 아이를 입양하는 것을 공식적으로 허용하지 않는 주들이 있다.) 두 여자는 헌법 소원을 제기하는 방안도 고려했다. 린다가 혼인 상태 때문에 일란을 입양할 수 없다는 건 차별이라고 생각했다. 하지만 헌법 소원에는 비용도 시간도 많이 들었다. 그러지 않아도 갈수록 늘어나는 양육비를 어떻게 저축할지가 걱정거리였다.

　두 사람은 다른 길을 찾았다. 친자 선언declaration of parentage. 이 방법이면 입양했을 때와 같은 권리와 의무가 린다에게 생겼다. 승인을 받으려면 린다가 양육자로 인정되는 것이 일란의 복리에 최선임을 증명해야 했다. 친척과 친구들, 소아과 의사, 일란네 학교 교직원, 동네 사람들이 써준 진술서를 모으니 린다의 육아 능력에 바치는 찬가가 나왔다. 일란을 진료한 의사 한 명은 "린다는 일란의 표정과 행동을 놀랍도록 기민하게 읽어냅니다."라고 썼다. 일란이 다니는 학교 교장은 일란이 "린다가 삶에 함께해서 기쁨과 애정과 안정감을 느낀다는 것이 명백합니다."라고 진술했다.

　린다와 너태샤는 일란과 린다의 관계에 애정이 가득하다는 증거를 긁어모은 것만이 아니었다. 둘은 법에 내포된 관념에 도전장을 내밀었다. 두 사람이 양육자가 되려면 반드시 로맨틱 관계를 맺고 있어야 (혹은 맺었어야) 한다는 관념에.

　린다는 법학자로서 의문이 생겼다. "양육자 자격 검증이 어째서 이렇게 비합리적인지 모르겠어요."²⁹ 일란을 돌본 지 10년째에 접어들었을 때 내게 한 말이다. "로맨스 좋죠. 근데 그게 양육이랑 상관이 있는진 모르겠네요." 린다가 생각하기에 로맨틱 파트너가 훌륭한 공동 양육자가 되려면 "지금 우리 둘 관계의 핵심 요소가 더 강해져야" 했다. "서로를 존중하고 아끼고 또 잘 맞는 게 핵심이거든요. 가치관이 일치해야 하죠."

 정치적 중도와 우파에 속하는 사상가들이 이런 주장의 한 가지 갈래를 내놓은 바 있다. 브루킹스 연구소 선임 연구원 리처드 V. 리브스Richard V. Reeves는 이렇게 쓴다.*³⁰ "로맨틱한 결혼이란 …… 대체로 할리우드 영화를 양분 삼아 상상해 낸 허구이며, 아동에게는 차선책에 그친다." 버지니아 대학교 국립결혼연구소 소장 W. 브래드퍼드 윌콕스W. Bradford Wilcox는 로맨스가 자녀 양육의 필요조건이 아니라고 주장했다. 윌콕스의 견해에 따르면, 결혼의 주된 목적이 로맨틱한 유대나 정서적 유대를 강렬하게 형성하는 것이라고 생각하면 관계가 불안정해지고 그 결과 아동에게도 불안을 유발한다. 그 논리는 이렇다. 배우자 사이가 정서적으로 불만족스럽다는 점이 관계를 청산하기에 합당한 이유가 된다면 관계에서 발을 빼기가 상대적으로 쉬워진다.

---

* 리브스는 결혼 유형을 윌콕스와 유사하게 분류하며 로맨스가 주된 기반인 결혼에도 회의적이다. 리브스는 스스로 '전통적 결혼'이라 명명한 복고적 성 역할을 따르는 결혼으로 회귀해야 한다고 주장하지 않는다. 오히려 미래에 미국인의 결혼은 '고투자 양육(High Investment Parenting)' 결혼이 되어야 한다고 주장한다. 이 결혼을 유지하는 접착제는 섹스나 전통이 아니라 아이들을 양육하겠다는 공동의 약속과 의지다.

윌콕스는 1970년대에 등장한 '소울메이트와 맺어지는 결혼 모델'(2장에 등장한 심리학자 엘리 핀켈이 '자기표현적 결혼'이라 명명한 모델)에서 벗어나는 사고의 전환을 촉구한다. 윌콕스는 얼리스 엘하지Alysse ElHage와 공동으로 작성한 논문에서 이보다 오래된 '가족 우선' 모델³¹을 지지한다. 이 모델을 따르면 "더 강력하고 안정적이며 십중팔구 아동에게도 더 확실한 보금자리가 되어줄" 환경이 조성된다고 쓴다. 윌콕스는 너태샤, 린다와는 다른 이유로 로맨틱한 사랑의 의의를 축소한다. 그는 핵가족의 강경 옹호자로서 결혼을 장려하고 이혼과 한 부모 가정 발생은 막고자 한다. 너태샤와 린다는 정반대로 아동에게 애정 가득한 집을 만들어준다면 가족의 형태가 어떻든 사회적·법적 인정을 받을 수 있기를 바란다.³² 아울러 백인 중상류층이 아닌 계급에 불균형하게 쏠려 있는 비핵가족 구조가 긍정되기를 바란다. 그러나 이들 모두 변치 않는 헌신이 가족을 규정하는 핵심 원리라는 주장에는 뜻이 같다.

사실 양육을 시작하면 로맨스는 무대에서 물러나는 것이 현실이다. 당연한 얘기지만, 아이를 키운다는 건 쉼 없이 기력을 소진하는 일이니까. 한시라도 서로를 만지지 않으면 큰일 날 것처럼 굴던 연인들도 아이가 생긴 뒤에는 로맨틱 관계의 불씨가 꺼지는 것을 경험한다. 이런 정서는 대중매체에도 흠뻑 스며 있다. 한 가족 관련 팟캐스트에는 '아이가 생기고도 섹스할 수 있나요?'³³라는 회차가 있는데, 제목부터 기본 답이 '아니오'라고 암시한다. 이 팟캐스트 회차는 비슷한 여타 미디어 콘텐츠와 마찬가지로 양육자들이 파트너와 맺었던 성적 유대와 로맨틱 유대를 얼마나 그리워하는지에 주목한다. 이런 사연들은 격정이 시드는 게 흔하디흔한 일이라고 인정하면서도 성욕이 말라버리는 섬에 유배된 양육자들이 아이를 함께 키울 능력을 잃었다고 하지는 않는다.

로욜라 법학대학원 교수 사샤 쿠페Sacha Coupet는 미국 가족법이 엉뚱하게도 성적인 사랑에, 자신이 '에로스'라 분류하는 사랑에 방점을 찍는다고 주장한다.[34] 양육자가 자녀에게 '아가페', 즉 자기희생적 사랑을 보여주는지를 더 중요하게 봐야 한다고 쿠페는 단언한다. 린다와 너태샤도 법의 초점이 본질적으로는 이런 면에 맞춰지기를 바랐다. 두 사람이 린다를 양육자로 인정해달라고 재판부에 요청한 건 서로가 맺은 관계 때문이 아니라 린다와 일란이 맺은 관계의 성질 때문이었다.

일란의 엄마로 인정받는다는 상징성도 물론 소중했지만, 린다는 재판부가 자신을 양육자로 볼 수 없다고 할 때 따라올 법적, 재정적 후폭풍이 더 걱정이었다. 자신의 건강보험과 연금 혜택이 일란에게는 적용되지 않는다. 너태샤에게 무슨 일이 생겨도 린다가 대신 일란의 의료적 의사 결정을 내릴 수 없다. 린다는 양육자로서 일절 권리가 없다. 일란은 양육자들의 관계 상태 때문에 남들이 받는 혜택을 받지 못할 것이다. 이렇게 불리한 법적 대우는 법학자 낸시 폴리코프Nancy Polikoff가 '신新사생아the New Illegitimacy'[35]라 명명한 상태에 해당한다.

린다는 너태샤와 같이 학부모 면담을 마치고 나오다가 담당 변호사 마르타의 전화를 받았다. 일이 잘못되었나 싶어 불안했다. 마르타가 말했다. "린다, 꼭 통화하고 싶었어요. 린다가 엄마가 됐다는 소식을 전해주려고요." 린다가 일란의 양육자라는 재판부의 선고가 떨어진 것이었다. 캐나다 역사상 처음으로 플라토닉 관계의 공동 양육자가 인정받은 사례였다. 린다는 무릎을 꿇고 주저앉았다. 한동안 보도에 앉아 있고 나서야 마음이 진정되었다. 너태샤는 린다를 꽉 끌어안았다. 두 사람은 오던 길을 돌아가 학교에 소식을 전했다. 교사, 보조교사, 물리치료사, 교장까지 한자리에 모여 환호와 응원을 쏟아내고 다 같이 얼싸안았다. 그 중심에는 두 엄마가 있었다.

○ ● ○

많은 사람이 남편과 아내가 이끄는 가족을 최고 모범으로 치는 것은 이 형태가 '전통적 가족상'과 같은 말이기 때문이다. 복음주의 작가이자 보수 기독교 단체 포커스온더패밀리 설립자인 제임스 돕슨 James Dobson 같은 사람들도 이렇게 생각한다. 2006년 《타임》에 기고한 칼럼에서 돕슨은 동성 커플의 자녀 양육에 반대 의견을 표명했다.[36] "인류가 5천 년 넘게 축적한 경험으로 뒷받침되는 전통적 가족상은 오늘날에도 여전히 미래 세대의 안녕을 떠받치는 토대"라는 논리였다. 이런 주장은 새로운 규범보다 과거 규범을 신뢰해야 한다는 생각을 내포한다. 돕슨이 내세운 논리의 한 가지 빈틈은 두 부모 가족의 위상이 높아진 것이 수천 년은커녕 고작 수백 년 전 일이란 사실이다.[*][37] 그보다 앞선 시대의 아이들은 대가족 내에서 양육되었다. 산업화 이전 사회는 중혼이 일반적이라 성인과 아동이 복잡한 지원망 안에서 묶이는 경우가 압도적으로 많았다. 시간을 더 거슬러 올라가면 합동 육아cooperative child-rearing가 발견된다.[38] 엄마는 식량을 채집하고 농사를 짓고 물고기를 잡고 옷을 만들고 집안일을 하는 등 각종 노동을 해내니, 타인의 보살핌에 수년은 의존하는 생물학적 자녀를 기르려면 도움을 받아야 했다. 양육은 흔히 생물학적 부모가 아닌 사람들, 통칭 '대행부모alloparent'가 맡았다. 인류학자 세라 허디Sarah Hrdy는 이렇게 쓴다. "대행부모 없이는 인간종도 존재할 수 없었다."[39]

핵가족은 경제적 번영, 그리고 남성이 생계를 부양하고 여성이 돌봄을 제공하는 가족 형태를 장려하는 정부 시책과 더불어 1950년대 미국에서 융성했다. 역사학자 일레인 타일러 메이Elaine Tyler May가 쓰기로, "전설 같은 1950년대 백인 중산층 가족은 우리의 상식과 달리 과거에 깊숙이 뿌리내린 '전통적' 가족생활의 마지막 보루가 아니었다. 오히려 활력 넘치고 자기 표현적인 개인적인 생활을 통해서 가정의 모든 구성원이 제각각의 욕구를 채울 수 있는 가정을 창조하겠다는 목표가 있었고, 이를 위해 전폭적 노력을 기울인 첫 시도였다."[40] 이 시기가 특이했던

---

[*] 연구자들은 산업화와 핵가족의 관련도를 논의해 왔다. 핵가족이 등장한 시기를 산업혁명 즈음으로 추정하는 학자가 있는가 하면 그보다 몇 세기 앞선다고 보는 학자도 있다. 어느 쪽이든 돕슨의 주장처럼 먼 과거는 결코 아니다.

건데도 이때의 가족상은 오늘날 진한 향수를 유발하는 원천이자 가족을 평가하는 척도로 자리매김했다.

사실 미국 인구 다수에게 〈비버는 해결사Leave It to Beaver〉* 속 가족상은 언제나 접근할 수 없는 이상이었다. 그런 인구 집단의 예시가 노예였던 미국 흑인과 이민자다. 미국의 흑인 노예들은 정부가 이들의 결혼이나 부모 자식 관계를 법적으로 인정하지 않았으므로 핵가족을 이룰 수 없었다. 비공식적으로 가족 단위를 형성해도 노예주가 어떤 처벌도 받지 않고 이들을 갈라놓을 수 있었던 탓에 그 가족은 시도 때도 없이 위협받았다.[41] 노예였던 미국 흑인이 가족 구성원의 빈자리에 적응한 방식은 역사학자 허버트 거트먼Herbert Gutman이 '상호 의무의 그물망'[42]이라 기술한, 혈연이나 혼인 관계가 아닌 사람에게도 도움을 받는 관계를 구축하는 것이었다. 학자들은 이런 역할을 맡아 가족이라 느껴지고 또 가족의 기능을 한 사람들을 '가상의 친족fictive kin'[43]이라는 용어로 설명한다. 이들의 존재는 지금까지도 많은 미국 흑인 가족에서 빼놓을 수 없는 특징이다.[44]

19세기와 20세기의 이민자 가족은 양친과 그 자녀로 이뤄진 경우가 드물었다. 많은 이민자가 가족을 한곳에서 유지하지 못했다. 돈을 버는 사람은 일하느라 필요하다면 여기저기 옮겨 다녔다. 맞벌이 노동자 부부가 배우자와 몇 년씩 떨어져 사는 형태인 분거 가족split-household family[45]은 중국계 미국인 사이에서 흔

---

* 1950년대 교외에 사는 백인 중산층 가족을 중심으로 한 미국 시트콤. — 옮긴이

하게 보였다. 1800년대 후반 통과된 법안들 때문에 중국인 여자의 이민이 어려웠던 탓이다. 인종 간의 결혼을 금지하는 법이 있어 이미 결혼한 커플, 대개 미국 백인 남성과 일본계 여성 커플이 미국에서 함께 살지 못하기도 했다.[46] 멕시코계 미국인도 비슷하게 배우자와 장기간 분거하는 생활을 견뎌야 했으며 대가족의 돌봄망에 의지했다.

19세기 말의 반이민 정서는 '진정한 미국인 가족', 즉 여자와 아이는 일하지 않는 핵가족을 추구하는 풍조에 일부 동력이 되었다.[47] 여기에는 핵가족을 이루지 않았다며 악담을 들어야 했던 사람들이 있었기에, 다른 이들이 핵가족을 이룰 수 있었다는 모순이 있다. 미국에서 흑인, 이민자, 노동계급 여성은 가정 밖으로 나와 일했고 많은 경우 친족과 함께 살지 못했다.[48] 한편 동성 커플은 결혼할 수도 자녀를 입양할 수도 없었다. 많은 퀴어와 트랜스가 (지금도 그렇지만) 원가족에서 내몰려 혈연 아닌 사람들과 '선택한 가족'을 만들기에 이르렀다.[*][49] 이상적이라 여겨지는 핵가족 모델에서 배제된 이들 사이에서는 완전히 새로운 가족 형태들이 꽃피었다.

돕슨 같은 사람들의 주장과 달리 이성애 핵가족 구조는 역사 내내 주류도 아니었고, 아동에게 명확한 이점이 있어 보이지도 않는다. 케임브리지 대학교 가족학 교수 수전 골롬복Susan Golombok

---

[*] 선택한 가족은 흑인과 라틴계가 이룬 '볼룸신(ballroom scene, LGBTQ+ 하위문화이자 공동체로 아프리카계와 라틴계 미국인이 클럽에 모여 퍼포먼스를 겨루던 데서 유래했다. ─ 옮긴이)'에서 중요한 요소였다.

은 자발적 비혼모[50]나 동성 커플 가족 등 최근 더 흔해진 여러 가족 형태가 비판자들의 주장*과는 달리 아이들에게 해롭지 않다고 말한다. 골롬복 교수는 가족 구조와 아동의 안녕감을 40년 이상 조사해 왔는데, 다양한 유형의 가족에 태어난 아이들을 장기 추적했다. 그 연구에서 이 아이들이 심리적 발달부터 부모 자녀 관계의 질에 이르기까지 여러 면에서 좋은 결과를 보인다는 사실을 발견했다.[51] 골롬복이 쓰기로, "불리한 여건을 딛고 아이를 키우기로 한 사람들은" 전통적인 가족의 양육자보다 역량이 부족하기는커녕 "양육 관여도가 매우 높고 헌신적"이다.[52] 아동이 피해를 보거나 상처받는 원인은 가족 밖에 있는 경우가 많다. 아이들에게 찍히는 낙인이 문제인 셈이다. 이런 피해와 상처는 사회적 결함이지 가족 구조에 내재한 문제가 아니다. 골롬복은 저서 『우리는 가족입니다 We Are Family』에 이렇게 쓴다. "구조가 어떻든 서로를 지지해 주는 다정하고 안정적인 가족에서라면 아이들은 날개를 펼치기 마련이다. 적대적인 분위기에 자신을 지지해 주지 않는 불안정한 가족이라면 구조가 어떻든 아이들의 정서와 행동에 문제가 있을 확률이 높다."[53]

○ ● ○

*   골롬복은 '전통적 가족상'을 이탈한 가족은 사유가 어떻든 '비전통적 가족'이라는 범주로 일괄된다는 점도 지적한다. 이혼으로 인해서일 수도, 계획에 없던 임신으로 단독 양육자가 되어서일 수도, 기술 발전과 사회적 태도 변화로 가능해진 가족일 수도 있는데 말이다.

'엄마가 됐다'는 말을 듣기 4년 전에 린다는 생각했다. '나 완전 진심이잖아.' 린다는 방 세 개짜리 집을 진작 팔았고 2012년에는 일란을 보러 가는 거리를 줄이려고 너태샤가 사는 건물로 이사했다. 아파트에서도 너태샤네 바로 윗집을 사서 너태샤와 서로를 "아래윗집 이웃"이라 불렀다.[54] 일상에는 규칙이 생겼다. 매일 오전 7시면 아래층으로 내려가 너태샤와 일란 얼굴을 봤고 특별한 일이 없으면 둘과 저녁을 먹으며 하루를 마무리했다.[55] 너태샤가 일란 담당의에게 보낼 이메일을 쓰고 둘의 아들을 위한 의료 결정을 내릴 때 도왔다.

이제 린다는 음악이나 영성처럼 자기 삶을 정의하는 다른 요소가 없는 삶만큼이나 너태샤와 일란 없는 삶을 상상할 수 없었다. 하지만 자신이 통제할 수 없는 한 가지가 걱정스러웠다. 너태샤가 로맨틱 관계를 맺어서 집을 옮기려 하면 어떻게 되는 거지? 린다는 친구 마음이 자기와 같은지 확인하려 했다. 한 사람이 파트너가 생겨 이사를 생각하게 되어도 가족이 갈라지지 않으면 좋겠다고 너태샤에게 말했다. 너태샤의 마음도 같았다.

결국 너태샤는 가족의 관계 역학을 흔들었다. 다만 린다가 예상한 방식으로는 아니었다. 너태샤는 친구의 친구인 쥐스틴을 린다에게 소개했다. 쥐스틴은 프랑스에서 오타와로 올 계획이라 지낼 곳이 필요했다. 너태샤는 린다가 밤마다 자신과 일란과 헤어지고 나면 적적해하자 쥐스틴을 룸메이트로 맞아보라고 린다를 꼬드겼다. 린다는 쥐스틴을 집에 들이기로 했다. 누군가와 같이 사는 건 12년 만에 처음이었다.

너태샤와 린다는 쥐스틴을 살갑게 대하면서도 혼자만의 시간을 주려고 했다. 그런데 막상 지내보니 쥐스틴은 두 사람과 일란과 어울리는 걸 즐거워했다. 쥐스틴은 어린이책을 즉석에서 프랑스어로 번역해 일란에게 읽어줬다. 일란 돌보는 법도 알려고 노력해, 일찌감치 일란에게 급식하는 법과 위관 공기 빼는 법을 가르쳐달라고 했다. 예의상 묻는 수준의 관심이 아니었다.

린다는 저녁이면 쥐스틴과 나란히 앉아 TV를 보며 쥐스틴 다리 위에 자기 다리를 올려놓곤 했고, 이 얘기를 너태샤에게 했다. 일반적인 룸메이트 사이의 우정보다는 조금 더 나간 것 같다고 너태샤는 생각했다. 일주일쯤 지나니 린다가 쥐스틴과 사귀기로 했다는 소식을 전해왔다. 너무나 행복해하는 린다의 모습에 너태샤도 기뻤다. 하지만 둘의 연애가 잘 풀리지 않으면 어떻게 될지는 걱정스러웠다. 쥐스틴은 린다와 이미 동거 중이면서 일란과도 유대감을 형성했으니까.

린다에게도 린다 나름의 걱정이 있었다. 어릴 때 엄마가 어떤 남자를 만나면서 주말이면 다 같이 가족처럼 지냈는데, 3년 뒤 남자가 엄마와 헤어지고 린다의 삶에서도 사라져버린 일이 있었다. 린다는 마음 한구석에서 이 경험이 계속 켕겼다. 하지만 쥐스틴은 분명 연애 전선에 변화가 생긴다고 해서 일란을 떠날 만한 사람이 아니었다. 쥐스틴이 일란과 맺은 유대는 린다와의 로맨틱 관계나 너태샤와의 우정과 별개였다.

지난 몇 년 동안 린다가 지켜본 쥐스틴은 자신과 똑같은 과정을 겪고 있었다. 자신이 일란 삶의 중심인물이라는 걸 스스로는 알지만 다른 사람들에게 인정받기까지 시차를 경험하는 단계에 있었다. 간호사와 의사는 쥐스틴이 누구냐고 물었다. 최근 일란이 입원했을 때 너태샤는 자신과 린다는 엄마, 쥐스틴은 계모라고 했다. 정확한 설명은 아니었고, 자칫 잘못하면 쥐스틴이 다른 두 사람과 날을 세우는 사이라는 인상을 줄 수도 있었다. 하지만 너태샤는 자신의 남다른 가계도를 설명하는 대신 당장 눈앞에 있는 보험 문제부터 해결하고 싶었다.

이 세 부모 가족은 사람들에게는 대체로 이해받았지만 행정 절차에서는 자꾸 벽에 부딪혔다. 병원에서는 보통 진료실에 들어오는 양육자를 두 명까지만 허용한다. 2021년 병원에서는 너태샤에게 전화해 일란이 코로나-19 고위험군이라 양육자도 백신 접종 대상이라는 고지를 해왔다. 너태샤가 본인 집에는 양육자가 세 명이라고 하자 백신 접종은 두 명까지만 가능하다는 답이 돌아왔다. 쥐스틴은 대기해야 했다.

가족이 아닌 사람들로 인해 생기는 문제도 있었지만, 너태샤는 세 번째 어른을 들이면 일이 한층 복잡해지는 것도 사실이라고 짚는다. "복잡하다는 말을 꼭 나쁜 의미로 쓰지는 않아도 실제로 그렇게 되긴 해요. 갑자기 매사에 세 번째 의견이 생기는 거니까요." 가족 일정을 짤 때 시간 조율을 더 많이 해야 하고, 챙겨야 할 일도 많다. 이런 양육자 관계가 체계적으로 연구된 바는 없어, 양육자가 둘인 가족에 비해 양육자가 셋 이상인 가족의 와해 가능성이 큰지 작은지를 알기는 어렵다. 어느 쪽으로도 그럴싸한 주장이 가능하다. 양육자가 많으면 의견이 충돌

할 일이 많아진다고도 할 수 있고, 도움 줄 사람이 많아지니 양육자와 이들의 관계에 가해지는 부담이 줄어든다고도 할 수 있다. 후자는 2장에 소개한 연구 내용, 사람들은 복수의 관계에 의지할 수 있을 때 더 행복하다는 결과[56]와 일치한다.

너태샤와 린다의 이야기를 들으면 4장에 등장한 닉의 여자친구 모건이 자기 가족을 설명한 말이 떠오른다. 이들은 모두 관계에 사람이 더해지면 사정이 복잡해진다고 인정하면서도 그래서 생기는 보상이 훨씬 크다고 느낀다. 쥐스틴은 가족에게 도움을 주고 제약은 덜어준다. 린다가 지쳐서 키가 훌쩍 커버린 10대 일란을 들기 힘들어할 때면 쥐스틴이 나선다. 가족에 성인이 세 명 있다는 건 체력과 돈을 쓸 수 있는 사람이 셋이라는 의미일 뿐 아니라 능력과 기질도 세 가지, 골치 아픈 문제에 접근하는 방식도 세 가지란 의미다. 너태샤와 린다가 오랫동안 애를 먹은 일란의 양치 문제가 한 예다. 일란은 위관으로 음식을 섭취해서 입에 뭔가가 있는 걸 낯설어하고 칫솔이 불쑥 들어오면 불편해한다. 그런데 쥐스틴은 일란을 만난 지 얼마 되지도 않아 딱 맞는 농담으로 아이를 달래서 양치를 받게 했다.

2022년에 일란은 토론토에서 여덟 시간짜리 고관절 수술을 받고 2개월 반 동안 재활 병원에 입원해야 했다. 쥐스틴은 일란의 병실을 개인 방처럼 꾸며주고 싶다는 생각에 린다와 너태샤에게 좋아하는 일란 사진을 달라고 부탁해 그걸 인쇄했다. 수술 전에 준비할 게 산더미 같은 상황에서 너태샤는 이런 부분까지 생각할 겨를이 없었다. 거실은 여기저기 캐리어가 널브러져 있어서 발 디딜 틈이 없었고, 너태샤는 여기에 일란의 특수 영양액과 옷, 필요할지 모를 용품을 챙겼다. 쥐스틴은 사진이 중요하다고 힘주어 말했다.

"아니나 다를까, 갔더니 사진이 진짜 엄청 중요하더라고요." 너태샤의 말이다. 쥐스틴은 큼직하게 뽑은 사진 50장을 일란의 병실 침대 쪽 벽에 걸었다. 덕분에 가족뿐 아니라 소아과 의사, 작업치료사, 외과 의사, 교대 근무를 하는 의료진까지 모두가 일란의 생애 연대표를 볼 수 있었다. 일란이 병원에 있지 않을 때 누리는 충만한 삶이 그 사람들 앞에 펼쳐졌다. 사진 속 일란은 말을 타고, 사촌과 놀고, 할아버지와 수영을 했다.

세 여자가 끊임없이 이어지는 돌봄을 할 만하다고 느낀 건 짐을 나눴기 때문이었다. 돌아가면서 병실 야간 상주를 맡아 수면 부족도 분배했다. 병원에 있지 않아도 되는 사람은 린다 부모님 네에서 잠을 잤다. 일란을 돌보며 감정적으로 힘든 부분은 즐거운 순간으로 벌충했다. 말장난 수수께끼와 음악으로 일란에게 웃음꽃을 피워주는 병원 소속 광대 한 쌍이 나타나면 한 명이 냉큼 문밖으로 달려나가 광대를 붙잡았다. "우리 일란도 봐주세요! 피에로를 보면 일란이 무척 좋아할 거예요." (너태샤는 "실은 우리가 더 원했죠. '우리 기분 좀 띄워주시면 안 될까요? 부탁이에요.'란 심정이었달까요."라고 했다.) 셋이서 양육한 덕에 이들은 쉴 틈을 안 주는 양육의 부담에서 잠시 숨을 돌릴 수 있었고, 그렇게 기력을 남긴 덕에 양육의 기쁨을 맛볼 기회를 더 많이 누릴 수 있었다. 몇몇 의료진은 이렇게 많은 사람이 돌보고 응원하는 아이는 처음 본다고 말했다.

가족 구조를 논의할 때 이런 가족의 가능성을 다루는 경우는 드물다. 대개는 한 부모 가정을 두 부모 가정과 비교하며 후자를 이상적인 것으로 제시한다. 한 부모 가족의 증가를 우려하는 사람들은 양육자가 한 명이면 양육자가 두 명일 때만큼 경제적 안정을 보장하거나 정서적 지지를 제공할 수 없다고 주장한다(그러면서 혼자인 양육자의 경제적 안정을 높이려는 정부 지원책에는 반대하기도 한다). 가족 구조 연구에서 내로라하는 전문가였고 지금은 세상을 떠난 사회학자 세라 매클래너핸Sara McLanahan도 BBC 방송에서 이런 주장을 했다. "자녀 양육을 위해 협력하며 시간과 돈을 투자하는 성인이 두 명이면 성인 한 명일 때보다 자원이 더 풍부할 수밖에 없습니다."[57] 하지만 이런 논리라면 세 부모, 네 부모가 훨씬 더 좋다. 셋 이상의 성인이 한 아이의 양육권을 따내려 한 사건에서 웨스트버지니아주 대법원은 이런 말을 남겼다. "우리가 운명을 결정해야만 하는 아이들이 모두 이렇게 운이 좋아 넘치게 사랑받기를 바라는 바이다."[58]

2016년에 린다와 너태샤가 린다를 법적 양육자로 지정해 달라는 신청 서류를 접수하고 몇 개월이 지나 온타리오주에서 새로운 법이 통과되었다. 이 모든가족의평등법All Families Are Equal Act 으로 한 아동의 출생증명서에 최다 네 명이 양육자로 이름을 올릴 수 있게 되었다. 법의 목적은 ART로 아이를 가진 양육자들에게 다른 양육자와 동등한 지위를 부여하는 것이다. 이 변화는 특히 동성 커플에게 의미가 크다. 대리모 혹은 난자나 정자 기증자를 세 번째, 네 번째 양육자로 원할 수도 있어서다. 이런 법이 미리 통과되었으면 너태샤와 린다의 상황이 한층 간단하게 풀렸을까 싶지만, 사실 두 사람은 법 제정 전에 서류를 제출해 다행이라고 여긴다. 결혼하지 않고 ART를 활용한 사람들이 이 법에 따라 양육자로 인정받으려면 임신 시작 전에 공동 양육자가 되겠다고 공식적으로 합의해야 한다.[59] 이 법대로라면 린다는 일란이 태어나고 여러 해가 지나 친권을 신청해서[60] 일란의 출생증명서에 올라갈 자격이 없다. (미국에서는 아동의 법적 양육자를 세 명 이상 두는 것을 여러 주가 허용하고 있다.)[*]

  너태샤와 린다는 공동 양육자가 되는 것을 너태샤의 뱃속에 일란이 생기기 전에 계획하지 않았다. 그때만 해도 그런 생각은 머리를 스친 적도 없었다. 내가 본 여러 플라토닉 양육 관계도 마찬가지였다. 친구들은 아이가 이미 생긴 상황에서 시나브로 공동 양육자 노릇을 하게 되었는데, 많은 경우 누군가의 삶이 예상하던 궤적에서 느닷없이 이탈한 게 그렇게 된 이유였다. 두 여성 단짝이 각자 남편의 출장이 잦아지면서 늘어난 육아 부담을 감당해야 했던 사례가 있었다. 이 친구들은 살림을 합치고

---

[*] 더그 니제임은 저자에게 보낸 이메일에서 2023년 3월 기준으로 아동의 법적 양육자를 세 명 이상 지정할 수 있는 관할권은 캘리포니아, 코네티컷, 워싱턴 D.C., 델라웨어, 메인, 네바다, 버몬트, 워싱턴이라고 설명했다.

같이 몰고 다닐 자가용을 구입해 도합 여섯 아이를 함께 키웠다. 둘은 각자 친구의 가족을 '공동 가족cofamily'이라 칭했다. 파트너와 갈라선 싱글맘들은 양육을 홀로 도맡는 상황을 막고자 '마뮨Mommune'*[61]을 만들었다. 이들은 자연스럽게 만나기도 하고, 주택 공유 플랫폼을 이용하기도 한다. 들어가는 글에 등장한 폴라 아치는 코로나-19 팬데믹 기간에 친구 아이들을 더 많이 돌보게 되면서 가족이 생긴 기분을 느꼈다. 폴라가 아이들을 보는 일이 잦아지자 부모가 아예 유아용 카시트 두 개를 폴라에게 줄 정도였다. 폴라는 스스로 양육자라고는 생각하지 않았다. 린다처럼, 폴라 역시 자신이 양육자임을 자각하기까지 수년간 그 역할을 하는 시간이 필요한 걸지도 모르겠다.

임신 전에 양육 합의서를 작성할 선견지명을 보이는 친구들은 보통 창의력을 발휘해야만 하는 상황에 놓여 있기 때문에 그렇게 하게 된다. 어떤 이들은 동성 커플이라 임신에 제삼자의 정자나 난자가 필요하다. 로맨틱 파트너와 아이를 기르길 기대했으나 끝내 그런 관계를 맺지 못한 사람도 있다. 다른 사람과 아이를 만들고는 싶지만 그 상대와 꼭 로맨틱한 관계가 되고 싶지는 않은 사람을 이어주는 모다밀리Modamily, 코페어런츠CoParents 같은 사이트의 힘을 빌린 사람은 수천수만 명이다.[62]

이런 방식은 갑자기 삶의 방향을 틀었거나 일반적인 선택지를 누리지 못하는 사람들을 위한 그럭저럭 괜찮은 차선책으로

---

*　　엄마(mom)과 공동체(commune)가 만난 신조어로 대개 여러 싱글맘이 각자의 아이들과 한집에 모여 사는 형태다.―옮긴이

비치기 쉽다. 하지만 막상 살펴보면 최고 모범이라는 '전통적 가족상'보다 깊은 우정을 중심으로 구축한 이런 가족에 장점이 더 많은 것도 같다.

많은 플라토닉 파트너가 로맨스나 섹스에 수반되는 폭풍이 닥칠 일이 없다는 이유에서 본인들의 관계가 로맨틱 관계보다 더 안정적이라고 말한다. 윌콕스가 설명한 가족 우선 결혼 모델의 이상과 비슷하다. 직장을 잃거나 팬데믹이 덮치는 등 힘든 시기가 닥쳐도 이들은 더 큰 가족이 있어 흔들리지 않고 버틸 수 있다. 너태샤는 곁에 쥐스틴이 없었으면 자신과 린다가 팬데믹을 무사히 넘기지 못했을 거라고 했다. 너태샤와 린다 같은 동성 친구들은 공동 양육자와의 관계가 성 역할에 따라 미리 규정되지 않아 좋다고 생각한다. 상대가 남자일 때보다 가사 노동 분업이 평등한 것 같다는 이야기다. 친구 사이인 너태샤와 린다에게는 결혼 생활은 이래야 한다는 압박에 순응하는 대신 스스로 합당하다고 생각하는 방식으로 생활을 계획할 자유가 있다. 린다가 말하기로 사실 너태샤는 자신과 같이 살 성미가 아니다. 너저분하고 어지럽게 사는 자신과 달리 너태샤는 "살면서 본 누구보다도 깔끔한 사람"[63]이어서다. 린다와 너태샤는 한집에 살기 좋은 상대냐는 질문과 공동 양육자 역량을 갖췄냐는 질문을 분리했다. 로맨틱 파트너 사이에는 거의 고려하지 않는 가능성이다(물론 서로를 독점하고 동거하고 결혼하는 등 로맨틱 파트너가 따라야 한다고 여겨지는 특정 경로, '관계의 에스컬레이터'를 벗어나서는 고려할 수도 있겠지만).

이들의 세 부모 가족이 얼마나 견고한지 증명되었지만(아이를 키우는 다른 부모들이 쥐스틴을 자기네 집으로 데려오고 싶다는 얘기를 할 정도였다) 린다는 자신들의 가족 구조가 남들보다 우월하지는 않다고 바로 짚어낸다. 새로운 가족 형태 하나가 누구에게나 맞을 거라며 강권하는 것으로 전통적 가족상을 들이밀던 설교를 대체하려 하지 않는다. 린다의 말로는 가족이 잘 굴러가는지는 결국 함께하는 개개인의 상호 작용 문제다. 하지만 현재 대다수는 로맨틱 파트너가 될 가능성이 있는 사람과만 이 상호 작용을 시험한다. 많은 사람이 친구, 혹은 친구들이 공동 양육자로 적격일 수도 있다는 생각을 평생 해보지 않는다.

하지만 혹시 아는가. 이런 발상을 마주하면 달라질지. 여성 수백 명을 대상으로 한 2017년 조사[64]에서 배우자나 로맨틱 파트너 없이 아이를 양육할 방법이 있어야 한다고 응답한 사람은 절반이 넘었다. 조사 대상 중 현재 배우자가 없는 엄마들은 58%가 배우자나 로맨틱 파트너가 아닌 사람과 아이를 양육할 의향이 있다고 답했다. 조사를 진행한 싱크탱크 패밀리 스토리의 대표 니콜 서스너 로저스Nicole Sussner Rodgers는 한정된 문화적 상상력 때문에 우리 개개인이 각자의 삶에서 고려하는 선택지가 한정된다고 말했다. "자신이 원할 수도 있는 무언가를 다른 사람이 실천하고 또 잘 해내고 있는 모습을 봐야해요."

오타와에 오면 볼 수 있다. 즉흥적으로 응원가를 지어 일란의 입이 귀에 걸리도록 그 노래를 신나게 반복해 부르는 린다. 린다와 화음을 맞추거나 아이의 제3언어인 우르두어*로 일란에게 말을 거는 너태샤. 린다나 너태샤의 성대모사를 일란이 재미있어하도록 기막히게 해내는 쥐스틴. 쥐스틴이라면 일란이 자신이 만들어준 편지 양식을 화면에 띄워놓고 시선 인식으로 단어를 선택해 넣으며 할아버지에게 편지를 쓰는 모습을 옆에 앉아서 봐주고 있을지도 모른다. 2022년에 같은 아파트로 이사해 온 너태샤네 부모님은 일란네로 놀러와 딸과 손자는 물론 린다와 쥐스틴과도 편안하게 담소를 나누고 있을 것이다. (너태샤 아버지는 린다처럼 일란을 웃길 수 있는 사람이 없다는 말을 입버릇처럼 한다.)[65] 찬란한 말로 서로를 칭찬하는 여자들의 목소리가 들린다. 린다는 되새기고 있을 것이다. 자신과 너태샤가 공동 양육자로 손발이 이렇게나 잘 맞는 게 정말 놀랍다고. 너태샤와 맺어진 건 틀림없이 운명이라고.

---

* 파키스탄의 국어.—옮긴이

6 긴긴 세월 동안

나이 들며
맞춰가는 생활

할 수만 있다면 그 모든 불쾌함이 '자신만의' 삶이나
'진짜' 삶에 걸림돌이 된다는 생각을 버리는 게 좋다.
당연한 진실은 걸림돌이라고 하는 그것들이야말로
진짜 삶이라는 것이다.

— C. S. 루이스 C. S. Lewis

아이네즈 콘래드는 서른한 살에 떠난 워싱턴 D.C. 여행에서 처음으로 새로운 삶을 엿보았다. 인생의 중심축이었던 결혼 생활에 금이 갔다고 느낀 지는 이미 꽤 되었다. 누구에게서든 장점을 보는 아이네즈였지만 그런 아이네즈조차 남편에게는 기대를 접었다. 가족 중심의 교외 생활에서는 진작 손을 뗀 인간이었다. 여자를 닥치는 대로 만나고 아이들은 일절 곁에 두지 않는 게 취향인 듯했다. 남편은 웬일로 집을 비우지 않는 날에도 두 아들을 쌀쌀맞게 대했고, 아이네즈는 저도 모르게 왜 우리 집 아빠는 다른 집 아빠들과 다른지를 아이들에게 설명하고 있었다. 1960년대였던 당시 기준으로도 남편은 완벽하게 겉돌았다. 아이네즈는 아빠가 "처음이라 어려워서" 저렇게 행동하는 거라고도 설명해 봤지만, 둘째 아들 스콧은 납득하지 못했다. 처음은 누구나 어렵잖아요, 라면서. 워싱턴 D.C.로 가족 휴가를 가면 어떻겠냐고 아이네즈가 남편에게 말했을 때 돌아온 대답은 역시나 남편다웠다. '당신 혼자 애들 데리고 가.'

아이네즈는 홀로서기를 향한 한 걸음으로 그레이터세인트루이스의 아동가족 복지센터에서 사무 일을 시작했는데, 이곳에서 새로 사귄 친구가 인생의 한 줄기 빛이 되었다. 아이네즈처럼 과도기를 지나고 있던 바브 뷰트너는 부모님의 심각한 재정 상황을 안정시키려고 세인트루이스로 잠시 돌아와 있었다. 스물아홉에 어릴 적 자란 집에서 생활하고 아이 때 쓰던 방에서 잠을 자며, 돈을 아끼고 아껴 급여에서 최대한 많은 액수를 부모님 앞으로 돌렸다. 자기 아이를 가지겠다는 바람은 2년 전 응급 수술 후 생물학적 자녀를 가질 수 없다는 말을 듣고 박살 났다. 바브는 입양되어 외동으로 자랐기 때문에 자신과 닮은 사람을 만난 적이 없었고, 자기 아이를 품고 싶다는 꿈이 있었다. 그럴 가능성이 사라지자 결혼에 관심이 식어버렸다.

바브와 아이네즈는 서로가 거울 같았다. 우선 스토아적인 긍정적 자세가 같았다. 그러니까, 힘들었던 일을 곱씹지 않고 다행스러운 수많은 일에 집중했다. (아이네즈는 본인 인생의 역경을 이야기할 때도 "너무나 멋진" 사람이나 "그냥 너무 좋은" 사람 이야기를 끼워 넣는다.) 둘은 남들과 같이 웃기를 좋아하지 남들을 비웃지 않았다. 도움이 필요한 사람을 보면 뒤에 오는 사람을 위해 문을 잡아주듯 당연하고 대수롭지 않게 곧장 손을 내밀었다. 아이네즈의 말이다. "난 그렇게 자랐거든요. …… 누가 도움이 필요하다면 도와줘야죠. 내가 이걸 하는 게 맞나, 이런 의문을 품은 적은 한 번도 없었어요."

출근해 일하던 어느 날 아이네즈는 바브와 대화 중에 아이들과 휴가를 갈 계획이라는 말을 꺼냈다. 워싱턴 D.C.에 가본 적이 없던 바브는 그 2주짜리 자동차 여행에 자기도 함께하겠다고 나섰다. 아이네즈는 바브의 동행 제안을 망설임 없이 기쁘게 수락했고, 그렇게 미국의 수도를 향해 길을 나섰다. 아이네즈가 남편의 올즈모빌 자동차 뒷좌석에 아들들을 태우고 운전대를 잡았다. 셰넌도어 국립공원에서 캠핑할 때는 잠에서 깼다가 스컹크 한 마리가 텐트 옆 탁자에 올라와 전날 산 도넛을 모조리 한 입씩 베어 물고 있는 광경을 목격했다. 대부분은 한 호텔 객실에 묵었다. 아이들은 더블 침대에서 자고 아이네즈와 바브는 각자 싱글 침대를 썼다.

다녀보니 이 일행은 여행 동반자로 합이 좋았다. 아이들은 바브와 같이 있는 걸 편안해했고 바브가 뭘 제지해도 툴툴대지 않았다. 바브가 어떤 전시에 흥미를 보이면 아이들은 바브에게 쪼르르 다가가 어떤 면이 재미있냐고 물었다. 유적을 구경할 때면 동생보다 세 살 많은 릭은 바브, 아이네즈와 나란히 걷고 스콧은 먼저 튀어 나가 주변을 정찰했다. 그러곤 돌아와 앞에 뭐가 있는지 알려줬다. 릭은 부끄럼이 많았고 아이네즈는 그런 릭이 "순한 아이"라고 했다. 붙임성이 좋아 박물관에서 모르는 사람에게도 곧잘 말을 거는 스코티와는 딴판이었다.

워싱턴에 온 네 사람은 백악관을 도통 찾지 못했다. 아이네즈가 모는 올즈모빌을 타고 두리번거리며 시내를 뱅뱅 돌았지만 몇 번을 돌아도 자꾸 강만 나왔다. 스콧은 꼬박꼬박 포토맥강이 나왔다고 알렸다. 발음은 '폿오매크'라고 했지만. 아이네즈와 바브는 스콧의 발음을 고쳐주고 다시 차를 돌려 같은 과정을 되풀이했다. 어느 순간 바브는 이런 말도 했다. "저놈의 강, 한 번만 더 나오면 나 샌드위치로 할복할 거야." 그러다 불현듯 깨달았다. 백악관은 이미 여러 번 봤는데, 다만 뒤에서 봤을 뿐이란 걸. 넷은 마침내 정면으로 가는 길을 찾았다.

아이네즈와 바브가 함께 있을 때 느끼는 안락함, 둘 사이에 통하는 농담과 공유한 추억, 바브를 잘 따르는 아이들. 이 모든 게 바브가 훗날 '가족 분위기'라 기억할 무언가에 보탬이 되었다. 아이네즈는 자신과 바브가 아이를 같이 키우는 자매 같았다. 남편과 있을 때는 느껴보지 못한 편안함을 바브와는 느낄 수 있었다. 그때만 해도 이 우정이 이토록 깊어지고 또 오래 이어지리라곤 두 사람 중 누구도 예상할 수 없었지만, 그 워싱턴 여행은 함께하는 삶의 기반이 되었다.

2019년, 이제 한집에 사는 바브와 아이네즈를 그 집에서 처음 인터뷰할 때 두 사람은 장수 퀴즈 쇼 〈제퍼디! Jeopardy!〉가 시작하기 전에 이야기를 마무리해 달라고 부탁했다. 그 방송을 같이 보는 건 두 사람의 일과였다. 바브와 아이네즈는 1998년부터 미주리주 세인트루이스 교외에 있는 커크우드에서 피난처라는 뜻으로 '허미티지'라 이름 붙인 단층 벽돌집에 살았다. 이야기를 나눈 식사 공간의 인테리어는 훈훈하고 수수한 두 여자의 분위기에 잘 어울렸다. 짙은 색 나무 식탁 위로 꽃과 동물 프린트가 걸려 있고 흔들의자 구석에는 태피스트리 쿠션이 올려져 있었으며 거실에 여러 개 난 길쭉한 창문 밖으로는 시골 숲이 내다보였다. 두 사람은 자신들의 사는 이야기를 들려줬다. 동네 도서관에서 같이 자원봉사를 하고, 함께 요리하고 청소하고, 같이 병원에 다니는 생활. 하루는 바브가 혼자 장을 보러 갔다가 가게에서 친구를 마주쳤는데, 나중에 친구 부인이 전화로 아이네즈의 안부를 물었다. 두 여자는 무슨 일이든 같이 했으니 혹시 아이네즈가 몸이 안 좋나 싶었던 것이다.

두 친구는 살아온 인생을 돌이켜 볼 때면 말을 절제하는 편이다. 힘들었던 일은 사실만 설명하고 자신이 취한 행동을 말하는 부분으로 얼른 넘어간다. 고생담을 구구절절 푸느니 읽고 있는 소설 이야기를 하거나 누군가가 베푼 친절을 언급한다. 하지만 두 사람이 함께 헤쳐온 우여곡절을 보면 스물다섯 살에든 쉰다섯 살에든 살다 보면 구상에서 벗어나는 뜻밖의 일이 생긴다는 현실이 그대로 드러난다. 그때 가까운 친구에게 의지하는 건 현실에 맞춰가는 방법 중 하나다.

아이네즈와 바브는 50년도 더 전에, 결혼이라는 길에서 방향을 틀고 난 뒤 서로를 만났고, 이후 둘의 우정은 그 일반적인 길의 각종 함정을 피하는 데 도움이 되었다. 장기적인 로맨틱 관계를 반드시 맺어야 하는 이유로 많이들 노년에 자신을 돌봐줄 동반자의 존재를 꼽고는 한다.(최근 출간된 한 연애 지침서의 제목은 『혼자 죽지 않는 법How to Not Die Alone』이다)* 하지만 당연하게도 그런 노년이 무조건 보장되는 것은 아니다. 실제로 자신을 돌봐줄 자녀나 배우자가 없을 예정인 미국인 비중은 점점 늘고 있다. 혼인율과 출생률은 세대가 바뀔 때마다 감소했고 노년층 미국인의 이혼율은 증가했다.

이런 경향은 특히 여성 노인에게 많이 나타난다. 65세 이상 여성은 배우자가 있을 확률이 남성보다 훨씬 낮다.[1] 같은 연령 집단에서 여성은 47%가 유배우자지만 남성은 69%가 유배우자다. (이 연령대에서 무배우자인 여성 다수는 사별한 사람이다. 2017년 기준 사별한 여성 수는 사별한 남성의 세 배 이상이었다.)[2] 배우자를 먼저 떠나보낸 여성은 대개 혼자 살며 이들에게는 사회적 지원과 실질적 지원이 필요하다. 여성 노인 다수에게는 재정 문제도 있다. 달라도 너무 다른 두 여자가 친구가 되어 한집에 사는 넷플릭스 시리즈 〈그레이스 앤 프랭키Grace and Frankie〉가 이런 현실을 배경으로 한다. 하나의 아이콘이 된 시트콤 〈더 골든 걸스The Golden Girls〉도 그렇다. 여기서는 여자 넷(세 명은 사별했고 한 명은 이혼했다)이 돈을 아끼고자 마이애미에서 동거하며 끝내 서로의 가족이 된다. 〈더 골든 걸스〉가 첫선을 보인 건 수십 년 전이지만** 남성 노인과 여성 노인 간 재정 격차는 크게 변하지 않았다. 지금도 여성 노인은 중위 소득이 남성 노인보다 한참 낮고 빈곤율이 높다.[3] 인종에 따라 수치를 쪼개보면 차이는 더 현격

---

*　　국내에서는 『사랑은 과학이다』라는 제목으로 출간되었다. ― 옮긴이
**　　1985년부터 1992년까지 방영했다. ― 옮긴이

해진다. 임금 격차를 비롯해 일생 내내 지속되는 차별이 반영되어 흑인 여성 노인의 빈곤율은 백인 남성 노인의 2.5배다.[4]

경제적 제약은 아이네즈와 바브가 동거하는 이유 중 하나다. 집 두 채를 유지할 형편이 되지 않는다. 하지만 두 사람은 단순히 은 식기를 같이 쓰고 집안일을 교대로 하는 룸메이트보다 훨씬 큰 존재다. 친구로 지내온 수십 년의 시간이 쌓여 이들은 진정한 파트너 관계가 되었고, 두 사람 모두 말벗이자 비밀을 지켜주는 친구인 동시에 동반자이고 돌봄 제공자인 사람을 얻었다.

인생 만년에는 플라토닉 파트너 관계의 보상이 가장 강력하고 또 자연스럽게 와닿는다. 아이네즈의 말이다. "젊을 때는 탐색하는 시기 같아요. 우리 자신과 우리 내면의 중심을, 우리한테 중요한 게 뭔지 탐색하죠. 나이가 들수록 그런 것들이 하나하나 확립된다고 봐요." 자신이 누구인지, 자신이 생각하는 만족스러운 삶에 무엇이 필요한지 알면 다른 사람과 한집에 살기가 한결 수월해지는 것 같다고 아이네즈는 생각했다. 바브는 사람들이 나이를 먹을수록 남을 덜 재단한다고 말했다. "다들 살면서 볼 만큼 보고, 할 만큼 하고, 비밀도 알 만큼 알았잖아요. …… 매사에 평가하는 잣대를 들이대고 이런저런 일에 죄다 뻣뻣하게 구는 건 바람직한 길이 아니에요. 그런 식이면 노년이 편안하지 않을걸요." 인생의 어느 시점에 다다르면 사람은 남들의 평가뿐 아니라 스스로 가하는 재단질에서도 자유로워진다.

내가 그 집에 갔을 때 바브와 아이네즈는 손님방 선반에서 상자 대여섯 개를 꺼내 식탁에 올렸다. 상자 안에는 사진관 봉투가 켜켜이 쌓여 있었고, 봉투에는 두 사람이 함께한 세월을 기록한 사진들이 들어 있었다. 바브가 릭의 손자와 같이 있는 사진, 아이네즈와 아들들과 바브가 크리스마스트리에 모인 사진. 로맨틱 관계의 특징이 강렬함이라고들 하는데, 바브와 아이네즈의 사진은 또 다른 유형의 파트너 관계를 보여주는 기록이었다. 차분하고 덜 야단스럽지만 그렇다고 의미가 덜한 건 아닌 관계 말이다. 한 봉투에서 나온 사진 속에서는 스콧이 자줏빛 원단에 검정 라펠이 붙어 1970년대 느낌이 물씬 나는 턱시도를 빼입고 웃고 있었다. 고등학교 졸업 파티에 갈 참이던 스콧 옆에 나란히 선 바브는 자식을 자랑스러워하는 양육자 그 자체였다.

그레이터세인트루이스의 아동가족 복지센터에 근무하던 시절, 바브가 아이네즈에게 끌렸던 가장 큰 이유 중 하나는 아이네즈가 아이들을 키우는 엄마란 사실이었다. 바브는 사무실의 엄마들에게 자연스레 마음이 갔다. 가족 이야기를 하는 엄마들의 목소리에서는 온기가 느껴졌고 그들은 서로의 아이들에게 관심을 보였다. 바브는 원래 아이들을 좋아했고 그래서 아이들이 중심인 일까지 했지만, 주된 업무는 아이들이 곤경을 이겨내도록 돕는 것이라 아이들과 부담 없이 어울릴 기회가 많지 않았다. 그런데 당시 여덟 살이었던 스콧, 열한 살이었던 릭과는 금방 죽이 맞았다. 바브가 끌렸던 아이네즈의 특징들이 두 아이에게선 곱절로 보였다. 아이네즈의 다정함을 빼닮은 아이들은 한 번도 버릇없이 굴지 않았고 남에게 상처 주는 일은 엄두도 못 냈다. 아이네즈처럼 둘 다 유머 감각이 좋았고 나이에 비해 취향이 성숙했다. 바브는 익숙하게 대화의 방향을 아이들이 좋아하는 화제로 돌리기도 했지만 릭과 스콧은 박물관, 역사, 독서, 여행 같은 바브와 아이네즈의 관심사에 대해 이야기하며 즐거워했다. 각자 예쁜 구석이 있었지만 스콧은 특히나 애교가 많았다. 바브는 스콧이 만나고 헤어질 때 인사와 함께 건네는 포옹에 길이 들었다. 스콧은 10대가 되어서도 여느 남자아이들과 달리 이 버릇을 버리지 않았다. 바브의 말이다. "나이가 아무리 들어도 상대에 대한 애정을 표현하려는 스콧의 마음은 그대로였죠."

하지만 바브는 부모님의 재정 문제 해결을 도우려고 피닉스에서 세인트루이스로 잠시 와 있을 뿐이었다. 일이 끝나자마자 바브는 성인인 자신의 진짜 집이라 할 수 있는 피닉스로 돌아가고 싶어 안달했다. 1971년에 피닉스에서 알고 지내던 심리학자에게서 자기에게 딱 맞는 일이 있다는 소식을 듣고 얼마 지나지 않아 어머니를 대동하고 피닉스로 운전해 가 살 집을 알아봤다.

바브가 떠난 뒤에 아이네즈도 마침내 행동에 나섰다. 결혼한 지 10년도 넘은 남편과 갈라서겠다고 선언하자 독실한 크리스천사이언스* 신자인 부모님조차도 이렇게 물었다. "왜 이렇게 오래 걸렸니?" 아이네즈는 아들들을 데리고 본가로 들어가 지내

---

* 미국에서 19세기에 창립된 신흥 종교 단체. — 옮긴이

며 장기적으로 어떻게 할지 구상했다. 그러는 동안 바브는 여러 차례 편지를 보내 피닉스가 아이들 키우기에 더없이 좋은 곳이라고 설명했다. 동물원, 도서관, 미술관이 있는 도시라며 아이네즈의 아들들이 특히 흥미를 보이겠다 싶은 요소를 콕 집어 강조했고 명문 가톨릭 학교가 있는 것도 짚었다. 장거리 전화도 걸어 아이네즈와 아이들이 피닉스로 이사 오겠다면 뭐든 돕겠다고 했다. 바브네는 방이 세 개라 아이네즈와 아이들이 따로 살 집을 찾는 동안 그 집에서 지내도 공간이 넉넉했다.

여기에는 릭과 스콧도 대찬성이었다. 그해 학년이 끝나자마자 아이네즈와 아이들은 짐을 싣고 서쪽으로 떠났다. 아이들은 차 뒷좌석에, 반려견 닥스훈트 거스는 조수석에 앉았다. 애리조나주 피닉스를 향해 달리는 길에서 아이들은 처음 보는 미국 서부에 푹 빠졌다. 어느 오전 뉴멕시코주 샌타페이에서 산 너머를 바라보며 아침을 먹던 중 스콧은 애리조나가 마음에 안 들면 뉴멕시코로 돌아와도 되냐고 물었다.

피닉스에 도착한 아이네즈와 아이들은 바브의 집으로 이사했다. 전면이 연둣빛으로 되어 있고 주위로는 자몽나무 여덟 그루가 둘러선 콘크리트 박스 주택이었다. 바브네 집은 아이네즈가 가족의 생활을 새롭게 꾸리는 동안 근거지가 되어주었다. 아이네즈는 지원했던 일자리에서 떨어지자 보안관 사무소에서 계약직으로 일했다. 몇 달 뒤 아이네즈는 미국 적십자사 로비에서 대기하고 있었다. 의자는 낡은 접이식이고 전화 교환기는 구형인 다 쓰러져가는 건물이었다. 하지만 직원들을 보니 사무실 내부는 중요하지 않았다. 아이네즈는 "만나는 사람마다 하나같이 너무 마음에 들더라고요."라며 당시를 돌이켰다.

아이네즈는 뜻밖의 일을 '모험'으로 대하는 편이다. 새로운 도시로 이사한 것도, 보안관 부서가 전국적 논란거리인 와중에 그 사무소에서 일한 것도 그랬다. 아들들은 피닉스에 금방 적응해 친구를 사귀었고, 학교에서는 학비에 보탬이 되는 근로 장학생 자리에 지원해 뽑혔다. 새로운 환경에 원만히 맞춰가는 게 꼭 가족 내력 같았다. 아이네즈는 어릴 때부터 생각했다고 한다. "역경을 극복한" 가족이야말로 자신의 원가족이고, "환경이 어떻든 심어진 자리에서 자라나야" 한다고. 어린 아이네즈에게 부모님은 벽을 맞닥뜨리면 머리로 들이받던 길을 돌아서 새 인생을 살든 해야 한다고 가르쳤다. 아이네즈는 이렇게 이해했다. "길을 돌아서 새 인생을 사는 게 더 낫겠네."

워싱턴 D.C. 여행에서도 그랬듯 네 사람은 한 공간에 있는 게 편했다. 저녁이면 같이 모여 식사했고 아이들은 바브와 아이네즈에게 새 학교, 스포츠팀, 친구 이야기를 조잘조잘 늘어놓았다. 아이네즈와 아이들은 바브네 집에서 여섯 달쯤 지낸 뒤 그곳에서 모퉁이만 돌면 바로 나오는 집으로 이사했다. 뒷마당이 널찍한 노란 집이라 아이네즈는 그 집에 '겨자씨'라는 이름을 하사했다.

다른 집에 살아도 두 사람은 서로를 계속 가족으로 대했다. 바브가 수술받고 요양하는 동안 아이네즈는 몇 주간 식사를 챙겼다. 아이네즈가 출장을 가면 바브가 아이들을 맡아 도시 이곳저곳으로 데리고 다녔다. 어느 봄, 바브가 급성 위장염에 걸려 몇 주째 고장 난 몸으로 지낼 때였다. 자기 방에 들어오는 스콧에게 바브는 토기가 올라온다며 아이네즈를 불러달라고 부탁했다. 그런데 열세 살짜리 스콧이 욕실에서 후다닥 대야를 찾아오더니 토하는 바브의 머리맡에 서서 대야를 받쳐주는 게 아닌가. 그러고는 수건으로 바브 얼굴까지 닦아줬다. "진짜 사랑하는 사람이 아니면 그렇게 못 해주죠. 어린 남자아이라면 더 그렇고요." 바브가 말했다.

네 사람의 유대는 나날이 단단해졌다. 식사를 함께했고 휴일을 같이 보냈으며 가족 전통을 만들었다. 릭은 바브를 '천사 엄마'라 불렀고 바브는 스콧이 10대가 되었을 때 아이의 대모가 되었다. 아이네즈는 자주 해 먹던 요리에 통조림 파인애플을 추가하는 실험을 감행했다가 폭삭 망한 적이 있는데, 그 뒤로 이 요리법은 가족 사이에서 농담거리가 되었다. 바브의 부모님이 겨울에 딸을 만나러 피닉스에 와 한 달간 머물렀을 때 바브의 아버지는 스콧에게 집 공사하는 법을 가르쳐줬고, 현관 앞 테라스를 같이 지었다. 바브의 말이다. "아빠가 있었으면 가족끼리 했을 일을 이것저것 많이 했죠. 완전히 자각하고 한 건지 무의식중에 그랬는지 몰라도 우린 한 팀으로 기능하기 시작했어요. 서로를 뒷받침해 줬죠."

아이네즈가 말하길 처음 만났을 때부터 바브에게선 친척에게나 기대할 법한 편안함이 느껴졌다. 아이네즈와 바브에게 친구와 가족 사이의 경계는 늘 엉성했다. 아이네즈는 이모, 고모, 삼촌 중 한 명은 자주 들어와 사는 집에서 자라며 족보상 가족이든 아니든 주변 사람을 잘 챙겨야 한다는 걸 '스미듯' 배웠다. 바브네에서는 아버지가 차 두 대용 차고를 방으로 개조하고 각자 남편과 사별한 모녀가 그 방을 장기로 임대해 지내면서 가족의 일원이 되었다. 바브는 자라면서 "상황만 맞으면 누구든 가족이 될 수 있다"는 걸 알게 되었다고 했다.

바브와 아이네즈가 함께한 가족사에는 끝내 쓰라린 상실도 깃들었다. 바브는 수술 이후 자신의 몸이 안 좋을 때 스콧이 대야를 받쳐준 이야기를 꺼내면서 목소리가 갈라졌다. 그러자 아이네즈가 끼어들어 스콧이 세상을 떠났다고 설명했다. 바브가 휴지를 쥐었다. "우리 스코티"를 잃는 건 "너무 힘든 일"이었다고 아이네즈는 말했다.

스콧이 죽은 날 밤, 그 사실을 아직 모르고 있던 아이네즈의 꿈에 검정 수말이 나왔다. 아버지를 생각할 때 떠올리는 동물이었다. 아이네즈의 아버지는 일리노이주 리지웨이에서 성장기를 보내며 이따금 말을 타고 마을을 질주했다. 어찌나 빠르게 달렸던지 보안관 사무소에서 거푸 항의가 들어와서 아이네즈의 외할머니가 응대해야 했다. 아이네즈는 꿈에서 컴퓨터 위로 고개를 들었다가 뒷마당의 덤불을 가르고 자기 집으로 걸어오는 검정 수말 한 마리를 발견했다. 말은 잔뜩 성이 나서 머리를 바르르 떨었고 입에는 거품을 물고 있었다. 창문까지 다가온 말은 아이네즈를 한참 빤히 보더니 평온한 얼굴이 되었다. 이윽고 걸어서 집과 멀어졌다. 산 중턱까지 올랐을 때 말이 고개를 돌려 아이네즈를 바라봤다. 그러고는 계속 걸어 자취를 감췄다.

그 순간 아이네즈 집 뒷문이 열리는 소리가 들렸다. 현실의 집 말이다. 새벽 세 시쯤이었다. 바브 목소리가 났다. "나야. 나밖에 없어. 놀라지 마." 복도를 지나 걸어온 바브가 침대에 앉아 아이네즈의 손을 잡았다. "전할 말이 있어서 왔어. 스코티가 떠났대."

스콧은 당시 진주만 주둔 부대에서 근무하고 있었는데, 구보 중에 심장 마비를 일으켰다. 나이는 고작 서른일곱이었다. 스콧은 해군 복무 중 신변에 문제가 생기면 바브에게 먼저 연락해 달라고 지휘관에게 요청해 뒀었다. 아이네즈에게 소식을 전하는 게 "아마 살면서 제일 고역스러웠던 일"이었으리라고 바브는 말했다.

아이네즈는 차를 한 주전자 끓이고 바브와 거실에 앉아 스콧의 어릴 적 이야기를 나눴다. 아이네즈는 자신이 수말 꿈을 꿀 때 스콧이 사경을 헤매고 있었으리라 짐작했다. 스콧은 꿈에 나타나 작별 인사를 한 것이다. 해가 뜬 뒤 아이네즈는 스콧의 지휘관에게서 걸려 온 전화를 받았고, 바브는 아이네즈 친구들에게 전화를 돌려 소식을 전했다.

아이네즈는 (이혼 이후로 코빼기도 안 보인) 전남편과 연락을 끊고 살았지만 어쨌든 전남편 친척 중 한 사람을 통해 말을 전했다. 전남편에게서는 나중에 전화가 왔다. "이런, 아이네즈. 무슨 말을 해야 할지 모르겠네."

"그게 우리가 만나고 내내 겪었던 문제의 핵심 아닌가 싶네.

당신은 늘 무슨 말을 해야 할지 몰랐잖아." 아이네즈가 대꾸했다. 남편은 무심해선 안 될 때 매번 무심했다. 남편은 "하루 잘 보내라."라는 말을 끝으로 전화를 끊었다.

옆에서 슬픔을 함께 나누는 전남편은 없었지만, 아이네즈는 스콧의 죽음을 홀로 견딘다고 느끼지는 않았다. 릭이 아내와 같이 피닉스로 왔고, 이후로는 그 역시 애도 중인 바브가 아침이면 아이네즈 집에 들렀다가 은퇴한 아이네즈를 두고 출근했다. 저녁 식사 때면 어김없이 돌아왔다.

이야기는 대부분 아이네즈가 들려줬다. 바브는 지금도 스콧 이야기를 힘들어했다. 스토아적 긍정의 자세도 힘을 쓰지 못했다. 스콧이 남긴 추억은 "아름답고 경이롭지만 거기에 심장이 꿰뚫리는 것 같기도 하다"고 아이네즈는 말했다. 한 해 중에서도 특정 시기는 유독 견디기 힘들다. 5월이 고비라고 바브가 말했다. 바브 부모님 두 분이 모두 5월에 돌아가셨고, 아버지 기일 하루 뒤가 스콧 생일이었다.

아이네즈는 바브가 스코티와 껴안았던 순간을, 크리스마스트리를 다듬으며 같이 노래하던 순간을 그리워한다는 사실을 안다. 두 사람은 지금도 어떤 크리스마스 장식에서 스콧을 떠올린다. 줄무늬 스웨터를 입고 미식축구공을 들고 있는 꼬마 쥐 장식. 워싱턴 D.C.로 여행 갔을 때 스콧이 기념품 가게에서 골랐던 것이다. 스코티의 쥐는 매년 크리스마스에 아이네즈와 바브가 트리에 마지막으로 거는 장식이다.

○ ● ○

　은퇴 시기가 다가올수록 바브의 머릿속에서는 노후에 어떻게 살아야 하냐는 고민이 맴돌았다. 인생의 마지막 시기를 보내는 부모님은 잘 돌봐드리려고 피닉스의 요양원에 모셨다. 하지만 끝이 안 보이는 도로로 어지럽게 확장된 그 도시에서는 부모님을 모시고 진료 한번 받으려고 하다가 도로에서 갇혀 몇 시간을 버리기 일쑤였다. 피닉스가 나이 들어 살기에 좋은 동네가 아니라는 확신이 생겼다. "상공회의소에서 뭐라 하든 알 게 뭐래요." 바브는 집, 직장, 요양원을 돌며 쳇바퀴 같은 생활을 하고 있었다. 제대로 된 식사를 할 짬이 없어 간혹 패스트푸드점에나 들르는 게 고작이었다. 바브의 아버지는 외로워했다. 파킨슨병으로 몸은 쇠약해졌어도 정신은 멀쩡했는데, 아내는 알츠하이머병에 걸렸고 요양원에는 활기를 돋워줄 친구가 거의 없었다. 그나마 아버지에게는 자기를 돌봐주는 딸이라도 있지. 바브는 생각했다. '앞으로 난 어떻게 되는 거야?'

　바브가 스스로 던진 물음은 많은 미국인에게 갈수록 시급해지는 문제이기도 하다. 사람들은 수명이 늘었고, 만성 질환을 앓느라 몇 년씩 돌봄을 받아야만 하는 경우가 빈번하다. 미국 인구조사의 예측에 따르면 2060년에는 기대 수명이 약 6년 늘어나 2017년 79.7세였던 것이 85.6세가 될 것이다.[5] 하지만 기대 수명이 늘어난 만큼 암 환자와 치매 환자도 상당히 증가하리라 예상된다.[6]

결혼하고 아이를 길러 그 아이에게 오랫동안 정성껏 부양받은 바브의 부모님과 달리 오늘날 고령자에게는 이렇게 의지할 가족이 있을 확률이 낮다. 미국을 비롯한 여러 서구 국가에서는 배우자 없이 은퇴 연령에 도달하는 사람이 점점 늘고 있다. 한 번도 결혼하지 않은 미국인은 65세 이상 집단에서야 약 6%에 그치지만[7] 이보다 연령대가 낮은 집단에서는 비율이 증가하는 중이다.[8] 결혼이 인생 끝자락의 동반자를 보장해 주지도 않는다. 결혼해도 다수는 배우자 없이 노년에 이른다. 65세 이상 미국인 약 4분의 1이 그렇듯[9] 배우자보다 오래 살아서일 수도 있고, 결혼 생활을 유지하지 않아서일 수도 있다. 50세 이상 부부의 이혼은 증가하는 추세다. 1990년부터 2015년 사이 이 집단의 이혼율은 거의 곱절로 뛰었다.[10] 인구조회국은 75세 인구 중 생존해 있는 배우자가 없는 사람 수가 2010년 87만 5천 명에서 2030년이면 180만 명으로 두 배 이상 증가하리라 예측한다.[11]

비단 배우자의 부재만이 인생 만년의 돌봄과 동반자 문제가 복잡해지는 원인이 아니다. 사람들이 낳는 자녀 수가 감소하고 있고 아예 자녀를 낳지 않는 사람도 있다. 이 흐름이 결혼 추세와 만나 가까운 가족 관계가 없는 고령층의 수가 증가했다. 사회학자들은 이 집단을 '노인 고아elder orphan', '솔로 에이저solo ager(홀로 나이 드는 사람)' 또는 '친족이 없는kinless' 사람이라 지칭한다.[12] 연구자들은 고령층 5분의 1이 '노인 고아'이거나 그렇게 될 위험이 있는 상태라고 추정하며 이 수치는 앞으로 증가할 공산이 크다.[13] 결혼도 그렇지만 자녀 역시 돌봄을 확실히 보장하는 보험이 되지 못한다. 성인 자녀가 부모와 가까이 살지 않을 수도 있고, 부모를 도울 여력이 없을 수도 있다. 과거에는 딸들이 나이 들어가는 부모의 돌봄 제공자 역할을 당연하게 도맡았지만, 요즘은 딸이라고 무보수 돌봄을 맡겨놓은 듯 요구할 수 없다. 임금 노동에 종사하는 여성이 대폭 늘었고, 이들이 부모를 돌본다고 일을 그만두면 딸 본인 혹은 가족의 경제적 안정이 위태로워진다. (그런데도 평균적으로 딸이 아들보다 노년의 부모를 돌보는 데 시간을 훨씬 많이 쓴다.)[14] 자녀를 갖는 시기가 늦어지면서 노년의 부모를 둔 자녀가 자기 아이를 동시에 양육하는 것도 일반적인 일이 되었다.[15] 이런 자녀들이 소위 '샌드위치 세대'를 이룬다. 두 가지 부양을 모두 감당할 수 없을 때 이들은 자신의 아이에게 집중하고 부모의 돌봄을 외부에 맡기기도 한다.

바브는 자녀도, 배우자도, 형제자매도 없으니 사회학에서 말하는 '친족이 없는' 범주에 정확하게 들어맞는다. 피닉스에 아이네즈를 비롯한 가까운 친구가 몇몇 있었지만 바브는 친구들에게 부담을 주지 않으려고 조심했다. 아이네즈와 서로 주 돌봄 제공자가 되어줄 수 있을 것 같지도 않았다. 나이가 비슷한 만큼 건강 문제도 비슷한 시기에 찾아올 가능성이 컸다. 미주리주 세인트루이스 쪽에 손아래 사촌들과 친척들이 있으니 그렇게 여러 사람에게 의지하는 게 낫겠다 싶었다. 아이네즈는 아들이 있어도 바브와 처지가 그렇게 다르지 않았다. 릭이 멀리 살았기 때문이다.

어느 날 저녁 아이네즈의 집에서 아이네즈가 차린 저녁을 먹은(매주 하는 일이었다) 두 사람은 소파에 자리를 잡고 TV를 봤다. 잠시 광고가 나오는 동안 바브가 생각하던 얘기를 꺼냈다. "나 커크우드로 돌아가기로 거의 마음을 먹었어." 남은 평생 피닉스에 살 생각이었던 아이네즈는 순간 정신이 멍해졌다.

"그렇구나." 아이네즈가 입을 열었다. "그럼 나도 혼자 여기 있고 싶진 않아." 게다가 릭도 시카고에 살았다. 바브를 따라 미주리주로 가면 아들과도 가까워졌다.

두 사람은 처음에 피닉스에서 살던 방식을 그대로 복제할 생각이었다. 한 동네에 각자 집 한 채씩. 하지만 미주리주 커크우드의 집값이 너무 높았던 탓에 바브와 아이네즈는 차선책을 생각해 내야 했다. 둘은 친구끼리 모여 사는 집에 가본 적이 두 번 있었다. 하나의 공동 공간을 중심으로 양 옆에 침실이 붙어 있는 그 집들은 꼭 일부러 조화로운 공동 주거를 위해 설계한 것만 같았다. 커크우드에서 그런 집을 찾지 못한 바브와 아이네즈는 다음 방안으로 넘어갔다. 주거 공간이 분리된 이층집 한 채 사기. 그러나 이번에도 높은 집값의 벽에 가로막혔다. 남은 선택지는 통상적인 룸메이트가 되는 것이었다. 집 한 채를 같이 사서 동거하는 것. 바브가 말했다. "뭐, 서로 죽이지 않고 여행도 했으니 이번에도 잘할 수 있지 않을까, 그렇게 생각했죠."

바브가 집을 찾는 동안 아이네즈는 자신과 바브의 집을 매도하느라 피닉스에 남았다. 아이네즈는 바브에게 언질 없이 바브가 고용한 공인중개사를 잘랐다. 그 사람은 "지옥에서 온" 공인중개사였다며 아이네즈는 웃음을 터뜨렸다. 어느 날 바브는 아이네즈에게 전화해 자신이 찾은 집을 설명했다. 창이 많고 벽난로가 있어야 한다는 아이네즈의 소박한 기준을 충족하는 목장 스타일 주택이었다. 다만 집 내부에는 인테리어 대참사가 벌어져 있었다. 바브는 못 볼 걸 봤다는 투로 내게 그 집을 묘사해줬다. "거실에 온통 번쩍번쩍한 금속 느낌 벽지가 발려 있더라고요. 무슨 50년대인 줄 알았네. 어떻게 그래요?" 아이네즈는 철제 창틀 이야기도 꺼냈다. 역시나 거슬리는 디자인이었다. 수십 년째 인테리어에 손을 대지 않아 집이 팔리지 않으니 주인은 여러 차례 호가를 낮췄다. 그래서 조건이 좋았다. 아이네즈는 바브에게 매수 제안을 넣으라고 했다. 본인은 집을 직접 보지도 않았다. "이런 게 신뢰 아니겠어요?" 바브는 25년 전 일인데도 여전히 신기하다는 듯 말했다. 두 사람이 제시한 가격은 승낙되었다.

바브와 아이네즈는 한집에 살기로 한 덕분에 원하는 환경에서 생활할 수 있었는데, 고령층에게 이건 결코 당연한 일이 아니다. 2021년 미국은퇴자협회AARP에서 조사한 결과 고령층 미국인 대다수는 원래 생활하던 집과 지역사회에 계속 머물고 싶어 하지만 실제로 그럴 수 있으리라 생각하는 사람의 비율은 훨씬 적었다.[16] 자녀나 파트너 같은 돌봄 제공자가 가까이서 고령자에게 일상적으로 필요한 부분을 챙겨주면 몰라도, 그런 사람 없이 고령자가 자택에서 계속 살기는 너무 힘들거나 위험할 수 있다. 특히 혼자 사는 고령자, 오늘날 65세 이상 미국인의 27%를 차지하는 사람들이라면 더욱 그렇다.[17] 바브와 아이네즈는 인구 통계적 특징만 보면(둘 다 배우자가 없고, 한쪽은 자녀도 없으니) 나이가 들수록 자택에서 생활하는 데 어려움이 있을 법했다. 하지만 둘의 운명은 인구 통계를 따라가지 않았다.

　미국 고령층은 집을 공유한다는 발상에 점점 더 마음을 열고 있다. 미국은퇴자협회에서 더 이전에 실시한 조사에 따르면 50세 이상 성인 중 집을 공유하는 사람의 비율은 2014년 2%에서 2018년 16%로 증가했다.[18] 내가 인터뷰한 사람들을 보면 고령의 친구들이 동거를 결심하는 데는 (동반자 관계를 바라는 것과 더불어) 비용 부담을 덜 수 있다는 이유가 작용했다. 자원을 공유해 돈을 절약하자. 이 아이디어를 바탕으로 고령층을 위한 주거 매치 사이트 실버네스트Silvernest가 2015년 서비스를 시작했다.[19] 공동 설립자인 웬디 버카트Wendi Burkhardt는 《USA 투데이》 인터뷰에서 이렇게 말했다. "자택에서 계속 살고 싶어 하는 베이비부머가 많은데, 현실은 냉혹한지라 다수가 그 비용을 감당하지 못합니다."[20] 대부분은 경제적 고민 때문에 실버네스트에 구인 글을 올리긴 했지만,[21] 사용자들은 집을 공유할 때 생기는 사회적인 이점도 강조한다. 실버네스트로 찾은 룸메이트와 동거한 지 1년쯤 된 베키 밀러는 덕분에 나가는 돈은 줄이고 같이 있으면 즐거운 사람을 얻었다며 열변을 토했다. "동반자 관계죠. 확실히 저녁을 혼자 먹지 않아도 돼요."[22] 몇 년 후에는 네스털리Nesterly라는 회사가 보스턴시와 협력해 다른 세대 간에 룸메이트를 매치해 주는 서비스를 운영했다.[23] 집에 남는 방이 있는 고령층과 집세 부담이 낮은 집을 찾는 청년층을 이어준 것이다. 실버네스트와 여타 유사 비영리 주거 공유 단체와 마찬가지로 네스털리가 추구하는 목표 역시 경제적 어려움과 사회적 고립을 줄이는 것이다. 프로그램이 보스턴에서 인기를 끌자 네스털리는 다른 여러 지역으로 서비스를 확대했다.[24]

아이네즈와 바브가 동거를 결심하기 한참 전, 두 사람이 다니던 미스터리 소설 독서 모임 여자들 사이에서 같이 읽은 책 속 인물들의 생활 방식을 따라 하고 싶다는 이야기가 나온 적이 있었다. 그 소설은 다섯 여자가 각자의 남편이 죽은 뒤 같이 커다란 집을 한 채 사면서 벌어지는 이야기였다. 나이 들어 친구들과 같이 살고 싶다는 꿈을 품은 사람은 많다. 2011년에는 어느 여덟 친구가 은퇴 후 같이 살 수 있게 소형 주택이 여러 채 있는 단지를 설계해 달라고 건축가에게 의뢰했다.[25] 사생활을 유지하고 싶은 바람과 공유 공간을 누리고 싶은 마음을 모두 놓치지 않은 설계였다. 텍사스주 래노강에 있는 이 공동체를 친구들은 '래노의 탈출 전략'이라 불렀고, 언론에서는 '베프 구역'이란 이름을 붙여줬다.[26] 이 단지를 다룬 보도가 급속도로 퍼지면서 담당 건축가에게는 친구들끼리 비슷한 공간을 만들고 싶다는 문의가 전화와 이메일로 500건도 넘게 쇄도했다.[27] 비슷한 사연이 전 세계에서 선풍적 관심을 끌 수밖에 없는 게, 이런 소식은 친구들끼리 꿈은 꿔봤어도 실제로 목표로 삼을 생각은 못 한 아이디어를 건드리기 때문이다. 조회 수가 400만 회에 육박하는 어떤 영상에서는 중국인 친구들이 나중에 은퇴하면 들어가 살려고 싹 수리한 저택을 자랑스레 선보였다.[28] 카메라는 바닥부터 천장까지 올라가는 통유리 창 너머로 울창한 풍경을 훑고 비움의 미학이 느껴지는 다실을 한참 잡았다. 이 영상이 알려지기 얼마 전에도 오스트레일리아에서 60대 커플 세 쌍이 자기들만의 집을 짓고 스스로 '헛간 생활자들'이라 칭하며 사는 사연이 인터넷을 달궜다.[29] 헛간 생활자 한 명은 《가디언》에 이렇게 썼다. "우리는 서로와 장기적인 헌신을 약속했다. …… 생물학적 관계가 없어도, 실질적으로 가족다운 가족이 그러듯 서로의 버팀목이 되어준다." 이들은 저녁에는 웬만하면 모여서 식사하고, 금요일 오전이면 거의 빠짐없이 함께 집을 청소하고, 새해 전날에는 둘러앉아 지난 한 해를 돌아보고, 1월이면 꼭 일주일씩 휴가를 내 성인 미술 캠프에 간다.[30]

보스턴 대학교 사회학 교수 데버라 카Deborah Carr는 아이네즈와 바브 같은 생활 양식이 '미래의 물결'이 될 수 있는 이유로 두 가지를 꼽는다. 고령층 인구 다수에게는 핵가족이 아닌 형태의 지원이 필요하고, 유급 돌봄 제공자의 인력 부족 문제는 고질적이기 때문이다.[31] (요양 보호사와 재택 건강 보조원은 낮은 임금과 열악한 노동 여건 때문에 전직률이 높다.[32]) 카는 친구끼리 서로 돌보는 관계라면 고령자가 짐처럼 느껴질 수 있는 부모 자식 관계와 달리 평등함의 매력이 있다는 점도 짚는다.

나이 들어 누가 자신을 돌보냐는 문제를 이야기하는 바브와 아이네즈는 다른 사람에게 부담을 주면 어쩌나 하는 우려를 내비쳤다. 바브는 자신과 아이네즈가 도움을 구할 만한 후보들을 읊었다. 아이네즈의 아들 릭은 당연하게 떠오르는 돌봄 제공자였지만 다른 주에 살았고, 두 사람 역시 릭에게 만사를 떠맡기고 싶지 않았다. 사촌들은 멀리 살았고 각자 가족을 돌보느라 이미 정신이 없었다. 바브는 "잘난 척하는 것처럼 들리진 않으면 좋겠다"며 말을 고르느라 잠시 버벅거렸지만, 자신과 아이네즈가 "인간관계에서 거의 항상 남을 돌봐주는 쪽"인 반면 친척들은 그렇다고 하기 어렵다고도 말했다. 후보를 한 명씩 지워나가면 "별수 없이 안쓰러운 릭으로 돌아오고" 만다. 가족에게 의지하면 부담을 지우는 게 되지만 서로 돌보면 자신이 짐처럼 느껴지지 않으리란 속마음이 느껴졌다.

ㅇ ● ㅇ

바브와 아이네즈가 커크우드로 이사해 돌아온 게 1998년이었으니 둘의 생활 방식이 특이하게 비치리란 것은 확실했다. 둘을 보고 동성애자라 생각할 사람도 있을 터였다. 바브와 아이네즈는 피닉스를 떠나기 전부터 사람들이 쑥덕대거나 행사에서 자신들을 따돌리면 어떻게 할지 상의했다. 릭도 물었다. 남들 눈에 어떻게 보일지 걱정되냐고. 사람들은 어차피 좋을 대로 생각할 것이라고도 말했다. 결국 중요한 건 한밤중에 무슨 일이 생겨도 혼자가 아니리란 사실이었다.

두 사람이 이사하는 날은 일반적인 이사보다 배로 정신없었다. 이사업체 직원들은 집 두 채에서 살림살이를 싸야 했다. 토스터도 두 대, 믹서도 두 대, 모든 게 두 개씩이었다. 바브와 아이네즈는 공동 생활비를 지출할 체크카드를 발급받고 공과금을 나눠 내는 등 자잘한 일을 처리했다. 아이네즈는 반려묘에게 '파란색 먹이'(바브가 키우던 파란 앵무 '트위티 실베스터')는 먹는 게 아니라고 주의시켰다. 정원을 가꾸고 새 모이통을 채우는 일은 아이네즈가 했고, 잔디를 깎고 성냥을 묵주 대신 굴리며 기도를 올리는 일은 바브가 했다. 요리 담당을 정하기는 어렵지 않았다. 아이네즈가 시도해 보고 싶은 요리법을 읽어줄 때 바브는 "내 귀엔 외계어만 들려."라고 대꾸하는 사람이었다. 그래도 저녁 설거지는 바브도 창밖으로 새들을 보며 꼬박꼬박 즐겁게 했다.

한집에 살려면 이런저런 조정이 필요했다. 바브는 아이네즈보다 꽤 늦게 일어났고, 그래서 아이네즈는 호스 끽끽거리는 소리에 바브가 깰까 봐 아침에 식물들 물을 줄 수 없었다. 한 사람이 불 끄기나 차고 문 닫기를 깜빡하면 다른 사람이 발견하고 넌지시 지적했다. 둘 사이의 마찰은 이 정도까지였다. 자신과 바브는 맞춰가기를 잘하고 "평화를 사랑하는 사람들"이라고 아이네즈는 말했다.

처음에는 다른 집에서 따로 살려 했지만, 둘의 관계는 개인 공간을 거의 두지 않는 쪽으로 다시 조정되었다. 심지어 가상 공간에서도 그랬다. 집에는 컴퓨터가 한 대였다. 바브는 개인 컴퓨터를 가진 적이 없었다. 두 사람은 이사를 마친 뒤 옆집 아이들의 도움을 받아 인터넷을 설치하고 '허미티지'로 오는 이메일 계정을 아이네즈 명의로 만들어 공용으로 썼다. 바브는 간혹 "안녕하세요, 아이네즈"로 시작하는 이메일에(나도 이메일을 주고받던 초반에 이런 실수를 했다) 답장하며 이름을 바로잡아야 했지만 계정을 따로 만드는 번거로움을 감수할 정도는 아니었다.

이사하고 몇 년이 흘러 아이네즈는 손목 골절로 응급 수술을 받느라 병원 신세를 졌고, 집에 돌아온 뒤 한밤중에 심한 고통을 느끼고 바브를 불렀다. 아이네즈는 방문을 열어놓고 잤고 바브의 침실은 바로 옆방이었는데도 바브는 아이네즈의 목소리를 듣지 못했다. 다음 날 두 사람은 아이네즈 침대에 종을 달기로 했다. 아이네즈의 어머니가 저녁 먹으라며 가족들을 부를 때 쓰던 종이었다. 둘이 나이가 비슷하니 서로 돌봄 제공자 노릇을 하기는 힘들 것 같다고, 그러니 더 젊은 사람에게 그 역할을 맡겨야 한다고 생각하던 때도 있었지만, 한집에 살면서 "둘 다 마음가짐이 변했다"고 바브는 말했다. "그때부터는 할 수 있을 때까지 최대한 오래 서로를 돌보자는 각오가 섰어요." 동거로 상호 의존의 새로운 가능성이 열린 것이다.

막상 살아보니 생활양식 때문에 선입견에 부닥치는 일도, 사정을 캐묻는 사람도 없었다. 노년기에 들어서면 젊은 사람들처럼 로맨틱 관계를 중심에 둬야 한다는 요구를 받지 않아서라고 바브는 추측했다. 아이네즈와 자기가 30대나 40대에 한집으로 이사하려 했다면 이야기가 달랐을 것이다. "친구들 반응이 훨씬 부정적이었겠죠. 굳이 왜 그러냐는 질문도 받았을 테고요." "넌 결혼 생각이 없냐"는 질문도 들어왔으리라고 바브는 짐작했다. 3장의 스테이시는 섹스와 로맨틱 파트너 관계보다 중요한 게 없다고 단정되는 나이대였고 그 질문을 받았다. 하지만 은퇴할 나이에 다다르면 사회적 기대가 정반대 방향으로 돌아간다. 나이

든 사람은 성적이지 않을 거라는 고정관념이 씌워진다.³³

두 고정관념은 모두 해롭다. 스테이시가 젊은 사람이라면 무조건 성적 끌림을 느껴야 한다고 강제하는 문화에서 압박을 받았다면, 나이가 들었는데도 섹스에 관심을 보이는 사람은 조롱당한다. 혹은 '밀프'*나 '쿠거'** 딱지가 붙는데, 이런 예외는 나이 든 사람은 대개 성적 매력이 없다는 암묵적인 법칙을 강화한다. 그래도 고령층에 대한 고정관념은 아이네즈와 바브 같은 친구들에게 한 가닥 희망이 되기도 한다. 나이 든 친구 사이면 성적인 관계일 거라고 지레짐작하지 않고, 왜 연애는 뒷전이냐며 당사자들을 검열하지도 않으므로. 바브는 또래 지인 대다수가 동반자 관계나 정서적 친밀성을 얻을 수 있는 관계를 원하지 육체적 관계는 그보다 덜 중요하게 생각한다고 했다.

바브는 아이네즈와의 우정이 배우자 관계와 비슷하다고 할 수 있겠냐는 내 질문에 어리둥절한 얼굴이 되었다. 바브로서는 해본 적이 없는 생각이었다. 바브는 두 관계가 어떻게 다른지 술술 읊었다. 돈을 (공용 체크카드를 제외하면) 따로 관리한다. 상대의 가족이 온다면 반갑게 맞이하겠지만 상대의 부모님과는 원하는 만큼만 같이 있으면 된다고 생각한다. 서로의 존재를 당연하게 생각하지 않는다. "단짝이랑 집을 같이 쓴다는 걸 늘 의식하면서 살죠." 자기는 배우자를 둔 적이 한 번도 없어서 그렇

---

*   MILF. '자고 싶은 아줌마(mother I'd like to fuck)'라는 어구의 앞글자를 딴 단어로 성적 매력이 있는 중년 여성을 가리킨다. — 옮긴이
**   cougar, 연하 남성과 관계를 맺는 연상 여성. — 옮긴이

게 비교할 마음이 들지 않았나 싶기도 했다.

아이네즈는 이 우정이 과거 결혼 관계보다는 차라리 시간이 더 지나서 만난 한 남자와의 관계와 비슷하다고 생각했다. "우리 둘 다 혈기왕성한 10대가 아니었으니까요." (남자가 갑작스레 세상을 떠나 둘의 관계는 짧게 끝났다.) "그 남자와 있을 때 들었던 감정이 바브와 있을 때 느끼는 감정이랑 같았어요. 서로에게 솔직한 관계라고 늘 생각했죠. 다정하기도 하고요." 그 남자와는 "평온한 관계"였다. 바브와의 우정이 그렇듯.

그렇게 평온할 수 있는 건 서로를 기꺼이 받아들이고 도울 마음이 있기 때문이다. 바브와 아이네즈는 일부러 주치의를 같은 사람으로 했다. 그러면 친구끼리 서로 필요한 사항을 숙지할 수 있었다. 아이네즈가 자꾸 어지럽다며 걷기 힘들어한 적이 있었다. 주치의는 바브에게 아이네즈와 나가서 걸을 때 보통 어떻게 다니냐고, 옆으로 나란히 서서 걷는지 아니면 한 사람이 앞서 나가는지 물었다. 자신이 더 빠르게 걷는 편이라고 바브가 답하자 의사는 아이네즈의 안전을 위해 보조를 맞추는 게 좋겠다고 했다.

바브와 아이네즈는 서로가 익숙하고, 성가시다거나 지루하다고 생각하지 않는다. 밖에서 울려오는 풍경 소리를 들으며 두 사람과 같이 식탁에 앉아 있을 때 보니 바브는 아이네즈가 이야기를 하면 웃음 포인트가 나오기도 전에 웃음을 터뜨렸다. "아무래도 우린 서로의 이야기를 아니까요." 바브는 이렇게 말하고 아이네즈를 봤다. "네가 뭐라고 할지 난 다 알잖아."

○ ● ○

아이네즈와 바브는 돌봄 제공자가 되어줄 사람이 명확하지 않으면 어떤 일이 생길 수 있는지를 직접 보기도 했다. 한 친구의 초대로 동네 도서관에 영국식 차를 마시러 갔었는데, 그 일이 아이네즈의 말로 "우리 인생의 새로운 막이 시작된" 계기였다. 두 사람은 도서관에서 친구를 사귀고 자원봉사를 시작했다. 기념품점에서 일하며 상품을 사입하고 매장을 꾸몄다. 그렇게 일하던 어느 날 바브와 아이네즈는 영국 여행으로 3주간 자리를 비우게 되었는데, 떠나기에 앞서 가게가 잘 정리되어 있는지 보러 잠깐 들렀다. 그 시간에 근무하고 있던 다른 자원봉사자 앤은 엽서를 좀 사와 달라고 부탁하며 요즘 목이 아프다고 말했다. 동네 의사에게는 걱정할 일이 아니라 그냥 분비선 부종이라는 말을 들었다고도 했다. 의사 이름을 들어보니 바브가 아는 사람이었는데, 자기가 어릴 적 사촌들을 진료한 의사였다. 지금은 은퇴했고 나이는 아흔이 넘은 사람이었다. "앤이 조언을 구하기에는 나이가 많아도 너무 많은" 의사 같았다. 바브는 앤에게 다른 의사한테도 진찰을 받아보라고 권했다. 병원에서 현역으로 일하는 의사 소견을 들어보라고.

몇 주 뒤 앤이 바브와 아이네즈에게 소식을 전했다. 인후과 전문의에게 갔다가 조직 검사를 받았다는 것이었다. 앤은 너무 겁이 나서 혼자 결과를 들으러 가지 못하고 있었다. 제일 가까운 친구는 교사였는데, 친구에게 일을 빠지고 진료에 같이 가달라고 하기는 싫었다. 바브와 아이네즈는 그럼 자신들이 따라 가겠다고 했다.

바브와 아이네즈는 진료일에 앤의 집으로 갔지만 아무리 불러도 앤이 나오지 않았다. 기다려보다가 바브가 손잡이를 돌려보니 문은 잠겨 있지 않았다. 앤은 카펫 깔린 거실 바닥에서 아기처럼 웅크려 울고 있었다. 분명 암 판정을 받을 거라고 앤은 말했다. 바브와 아이네즈는 어찌어찌 앤을 달래 똑바로 앉혔다. 앤은 가족이랄 사람도 없고, 형제자매나 자녀도 없다고 했다. 배우자와는 이혼했고, 부모님도 세상에 없는 데다 양친이 전부 외동이라 친척도 없었다. 바브와 아이네즈는 이런 사정을 전혀 몰랐다. 그날 전까지만 해도 앤과는 점심 몇 번 먹은 게 고작이었다. 둘은 앤이 치료를 혼자 받게 두지 않겠다고 그 앞에서 약속했다.

앤이 진료받는 동안 두 사람은 대기실에 앉아 있었다. 앤이 두 사람을 찾는다며 간호사가 바브와 아이네즈를 데리러 왔다. 앤은 의사가 해준 말을 두 사람에게도 전했다. 암에 걸린 게 맞았다. 바브와 아이네즈는 앤이 이 모든 과정을 혼자 겪게 하지 않겠다고 다시 한번 확실히 말해줬다. 얼마 지나지 않아 셋은 이 약속을 공식화했다. 앤이 변호사를 통해 바브와 아이네즈의 이름을 자신의 의료 위임장에 올린 것이다. 앤의 법정 대리인 권한은 앤의 교사 친구와 다른 여성 한 명에게 있었고, 이렇게 해서 네 여성이 앤의 가족이 되었다. 이후 3년 동안 네 사람은 병원 연락을 받고, 앤이 수술받으러 갈 때 동행하고, 방사선요법을 받는 앤을 돌봤다. 앤이 최대한 만족스러운 생활을 할 수 있도록 확실하게 챙겼다.

앤은 호스피스 병동에 들어갔고 마음에 쏙 드는 병실에서 지냈다. 조경이 된 운동장이 내다보였고 두어 개 호실만 지나면 커다란 새장에 색색의 화사한 방울새들이 살고 있는 공용 공간이 나왔다. 어느 날 원무과에서 더 작은 병실로 옮겨야 한다는 통지가 오자 앤은 항의했다. 노란색 메모 패드에 우아한 필체로 글을 써서(이제 병세 때문에 이렇게 소통했다) 지금 병실도 보험 처리가 된다고 아이네즈와 바브에게 알렸다. 아이네즈가 요구하자 원무과 직원이 보험 약관을 검토했고, 다시 돌아와 앤이 그 병실에서 지내고 싶은 만큼 지내도 좋다는 답을 줬다. 2004년 4월, 이 병실에 친구 대여섯 명이 모여 앤과 추억을 나눴다. 바브와 아이네즈는 저녁 9시쯤 집으로 돌아갔는데 두 시간 후 전화가 왔다. 앤이 조용히 세상을 떠났다는 소식이었다. 홀로 삶을 마칠 것 같다는 앤의 두려움은 현실이 되지 않았다.

○ ● ○

우정은 고령층의 정신 건강과 신체 건강에 중대한 역할을 한다. 몇몇 연구는 우정이 결혼보다 '더' 큰 역할을 한다는 견해를 내놓기도 한다. 1987년의 한 연구에서는 각종 관계가 건강에 미치는 영향이 나이에 따라 달라진다는 결과가 나왔다.[34] 60세 미만인 사람은 배우자가 없을 때 일찍 사망할 위험이 컸으나 60세 이상인 사람은 그렇지 않았다. 친구, 친척과의 가까운 관계에 받는 영향이 부부 관계에 받는 영향보다 컸다. 30년 뒤 발표된, 수십만 명을 조사한 연구 역시 비슷하게 나이가 들수록 우정 관계가 사망 예측에 더 유효하며 결혼 관계는 상대적으로 유효성이 떨어진다는 사실을 발견했다.[35] 우정을 소중하게 여기는 사람들은 생애 전반에 걸쳐 더 건강하고 행복하게 살았으며 이런 양상은 고령층에게서 특히 강하게 나타났다. 우정은 외로움을 경감해 그 연쇄로 유발되는 온갖 부정적 효과가 신체 건강과 정신 건강에 영향을 미치는 것을 예방한다.

우정은 이혼이나 사별, 투병 같은 인생의 힘겨운 전환기를 버텨내는 고령층에게도 구명환이 되어준다. 아이네즈와 바브는 앤을 돌보며 투병하는 친구의 힘겨움을, 죽음을 마주한 심란함을 어루만져 줬다. 서로를, 또 자신들의 친구를 기꺼이 돌보기로 한 바브와 아이네즈의 넓은 아량이 처음에는 예외적인 것 같았지만, 알고 보니 또 그렇게 특이한 사례는 아니었다.

돌봄 제공자 중 친구는 상당한 비율을 차지한다. AARP가 2020년에 실시한 조사에서는 성인을 돌보는 사람 중 10%가 친구나 이웃을 돌보는 것으로 나타났다.[36] 친구끼리 돌봄 제공자가 되는 사례는 LGBT 집단에서 특히 흔하게 보인다. 2010년의 한 연구에 따르면 베이비부머 세대 LGBT는 베이비부머 세대 전반의 인구 표본에 비해 지난 6개월 중 친구를 돌본 경험이 있을 확률이 훨씬 높았고, 삶의 막바지를 어떻게 보내고 싶다고 친구들과 이야기했을 확률은 두 배였다. 친구와 동거하고 있을 확률도 더 높았으며 친구에게서 돌봄을 받고 있을 확률은 네 배나 되었다.[37] 사회과학자 애나 머래코Anna Muraco와 캐런 프레드릭슨골드슨Karen Fredriksen-Goldsen이 인터뷰한 동성애자와 양성애자 돌봄 제공자들은 대체로 친구를 돌보는 게 이례적인 행위가 아니라 우정이 자연스럽게 연장된 결과라 생각한다고 답했다.[38] 퀴어 친구끼리 돌봄 제공자가 되는 경우가 유독 많은 현상[39]은 몇 가지 이유로 설명할 수 있다. 퀴어 친구들은 선택 가족을 이뤄온 시간이 긴데 그 이유는 대개 원가족에게 거부당해서다.[40] 이런 가족 의식은 에이즈 유행 때 특히 뚜렷하게 드러났다. 고령층 LGBTQ는 통상적으로 돌봄 제공자 역할을 맡을 친족이 없다. 다른 성인에 비해 자녀나 파트너가 있을 확률이 낮기 때문이다.[41] 돌봄 제공자를 고용해 도움을 받는 것도 여의치 않다. 이들 다수는 시설에 들어가도 정체성 때문에 돌봄을 거부당하거나 부당한 대우를 받을까 봐 걱정한다.*

가까운 친척이 있어도 친구에게 돌봄을 의지하는 고령층도 있다. 한 연구에서는 친구에게서 돌봄을 받는 만성 질환자 3분의 1이 자녀가 있음에도 자녀에게 도움을 받고 있지 않은 것으로 나타났다.[42] 친족이 있어도 아무 돌봄을 못 받는 사람이 있는

---

*   빅토리아 새킷(Victoria Sackett)의 글이다. "조사 대상자 중 (장기 요양 서비스를 받는 환경에서) 자신이 돌봄을 거부당하거나 부족하게 받을 수 있다고 생각하는 사람은 60% 이상이었다. 또한 이들은 방임과 학대, 언어적·신체적 괴롭힘 같은 위험에 노출될 것을 우려했다. 대다수는 입소를 불편하게 여겼고 장기 요양 시설에 들어가면 LGBT 정체성을 숨기거나 부정해야 한다는 압박을 느끼리라고 생각했다."

가 하면, 족보상 '친족이 없는'데도 넘치는 도움 속에서 유영하는 바브 같은 사람도 있다.

○ ● ○

아이네즈는 도서관에서 하는 미스터리 소설 독서 모임도 늘 기대하지만, 모임 후에 즐기는 저녁을 더 좋아한다. 아끼는 술집에 가면 두 사람이 늘 마시는 음료, 아이네즈의 와인과 바브의 아이스티가 가게에 들어서는 두 사람을 기다리고 있다. 독서 모임이 있던 어느 날 아침, 아이네즈는 몸이 썩 좋지 않은데도 기운을 끌어 모아 바브와 같이 도서관으로 운전해 갔다. 바브가 안내 데스크에 서서 친구와 담소를 나누는 사이 아이네즈는 엘리베이터로 걸어갔다. 아이네즈의 친구가 다가왔다. "우리 쿠키, 너한테 주고 싶은 책이 있어."란 말을 꺼낸 것을 마지막으로 아이네즈는 눈앞이 캄캄해졌다. 아이네즈는 풀썩 쓰러지면서 엘리베이터 벽의 소화기에 머리를 부딪쳤다.

병원에 입원한 아이네즈는 심부전이 심각하다는 진단을 받았다. 의사는 "조금만 더 갔으면 사망하실 수도 있었습니다."라고 했다. 심장약 처방을 들고 퇴원한 아이네즈와 바브는 새삼 생애 막바지의 질문들을 놓고 고민해야겠다는 의욕이 생겼다. 두 사람은 앤과 부모님 대신 의료 결정을 수차례 내려봤었지만, 서로를 자기 대신 의사 결정을 내려줄 사람으로 지정하는 위임장 서류는 죽음의 문턱까지 가본 뒤에야 준비했다.

바브와 아이네즈는 어느 쪽이 먼저 세상을 떠나도 릭이 나서서 도움을 주리라고 확신했다. 하지만 돌봄 책임을 몽땅 릭의 몫으로 둬서 릭이 둘을 챙기느라 인생의 황금기를 꼼짝없이 소진하게 되는 건 바브도 아이네즈도 바라지 않았다.

바브와 아이네즈는 생활 지원 주택에 들어가는 선택지를 알아봤다. 한 시설의 질의응답 자리에서 누군가 친인척이 아닌 두 명이 한 세대를 같이 쓰는 게 가능하냐고 물어왔을 때는 놀랍고 반가웠다. 이런 우정을 맺고 사는 사람이 자신들만은 아닌 모양이었다. (시설 측에서는 그래도 괜찮다고 했다.) 바브와 아이네즈는 대기자 명단에 등록할까 고민했지만, 코로나-19 팬데믹으로 입주자들이 각자의 방에서 나오지 못하게 되자 서로와 한집에 산다는 게 여느 때보다도 다행스럽고 감사했다. 낱말 맞추기 게임을 함께 하고 세계 곳곳에서 터지는 각종 사건 사고에 대해 염려를 나눌 사람이 곁에 있었으니까.

아이네즈와 바브의 친구들, 특히 싱글 여성 친구들은 자신들도 비슷한 방식으로 살 수 있으면 좋겠다는 말을 전부터도 했다. 한 친구는 같이 살 만큼 신뢰하는 친구가 없어 아쉽다고 했다. 코로나-19 발발 이후로는 부럽다는 목소리가 거의 합창처럼 들려왔다. 배우자와 사별하거나 이혼하고 생활 지원 주택의 아담한 방에 틀어박혀 지내는 바브와 아이네즈의 친구들은 동반자가 있으면 원이 없겠다고 했다. 그런가 하면 집에서 배우자와 붙어 있게 된 기혼 친구들은 배우자 아닌 다른 사람이랑 같이 있을 수 있으면 원이 없겠다고 했다. 아이네즈는 깨달았다.

"누가 곁에 있다고 만사형통인 건 아닌 거죠."

코로나-19는 비가시광선처럼 평소에 보이지 않던 걸 보이게 해줬고, 그렇게 주변인들의 마음속에 잠복해 있던 불만이 드러났다. 결혼 생활이 그저 그런 친구들은 이 관계가 배우자와 적당한 거리를 유지할 수 있을 때나 참아줄 만하다는 사실을 알게 되었다. 봉쇄령이 시행되는 동안 지나친 친숙함은 불만을 낳았다. 생활 지원 주택에 사는 바브와 아이네즈 친구들의 마음속에 깔려 있던 외로움은 코로나-19 제한 조치로 다른 입주자와 만날 수 없게 되자 수면으로 떠올랐다. 한 연구에서는 고령층의 절반 가까이가 팬데믹 초기 몇 달 동안 팬데믹 이전보다 고립감을 더 많이 느꼈다고 했고, 약 3분의 1은 동반자 관계의 감각이 전보다 약해졌다고 응답했다.[43]

세월이 흐르면서 바브와 아이네즈는 취향이 나란히 변했다. 지난 몇 년 동안 두 사람은 문화생활과 사회 활동 참여가 줄어 조용해진 생활에 만족하며 적응했다. 돌봄을 바라보는 관점이 비슷한 것도 좋았다. 아이네즈는 심부전 진단을 받은 뒤로 자신과 바브 모두 "자기를 돌봐주고 그걸 짐스럽게 생각하지 않을 사람과 한집에 산다는 게 얼마나 중요한지 깨달았다"고 말했다. 둘이서는 감정을 솔직하게 이야기할 수 있다. 상대가 흔쾌히 자기 침대로 온열 패드와 뜨거운 차를 가져다주리란 걸 안다.

고령층이 친구와 동거하면 생활 비용을 절약하고 동반자를 찾을 수 있는 것은 맞다. 하지만 그런다고 생애 막바지를 향해 가며 마주하게 되는 더 깊은 구조적 문제가 해소되지는 않는다.

이렇게까지 많이 들 일인가 싶은 장기 돌봄 비용도, 고령층 다수가 궁핍하게 생활한다는 현실도. 아이네즈와 바브는 결혼의 울타리 밖에서 삶을 구축했지만, 기혼자들에게 닥치는 위험 일부는 두 사람에게도 닥친다. 교류 집단이 탄탄하다고 해도 둘의 관계가 끝나면 아이네즈와 바브는 다른 이들과 마찬가지로 혼자 남겨질 것이다. 함께하는 삶이 만족스러운 것과 별개로, 종국에는 한 사람에게 돌봄이 필요해도 다른 사람이 그 돌봄을 제공해 줄 수 없는 상황이 분명 닥치리란 사실을 두 사람은 인지하고 있다.

바브와 아이네즈는 서로에게 점점 더 의지하고 있다. 무조건 지켜야 했던 가사 분담은 한층 유연해졌다. 쓰레기 내놓기는 원래 쭉 아이네즈 담당이었지만 이제는 아이네즈가 혼자 할 수 있는지 아니면 도움이 필요한지 바브가 확인한다. 요리법 얘기에 "외계어"란 반응이 반사적으로 튀어나오던 바브가 이제 아이네즈와 나란히 서서 음식을 만든다. 아이네즈는 바브가 다지기 기계보다 재료를 잘 썬다고 침이 마르게 칭찬한다. 아이네즈가 호스 잠그는 걸 깜빡하면 바브가 귀띔해 주고, 바브가 약 먹는 걸 깜빡하면 아이네즈가 귀띔해 준다. 바브는 아이네즈에게 말했다. "이 일은 네가 도와줬으면 하지만 날 너무 도와주면 안 돼. 언젠가 그날이 와서 네가 없어지면, 그땐 내가 내 몸을 건사해야 하잖아." 그날이 오기 전까지 바브와 아이네즈는 계속 삶을 즐길 계획이다. 함께, 둘의 피난처에서.

7 애도를 허하라

플라토닉한 사랑을
잃었을 때

단 한 사람을 잃었는데
온 세상이 텅 비어버리는 것이다.

― 필리프 아리에스 Philippe Ariès

 M이 석사 과정을 시작해 2018년에 영국으로 갔을 때, 나는 배경만 영국이라는 평행 우주로 바꾼 채 내가 익히 아는 일상을 그대로 지키고 있을 M을 상상했다. 워싱턴 D.C.의 단골 라오스 식당에서 와인 한 잔을 놓고 일기를 쓰는 대신 영국 펍에서 로이텀 무선 노트에 글을 쓰고 있겠지. 영국에서는 사랑하는 몰스킨 유선 노트를 찾지 못할 테니까. 일요일 아침마다 미국 성공회 교회에서 성가를 부르는 대신 땅거미 질 때쯤 예복인 하얀 캐속과 중백의를 갖춰 입고 수백 년 묵은 성당에 들어가 저녁 예배에서 노래하고. 영국은 나도 몇 년 전에 살아본 곳이라 상상 속 M의 모습은 친숙하면서도 현재의 내 삶과 한참 동떨어져 있는 느낌이었다.
 M이 석사 과정 2년 차에 접어들었을 무렵 나는 일기장에 외롭다고 적었다. 마코와 한 방에 앉아 있고, 친한 친구 둘을 만나

고 온 날인데도 그랬다. M의 품에 안겼으면, M의 과장된 입맞춤 세례가 내 이마로 콕콕 쏟아졌으면 하는 마음이 간절했다. 그때 쓴 일기다. "싱글이었을 때나 마코랑 장거리 연애 중이었을 때는 어떻게 견뎠지? 이렇게 끝도 없이 손길을 갈구할 줄이야. 내가 뭘 놓치고 있는지 그때는 몰랐는데(섹스 경험이 생기기 전까진 성적 충동도 막연했던 것처럼) 이제 그 느낌이 얼마나 좋은지 알게 돼서 그런가 싶기도 하고." M의 풍부한 신체적 애정 표현이 강제로 차단된 채 지내니 내가 우리 우정에서 전에 경험하지 못한 충만함을 느꼈단 걸 알 수 있었다. 이렇게나 멀리 떨어져 살고 있으니 그 충만함을 조만간 다시 느끼긴 글렀다는 것도 알았다.

우리 우정은 정신만큼이나 몸에도 살아 있었다. 우리는 서로의 품에 감싸 안겼고, 저녁에 친구들을 불러 모아 지갑이 얇아도 만들 수 있는 스튜로 배를 채워줬다. 대서양이 우리를 갈라놓아서 우리 우정의 이런 차원이 사라졌다는 게 실감되었다. M이 대학원 2학년이 되고 나서는 다른 면으로도 멀어져 우리 사이의 물리적 거리를 견디기가 더 힘들어졌다. M은 영국 생활에 집중하겠다고 의지를 불태우며 핸드폰 의존을 줄이려 했다. 우리 사이가 멀어지지 않도록 내가 붙들고 있던 디지털 세계의 끈들이 하나둘 끊어지기 시작했단 뜻이다. 숨은참조로 M의 중요 메일을 보고 M과 음성 메모를 주고받던 날은 끝나버렸다. 우리는 며칠이 지나서야 그간 있었던 일을 간단히 전했고 "내가 이걸 얘기했는지 모르겠는데" 같은 말이 대화 사이에 자꾸 들어갔다. 더는 서로의 삶이라는 빽빽한 덤불 사이를 나란히 걷지 않는다는 사실을 자꾸 상기하게 되었다. 나는 방해가 되고 싶지 않아서 M에게 맞춰 연락 빈도를 낮췄다.

내가 M에게 방해가 될 수도 있다는 생각만으로도 나는 의기소침해졌다. 우리가 서로를 완전히 휘어잡았다는 점이 선명하게 보였던 우정의 한 시절은 그렇게 떠나갔다. 나는 M과의 친밀함에서 그 느낌을 특히 소중하게 생각했었다. 내가 세상의 전부처럼 좋아하는 사람이 나랑 늘 붙어 있거나 이야기하고 싶어 한다는 걸 알았고, 내가 M한테 무리한 요구를 한다는 느낌은 한순간도 들지 않았다. 하지만 이제 M의 일정은 수업과 음악 모임, 굳건해져 가는 친구 무리, 그리고 새롭고 진지한 로맨틱 관계로 빈틈없이 채워져 있었다.

떨어져 있는 채로 얘기해서는 내 실망감을 전달할 수 없을 것 같았다. M은 방학 동안 짧게 워싱턴 D.C.에 머물렀고 내 집에도 놀러 왔다. 나는 M 얼굴을 보며 같이 있는 천상의 행복을 얼른 느끼고 싶어 애가 탔지만, 동시에 그간 생각하던 말을 마침내 입 밖으로 꺼내려면 그 따스한 기운을 포기해야 한다는 것도 알았다. 그날 밤 M과 나는 내 소파에서 팬케이크처럼 몸을 포개고 가로로 누워 있었다. 나는 M에게 우리가 예전만큼 가깝지 않은 것 같다고, 우리 예전 우정이 그립다고 말했다. 얼굴과 얼굴 사이에 고작 손가락 몇 마디 간격만 남긴 채 M은 내 눈물 젖은 뺨을 어루만지며 날 달랬다. 하지만 M의 입에서 나온 말은 내가 듣고 싶었던 말이 아니었다. 내가 그리워하는 시절의 우리 우정이 아름다웠던 건 맞지만 이제는 이 새로운 시기를 어떻게 보낼

지 생각해 봐야 한다고 M은 말했다. 우리에겐 이 우정이 쇠하는 걸 막을 힘이 없다는 얘기로 들렸다. 이건 피할 수 없는 결과라는 듯이.

나는 우리가 마음만 먹으면 이전의 생활로 돌아갈 수 있다고 M이 확신을 주길 바랐다. 가까이 살거나 정기적으로 만나는 일정을 정해 서로를 우선으로 둘 수 있을 줄 알았다. 그렇게 하지 않으면 우리가 서로에게 결국은 그다지 중요하지 않다고 인정하는 것 같았다. 반지를 교환하거나 사람들 앞에서 식을 올리는 행위가 일반적이지 않은 우정이란 관계에서, 우리가 서로에게 어떤 의미인지 전하는 수단은 이런 결심들이다.

그 2020년 봄, M은 워싱턴 D.C.로 돌아와 내 집에서 도보로 20분 거리인 방을 빌렸다. 나는 같은 동네에 살면 다른 대륙에 떨어져 살기 전의 가까웠던 사이를 회복할 수 있지 않을까 하는 희망을 품고 있었다. 우리 우정에 일어난 변화들은 내겐 그저 상황에 따른 변화 같았고, 이제는 그 상황이 우리 편으로 돌아가고 있었다.

M이 이사왔지만 M의 귀환은 일시적이란 느낌이었다. 가구도 주방용품도, 소설책까지도 집주인 물건이었다. M은 옷가지만 조금 챙기면 짐을 꾸려 훌쩍 떠날 수 있었다. 팬데믹 기간에는 가까이 살아도 안전 문제 때문에 드문드문 만날 뿐이었고 그마저도 대개는 밖에서 본 데다 헤어질 때는 손을 쓰지 않고 영화 〈페어런트 트랩The Parent Trap〉 속 쌍둥이가 하듯 엉덩이를 맞부딪치는 인사로 마무리했다. 그해 여름 M은 파트너와 같이 미

국 방방곡곡을 유랑하며 가족들 집에서 지냈다. M이 워싱턴 D.C.를 고향처럼, 자기 사람들이 있는 곳으로 얘기하기는 했지만 나는 M이 여기로 돌아올지, 돌아온다면 언제일지 확실히 알 길이 없었다. M의 생각을 너무 속속들이 알아서 다른 공간에 있을 때조차 내 머릿속 M의 그림자가 이런저런 아이디어를 건네주던 생활이, 서로의 집에 불쑥 놀러 가던 나날이 앞으로는 없으리란 가능성을 나는 서서히 받아들이고 있었다.

내가 무엇을 잃었는지 정확히 이해하기까지는 시간이 걸렸다. 다른 유형의 관계였더라면 더 빨리 알아차렸을지도 모르겠다. 대부분이 로맨틱 파트너와의 결별이 가슴 찢어지는 고통임을 실감하는 이유는 최소 두 가지를 한 번에 잃기 때문이다. 자신에게 존재했던 친밀한 관계, 그리고 그 사람과 함께하리라고 상상했던 미래. 나는 M과의 우정이 전과 다른 형태가 되었을 때 나를 닻처럼 고정해 주던 관계와 내가 바라던 미래가 저 멀리 떠내려갔다고 느꼈다.

우리 우정이 파트너 관계라는 느낌은 약해져 가는데, 내가 잃은 것을 뭐라고 표현해야 명확할지는 감이 오지 않았다. M과 다투지 않았다. M이 내 인생에서 잠적한 것도 아니었다. 우리는 그저 이례적으로 가까운 사이에서 단짝으로 단계가 내려왔을 뿐이었다. 단짝이라는 이름표조차 마뜩잖은 시기가 있었는데. 여하간 우리 우정은 정도가 달라졌지 유형이 달라진 게 아니었다.

이 감정을 말로 표현하기가 어려웠던 건 어쩌면 당연하다. 통상적인 어휘에서는 우정 관계에서 겪는 난관을 이야기할 언어를 찾기가 힘들다. 우정 관련 팟캐스트를 여러 해 동안 진행한 앤 프리드먼Ann Friedman과 아미나투 소Aminatou Sow는 빛남 이론Shine Theory처럼 대중적인 조어를 만들어 우정 관계의 긍정적인 역학을 설명했다. 그런 두 사람도 공동 저서 『큰 우정Big Friendship』에 이렇게 썼다. "하지만 껄끄러운 부분을 설명할 말은 그보다 훨씬 찾기 어려웠다."[1]

언어의 결핍도 문제였지만, 내가 경험한 상실, 끝이 명확하지 않은 상실은 원래도 다루기 어려운 편이다. 미네소타 대학교 명예 교수 폴린 보스Pauline Boss가 이를 설명할 용어로 '모호한 상실ambiguous loss'을 고안했다. 모호함은 상실감을 완화하기는커녕 대처 과정을 더 복잡하게 한다. 죽음이나 이혼 같은 분명한 끝맺음이 없다면, 상실을 겪는 사람이 도움이 필요한 상태라는 것을 주위의 가족이나 사랑하는 사람들이 알아차리지 못할 수 있다.[2] 때로 이런 상실은 상실을 겪고 있는 당사자조차 알지 못한다. 슬픔에 잠긴 사람이 애도 과정에 들어가려면 애도할 대상의 존재를 인지하는 것이 먼저다. 모호한 상실은 '응고된 슬픔frozen grief'을 낳는다.[3] 슬픔의 덫에 걸린 상태를 이르는 보스의 용어다.

이 책을 집필하며 나는 상실에 대한 이해를 벼릴 수 있었다. 수년, 수십 년 동안 서로에게 꾸준히 헌신하는 친구들, 정기적으로 같이 휴가를 떠나고 '데이트' 날을 잡는 친구들을 인터뷰할수록 지금의 M과 내 우정은 그 친구들의 관계와 같은 갈래로 묶일 수 없다는 사실이 보였다. 오히려 나는 우정이 서서히 시들었거나 아예 생명력을 잃은 사람들과 공통점을 발견했다.

친구 관계에 변화를 일으키고 한때 온 마음을 쏟아부었던 우정을 빛바래게 하는 건 대개 로맨틱 관계다. 로맨틱 관계가 기존의 플라토닉한 유대 관계를 변화시키는 일은 흔히 일어난다. 진화심리학자 로빈 던바Robin Dunbar에 따르면 우리가 교류하는 여러 집단을 동심원으로 나타낼 때 제일 안에 위치하는 원에는 보통 "기대어 울 수 있는 친구" 다섯 명이 들어간다. 그런데 로맨틱 관계 속의 한 명은 여기서 "2인분"을 차지해서[4] 일단 그 관계가 시작되면 통상적으로 친구 두 명이 나가떨어진다. 기자 리베카 트레이스터Rebecca Traister는 친구 세라와 자신이 "상대가 더 강인한 사람이 되도록, 건강하고 행복한 파트너 동맹을 이룰 능력을(내 짐작으로는 가능성까지) 키우도록 서로를 독려"했다고 쓴다.[5] 양쪽에게 모두 유익한 상황이었다. 세라가 남자친구와 동거하려고 수백 킬로미터 떨어진 곳으로 이사하기 전까지는. 이 일은 트레이스터가 성인이 되고 겪은 상실 중 손에 꼽게 힘든 상실이었다. 트레이스터의 글이다. "자기 연민을 한껏 끌어올린 관점으로 보자면 내게 (그 우정은) 우주 왕복선을 궤도에 올려놓고 …… 이윽고 속절없이 떨어져 나오는 발사체 로켓 같았다."

취재 과정에서 가까운 친구 관계와 로맨틱 관계가 꼭 이런 식으로 경쟁해야만 하는 건 아니라는 얘기를 몇 번이나 들었다. 들어가는 글에 나온 물리학자 앤드루에게는 로맨틱 파트너와 플라토닉 파트너가 모두 있고, 4장의 청소년 사역자 닉 갤루초는 여자친구 모건과의 관계와 단짝 아트와의 관계가 서로를 더 풍요롭게 한다고 생각한다. M과 나도 친구가 되고 초반 두어 해 사이에 언젠가 M에게 로맨틱 파트너가 생겼을 때 그 사람을 우리 생활에 어떻게 맞춰 넣을지 이야기한 적이 있다. M과 마코가 내 손을 한쪽씩 잡았던 호사스러운 순간을 생각하면 그 통합은 아주 순조로울 수도 있었다.

하지만 내가 M과 친해진 시기는 마코와 사귄 지 이미 몇 년 되었을 때였다. 매력적이고 책 좋아하는 네덜란드 남자랑 사랑에 빠졌다고 시종일관 들뜬 기분으로 동네를 쏘다니는 단계는 이미 졸업한 뒤였다. M과 파트너는 입장이 달랐다. 애초에 두 사람은 마코와 나보다 더 단단히 얽혀 있었다. 서로에게 심취했고, 내가 보기에 팬데믹 기간에는 만사를 덮어버리는 가정생활에 완전히 빠진 듯했다. 나는 M과 시간을 더 보내고 싶었지만, 앞서 다른 관계에서 경험했던 역동을 이 관계에서 일으키고 싶지는 않았다. 예전의 그 관계에서는 나를 잡아매려는 상대 때문에 숨이 막혀 더 친해지고 싶다는 마음이 사라졌었다. 1년 반 동안 떨어져 지낸 데다 팬데믹으로 만남에 제약도 생겼고 M에게 한결 새롭고 격정적인 로맨틱 관계까지 생겨 나와 M의 친밀함은 깎여나갔다.

상실 전문가 보스와 이야기해 보니 보스가 내담자에게 묻는 다던 간단한 질문이 감명 깊었다. 9·11 테러 이후 보스는 뉴욕으로 가 사망자들의 친인척을 연구했다. 미네소타주에서 수십 년 동안 만났던 내담자들보다 훨씬 다양한 집단이었다. 보스는 이내 내담자와 사망자의 관계만 보고 상실의 중대성을 추정해서는 안 된다는 것을 깨달았다. 그래서 이렇게 질문하기 시작했다. "이 상실이 당신에게는 어떤 의미인가요?"

이 질문을 받았거나 자문했다면 나는 소설『사람은 어떻게 존재해야 하는가?How Should A Person Be?』속 한 장면, 단짝인 두 인물이 관계를 되살리려 하는 장면을 인용했을 것이다. 책에서 마고는 실라에게 말한다. "뭐랄까, 인생이랑 비슷해. 변수가 있고 상수가 있지. 양쪽을 다 활용하고 싶지만 그래도 상수는 건드리지 않아. 난 '네가' 상수인 줄 알았어. 근데 넌 한마디 말도 없이 떠나버렸지."[6] 실라는 생각한다. "마음 깊숙한 곳에서 떨림이 일었다. 내가 상수란다. '상수'라니. 지금껏 이보다 더 사랑과 비슷하게 들린 단어는 없었다." 나는 내가 M의 상수라는 느낌을 잃은 것이었다.

모호한 상실은 내가 M과의 우정에 생긴 변화를 다른 사람들에게 이야기하기 어려워한 이유 중 일부에 지나지 않았다. '공감할 수 없는 상실unrelatable loss'이란 표현이 더 어울리는 더 큰 장벽이 있었다. 내가 몸으로 느낀 상실감을 설명할 수 있을 것 같지 않았다. 내가 아는 사람 대부분은 자기 친구들과 M과 나처럼 육체적으로 단단히 엮이지 않았다. M과 나만큼 친밀한 우정을 나눈 사람을 많이 알지 못했기 때문에 남들이 내가 어째서 슬퍼하는지를 이해할 수 있을 거라고 기대하지 않았다. 호화 호텔에 묵어본 적 없는 사람 앞에서 5성급 리츠 호텔의 어메니티가 예전만 못하다고 불평하는 것과 뭐가 다를까.

나는 설명하기 어렵다고 느낀 바로 그 친밀함을 그리워했다. M과 나는 다른 누구도 아닌 오직 우리 둘 관계의 경계를 표시하는 틀을 함께 만들었고, 그 틀은 누구도 가능하다고 말해준 적 없는, 관습을 벗어난 형태였다. 기쁜 발견이었다. 우정에 변화가 생기자 나는 우리가 함께 구축한 틀과 그 안에 있던 사람을 잃은 기분이었다. 이 두 가지 상실이 떨어질 수 없는지, 분리가 가능한지 잠시 생각했다. 나는 M을 원했다. M이 던지는 예리한 질문들, 집 안을 가만가만 걸으며 재즈 스탠더드를 부르는 그윽한 목소리를 원했다. 하지만 유난스러운 표현이 허락되었으면, 선택받았다는 기분이 들었으면, 그 반짝이는 정신의 소유자에게 다가갈 수 있었으면 하는 마음도 있었다. 내 형제가 몇 년을 사귄 로맨틱 관계를 끝낸 뒤에 묘사한 이별의 여파와 내 감정이 크게 다르지 않았다. 파트너가 특히 그립지만, 잠에서 깼을 때 옆에 누군가가 있다는 일상적인 즐거움, 로맨틱 관계의 근간이 되는 그런 즐거움이 사라진 것도 아쉽다던 말. 나는 M과의 우정으로 새로운 형태의 친밀성을 알았고, 충만한 삶의 요소로 기대하는 것도 달라졌다. 그런 기대에는 늘어났다가 원래 형태로 줄어드는 탄성이 없었다.

다른 친구들에게 내 감정이 어떤지 이야기하기를 피했다. 내가 M에게 중요했던 것보다 M이 내게 더 중요했다는 사실을 인정하기가 내심 창피했다. 이런 식으로 우정이 사그라드는 게 자연스러운 이치로 보일까 봐 겁도 났다. 열혈 우정 지지자라는 내 이미지도 걸림돌이었다. 나는 우정이 나와 M의 관계처럼 뜻 깊고 헌신적일 수 있다고 사람들에게 설파하는 것을 개인적으로나 직업적으로나 사명으로 삼았었다. 그런데 M과의 우정이 내 주장의 설득력을 떨어뜨렸다.

감정을 속에만 담아두기가 힘들긴 했다. 그래도 나는 우정의 단계가 그냥 낮아진 게 아니라 다툼이라는 결정적 계기가 있었던 사람들이 느끼는 더 짙은 수치심은 면할 수 있었다. 뉴욕에서 활동하는 심리학자 예슬 윤Yesel Yoon은 열렬했던 두 친구 관계에 종지부가 찍히자 자신에게 무슨 문제가 있나 싶었다. 내가 본 예슬은 조력자 역할을 자주 맡고, 남들이 자신을 찾으면 좋아하는 여성이었다. 그러다 상대 친구에게는 호응할 마음이 없다는 걸 알게 되는 것이었다. 이런 걸 성격 결함이라 하긴 어렵다. 자책은 로맨틱 관계가 끝나도 보통 거치는 단계지만, 플라토닉한 관계가 정리되었을 때 찾아드는 특유의 수치심이 있다. 선집 『떠나간 친구The Friend Who Got Away』의 편집진이 쓰기로, 로맨틱 관계에 비해 "우정 관계는 더 튼튼한 재료로 만들어져 덜 복잡하고 더 오래가는 관계라는 통념이 있다. 바로 이런 이유에서 친구와 절교한 이야기는 대개 실패한 연애담보다 당사자에 대해 훨씬 많은 걸 드러내는 느낌이다. 우리가 지닌 최악의 결점과 약점이 폭로되는 것 같다." 일대일로 만나던 로맨틱 파트너라면 상대방이 멋진 사람이지만 남은 평생 아침마다 서로의 옆에서 눈을 떠도 괜찮을 만큼의 짝은 아니었을 뿐이라 생각하며 헤어질 수 있다. 하지만 누군가에게서 여러 친구 중 한 명이라는 위치로 밀려나면 이보다 더 낙심하게 된다. 훨씬 만만한 시험조차 통과하지 못한 것 같다.

작가 패티 밀러Patti Miller는 친구와의 절교가 "수치스러운 일"이라고 말한다. "확실히 다른 친구들과 이야기할 거리가 못 된다. 한 친구가 날 자기와 어울리지 않는 사람으로 판단했는데 그 사실을 내가 남들 앞에서 왜 떠벌리겠는가? 기억을 만드는 그 모든 신경 경로 어딘가, 아니면 우리의 생존 DNA까지 거슬러 간 어딘가에는 무리에서 추방당하는 것을 두려워하는 어두운 조각이 있다. 소문이 퍼지면 안 되니, 누군가와 사이가 틀어졌다는 얘기는 절대 해선 안 된다."[7] 이런 염려는 다른 세상 얘기가 아니다. 누군가와 "예전에 친구"였다고 말하면 듣는 사람이 흠칫해 "이젠 아니야?"라며 반문한다는 여자도 있었다. 이 여자가 뭘 잘못한 게 틀림없다는 듯 떨떠름한 투로. 헤어진 남자친구 얘기였다면 그렇게 속단하지는 않았을 것이다. 낙인은 수치심과 침묵을 먹고 강해지며, 친구와의 절교는 그야말로 수치심과 침묵으로 둘둘 싸여 있다.

이 수치심이 묘한 것은 우정이 끝을 맺는 게 드문 일이 아니기 때문이다. 네덜란드에서 진행한 한 연구에서는 성인 대상으로 조사를 실시하고 7년 후 후속 조사를 했더니 대다수의 친구 절반이 다른 사람으로 바뀌어 있었고(물론 기존 친구 일부와 연락을 유지한 사람도 많았지만) 가까웠던 사이가 그대로 유지된 친구는 30%에 불과했다. 미국에서 2021년에 조사했을 때는 가깝게 지내는 친구 수가 1990년에 비해 대폭 줄었다는 결과가 나왔으니 많은 미국인이 좋은 친구를 잃는 상실을 겪었으리라 짐작할 수 있다.

○ ● ○

조이 로크리는 제일 가까웠던 친구와의 관계가 끝났을 때 남들이 자신을 평가한다는 느낌은 받지 않았다. 어떻게 봐도 조이 잘못은 없었으니까. 하지만 그 상실을 애도하는 방식은 평가당하는 기분이었다. 조이의 애도는 여러 해에 걸쳐 전개되었기 때문이다.

퇴근하고 술집에서 다트 게임을 하던 어느 날, 조이의 단짝 해나 프리드리히는 몸에 무슨 문제가 있는지 알아보려고 여러 의사에게 진료를 받고 있다는 얘기를 했다. 몇 년 동안 찾아간 여러 여성 병원 의사들은 유섬유종 증상이라는 진단만 줄 뿐이었다. 둘째 임신 중 생소한 통증을 느낀 해나는 출산 이후로도 통증이 몇 차례 반복되자 연이어 진료를 받았다. 하지만 누구도 지속되는 팽만감과 통증에 이렇다 할 새로운 설명을 내놓지 못했다.

해나가 답을 들은 것은 조이와 술집에서 놀고 며칠 안 되었을 때인 2011년 4월 6일이었다. 꾸역꾸역 병원으로 간 해나는 곧바로 CT 촬영을 받았다. 그리고 일하고 있을 때 앳된 얼굴의 레지던트에게서 결과를 알리는 전화가 걸려왔다. "어쩌면 좋죠? 암이에요. 여기저기 다 퍼졌어요."

서른네 살 해나는 이 상황이 아버지 때와 너무 비슷하단 걸 의식하지 않을 수 없었다. 아버지도 몇 년 동안 몸에 분명 문제가 있다고 의사들에게 말했다. 아버지 몸의 희소 암을 의사들이 발견했을 때는 이미 암이 폐로 전이된 상태였고, 아버지는 그렇게 돌아가셨다. 아버지를 보내고 약 5년이 지나 이번에는 해나가 위암 4기 판정을 받았다. 암은 간과 폐로 퍼진 후였다.

해나는 두려움에 굳은 목소리로 조이에게 전화해 레지던트에게 들은 이야기를 설명했다. 해나의 말에 "세상이 멈춰버렸다"고 조이는 말했다. 해나는 조이의 성인기 생활에서 중심을 이루는 축이었다. 1990년대 후반 미네소타 대학교 모리스 캠퍼스에서 지질학을 전공한 두 사람은 금세 '딱 붙어 다니는 베프'가 되었다. 어느 여름에는 둘이서 대학 소유의 밤색 뷰익을 몰고 미네소타주 소도시를 돌아보며 빙하천과 하안단구 지도를 만들기도 했다. 파티에서 해나와 조이더러 키스 한번 해보라며 둘을 커플 취급하는 남자들은 가볍게 무시해 줬다. 조이가 밀워키로 가서 석사 과정을 밟고, 해나가 유타주에서 자이언 국립공원 순찰대로 근무하며 부업으로 웨딩케이크 사업을 시작한 뒤에도 두 사람은 시간을 내서 얼굴을 봤다. 해나가 미네소타주에 돌아와 있을 때면 조이는 해나와 저녁만 먹을 수 있어도 왕복 열 시간 운전을 마다하지 않았다. 2004년에 해나는 조이와 얼린 보드카를 잔으로 털어 마신 다음 결혼식장에 입장했다. 조이는 해나의 혼인증명서에 증인으로 서명했다. 그날 밤 해나는 불꽃을 터뜨렸고(해나가 제일 좋아하는 축하 방식이다) 웨딩드레스 옆구리와 엉덩이 쪽에는 길게 파란색 얼룩이 졌다. 세탁소에서도 이 자국은 못 지운다고 했다. 조이가 보기에 해나는 모든 일을 모험거리로 만드는 사람이었다.

같은 해에 해나는 조이의 결혼에 증인이 되어주었다. 시간이 지나 조이가 결혼을 잘한 건지 마음이 오락가락하자, 해나는 사랑을 받는 것만으론 충분하지 않다고, 나도 사랑을 '하고 있다'고 느끼는 결혼 생활을 해야 하지 않겠냐고 귀띔했다. 조이는 이후 남편과 이혼했다. 아버지 추도식에서 해나는 아버지에게 쓴 편지의 낭독을 (형제나 다른 가족이 아닌) 조이에게 부탁했다. 장례식은 떠들썩했다. 메이요클리닉* 소속 심리학자였던 해나의 아버지는 많은 존경을 받았던 분이라 동굴처럼 으리으리한 성당이 동료와 친구, 친척으로 붐볐다. 조이는 해나가 손수 쓴 편지를 손에 쥐고 해나의 얼굴에 눈을 고정했다. 낭독을 망칠까 봐 어찌나 무섭던지. 조이의 말이다. "해나의 목소리가 되어주는 거니까, 책임이 막중하게 느껴지더라고요."

2011년, 해나는 블로그에 이런 제목으로 글을 썼다. "병원 레지던트들 해부학 교육 좀 받았으면." 해나를 담당했던 레지던트가 종양 위치를 잘못 짚은 것이었다. 해나의 암은 간까지 전이되지 않았다. 그렇다고 예후가 좋은 건 아니었다. 해나에게 내려진 최종 진단은 난소암 3C기였다.[8]

---

*   미국 미네소타주에 있는 세계 최대 비영리 학술 의료 기관으로, 여러 차례 미국 최고의 병원으로 선정되었다.─옮긴이

복부 수술로 장기를 야금야금 들어내는 것이 치료 첫 단계였다. 양쪽 난소, 나팔관, 포궁, 포궁 경부, 충수, 장 조직층, 그리고 의사가 필요하다고 판단한 곳 전부. 천방지축인 딸을 돌봐야 하는데 몇 주 동안 아무것도 들어 올리지 말라는 곤란한 지시를 받았다. 직접 쓰기로는, "이 19개월짜리 앞에서 난 말 그대로 무방비 상태다."⁹ 해나는 임상 시험에 참여하겠다고 지원하고 실험 약제 화학명의 정확한 발음을 메모했다. "베, 바, 시, 주, 맙."* 화학명 발음을 익히는 게 좋다고 한 연구간호사에게 잘 보이고 싶었다.

해나의 치료가 시작되자 조이의 달력은 친구와 관련된 활동과 볼일로 빽빽하게 들어찼다. 해나의 남편과 어머니가 병원에 있느라 짬을 못 내면 조이가 어린이집에서 아이들을 데려와 저녁 동안 만들기 놀이를 해줬다. '해나 짱짱돌'이란 문구를 넣은 청록색 실리콘 팔찌도 주문했다. 지질학자인 두 사람은 '짱짱돌!'**이란 말을 칭찬으로 썼다. 조이는 미네소타주 난소암연합에서 주최하는 걷기·달리기 모금 행사에 참여할 팀을 꾸렸다. 해나는 어떻게든 최다 인원 팀을 만들려고 했다. 사람이 제일 많은 팀에 상으로 주어지는 배너가 탐나서였다. 친구와 가족 일흔다섯 명이 '해나 짱짱돌' 티셔츠를 맞춰 입고 단체로 청록색 페이스 페인팅을 한 덕에 해나는 사람 키만 한 세로 배너를 탔

---

* 베바시주맙은 아바스틴이라는 상표명으로도 불리는 약제로, 난소암을 비롯한 여러 암 치료에 사용된다. ─ 옮긴이
** 암석이란 뜻의 rock은 멋지다는 의미로도 쓰인다. ─ 옮긴이

다. 해나와 같이 미네소타주 자연자원부에 근무하는 조이는 동료들의 행동을 단속했다. 해나가 치료받는 동안 동료들은 해나가 부르지도 않았는데 집에 불쑥불쑥 나타났다. 나중에는 임신부 배를 공공재 취급하는 것처럼 항암화학요법 치료 후 다시 곱슬곱슬하게 자라난 해나의 머리카락을 만져보려 했다. 조이는 친구를 지켜주고 싶었다.

해나가 암 진단을 받고 얼마 되지 않았을 때 조카의 생일 케이크를 굽던 조이는 같이 일하는 사람들이 해나를 너무 함부로 대한다며 자매들에게 하소연했다. 큰언니는 조이더러 진정하라고 했다. 이게 얼마나 속상한 일인지 언니는 이해하지 못하는 것 같았다. 그냥 친구가 고약한 병 때문에 몸에 칼을 대고 항암제를 들이붓는 치료를 받는다고만 해도 나쁜 소식이다. 그런데 해나가 어디 보통 친구인가. 해나는 '조이의 사람'이었다.

다섯 달쯤 지난 2011년 9월, 해나는 깨끗한 CT 촬영 결과를 확인했다. 난소암 흔적이 없었다. 항암 주사를 마지막으로 맞는 날 해나는 병원에서 승리의 표시로 주먹을 치켜들었다. 해나가 쓴 글이다. "암 진단을 받은 뒤로 두려움은 줄곧 갑갑한 이불처럼 내 숨을 막았다. 매분 매초 병과 관련된 생각을 하지 않을 수 없었다. 얼마나 기가 빨리던지. 하고 싶은 일이 이렇게 많은데 이 망할 놈의 암에 시간을 더 뺏길 순 없다."[10]

암 완치 판정을 받고 1년 반쯤 지났을 때인 2013년 밸런타인데이에 해나의 아들은 손수 만든 카드를 엄마에게 선물했다. "엄마, 사랑해요. 엄마가 평범하게 돌아와서 너무 기뻐요."[11]

해나의 글이다. "그 말에 가슴이 미어졌다. 나부터도 다시 평범하게 살기를 너무너무 바랐다." 암이 재발했다는 소식을 막 들은 참이었다. 부정과 분노와 슬픔이 뭉뚱그려져 흐릿했다. 담당 종양외과 의사가 재수술을 하지 않으려 하자 해나는 그 의사를 떠나 다른 의사를 찾아다녔다. 메이요클리닉으로 병원을 옮겨 두 번째 수술과 추가 항암화학요법을 받았다. 다섯 달쯤 지나 해나는 종양외과 의사에게서 오매불망 기다리던 말을 들었다. 그러고 썼다. "NED란다!!!! 질병 증거 없음No Evidence of Disease!!!!! 마음이 편안하단 말로도 부족하다." 하지만 암은 세 번째로 돌아왔다. 메이요클리닉의 담당 종양외과 의사는 해나를 계속 진료했지만 그 역시도 이내 다른 방법이 없겠다고 통보해 왔다. 해나는 생각했다. '방법이 없긴 왜 없어.' 해나는 항암화학요법 전문에 난소암으로 죽을 고비까지 간 환자도 치료해 내기로 유명한 뉴욕 브롱크스의 의사를 찾아냈다.

2015년, 해나와 조이는 비행기로 뉴욕에 도착했다. 브롱크스까지 가는 택시에서 기사가 속도를 내고 핸들을 꺾어댈 때는 막무가내 운전에 달리 반응할 도리가 없어 그저 웃었다. 다음 날 오전에 찾아간 종양외과 의사는 자기 병원에서 치료하면 차도가 있을 거라며 희망적인 태도를 보였고, 맨해튼에 있는 의사에게 간 스텐트 삽입술을 받도록 일정을 잡아줬다. 조이는 맨해튼에서 피부가 누렇게 뜬 해나를 응급실로 데려갔다. 응급실에 입원하면 치료비는 보험으로 처리될 것이었다. 해나에게는 스텐트가 여러 개 삽입되었고, 두 사람은 이걸 '스텐트 텐트'라 불렀다. 둘이서 각종 치료 항목과 의사들에게 붙여준 별칭은 이것 말고도 여럿이었다.

한 재단이 브롱크스에서 받는 치료 비용을 지원해 주었기에 해나는 2주에 한 번씩 비행기로 뉴욕에 갔다. 블로그에서는 휴가를 기부해 준 동료들에게 누차 감사를 표했다. 덕분에 직장과 직장 건강보험을 유지할 수 있었다. 조이를 비롯한 해나 친구들은 해나의 병원비를 마련하고자 점심으로 스파게티를 대접하는 모금 행사를 준비했다. 해나 일이라면 돈은 아무래도 좋았다. 조이는 해나의 치료를 지원하기 위해 줄 수 있는 건 다 내놓았다.

조이는 해나가 뉴욕에 갈 때 자주 동행했다. 병원 병실에는 접이식 침대도 보조 침대도 없어, 몸에 피가 잘 안 통하는 철제 팔걸이 의자에서 잤다. 혹시라도 쫓겨날까 봐 병원 직원들에게는 자기를 해나 와이프라고 소개했다. 조이와 해나는 혈연도 혼인 관계도 아니었다. 중요한 관계의 유형을 정해놓은 공식 분류에서 둘의 우정이 빠지는 건 이때뿐만이 아니었다.

이 무렵 해나의 블로그에서는 자조적인 농담("나 정도면 심슨 가족에서도 받아줄 듯. 완전 노래!")과 남발한 느낌표를 찾아보기 힘들어졌다. 의학 용어와 최근에 받은 검사 수치 기록만이 남았다. 회진 도는 의사처럼 자기 삶을 진료 기록으로만 축소한 모습이었다. 해나는 가망 있어 보이는 약의 임상 시험을 찾으면 국내든 국외든 닥치는 대로 지원해 조이를 두렵게 했다. 조이가 이해하기로는 암세포를 죽이겠다고 해나의 혈액을 고온에서 조리하는 격인 시험도 있었다. 알고 보니 해나의 건강 상태는 그 시험에 참여할 수 있을 정도도 못 되었다.

　누적된 항암화학요법의 영향으로 해나는 소모되어 갔다. "손가락과 발가락에 감각이 없어진다. 누가 뇌를 푹 절여놓은 것 같다. 치아랑 잇몸은 여든 살 할머니 같다. 피부는 민감하고 건조하다." 사람들 소리를 들을라치면 "귀마개를 끼고 있는 것처럼" 들렸다. 그래도 제일 좋아하는 밴드인 레드핫칠리페퍼스의 공연장 7열에서는 마음껏 노래를 따라 불렀다. 조이가 해나의 마흔 살 생일 기념으로 표를 샀다. 서른 살 생일 때 그랬던 것처럼. 해나는 몇 곡에 한 번씩은 화장실에 가거나 물을 마셔야 했지만 조이에게는 공연을 놓치는 게 아깝다며 따라 나오지 말라고 했다. 조이는 자리를 비운 해나를 걱정하기 바빠 노래에 완전히 집중할 수가 없었다.

　다음 달에 조이는 해나와 마이애미 여행을 떠났다. 우연히 들어간 보트 대여점에서 직원이 추가 요금을 내고 조종사를 쓰겠냐고 묻자 해나가 당당히 말했다. "우린 미네소타 사람이라 배에서 살다시피 하거든요? 우리끼리도 문제없어요!"* 사실 둘 다 그 대여소에 있는 보트를 타본 적이 없었다. 그래도 바람결에 치마를 휘날리며 조종석에 앉은 해나가 어찌어찌 방법을 찾아 배는 바다로 나가는 데 성공했다.

　2017년 3월에 두 사람은 다시 뉴욕으로 갔다. 조이는 전과 같은 응급실로 스텐트 텐트를 하나 더 처러 가는 해나의 휠체어를

---

* 미네소타주는 '1만 호수의 땅'이라는 별칭이 있을 만큼 호수가 많아 배를 소유한 사람도 많다.─옮긴이

밀었다. 둘은 다음 며칠 동안 관광객처럼 신나게 뉴욕을 누볐다. 해나는 조이가 부디 재미있게 지내길 바랐다. 맨해튼 호텔에서 빌린 휠체어에 발 놓을 곳이 없자 조이는 북적이는 도로를 뚫고 접근 제한 테이프를 구해 와서 휠체어 아래에 붙여 발 받침대를 만들었다. 두 사람은 호텔 객실에서 각자 더블 침대에 누워 이런저런 요리 프로그램을 보며 시간을 보냈다. 한 방송에서는 조이가 좋아하는 셰프 릭 베일리스가 멕시코식 고추초콜릿케이크를 만들었다. 요리법에 마음이 동한 해나는 다음에 저 케이크를 꼭 같이 만들어보자고 말했다.

 조이의 삶은 분할화면으로 펼쳐졌다. 한쪽에서는 해나의 몸이 안 좋은 와중에도 함께 재미를 누렸고, 다른 한쪽에서는 해나가 옆에 없을 때면 평정이 깨져버렸다. 처음 뉴욕에 왔을 때 조이는 가슴이 부풀고 꺼지는 해나를 지켜보느라 이틀 밤을 연달아 지새웠다. 행여 해나가 어머니와 아이들과 떨어져 있을 때 세상을 떠날까 봐 걱정이었다. 이번 여행에서는 해나의 처방 약을 타러 혼자 브롱크스의 길모퉁이 약국에 갔다가 약사와 실랑이를 벌였다. 약사가 자꾸 조이가 다른 주 주민이라고 문제 삼아서였다. 내성적인 공붓벌레 인상인 조이도 그때만큼은 약사에게 벌컥 성을 내며 따졌다. 지금 해나 상태가 이렇다고, 그러니까 약을 내주는 데 필요한 사람이 있으면 누구든 연락해 주든가 아니면 약을 받을 수 있는 곳을 알려달라고. 처방 약을 기다리는 동안 조이는 지금껏 가본 약국 중 제일 코딱지만 한 약국의 철제 의자에 앉아 울었다. 해나의 죽음을 피할 수 없단 사실이, 온갖 약물과 간 수치와 부작용이 고통스럽게 덮쳐왔다. 더는 평정을 유지할 수 없었다.

조이는 마지막을 예감했지만, 해나는 자신이 죽어간다고 인정하지도, 조이 앞에서 죽음 얘기를 꺼내지도, 연명의료거부동의서에 서명하지도 않았다. 얼마 전에는 쏠쏠하게 쓰겠다며 수목원 연간 이용권을 사놓았다. 해나의 반응이 그렇게 별난 것도 아니었음을 조이는 나중에 이해했다. 조이의 아버지 역시 죽음을 앞두고 있단 사실을 끝까지 받아들이지 않았다. 그렇다 해도 마지막을 준비하지 않으려 드는 해나의 태도가 조이는 무서웠다. 해나는 유서를 쓰지 않았고, 다가오는 죽음에 대해 아이들과도 이야기하지 않았다. 조이는 생각했다. '어쩌면 좋아, 해나 상태가 좋아졌을 때 이런 걸 억지로라도 시켰어야 했는데.' 해나 본인도 해나의 남편도 아니지만, 해나의 결정에 자기 책임이 있는 것만 같았다.

조이는 해나와 병원에 있느라 직장에 여러 주 휴가를 냈으나 해나와 혈연이나 결혼, 입양으로 맺어진 관계가 아니었으므로 가족의료휴가법에 따른 휴가 보장 대상이 아니었다.[*] 조이는 대신 개인 휴가를 썼다. 그나마 휴가 일수라도 넉넉한 직장이니 운이 좋은 편이라 생각하면서.

조이는 자율성을 지키려는 해나의 바람을 존중하고 싶은 마

---

[*] 미국 연방 가족의료휴가법에 따르면 고용주는 피고용인 본인 혹은 가족에게 건강 문제가 생겼을 때 연간 최대 12주의 무급 병가를 제공해야 한다. ― 옮긴이

음과 자신들을 노려보는 현실을 똑바로 마주해야 한다는 마음 사이에서 끝까지 갈등했다. 난소암 진단 6년 만에 해나는 호스피스 병동에 들어갔다. 입원에 동의한 건 프레임을 조절해 편안한 자세로 잘 수 있는 병원 침대를 쓰고 싶은데 보험으로 그 비용을 처리하려면 호스피스 의료를 받는 방법밖에 없었기 때문이었다. 환자에게 남은 시간 동안 삶의 질을 향상하는 데 중점을 둔 기관인 호스피스에서도 해나는 의료진에게 새로운 치료를 시도해 달라고 요청했다.

지난 몇 달 동안 해나가 지냈던 엄마 집은 각종 의료용품이 널린 미로가 되어 있었다. 호스피스 간호사는 조이와 해나, 해나 어머니를 작은 식탁에 불러 모았다. 간호사는 '마지막'이 다가왔다는 현실을 해나가 받아들여야 한다고 힘주어 말했다. 해나는 급식관을 요청했지만 상태가 너무 나쁘다며 받지 못했다. 애초에 호스피스는 치료를 받는 곳도 아니었다. 해나 옆에 앉은 조이는 급식관을 쓸 방법이 없을지 꼭 알아봐 달라고 간호사에게 간곡히 부탁했다. 다 같이 이야기하기 전에 간호사와 몇 분이라도 따로 이야기하며 해나 사정을 알려줬으면 좋았겠다 싶었다. 해나가 언제 죽어도 이상하지 않을 상태인 건 알지만, 해나는 아이들을 위해 어떻게든 살아보려 애쓰고 있다고. 해나가 지금도 다른 치료를 물색하는 건 그게 6년도 넘게 해온 일이기 때문이라고. 이런 속사정을 전혀 모르는 간호사는 조이가 현실을 부정한다고 생각하는 듯했다.

이야기를 마친 간호사는 해나 어머니와 조이를 집 밖 복도로 불러 말했다. "환자분 병세가 얼마나 심각한지 아시는 거 맞죠? 며칠 안 남았을지도 몰라요." 물론 알다마다.

"해나의 믿음을 저버리는 기분이었어요. 해나가 무슨 치료를 받든 응원하는 게 고작이었으니까요. 해나의 죽음이 코앞까지 닥쳤고 그걸 막을 현실적인 방법이 남지 않았다고 내가 생각하는 걸 해나는 몰랐으면 했어요." 죽음을 앞두었다고 인정하도록 해나를 설득하는 게 자신의 역할은 아니라고 조이는 생각했다.

이틀 뒤 해나는 액체 모르핀만 넘기려 해도 구역질을 하고 속을 게웠다. 해나의 어머니는 어떻게 해야 할지 몰라 조이에게 전화했다. 둘은 119를 불러 해나를 병원에 데려가기로 했다. 구급차가 요란한 경보를 울리고 도로를 폐쇄하며 해나가 있는 곳에 도착한 뒤 조이는 차를 몰아 부모님 집으로 갔다. 마침 아버지날이었던 것이다. 본가 마당의 야외 테이블에 앉아 조이는 엉엉 울었다. 해나가 처음 암을 진단받았을 때와는 달리 이번에는 누구도 무겁게 내려앉은 조이의 기분을 애써 띄우려 하지 않았다.

다음 날인 2017년 6월 19일, 해나의 어머니가 조이에게 전화해 호스피스로 와달라고 했다. 해나의 남편이 연명의료거부동의서에 서명할 참이었다. 조이는 근무를 중단하고 해나의 어머니와 남편, 자녀, 형제, 몇몇 가까운 친구가 모인 자리로 갔다. 마지막으로 다들 해나를 안아줬다. 그날은 해나 아들의 열한 살 생일이기도 했다. 아이에게 줄 선물을 사뒀던 해나의 한 소꿉친구와 조이는 일이 가혹하게 겹친 와중에도 생일을 축하해 주려 애썼다. 그날 밤 조이는 술과 함께 잠들었다.

추도식은 해나가 가려던 수목원에서 몇 주 뒤에 치르는 것으로 정해졌고 조이는 그 준비를 도왔다. 추도식 일을 이것저것 처리하려고 해나 어머니 집에 들르니 해나 어머니가 초콜릿을 두 상자 건넸다. 뉴욕 호텔에 묵을 때 요리 프로그램에서 본 고추초콜릿케이크를 조이랑 같이 만들려고 해나가 멕시코에서 주문해 둔 초콜릿이었다.

조이는 차마 추도사를 할 수 없었다. 울지 않고 말할 수 없을 것 같았다. 대신 레드핫칠리페퍼스의 〈아더사이드Otherside〉를 선곡하는 것으로 마음을 표현했다. 죽음 이후 다른 세계로 넘어가는 일을 이야기하는 내용이었다. 싱글로 발매되었을 때 조이와 해나가 닳도록 들은 노래였는데, 그 노래가 이제 추도식에서 흘러나오고 있었다.

조이는 상조 휴가 신청 자격이 되지 않아 해나가 세상을 떠나고 사흘 만에 직장에 복귀했다. 이번에도 해나는 공식 기준에 따르면 조이의 친척이 아니라는 이유였다. 얼굴 한번 본 적 없는 아버지 형제의 장례식에 참석하려고는 일을 빠질 수 있는데 해나의 죽음을 애도할 시간은 낼 수 없다는 것이 조이에게는 부당할 따름이었다.

가족 돌봄 휴가와 상조 휴가부터 병실에 들어가도 되는 사람을 정하는 병원 규칙에 이르기까지, 조이가 맞닥뜨린 수칙들은 애도의 위계를 반영하고 강화한다. 최고층 펜트하우스에는 권리를 부여받은 애도가 자리한다. 아무리 잘 풀리던 인생이라도 배우자나 부모, 자녀를 잃는 경험으로 무너질 수 있다는 건 대부분이 이해한다. 저 아래 지하실에는 애도 전문가 케네스 도카Kenneth Doka가 '박탈된 애도disenfranchised grief'[12]라 이름 붙인 것이 있다. 사람들이 공개적으로 인정하고 슬퍼하고 지지하지 않는, 혹은 그럴 수 없는 애도다. 도카가 이 개념에 이른 것은 1980년대에 애도를 주제로 강의하면서였다. 배우자와 안 좋게 이혼한 어느 학생이 수업에서 이렇게 발표했다. "배우자가 죽는 게 힘든 일이라 생각하신다면, 헤어진 배우자가 죽었을 때 어떤지 보셔야 해요." 학생이 남편과 갈라서지 않았더라면 달랐을 텐데, 이 학생의 곁에는 위로를 건네는 사람들이 모이지 않았다. 하지만 이 학생은 전남편의 죽음을 상실로 경험했다. 여러 갈래의 길이 박탈된 애도로 이어진다. 우선 인정받지 못하는 관계일 때 그렇게 된다. 가령 상실된 관계가 고용주나 정부가 보기에는 돌봄이나 유가족 편의를 제공할 만한 관계가 아닌 경우다. 모호한 상실 또한 애도할 권리가 박탈되는 원인이다.[13]

공인된 슬픔이라면 슬퍼하는 사람의 주변인들도 무엇을 해야 할지 안다. 꽃을 보내고, 시바* 기간에 자리를 지키고, 식사를 챙겨주면 된다. 가족이나 사랑하는 사람이 친구를 떠나보냈을 때는 힘이 되어주고 싶어도 참고할 지침이 없다. "어디 '친구가 세상을 떠나서 정말 힘들겠다'라 적힌 카드를 찾아보시라."라고 도카는 말한다. 『큰 우정』의 저자 프리드먼과 소 역시 비슷한 과제를 내준다. "상사에게 전화해 친구랑 절교해서 너무 힘드니 마

---

* 유대교 전통 장례 문화로 장례식 이후 7일간 망자를 애도한다. ─옮긴이

음 좀 추스르게 하루만 쉬겠다고 말해보라."[14] 애도하는 사람은 지지받지 못할 때 한층 더 괴로워진다. 박탈된 애도는 복합성 애도complicated grief,[15] 오래 지속되고 정도도 극심해 사람을 무력하게 만드는 형태의 애도로 이어질 수 있는 위험 인자다.

조이는 애도란 상자 안에서 굴러다니는 공과 비슷하다는 말을 들은 적이 있었다. 처음에는 커다란 공이 상자 옆면에 세게 부딪힌다. 시간이 갈수록 공은 점점 작아져 전처럼 자주 옆면을 때리지 않게 된다. 그래도 부딪히면 여전히 아프다. 해나로 인해 느끼는 슬픔이 정상이라고 말해주는 이런 비유가 있어 조이는 자신이 이상하지 않다고 생각할 수 있었지만, 주변 사람들은 친구가 죽고 한참이 지나서까지도 공이 그렇게 부딪히는 건, 부딪혔을 때 고통이 그렇게 지독한 건 뜻밖이라고 생각하는 듯했다. 스스로는 자신의 슬픔이 "한도 이상"이라고 보지 않았어도 "다른 사람들은 그냥 '징하다, 아직도 못 벗어났구나. 언제까지 저 얘기인지.'라 생각한다는 느낌이 들었다"고 조이는 말했다. 친구들과 가족들이 겉으로는 조이를 걱정하는 듯했지만 말 속에 이만 슬픔을 놓아주라는 속뜻이 있는 것으로 들렸다. 네가 이렇게 속상해하는 건 해나도 바라지 않을 거라고 했으니. 사람들은 자신이 해나를 애도한 방식을 조이의 방식과 비교하기도 했다. 자기들은 행복했던 감정에 집중했는데 조이 너는 왜 그렇게 슬퍼하냐고 물었다.

"내 사람이 떠났으니까 슬픈 거죠." 말하는 조이의 얼굴이 붉어졌다. "나를 무조건 사랑해 주기로 한 사람이 이 세상에서 없어진걸요. 남은 평생 그런 사람을 다시 만날 수 있을 것 같지도 않고요." 조이는 청록색 안경의 렌즈 아래를 휴지로 훔쳤다. "해나가 없는데 세상이 그대로 돌아간다는 게 믿기지 않아요."

조이는 해나의 자리가 비고 나서야 그 우정이 자신에게 어떤 의미였는지 알았다. 해나가 죽은 뒤에 조이는 두 사람이 나눈 우정이 얼마나 드물고 귀한 것인지 이해했다. "누리고 있을 때도 특별하단 건 알았지만, 얼마나 특별한지는 해나가 다른 세상으로 떠나기 전까지 몰랐어요."

여기에 박탈된 애도의 어두운 아이러니가 있다. 조이가 겪는 슬픔의 깊이는 그 우정이 얼마나 중요했는지를 보여주는 강력한 증거가 되어야 맞다. 조니 미첼의 명곡 가사처럼, 내가 뭘 누렸는지는 그게 사라진 뒤에야 알게 되니까.* 하지만 조이는 애도해도 인정받지 못했다. 회사와 정부 정책으로도 그랬고 제일 가까운 사람들에게도 그랬다.

조이처럼 친구를 잃은 사람에게 지지를 보내려 해도 이해가 부족하면 더한 괴로움을 유발할 수 있다. 단짝이 자살로 생을 마감한 니콜 손더먼은 ('마누라'라 불렀던) 친구가 자신에게 얼마나 큰 의미였는지를 이해받지 못해 소외감을 느꼈다. 사람들은 자기 고등학교 동창 중에도 누가 세상을 떠났더라는 얘기를 꺼냈다. 니콜이 겪는 상실이 먼 지인의 죽음을 접하는 일과 같다

---

* 캐나다 싱어송라이터 조니 미첼의 노래 〈Big Yellow Taxi〉의 가사. — 옮긴이

는 듯이.

조이에게 돌아온 반응 일부에는 서구에 더 일반적으로 퍼져 있는 태도, 사망자가 누구든 애도를 조급하게 대하는 태도가 나타난다. 심리학자들이 기술하는 애도 과정의 전형은 조이가 경험한 것과 같다. 슬픔이 진자가 오가듯 나를 때리는데 그 간격은 시간이 지날수록 벌어지지만 한번 날아오면 어쨌거나 충격을 준다.[16] 심리학자들은 상실을 대하는 건강한 반응이 병적이라고 치부될 때가 많다고도 말한다. '종결'과 극복 같은 표현은 애도에도 언젠가 마침표가 찍힌다는 메시지를 전한다.[17] 철학자 주디스 버틀러Judith Butler는 애도를 이야기하는 방식이 엉뚱하게 전용한 프로테스탄트 노동 윤리와 비슷하다고 했다.[18] 버틀러에 따르면 "난 이 과제에 전념하겠어. 내 앞에 놓인 슬픔을 해소해 내기까지 힘껏 노력해야지."라 생각한다고 애도가 해결되지는 않는다. 슬픔은 안고 사는 것이지 끝맺는 일이 아니다.

조이가 다른 생각을 하고 지내길 바라는 사람도 있겠지만, 조이 본인은 그럴 마음이 없다. "놓아주면 안 될 것 같아요. 그러면 해나를 놓아버리는 게 되니까요. 난 하루도 빠짐없이 해나를 생각하고 싶어요. 매일매일 해나를 추모하고 매일매일 개를 기리고 싶어요." 나와 얘기할 때 조이는 미네소타주 난소암연합의 걷기 모금 행사 때 만든 '해나 짱짱돌' 티셔츠와 '해나 짱짱돌' 실리콘 팔찌를 걸치고 있었다. 레드핫칠리페퍼스의 〈다크 너세시티스Dark Necessities〉가 흘러나오면 조이는 "그냥 눈을 감는다"고 했다. "그러면 해나와 같이 7열에 있었던 그 공연장으로 돌아가죠.

함박웃음을 짓고 환호하면서 신나게 즐기던 그곳으로요."

한동안은 조이도 해나를 추모하거나 애도할 경황이 없었다. 해나의 추도식을 마친 지 몇 주 만에 자기 유방에서 암이 발견된 것이었다. 암 치료는 조이 인생에서 여섯 달을 잡아먹었다. 그랬어도 "암에 있어서는 복권에 당첨된 기분"이었다고 조이는 말했다. 자기는 수술과 방사선요법만 받으면 됐지 항암화학요법까지 받지 않아도 됐으니까. 유방암 기금으로는 그렇게 많은 돈이 모이는데 더 치명적인 난소암 같은 병에는 관심이 한참 부족하다며 해나가 얼마나 치를 떨었는지 조이는 알았다. 조이는 자기만 살아남았다는 죄책감에 시달렸다.

조이가 치료받는 동안 해나와도 친했던 대학 친구 한 명이 방사선요법 후의 열감을 완화해 준다는 비누를 선물로 보내왔다. 같이 온 카드에는 이렇게 적혀 있었다. "네가 제일 보고 싶어 할 사람이 곁에 없네. 지금처럼 힘든 시기엔 특히 더 보고 싶을 텐데." 이 말 덕분에 조이는 그나마 자신이 겪은 상실의 무게를 누군가는 이해해 준다고 느꼈다.

해나의 1주기가 돌아왔을 때, 자신의 항암 치료를 마친 조이는 비로소 애도할 수 있었다. 해나가 멕시코에서 주문한 초콜릿으로, 해나가 끝내 만들지 못한 멕시코식 고추초콜릿케이크를 만들었다. 조이는 이걸 연례행사로 정해 매년 해나의 기일이 돌아올 때마다 이 케이크를 구웠다.

둘 사이에만 통하는 구체성이 있어서 이 행사가 뜻깊어지는 것은 사실이다. 하지만 조이가 우정을 기념할 통용되는 행위를,

다른 사람들도 충분히 이해하고 지지할 수 있는 기념 행위를 찾고자 했다면 쉽지 않았을 것이다. 주요 종교의 애도 과정에 포함된 핵심 의례들에는 친구를 위한 자리가 없다. 애도 전문가 도카는 루터회 목사이기도 한데 친구를 애도하는 기독교 의례를 하나도 떠올리지 못했다. 유대인들이 치르는 카디시는 자녀, 부모, 배우자, 형제자매의 죽음을 기리는 의례다. 힌두교에서 남성 자손이 집행하는 슈라다 의식은 특정 혈족을 위한 것이다.[19] 조이는 상실을 스스로 감당해야 했고, 회복 의례 역시 스스로 만들어내야 했다.

○ ● ○

M과의 우정이 초창기처럼 돌아가기를 간절히 바랐던 내가 현실을 선명하게 보지 못했단 사실을 이제는 안다. 팬데믹 때 M의 인생에서 각종 경보가 발동했고 그 경보에 대응하는 게 우리 우정보다 시급했음을 몰라줬다. M은 원격 근무가 적합하지 않은 직종에서 일하느라 고생했다. 규칙적인 일상을 사랑하는 사람이 몇 개월에 한 번씩 다른 주로 옮겨 다녔다. 면역 기능이 저하된 가족을 걱정했다. 멀리 살게 되고 일부러 연락을 자제한 바람에 나는 M이 팬데믹 시기의 일상생활이라는 허술한 집을 무너지지 않게 유지하느라 애쓰고 있단 사실을 제대로 알아주지 못했다. M의 삶에서 우정 관계 대비 로맨틱 관계가 차지하는 비중을 내가 어떻게 생각했든, M의 당시 파트너는 그 불안정한

시기에 M에게 즐거움과 안정감을 선사했다.

　M의 내면에서 어떤 일이 벌어지고 있는지 내가 더 분명히 이해한 건 M이 이 책의 초고를 보고 반응을 들려준 이후였다. 내가 M이라는 사람의 근본적인 무언가를 간과했다는 점을 그제야 깨달았다. 우리 우정에 전환기가 펼쳐진 건 그래서였다. 나는 M을 단도직입적으로 의사를 표현하고 원하는 일에 두려움 없이 뛰어드는 사람으로 봤고 그런 자질에 감탄했었다.

　우리가 우정을 쌓기 시작한 초창기에 M은 함께 갈등을 다루는 연습을 하는 게 좋겠다고, 한 번도 아니고 여러 번 말했었다. 그래야 언젠가는 생기고 말 다툼에 대처할 준비가 될 거라면서. M이 갈등을 불편해하는 성격이고, 갈등을 다루는 연습을 하자는 말이나 사회적 관습에 기꺼이 맞서던 모습이 오히려 예외적인 면이라는 사실을 나는 몰랐다. M은 다른 사람의 감정을 섬세하고 민감하게 느낀다. 이런 성향이 깔려 있기에 그렇게 공감을 잘하고, 다른 사람 기분이 상하겠다 싶으면 자기 의견을 말하길 어려워한다. M이 가까웠던 우리 사이를 때때로 그리워했지만, 우리가 플라토닉 파트너에서 친구 사이가 되자 그제야 다른 의미 있는 관계를 맺을 여유가 생겼다는 것만 봐도 그렇다. 내가 그토록 잘 안다고 생각한 사람에 대해 모르고 지나간 부분이 얼마나 많은지 깨닫자, 좋게 말해 겸허해지는 기분이었다.

　M이 대학원에 다니고 팬데믹을 거치는 동안 어떤 일이 있었는지 분명히 얘기해 주기 전부터 나는 우리가 서로의 삶에서 맡는 역할이 달라졌다는 생각을, 또 그런 변화가 전부 내리막길인

건 아니라는 생각을 받아들이려 노력했다. 우리는 일에서 접점이 늘어 업무 관련 조언을 주고받을 때 더욱 필요한 존재가 되었다. M이 먼저 겪은 인생의 중대 변화를 내가 헤쳐나가고 있을 때는 줄기차게 음성 메모를 주고받던 가락으로 되돌아갔다. 삶에서 일어나고 있는 일에 따라 우리 우정의 강도가 바뀔 수 있음을 실감한 계기였다. 우리는 무심결에 멕존 바커Meg-John Barker의 제안대로, 관계 단절 모델breakup model of relationships에서 멀어지고 있었다. 바커가 저서 《규칙 새로 쓰기: 자기 계발서와 반대로 가는 사랑, 섹스, 관계 지침서Rewriting the Rules: An Anti Self-Help Guide to Love, Sex and Relationships》에서 설명하기로, 관계에 명확한 끝이 있다는 생각을 버리면 "(동거인, 성관계 상대, 위기 시 지원군 같은) 여러 측면 가운데 다른 부분은 그대로 두고 한 가지 측면만 바꾸는 것이 가능해진다. 효과가 없어진 면은 무엇인가? 여전히 효과가 있는 면은 무엇인가?"[20] 전원 스위치를 켜고 끄듯 작동하는(상대에게 일등으로 중요한 사람이거나, 그 사람의 삶에서 아예 자취를 감추든가 둘 중 하나인) 많은 로맨틱 관계와 달리 우정은 간단히 조절할 수 있는 조명 다이얼에 가깝다.

아니면 재료를 더하고 섞을 수 있는 콜라주일지도. M과 나는 헬렌이라는 여자와 친해졌고, 시간이 지나면서 함께 끈끈한 삼자 우정을 다졌다. 사람이 셋이니, 헬렌의 임신을 축하하려고 사온 은색 장식 끈을 걸다가 나도 모르게 처진 가슴 모양을 만들었을 때 방을 채우는 웃음소리도 더 컸다. 우리는 그 장식 앞에서 사진을 찍었다. 사진 속 헬렌은 임신 7개월 차의 배 위로 장난스레 가슴을 들어 올리고 있고, M과 나는 양쪽에서 헬렌을 껴안고 있다. 이게 지금 내 핸드폰 배경화면이다. 몇 주 뒤 기분이 너무 가라앉은 M이 혼자 기운을 차리지 못하고 있을 때, 헬렌은 나를 태우고 M이 사는 곳으로 한 시간 반을 운전해 올라가 이 장식을 다시 써먹었다. 끈으로 은색 동그라미들이 드리워진 M네 거실의 노출 벽돌 벽에는 우리 우정을 기록한 사진들이 붙어 있었다. M과 처음 쌓았던 우정이 내가 앞서 경험한 모든 것과 달랐듯, 이 삼자 우정 역시 나 스스로는 바라는 줄도 몰랐던 관계였다.

 우리 우정의 초창기에 덜 집착하게 되면서 나는 M과의 우정이 내게 등대와 같았다는 사실을 깨달았다. 친해지려고 노력해야 할 친구를 비춰주는 등대. 이 등대의 빛은 시걸을 향했다. 괴짜 덕후 같은 모습에 웃음을 빵 터뜨리게 되는 친구로, 자기 파트너랑 이끼를 주제로 쓴 노래를 불러줬을 때가 그랬다. 등대의 빛은 킴도 비췄다. 킴은 차에서 나보다 한 줄 앞에 앉아 있다가 애정을 표현하고 싶단 이유 하나만으로 대뜸 뒤로 팔을 뻗어 내 손을 잡아준, 그 활기를 여기저기 전파하는 친구였다.

 가능만 했다면 일주일에 대여섯 번씩 M을 보는 생활로 기다렸다는 듯 돌아갔겠지만, 나는 우리 우정의 초반 두어 해를 되살리려 목매는 대신 그 시기를 음미할 만한 과거의 한때로 보게 되었다. 휴가의 추억을 고이 간직하면서도 몇 년 후 같은 장소로 돌아갔을 때 변한 게 없기를 기대하지 않듯이. M을 이야기할 때 '지나간 인연'이라는 표현은 절대 쓰지 않겠지만, 지나간 인연들에 대한 바커의 견해에는 내 경험과 겹치는 부분이 있었다. "친밀성의 정점을 찍어본 사람들 …… 미워하거나 과거의 존재로 강등하기보다 인생에서 더없이 소중하고 귀했던 관계로 생각할 수도 있지 않을까."[21] 소중하고 귀하다는 말은 내가 생각하는 M과의 우정을 정확히 표현한다. 알고 지낸 초반 두어 해 동안 M은 플라토닉 관계에 대한 내 이해를 새롭게 빚고 내가 어떤 사람이 될 수 있는지를 더 폭넓게 생각하게 해줬다.

M과 있으면 내가 어떤 내 모습을 제일 좋아하는지 새롭게 알게 된다. 뮤지컬 노래에 푹 빠진 걸 부끄럽게 생각하지 않는 사람, 발에 스프링이라도 단 듯 공간을 누비는 활력 넘치는 사람. 지난번 M네 집에 묵었을 때 M은 사랑하는 사람이 자기에게 어떤 일을 숨긴 적이 있다고 말했다. 대화는 알아야 할 일을 알리지 않는 것의 윤리적 문제에 관한 얘기로 흘러갔다. 그게 언제 해가 되고, 언제 신경 써준 행위가 되는지. 그러다 내가 화장실에 간다고 잠시 대화가 끊겼다. 자리로 돌아오니 M은 정치 이론 논문 PDF 파일을 스크롤하며 이와 관련해서 내게 알려주고 싶은 사고 실험을 찾고 있었다. 식탁에 앉아, 나는 M이 실제 대인관계와 이론 사이를 오가는 사람이라 너무 좋다고 말했다. 이 조합 덕분에 M과 나누는 모든 대화가 흥미로웠다. M은 나 역시 그런 사람이라 너무 좋다고 답했다.

M과 시간을 보내면 여전히 달콤하면서도 씁쓸한 감정이 흘러든다. 따뜻하게 덥힌 방에 난데없이 들이치는 찬바람처럼. M을 집에 데려다준다고 같이 걸어가던 어느 밤이었다. 패딩을 입

은 서로의 허리에 팔을 두르고 있으니 이런저런 생각으로 함께 탑을 쌓으며 중간중간 웃음을 끼워 넣던 익숙한 상태로 돌아와 있었다. 우리 우정의 초창기를 향한 그리움, 과거를 아직도 애달프게 생각하는 스스로에 대한 짜증, 미래에 기대할 수 없는 것에 대한 실망감이 뒤섞여 밀려왔다. 이 책을 쓰면서, 잃어버린 미래를 생각하는 고통을 가리키는 임상 용어의 존재를 알게 되었는데, 바로 '정신 내적 애도intrapsychic grief'다. 병원 목사이자 작가인 박준J.S. Park은 이를 "과거에는 가능했으나 미래에는 영영 불가능한 것을 슬퍼하는 마음"[22]이라고 설명한다. 낭만적 우정과 의형제 관계를 이야기한 지난 세기의 글을 읽을 때와 마찬가지로, 이 용어를 보니 내 반응이 과하지 않았단 걸 확인할 수 있었다. 강도는 덜했을지언정 소꿉친구들과 멀어졌을 때나 친구들이 멀리 이사 갔을 때 이런 슬픔을 느낀 적이 있었다.

나는 M과 계속 가까운 친구로 남고 그 관계가 앞으로 수십 년은 더 이어지길 바라고 있지만, 이런 나와 달리 조이에게는 해나와 함께할 앞날을 상상한다는 선택지가 없다. 조이는 해나의 항암화학요법 시작을 앞두고 미용실에 간 이야기를 해줬다. 해나와 조이는 허리까지 오던 머리카락을 같이 잘라내 조이가 "할머니 뽀글이"라 표현한 머리가 되었다. 그리고 점심을 먹으며 조이는 50년 뒤 둘이서 머리에 파란 물을 들이고 술을 마시자며 농담했다. "그런 미래가 아쉽죠. 해나가 있고 그런 경험을 하면서 함께 시간을 보내고 동지애를 느끼는 미래. 내가 해나 인생의 일부이고 해나가 내 인생의 일부인 삶을 바라고 꿈꿨는데 말이에요."

 조이는 자신이 선택받았다는 사실을 더는 당연하게 여기지 않는다. 선택받았다는 느낌은 어떤 파트너 관계에서든 너무나도 많은 이들이 찾는 근본적인 감정[23]이다. 조이의 말이다. "그냥, 나 자신이 전보다 훨씬 덜 특별하게 느껴져요. 매일 나와 이야기하고 싶어 하고 날 보면 늘 웃어주던 사람이 없어졌으니까요."

 사랑하는 사람을 잃는 것은 대체할 수 없는 특정인을 잃는다는 의미고, 이 의미에는 예외가 없다. 로맨틱 관계에서라면 언젠가 그 빈자리를 이러저러하게 채우면 되겠다고 어렴풋이 짐작이나마 할 수 있다. 자신들만의 맞춤형 틀로 쌓아 올린 남다른 우정 관계에서는 그 자리를 차지할 다른 사람을 상상하거나 그 역할을 해줄 사람을 어떻게 찾을지 생각하기가 더 어렵다. 친구에게든 연인에게든 조이는 해나에게 느꼈던 유대감을 다른 누구에게도 느껴보지 못했다. 배우자와 사별한 사람은 데이팅 앱을 받아 새 배우자를 찾거나 사람을 소개해 달라고 부탁할 수 있다. 하지만 조이의 말처럼, "새 소울메이트를 찾아 면접을 보겠다는 광고를 낼 수는 없는 노릇"이다.

8 친구들에게도 권리를

결혼이 독점한 세상에서
우리가 치르는 대가

'결혼'은 사회가 두 성인 사이의
가장 중요한 관계에 부여하는 이름이다.

— 페리 대 브라운 판결

만화에서라면 눈에 보이지 않는 건 초능력이다. 법에서 보이지 않는 건 때로 불이익이다. 에이밀리 전갤린스키는 오랫동안 레즈비언 여성의 비가시성이 정의롭지 않다고 생각해 왔고, 성인이 된 뒤로는 그 부정의에 변화를 만들고자 힘쓰며 살아왔다. 대학을 졸업하고 몇 년 지나지 않았던 1990년, 에이밀리는 게이와 레즈비언 지역 주민에게 도움을 제공한다는 사명을 내건 워싱턴 D.C. 소재 보건소 휘트먼워커클리닉에서 레즈비언 대상 서비스의 첫 책임자로 지명되었다. 에이밀리는 짧은 머리를 옆으로 빗어 넘기고 병원 티셔츠를 입는 자신의 기본 차림을 하고 제2차 세계대전 전부터 서 있었던 벽돌 건물을 누비며 매달 일일 워크숍을 진행했다. 100명이나 200명쯤 되는 여자들이 회의실에 모여 에이밀리나 자원봉사자 수십 명이 옮겨놓은 접이식 의자에 앉아, 안전한 성관계부터 유방 촬영 검사에 이르기까지 각종 보건 문제에 관해 배웠다. 한 워크숍에서는 참가자들에게 생전 유언서를 쓰게 했다. 이런 질문을 던지면서. 위기가 닥쳤거나 삶의 마지막에 이르렀을 때 곁에 누가 있으면 좋겠나요? "정부에서는 이렇게 말하잖아요. 부모나 소원해진 형제, 아니면 대화 없는 자식이 곁을 지켜야 한다고요." 에이밀리가 말했다. 동성 관계를 법에서 인정하지 않으니 레즈비언 파트너는 법적으로 남남이 되며, 당사자가 선택한 가족으로 여기는 친구들 역시 마찬가지다. 병원에 온 여성이 서류를 제대로 갖추기만 했다면, 에이밀리는 이렇게 바랄 것이다. 환자의 삶이 걸린 결정을 누가 대신 내려줘야 할 때 환자가 원하는 사람이 그 결정을 맡기를.

에이밀리는 법이 퀴어의 자율성을 갉아먹은 사례를 수두룩하게 알았다. 그중 하나가 샤론 코왈스키Sharon Kowalski의 이야기다. 코왈스키의 사연은 에이밀리가 워싱턴 D.C.로 이사 온 1980년대 중반에 전국을 달군 뉴스였다. 코왈스키가 교통사고를 당해 뇌에 심각한 손상을 입자 코왈스키의 부모는 딸과 4년을 함께한 파트너 캐런 톰프슨Karen Thompson을 차단했다. 두 여자는 반지를 교환하고 서로를 보험 수혜자로 등록하는 등 흔히 배우자 사이에 나타나는 헌신을 보여줬는데도 동성 커플이라는 이유로 법률혼 관계에 주어지는 권리를 누리지 못했다. 톰프슨은 여러 해에 걸친 법정 싸움 끝에야 코왈스키를 만나고 대리 결정권을 가질 수 있었다. 에이밀리가 가까이서 직접 본 사례도 여럿이었다. 에이즈에 걸린 게이 남성 지인들은 죽어가는 동안 제일 소중한 사람들과 단절되었다. 에이밀리는 말했다. "이 사람들의 가족은 선택한 가족이었어요. 자기를 돌봐주는 친구들요. 근데 이 사랑하는 가족이 강제로 찢어진 거죠. 생물학적 가족이 들이닥쳐서 '여기 당신들 자리는 없어. 진짜 가족도 아니면서.'라고 해서요."

4년간 레즈비언 대상 서비스를 관리한 에이밀리는 이 일을 마무리한 뒤에 법이 인정하지 않는 관계를 맺고 있다는 이유로 존엄성을 침해당하고 시간과 비용을 소모하는 일을 몸소 겪었다. 시작은 1996년, 에이밀리가 자원봉사자로 참여한 레즈비언 보건 프로젝트 회의에서 역시 자원봉사자였던 리샤란 여자에게 자신을 소개했을 때였다. 에이밀리의 친구들은 에이밀리와 리샤가 서로를 마음에 들어 할 거라고 했지만, 희끗희끗한 머리와 털을 멋지게 소화하는 리샤는 바빴고 에이밀리에게 딱히 관심도 없어 보였다. 하지만 에이밀리가 건넨 전화번호 쪽지에 리샤가 화답하면서 둘은 데이트를 시작했다. 이듬해에는 리샤의 전 애인의 열두 살짜리 아이 제시카를 데리고 살기로 했다. 제시카와 한집에 사는 것을 허락한다는 법적 공증도 받았지만, 학교는 제시카의 등록을 거부하며 법적으로 더 복잡한 과정을 밟아야 하는 후견인 자격을 에이밀리와 리샤에게 요구했다. 두 사람은 휘트먼워커클리닉 워크숍에서 유언 쓰기 시간을 진행했던 변호사에게 도움을 청했고, 여성 한 쌍으로는 최초로 메릴랜드주에서 미성년자의 법정 후견인이 되었다.

리샤는 2년 뒤 토바를 낳았다. 토바의 출생증명서에는 리샤가 어머니로 등록되었고 아버지는 '미확인'으로 올라갔다. 증명서에 엄마가 한 명 더 들어갈 자리는 없었다. 에이밀리는 토바를 입양해야 했고, 모르는 사람의 자녀를 입양할 때와 똑같은 과정을 따랐다. 에이밀리와 리샤는 입양 기관의 가정 조사와 소방국의 주택 검사를 받았고, 이웃과 동네 사람들을 대상으로 면담도 진행됐다. 두 사람은 입양을 위해 청원을 내고 변호사비로 큰돈을 들여야 했다. 2년 뒤 에이밀리가 두 사람 사이의 둘째 아이인 마일로를 낳았을 때도 이 과정을 되풀이했다. 에이밀리와 리샤의 결혼이 허용되었으면 이렇게 길고 복잡한 법적 절차는 하나도 필요하지 않았을 것이다.

하지만 에이밀리의 LGBTQ 운동에서 최종 단계는 결혼이 아니었다. "정치 운동에서 제도와 정부의 승인에는 한계가 있다는 게 늘 보였거든요." 동성 결혼이 법제화되었으면 리샤와 공동 양육을 하기는 더 편해졌겠지만 "그렇다고 법제화가 모두가 생각하는 만병통치약이 될 것 같지는 않았다"고 에이밀리는 말했다. 혼인 외의 관계를 맺고 있는 사람들에게는 여전히 인생에서 제일 중요한 사람에 대한 의료적, 법적, 금전적 권리가 없을 것이었다. 실제로 에이밀리가 훗날 범주에 들어가기를 거부하는 우정을 다지게 되었을 때 결혼권은 아무 소용이 없었다.

○ ● ○

1980년대 중반만 해도 게이와 레즈비언 변호사는 탁자 하나에 전부 둘러앉을 수 있을 만큼 적었고,[1] 이들은 실제로 1년에 두 번씩 회의장 탁자에 모여 앉아 전국적 전략과 우선순위를 논의했다. 논의 안건은 사라지지 않았다. 떨어지는 법이 없었다. 남색 행위가 불법이었고, 레즈비언과 게이 부모가 자녀 양육권을 잃었고, LGBTQ 노동자들이 고용 차별에서 보호받지 못했다. 탁자에 둘러앉은 변호사 중 한 명이었던 토머스 스토더드 Thomas Stoddard는 샤론 코왈스키 사례를 동성 커플에게 결혼권이 필요한 근거로 보았다.[2] 스토더드는 당시 선도적인 동성애자 변호 단체였던 람다 법률보호및교육기금 Lambda Legal Defense and Education Fund의 집행위원장이었다. 1989년 발표한 에세이에서는 혼인 평등을 최우선 과제로 두는 것이 운동의 정치적 전략으로 적합하다는 주장을 펼쳤다. 스토더드의 글에 따르면 혼인 평등은 여러 권리를 효과적으로 쟁취할 길이며[3] "궁극적으로 레즈비언과 게이가 차별받지 않는 세계로 나아갈 가능성이 가장 큰 사안"이었다. 결혼할 권리는 뒤에 딸린 다른 여러 방면의 평등이라는 짐을 끌어줄 기관차라고 그는 생각했다.

    이 전략에 대한 지지는 전반적으로 성별에 따라 갈렸다.[4] 여성은 혼인 평등을 우선으로 내세우는 데 남성보다 비판적인 경향이 있었다. 긴 시간 동안 결혼의 환상을 깨려 하고 그 가부장적 뿌리에 환멸을 표출해 온 페미니즘 운동의 영향이었다. 람다에서 스토더드와 함께 일한 폴라 에텔브릭 Paula Ettelbrick도 여기에 회의적이었고, 에텔브릭의 에세이는 게이·레즈비언 잡지 《아웃/룩》에 스토더드의 글과 나란히 실렸다. 이 에세이들 위에 걸린 헤드라인은 〈동성 결혼: 대박인가, 꽝인가?〉였다. 에텔브릭은 동성 결혼을 우선 과제로 두면 "일부만의 권리 쟁취를 의제로 설정하게 되어 (동성애자든 이성애자든) 결혼한 사람과 결혼하지 않은 사람 사이의 권력 불균형을 바로잡는 데는 아무 효과도 내지 못할 것"이라고 경고했다.

미국 법은 기혼 국민과 미·비혼 국민 사이의 불균형을 명문화한다. 연방에서 결혼한 커플에게 주는 1,000가지도 넘는 권리와 혜택 가운데 몇 가지만 꼽아보자. 서로의 직장 건강보험 혜택을 받을 수 있다. 외국 태생 배우자에게 영주권자 자격을 부여한다. 서로 돈과 부동산을 얼마나 양도하든 세금을 매기지 않는다. 전근하는 배우자를 따라가고자 직장을 그만두면 실업 수당이 나온다. 배우자의 부당한 죽음에 대해 소송을 제기하고 형사 사건에서 배우자에게 불리한 증언을 거부할 수 있다. 펜실베이니아 대학교 법학 교수 세리나 메이에리Serena Mayeri는 결혼과 그렇게 결혼한 커플이 꾸린 가족을 법적으로 특권화하는 것을 '결혼 우월주의marital supremacy'라 명명한다.[5]

에텔브릭은 결혼에 집중하는 대신 자신이 보기에 레즈비언·게이 권리 운동의 핵심 목표에 부합하는 다른 접근 방식을 지지했다.[6] 에텔브릭은 더 많은 유형의 관계를 맺을 수 있도록 선택지를 확대하고 그렇게 해서 결혼한 사람과 결혼하지 않은 사람 사이의 권리 격차를 좁히는 법적 의제를 옹호했다. 에텔브릭은 동거동반자 관계domestic partnership가 평등을 증진할 중요한 법적 도구라고 보았고, 게이와 레즈비언 활동가들은 이 관계를 주법과 지방법으로 통과시키는 데 성공했다. 동거동반자 관계는 성적 관계나 로맨틱 관계로 한정되지 않기 때문에 "사회가 가족을 바라보는 시선에 변혁을 일으키기 위한 기초 공사"⁷ 중 하나라고 에텔브릭은 말했다. 그러나 일은 에텔브릭의 바람대로 흘러가지 않았다. 에텔브릭이 이 의제를 내놓은 지 수십 년이 지났지만 미국 주 대부분은 여전히 법적으로 결혼 관계만을 파트너 관계로 인정하고 있으며, 서로에게 헌신하는 수많은 관계가 법의 보호를 받지 못한 채 남아 있다.

○ ● ○

2004년에 매사추세츠주는 미국 최초로 동성 결혼을 인정했다.⁸ 아이들 일로 온갖 법적 문제에 부닥쳤던 에이밀리와 리샤는 결혼이라는 보호막을 원했다. 두 사람은 메릴랜드주에서 차를 몰아 얼마 전에 집을 사놓은 매사추세츠주 프로빈스타운으로 올라갔고, 걸음마쟁이 아이들을 이끌고 법원에 가서 혼인증명서 신속 발급을 신청했다. 에이밀리와 리샤는 해변에서 치안판사의 주례하에 결혼하고 자신들의 이름이 들어간 혼인허가서를 쥐었지만, 이성애자 배우자와 대우가 같지는 않았다. 연방 정부에서 동성 결혼을 인정하지 않는 한 세금처럼 덩치 큰 혜택에는 대부분 해당 사항이 없었다. 메릴랜드주 역시 동성 결혼을 인정하지 않았으므로 여기서도 권리가 없었다. 당시 메릴랜드주에서 오가던 정치적 논의로 미루어 볼 때*⁹ 두 사람은 일이

* 미국시민자유연맹(ACLU)은 2004년 메릴랜드주에서 동성 결혼권을 요구하는 소송을 냈다.

년 뒤면 자신들의 터전인 주에서도 결혼권이 동성 커플에게 확대되리라고 생각했다. 결국에는 10년 가까이 걸렸지만.

그 10년 사이 에이밀리와 리샤의 관계에는 변화가 생겼다. 한때 로맨스에 뿌리를 뒀던 그 관계는 이제 공동 육아를 중심으로 돌아갔다. 에이밀리는 따로 집을 구해 살기 시작했고, 리샤는 새 파트너 태머라를 만났다. 하지만 법은 두 사람의 이혼을 허락하지 않았다. 매사추세츠주에서는 이혼하려는 배우자 중 적어도 한 명은 해당 주에 거주해야 한다는 요건을 뒀다. 그런데 메릴랜드주 학교에 등록된 아이들과 직장 때문에 두 사람은 메릴랜드주를 떠날 수 없었다. 메릴랜드주는 애초에 둘의 결혼을 인정하지 않았으니 원래 살던 이 주에서 이혼을 신청하는 것도 불가능했다. 리샤는 이혼을 해야 태머라와 결혼할 수 있었다. 모두가 이러지도 저러지도 못하는 결혼 연옥에 잡혀 있었다. 잔인한 스크루볼 코미디*의 줄거리에 갇혀버린 것도 같았다.

에이밀리와 리샤의 관계가 퀴어 복합가족으로 넘어가고 6년쯤 지난 2012년, 메릴랜드주에서 동성 결혼 법제화를 놓고 주민투표가 발의되었다. 에이밀리는 가까운 친구 존 바이런과 투표소 밖에서 사람들의 질문에 답해주며 찬성 투표를 독려하는 자원봉사를 했다. 유권자들은 변화에 찬성했고, 법안이 발효되고 3개월 만에 에이밀리는 이혼 심리에 참석하려고 법원 문턱을 밟았다. 법원에서는 배우자 중 한 명만 출석하면 된다고 했는데,

---

*   주로 남녀인 주인공들이 온갖 우여곡절을 겪은 끝에 행복한 결말에 이르는 영화 장르로, 로맨틱코미디의 원형이라고도 한다. ─ 옮긴이

두 사람이 함께 나오지 않는 경우에는 이 부부 관계가 회복 불가능하다고 증언해 줄 외부자가 필요했다. 존이 그 증인이었다.

존과 에이밀리는 25년여 전 휘트먼워커클리닉의 계단에서 만났다. 에이밀리가 레즈비언 보건의 날 행사를 진행했고, 프리랜서 사진작가인 존이 촬영 담당으로 와 있었다. 에이밀리는 존이 촬영 장비를 몸에 둘러멘 "아주 잘생긴 부치*"였다고 기억한다. 존은 에이밀리보다 스무 살 많았지만 에이밀리가 만나본 몇몇 경험 많은 활동가들과 달리 에이밀리를 동등한 상대로 깊이 존중하는 듯 보였다. 두 사람은 레즈비언의 보건 문제와 사랑하는 사람들을 에이즈로 떠나보낸 경험을 주제로 긴 대화를 나누었고, 에이밀리는 자신이 존의 생각을 궁금해하는 만큼 존도 자기 생각을 궁금해한다는 느낌을 받았다. 에이밀리의 감이 맞았다. 존은 이내 에이밀리의 지성에 놀랐고 에이밀리가 하는 활동에 감탄했다. 두 여자는 서로를 더 알고 싶어 했다.

휘트먼워커클리닉의 계단에서 처음 대화한 이후로 두 사람은 조직 활동을 하며 자주 마주쳤다. 에이밀리는 존에게서 중요한 교훈을 여럿 얻었는데[10] 그중 하나는 활동가로 장기전을 펼치려면 스스로 페이스를 조절해야 한다는 것이었다. 두 사람이 속한 단체는 레즈비언 유방암 환자 지원 기구를 출범한 곳이었고, 에이밀리가 리샤와 만난 것도 이 단체에서였다. 레즈비언과 양성

---

* 관습적 의미에서 남성적이라 할 수 있는 방식으로 스스로를 표현하는 레즈비언, 혹은 관계에서 능동적으로 상대를 이끄는 역할인 레즈비언. 반대는 '팸'이다. ― 옮긴이

애자 여성에게 더 적절하고 우호적인 건강보험 혜택을 제공하는 것을 목표로 미국 질병통제예방센터CDC에서 자금을 지원받은 프로젝트에 에이밀리와 존은 함께 참여했다. 이런 성적 지향의 여성들은 병원의 접수 양식에서 남편 이름이나 임신 여부 표시 칸을 보자마자 배제되거나 외면받는다고 느끼기 때문에 다른 여성들만큼 자주 병원에 가지 않았다. 보통 사람이라면 소책자 초안을 쓰면서 회의실에서 밤을 새우는 일을 재미있다고 생각하지 않겠지만, 자칭 '드림팀'을 이룬 에이밀리와 존 그리고 다른 친구 한 명은 자신들이 하는 일을 생각하면 기운이 솟았다. 창작을 위해 협력하며 존은 특별한 종류의 친밀함을 경험했고, 그 유대감의 상대는 에이밀리였다. 에이밀리는 존이 신뢰하는 테스터가 되었다. 이 프로젝트에서 존은 영상을 제작했다. 병원을 찾은 레즈비언과 양성애자 환자가 가족을 어떻게 정의하든 그들의 가족을 수용할 방법을 생각해 보라고 의사와 간호사를 독려하는 내용이었다.

얼마 지나지 않아 에이밀리와 존은 서로를 선택한 가족으로 여기게 되었다. 존은 에이밀리의 파트너 리샤와도 이미 몇 년째 알고 지낸 사이였다. 2000년에 존은 리샤의 주선으로 리샤, 에이밀리네와 같은 블록에 있는 집을 샀다. 집이 두 채가 되니 가족이 돌아다닐 공간이 늘어나기도 했지만 존은 다른 면에서도 이 가족을 확장했다. 아이들에게 '존 이모'라 불린 존은 아이들을 극장과 공연장, 여자농구 경기장에 데리고 다니며 연극과 예술, 여자농구를 향한 자신의 사랑을 전수했다. 토바가 그린 프리다 칼로 초상화는 이제 존의 거실에 걸려 있다. 깔끔하게 정돈된 존의 집에서 볼 수 있는 몇 안 되는 미술 작품이다.

존이 있어 가족의 유대교식 생활도 풍성해졌다. 성공회 신자로 자라서 유대교에 아주 친숙하진 않았던 에이밀리와 달리 존은 30년간 활동한 단체에서 레즈비언 페미니스트 유대인을 위한 의식을 만들었을 정도였다. 에이밀리와 존은 가족 맞춤 하가다*에서 이번 해에는 뭘 바꿔보면 좋을지 함께 고민하거나, 코스튬을 입는 부림절 축제의 이번 주제는 드래그**로 해보자고 정하곤 했다. 매주 모여서 지키는 샤바트***는 일상의 문제와 영적인 문제를 모두 상의할 시간이었다.

이혼 소송에 들어갔을 때 존을 증인으로 대동하는 것은 에이밀리에게 당연한 선택이었다. 에이밀리에게 존은 오랜 시간 가족의 일원이었을 뿐 아니라 리샤와의 관계가 달라진 7년 내내 "무척이나 든든한 지원군"이었다. 에이밀리는 2011년에 리샤와 같이 살던 집에서 나와 존 옆집인 방갈로 주택을 샀다. 집에는 민트색 페인트를 칠했고 밝은 청보랏빛 전면 들보에는 '희망'이라고 썼다. 존은 에이밀리가 일하거나 조직 활동에 참여할 수 있도록 아이들을 자주 돌봐줬다. 리샤가 입양했지만 별거 이후로는 에이밀리가 기르게 된 대형견 세이디도 봐줬다. 에이밀리는 세이디를 데리러 존네 집에 가면 종종 리샤와의 관계 때문

---

*   유월절 동안 자녀에게 읽어주는 글.
**   drag. 사회적 기준을 벗어난 젠더를 분장과 연기로 표현하는 퍼포먼스. 흔히 '드랙'으로 통용된다.— 옮긴이
*** 안식일, 유대교에서는 토요일이다.— 옮긴이

에 푸념하곤 했으나 리샤를 나쁘게 생각하진 말아달라고 존에게 부탁했다. 리샤와 커플로는 헤어진다지만, 이후로도 여전히 한 가족으로 아이들을 키우고 끈끈한 레즈비언 공동체에도 같이 속해 있을 것이었다. 에이밀리는 존이 "힘든 일을 겪는 우리를 너무나 다정하게 안아줬다"고 느꼈다.

 3월이었던 그날, 에이밀리와 존은 한 차로 법원에 가서 나란히 재판정에 앉았다. 리샤 측으로 나온 사람은 변호사뿐이었으니 존이 증인 의무를 져야 했다.

 에이밀리가 느끼기에 이혼 절차는 처음부터 끝까지 사생활을 침해하는 구닥다리 절차였다. 국가는 부부 중 한 사람이 주 생계 부양자일 것이란 가정을 세법에 심어놓았듯 결혼 생활은 이런 모습이어야 한다고 가정해 놓은 것으로도 모자라, 결혼의 마무리마저 어떠해야 한다는 판단을 내려놓고 있었다. 판사가 존에게 "재결합 가능성이 없습니까?"라고 물었을 때 에이밀리는 소리 없이 흠칫했다. '재결합'이라는 말이 성적 관계 재개를 돌려 말한 것처럼 들려서였다. 메릴랜드주 법에 따르면 별거는 두 배우자가 12개월 동안 다른 집에 살며 '성적 관계'를 하지 않았을 때만 유효했다.*[11] 에이밀리에게는 가부장적으로 느껴지는 질문이었다. "예전 파트너랑 섹스하고 싶으면 할 수도 있는 거죠. 솔직히 그렇잖아요. 메릴랜드주 판사가 저런 질문을 대체 왜

---

* 메릴랜드주에 있는 한 법률 사무소의 웹사이트에는 이렇게 쓰여 있다. "별거 상태를 충실히 유지하는 데 있어 가장 중요한 부분은 배우자와 성적 관계를 맺어선 안 된다는 것입니다. 이를 지키지 못하면 판사가 이혼 소송을 기각할 위험이 있습니다."

해야 하냐고요." 에이밀리는 이 질문이 자신에게 얼마나 불편한지 이해해 줄(동시에 답변을 믿고 맡길 수 있는) 한 사람이 있다면 바로 존이라고 했다.

존은 판사에게 대답했다. 아니라고. 에이밀리와 리샤는 그렇게 함께하는 사이가 아니고 이 사실은 앞으로도 달라지지 않으리라고. 판사는 이혼을 승인했다. 메릴랜드주에서 결혼권을 동성 커플에게 확대하기까지 시간이 너무 오래 걸린 탓에 자기 결혼은 그저 서류 쪼가리에 불과했다고 에이밀리는 말했다. 메릴랜드주에서 동성 결혼 법안이 통과되고 나서 에이밀리가 얻은 건 이혼할 권리가 전부였다.

○ ● ○

존은 열아홉 나이로 마운트 홀리요크 칼리지에 다닐 때 여자 애인을 처음 사귀었다. 당시의 기억이다. "너무 기뻐서 정신이 나갈 것 같았어요. 드디어 나한테도 와닿는 성적 표현을 할 수 있게 된 거니까요."[12] 그러나 아무 통제도 받지 않고 성적 표현을 추구하기란 1960년대 여자 대학 학창 생활에 어울리지 않는 이야기였다. 여자 사감이 있고, 야간 화재 대피 훈련이란 편리한 구실로 학생들이 자기 침대에서 자고 있는지를 확인하던 시절이니까. 존이 교내 식당 직원으로 근로 장학생 일을 하고 있으면 사감은 존의 근무복을 들춰보고 아래에 돌돌 걷어붙인 청바지가 있으면 야단을 쳤다. 걷어붙인 청바지는 존이 치마 유니

폼에 대처하는 방식이었다. 존은 치마가 너무 싫었다. 일자리가 마음에 안 들어 속에서 천불이 나던 존은 식당에서 내가야 했던 과일 젤리 케이크를 시작으로 음식을 마구 던지는 난장판을 벌이기도 했다. "규칙 많이 어겼죠. 시도 때도 없이요. 몇 번 걸리기도 했고요. 근데 번번이 잡히는 것만 아니면 괜찮았어요." 그래서 존은 통금 시간이 지나면 거의 매일 밤 기숙사 방을 나와 덤불 속을 몰래 걸어 캠퍼스 호수 건너편에 있던 애인 기숙사로 갔다.[13]

이후 존은 좀 다른 이유로 여성을 향한 욕망을 숨길 필요가 있겠다고 생각했다. 공무원 부모를 둔 워싱턴 D.C. 토박이 존은 언젠가 국회의원 선거에 나가겠다는 꿈을 품고 있었다. 정계 진출은 학생회에서 만난 첫 애인과 함께 꾸던 꿈이었다.[14] 당시에는 레즈비언으로 자신이 바라던 삶을 사는 모습을 상상할 수 없었다. "그렇게 사는 레즈비언이 한 명도 보이지 않았으니까요." 존은 애인과 헤어지자 그 참에 둘이 사귀었다는 증거를 영영 지우려 했다. 정계에 몸담을 가능성을 위해서.

존의 전 애인은 졸업 이후 뉴욕 플라자 호텔에 묵고 있었고 마침 뉴욕에 온 존을 자기 호텔 방에 들였다. 전 애인이 시내로 외출하자 존은 홀로 남았다. 전 애인이 자기에게 쓴 글은 물론 애인이 갖고 있던 자기 편지와 "풋사랑에 빠진 어린애 연애시"를 몽땅 챙긴 채였다. 존은 종이 뭉치를 변기에 내려보내다가 시간이 너무 오래 걸리자 태우기로 마음을 바꿨다. 욕실 밖으로 퍼진 연기가 객실 문 아래로 흘러나가 보안팀의 이목을 끌거라고는 생각하지 못했다. 보안 요원들이 객실 문을 두드렸지만, 존은 타들어 가는 종이를 눈물 젖은 눈으로 지켜보기만 할 뿐 문을 열지 않았다. "그 시절엔 지독하게 낭만적이었고 감정도 지독하게 격렬했죠."

대학을 졸업하고 대학원 진학차 영국으로 간 존에게는 정치 경력 키우기와 이성애자 되기라는 두 가지 목표가 있었다. 하지만 욕망을 지워버리는 데 비하면 애인의 편지를 태우는 쪽이 차라리 쉬웠다. 존은 1970년에 워싱턴 D.C.로 돌아왔고, 수년간 시도했지만 잘되지 않은 이성애자 되기 프로젝트는 머릿속으로 그리던 정계 입문과 더불어 접어뒀다. 따끈따끈하게 커밍아웃한 존은 레즈비언들의 이미지를, 특히 여자끼리 키스하는 이미지를 찾아다녔다. 그러나 책들을 뒤지고 의회 도서관 사진 보관소에 가도 여자 간의 유대를 진실하게 묘사했다고 느껴지는 자료를 찾을 수 없었다. 포르노적 이미지, 레즈비언 흉내만 내는 듯한 여자들을 남자가 남자들 보라고 찍어놓은 사진은 있었지만.*[15] 존은 레즈비언 이미지를 보고 싶으면 직접 만들자고 판단했다. 어릴 적 받은 저렴한 코닥 카메라만 가지고 있었던지라 친구에게서 35mm 카메라를 빌렸다. 존은 팔을 쭉 뻗고 렌즈를 자기 쪽으로 돌려 연인과 키스하는 제 모습을 포착했다. 두 사람의 옆얼굴이 사진 프레임을 빠듯하게 채웠고 두 뺨은 만족감

* 젬 플레처(Gem Fletcher)는 이렇게 쓴다. "이성애자 여성들을 심하게 낭만화하며 남성 시선에 맞춰 제작한, 데이비드 해밀턴(David Hamilton)이 촬영한 이미지부터 공포 영화에 등장하는 포르노적 식인 괴물에 이르기까지, 문화 속 재현은 모두 가짜에 우스꽝스러웠다."

으로 부풀어 있었다. 셀카라는 단어가 생기기도 전에[16] 흑백 필름으로 담아낸[17] 셀카였다.

존은 레즈비언을 촬영하는 독학 사진작가로 활동을 시작했다. (존 E. 바이런을 줄여) 젭JEB이라는 예명을 지었고 레즈비언 공동체에서 재정 지원을 받아 작업 자금을 마련했다. "내가 고펀드미* 의 원조였죠."라고 말하는 존은 이 방면에서도 시대를 앞서 있었다. 1970년대 후반과 1980년대 초반, 존은 전국을 순회하며 2시간 30분짜리 슬라이드 쇼를 80회 이상 상영했다. 존은 이미지를 분석하고 사진 속 여자들의 일대기 곳곳에 숨은 의미를 읽어 레즈비언들이 찍은 것으로 추정되는 사진들을 골라내고, 그런 사진 수백 장을 슬라이드 쇼에서 보여주었다. 한 비평가는 〈다이크 쇼The Dyke Show〉**라는 애정 어린 제목으로 통하는 존의 슬라이드 쇼 덕분에 "지금껏 보지 못한 이미지, 봤어도 인지하지 못한 이미지, 미래를 일굴 바탕이 될 이미지"[18]가 눈앞에 펼쳐졌다고 썼다.

○ ● ○

원래 에텔브릭을 비롯한 활동가들에게 진보적이며 평등한 관계로 받아들여졌던 동거동반자 관계는 21세기 초가 되자 결혼

---

*　　GoFundMe. 2010년 미국에서 만들어진 크라우드펀딩 사이트. ─ 옮긴이
**　'다이크'는 레즈비언을 가리키는 멸칭이었으나 레즈비언들이 스스로를 지칭하는 말로 승화해 긍정적인 의미로 사용하고 있다. ─ 옮긴이

의 조악한 모조품 취급을 받으며 열외로 밀려났다.[19] 이 원대한 비전이 격하된 곳 중 하나는 캘리포니아주 의회였다. 1990년대 후반, 동거동반자법이 심의 대상으로 등장하자 주지사는 여론 걱정에 안절부절못했다.[20] 이성애자 커플을 포함한 모두에게 결혼을 대체할 경쟁력 있는 대안을 줬다가 결혼의 힘을 약화하는 사람으로 비칠까 봐. 한 의원이 주지사의 걱정을 덜고자 법안을 고쳐 동성 커플과 62세 이상 이성 커플로 자격 요건을 제한했다. (노년 커플에게 재혼이 강요되면 노인들이 이전 결혼으로 누리던 사회보장과 연금 혜택을 잃게 될 수 있다는 것이 이 의원의 주장이었다. 게다가 그 나이면 출산을 생각할 일도 없으니 화촉을 밝히라고 억지로 권하는 것도 말이 안 되었다.) 일부 퀴어 활동가들은 동거동반자 관계를 동성 결혼으로 가는 디딤돌로 두는 게 전략적이라고 생각했기 때문에 캘리포니아주의 자격 제한에 동요하지 않았다. 이런 식으로 차츰차츰 인정받으면 언젠가는 동성 커플도 결혼을 쟁취할 수 있을 것이었다.

재판부는 결국 동거동반자 관계를 결혼과 별개이며 동등하지 않은 것으로 보게 되었다. 2012년 페리 대 브라운 판결*에서 연

---

* 2008년 5월 캘리포니아주 대법원에서 동성혼 금지가 위헌이라 판결하자 같은 해 11월 이 판결을 뒤집으려는 주민 투표가 발의되었고 발의안이 통과되어 동성혼이 다시 금지되었다. 2009년 5월 동성 커플이란 이유로 캘리포니아주에서 혼인허가서를 받지 못한 크리스틴 페리, 샌드라 스티어 커플과 다른 커플 한 쌍이 아널드 슈워제네거 당시 주지사와 제리 브라운 주 법무장관을 대상으로 소송을 제기한 것이 '페리 대 브라운' 사건이다. 브라운 당시 주 법무장관이 주민발의안 8호(Prop 8)를 옹호하지 않는다는 뜻을 밝히면서 주민발의안 8호를 지지하는 데니스 홀링스워스가 피고로 소송에 참가하게 되어 '홀링스워스 대 페리' 사건으로도 불린다.─옮긴이

방 제9 순회항소법원은 흔히 주민발의안 8호로 통하는 캘리포니아주의 동성 결혼 금지가 위헌이라 판결했다. 판결문에는 이렇게 쓰였다. "우리는 '나랑 결혼할래?'라고 청혼하는 사람을 볼 거라고 기대한다. 식당에서 무릎을 꿇고 말할 수도, 경기장 전광판에 큼지막한 문구를 띄울 수도 있을 것이다. 이때의 감흥이 '나랑 동거동반자로 등록할래?'라는 말을 들을 때와 같지 않을 것은 분명하다."[21] 2015년 오버게펠 대 호지스 사건*에서 대법원이 기념비적인 판결을 내려 동성 커플에게 혼인할 헌법적 권리가 있다고 선언한 뒤로 많은 주가 제정되어 있던 동거동반자법과 시민결합법을 폐지했다.[22] 일부 경우에는 동거동반자 관계가 혼인 관계로 자동 전환되면서 커플이어도 결혼을 원하지 않을 수 있다는 가능성이 무시되었다.**[23] 현재 어떤 유형이든 혼인 외의 법적 파트너 관계를 주민에게 허용하는 지역은 워싱턴 D.C.와 10개 주뿐이다. 동거동반자법은 주와 지역에 따라 차이가 너무 크다 보니 많은 사람이 이런 관계를 맺을 수 있는지, 어떤 혜택이 따르는지를 모르고 있다. 관계를 공식화하려는 대다수 미국인에게 선택지는 결혼밖에 없으니 싫으면 말라고 하는 식이다.

* 오하이오주 주민 제임스 오버게펠이 근위축성측색경화증 진단을 받은 연인 존 아서와 메릴랜드주에서 결혼하고 아서 사망 이후 그 사망증명서에 배우자로 기재되고자 오하이오주를 상대로 제기한 소송. — 옮긴이

** 민간 고용주들은 이보다도 먼저 같은 억측을 한 바 있다. 1993년, 오라클은 동성 커플이 동거동반자 혜택을 받을 수 있게 했다. 커플은 다음과 같은 진술서에 의무적으로 서명해야 했다. "우리는 법적으로 결혼할 수 있다면 그렇게 할 것이며 거주하는 주에서 결혼이 허용되면 그렇게 할 의사가 있다."

오버게펠 판결로 대중이 생각하는 가족의 정의가 확장되고 LGBTQ 미국인의 수용도가 높아졌다는 사실은 부정할 수 없다. 그러나 이 법정 의견은 동시에 다른 모든 관계를 뛰어넘는 결혼의 중요성을 공고히 했다. 다수였던 판사들과 반대한 판사들은 사건에 대한 의견에서는 갈라졌을지언정 결혼이 법에서 신성한 지위를 부여받아 마땅하다는 데서는 뜻이 같았다. 다수 판사를 대표해 의견문을 작성한 앤서니 케네디Anthony Kennedy 대법관은 고원하고 벅찬 말로 결혼을 찬미했다. "혼인만큼 깊은 결합은 없다. 혼인은 사랑, 신의, 헌신, 희생 그리고 가족이라는 지고의 이상을 구현하기 때문이다."[24] 설득력 있는 대법관의 글은 많은 동성 커플의 심금을 울리며 그들을 인정했고 그래서 결혼식장의 주례들이 성서 봉독하듯 인용할 정도였지만, 이 글은 혼인 관계로 성문화되지 않은 관계들을 은연중에 축소하기도 했다. "외톨이는 아무리 소리쳐도 들어주는 이를 찾을 수 없으리라는 보편적 두려움에 대한 답이 혼인이다."라고 케네디 대법관은 썼다. 반세기 전인 1964년 가요 〈사랑의 예배당Chapel of Love〉을 들을 때 느껴지는 감성과 같다. "오늘은 우리가 '네'라고 대답할 날 / 이제 우린 평생 외롭지 않겠죠."라는 노랫말. 결혼하지 않은 사람은 하나같이 외롭고 결혼한 사람은 누구도 외로움을 느끼지 않는다는 말인가 싶다.

○ ● ○

에이밀리가 존의 옆집으로 이사한 바로 그 해에 존은 주치의 진료에서 가슴의 혹을 발견했다. 에이밀리는 존이 조직 검사를 받고 결과를 들을 때 동행했다. 의사는 존에게 유방암 2기라고 말했다. 진단이 나온 뒤 에이밀리는 존의 진료와 치료에 빠지지 않고 계속 같이 가겠다고 약속했다.

에이밀리는 약속대로 존이 진료와 항암화학요법과 수술을 받는 1년 동안 옆자리를 지켰다. 병원까지 운전해 줄 에이밀리를 만나는 아침에 존은 대개 긴장한 상태였고, 인터넷에서 찾은 정보와 의사에게 물어볼 질문 목록을 인쇄해 와서 에이밀리에게 읽어주고 의견을 나눴다. 병원에 도착할 무렵이면 상황이 상황인데도 존이 쾌활해져 있었다고 에이밀리는 말했다.

에이밀리가 기억을 돌이키고 있으니 존이 끼어들어 기분이 전환된 이유를 설명했다. "차 타고 가는 동안 너한테 걱정거리를 다 쏟아냈으니까 그렇게 쾌활해진 거지."

존과 에이밀리에게는 힘겨운 상황을 최대한 좋게 만드는 각자의 방식이 있었다. 존은 차를 결계라 생각하고 부정적인 기운은 그 안에 가둬두기로 했다. 의료진이 조금 더 밝은 하루를 보내는 데 보탬이 되고 싶었다. 에이밀리는 항암화학요법을 받으러 가는 화요일 아침이면 커피와 오트밀을 준비해 존을 맞이했고 옷을 "멋들어지게" 차려입었다. 보통 망사 위에 스타일 좋은 부츠를 신고 쨍한 색 옷을 입었다. 존이 항암 주사를 맞는 네 시간 동안 에이밀리는 자기 치부나 연애사를 들려주면서 유쾌한 대화를 이어갔다. 오후의 마무리는 근처 아이스크림 가게에서

했다. 존은 어느새 항암 치료 받는 날을 기다리다시피 하게 되었다. "그날이면 에이밀리랑 몇 시간씩 같이 있을 수 있었으니까요."

존은 CDC가 자금을 지원했던 프로젝트에서 의료진 대상 지침을 직접 작성했으니, 자신이 병원에서 원하는 사람을 곁에 둘 수 있다는 사실을 알았고, 그래서 에이밀리가 어디든 동석하게 해달라고 요구했다. 필요하면 의사들에게 맞서기도 했다. 두 여자의 나이 차이 때문에 병원 직원들은 에이밀리가 존의 딸이냐고 묻곤 했다. 존은 아니라고, 에이밀리는 자신의 "자매 겸 이웃 겸 동지"라고 답했다. 그러면 직원들은 에이밀리가 존의 여동생이라고 넘겨짚었지만, 이런 오해에도 에이밀리는 개의치 않았다. 의료진이 자신을 돌봄 제공자로 존중하고 의료 결정을 내릴 때 자신과 상의했으면 하는 바람이 무엇보다 컸다. 에이밀리와 존은 어떤 부분은 포기해야만 했다. 이 언어에서 저 언어로 옮겨갈 때 문자적 정의가 같은 단어와 그 뉘앙스를 전달하는 단어 중 한쪽을 선택해야만 하는 번역가처럼. 이 책에 등장한 다른 친구들과 마찬가지로, 관계가 전통적인 범주에 들어맞지 않는 한 존과 에이밀리에게는 문자 그대로의 의미와 내포된 의미 어느 쪽에서도 적확한 표현이 없을 것이었다. 이 상황에서는 '자매'면 충분했다.

존은 자신이 항암 치료를 받는 동안 변함없이 자리를 지킨 에이밀리의 일관성이 "우리 관계 전체를, 지금 우리 관계의 전부를 미리 보여준 커다란 전조"였다고 말했다. 전보다 더 헌신하고 단단히 엮인 관계 말이다. 2017년에 존과 에이밀리는 미술관 사진전을 준비하는 존의 친구를 도우러 뉴욕으로 갔다. 존이 사진작가로 거듭나는 데 영감이 된 작품을 만들었던 그 친구는 이제 생활고에 시달리고 있었다. 존은 친구의 삶이 자신과 비슷하다고 느꼈다. 둘 다 가슴 깊이 보람을 느끼지만 벌이는 형편없는 일을 해왔으니. "레즈비언 사진작가로 일생을 살면 어떻게 되게요? 짜잔! 노후 자금이 없답니다." 존은 정식으로 고용되어 번 수입이 적었기 때문에 사회보장 연금에 적립한 돈도 없다시피 했다. 워싱턴 D.C. 시내에 모인 여성 노숙인들을 보면 언젠가 자신도 저 사람들과 나란히 앉게 될 것 같다는 걱정이 들었다.

 에이밀리 역시 존의 불안정한 재정 상황과 그래서 생기는 심적 부담이 고민이었다. 많은 퀴어가 노년기를 가난하게 보낸다는 사실을 알았다. 존처럼 벌이는 적고 사회 정의를 위하는 일에 경력을 바쳐서이기도, 퀴어 섹슈얼리티를 못마땅해한 가족이 지원을 끊어서이기도, 고용 차별을 마주해서이기도 했다. 에이밀리는 친구와 나눌 정도의 자산은 충분하고도 남는다고 생각해 존의 노후 자금을 만들어주겠다고 나섰다. 존은 거절했다. 존은 자족이 '고상한 미덕'이라 생각했고, 직업을 비롯한 모든 면에서 스스로 지식을 쌓았다고 말할 수 있다는 데 자부심을 느끼곤 했다.

 뉴욕에 와서 지내는 동안 존의 마음은 점차 바뀌었다. 맨해튼 중심부의 호텔 침대에 앉아, 존은 에이밀리에게 말했다. 처음에 노후 자금을 만들어주겠다는 제안을 거절한 건 돈이 우정을 더

럽힐까 봐 두려워서였다고. 하지만 지금은 우정이 워낙 굳건해져 돈에 방해받지 않을 것 같다는 느낌이 든다고. 존은 정기적으로 들어오는 경제적 지원이 있으니 삶이 크게 달라졌다고 했다. 이제 타이어가 터져서 차량 견인에 400달러를 써야 하는 등 갑자기 돈 쓸 일이 생겨도 가계에 구멍이 안 나려면 예산에서 뭘 빼야 하냐는 고민이 머릿속을 채우지 않는다. 도움받기를 어려워하며 수십 년을 살아온 존이 상호성을 받아들인 것이다. 존에게 상호성은 독립독행과 동반 의존 사이의 건강한 중간 지점이 되었다. 사실 둘의 우정은 1980년대에 만난 이래로 줄곧 상호적이었다. 양쪽 모두 주기도 받기도 했으니까.

　케네디 대법관은 오버게펠 판결 의견문에서 결혼한 배우자들에게는 "두 사람이 세상에 있는 동안 서로를 보살펴 줄 누군가가 존재하리라는 확신과 이해 그리고 동반자 관계의 희망"이 생긴다고 썼다. 존과 에이밀리의 우정 이야기라 해도 이상할 게 없는 글이다.

○ ● ○

　판사들이 전광판 청혼을 언급한 주민발의안 8호 판결문에는 이런 내용도 있다. "'혼인 관계'라는 명칭을 부여하는 것은 …… 서로 헌신하는 관계의 최고 형태와 그 관계를 시작한 개인들에게 정부가 존중과 존엄성을 부여하는 가장 주요한 방식이다."[25] 이 존중과 존엄성을 얻기 위해 서로 헌신하는 쌍쌍의 친구들은 결혼의 힘을 빌리기도 했다. 한 여성은 틱톡에 올린 영상 중 몇몇이 조회 수 수십만을 기록하면서 유명해졌는데, 내용은 자신이 친구와 한 '플라토닉 결혼'을 설명하는 것이었다. 이 여성은 결혼이 무엇이 될 수 있는지, 이 제도에 접근할 수 있는 사람은 누구인지를 새롭게 상상한 형태로 플라토닉 결혼을 선보였다.[26] 2017년에는 서로 헌신하는 고령의 남성 친구 두 명이 아일랜드에서 최근 법제화된 동성 결혼을 활용한 사연[27]에 전 세계 언론의 관심이 쏠렸다. 둘이 같이 사는 작은 집을 나이가 더 많은 한 명이 소유하고 있었는데 이 남자는 친구가 5만 유로라는 상속세를 물지 않고 그 집을 받았으면 했다. (두 남자의 사연을 다룬 기사들은 대개 진심 어린 필치로 쓰였지만 두 친구가 중요한 법적 권리를 행사할 방법이 왜 결혼 하나뿐이었냐는 질문을 던지지는 않았다.)

쌍쌍의 친구들은 이미 존재하는 법적 형태를 다른 용도로 사용했다. 기지를 발휘해 기혼 커플에게 주어지는 정당성과 현실적 혜택을 받는 전략이다. 그러나 그 옛날 1980년대에 반년마다 모여 회의한 게이와 레즈비언 변호사 모임의 일원이었던 낸시 폴리코프 아메리칸 대학교 법학 교수는 플라토닉 결혼이 제한적인 법률 환경을 드러내는 증상이라고 본다. "총체적인 권리와 인정을 받을 수 있는 명분이 오로지 하나(결혼)뿐이면 이런 일이 벌어지는 거죠."

본인들에게 맞게 재창조할 요량으로 결혼이라는 선택지를 잡는 친구들은 도박을 감행하는 셈이다. 토론토에서 베를린으로 함께 거주지를 옮긴 두 친구, 치데라 서니와 디드러 올슨은 우정의 중요성을 확고히 하고자 결혼했고 그로써 결혼에 대한 다른 사람들의 기대와 정면으로 충돌했다. 구체적으로 말하자면, 사람들은 치데라와 디드러가 한마음 한뜻으로 세상을 살고, 서로를 독점하고, 정체성이 씨실과 날실처럼 엮여 있으리라고 짐작했다. 한 사람이 혼자 모임에 참석하면 "와이프는 어쩌고 왔어?"라던가 "아내분은 잘 지내죠?" 같은 질문을 제일 먼저 받았다. 어떤 친구는 치데라에게 결혼한 아내가 있는데 데이트 상대와 찍은 사진을 SNS에 올리는 건 좀 아니지 않냐고 말했다. 치데라와 디드러는 관습과 무관한 이유로 결혼했다는 걸 분명히 밝혔지만, 결혼의 의미는 말라붙은 점토처럼 이미 단단히 굳어 있었다. 자신들의 우정이라는 개별 사례로 의미를 새롭게 부여하기란 역부족이었다.

친구 사이인 테리 매키언과 앤 퀸은 결혼의 상징적 의미가 아니라 실용적 이점에 관심이 있었다. 게이인 테리와 레즈비언인 앤은 인공 수정으로 임신해 1989년에 태어난 첫째와 몇 년 뒤 태어난 쌍둥이까지 세 아이를 낳았다. 앤은 세 아이를 육아하는 동안 단기 아르바이트를 했으므로 건강보험이 없었다. 두 사람은 앤을 테리의 건강보험 피부양자로 등록할 방법을 이모저모로 생각했다. 계약서를 쓰면 될까 싶었다. 하지만 현실적으로 가능한 방안은 결혼뿐이었다. LGBTQ 운동에 참여하며 결혼 우월주의와 맞서 싸워온 두 사람에겐 꺼려지는 선택지였다.

시청에서 결혼식을 올리는 동안 테리는 주례를 보는 판사가 신부한테 키스하란 말을 하지 않기만을 바랐다. 앤은 식이 "우스꽝스럽다"고 생각했다. "결혼은 성스러운 거라고 노래를 부르지만, 10분이면 뚝딱 결혼할 수 있던걸요. 혼인허가서는 돈만 내면 주잖아요."

테리와 앤은 알리지 않으려 했으나 두 사람이 결혼했다는 소식은 금방 새어나갔고, 가족들은 앤과 테리가 이제 퀴어가 아니라고 생각하게 된 듯했다. 연세가 아흔아홉인 앤의 할머니는 테리에게 50달러를 슬쩍 찔러주면서 "자네 덕에 그 문제가 해결돼서 기쁘구먼."이라고 했다. 앤이 연애를 해서 그 파트너가 테리와 같이 사는 집에 이사해 들어오고서야 가족들도 비로소 두 사람이 이성애자 부부가 아니란 걸 인정했다. 앤은 파트너와 결혼할 마음이 생겼고, 그래서 테리와는 이혼해야 했다. 판사가 외도하거나 거짓말한 남편을 줄줄이 책망하는 으리으리한 재판정에 이혼 재판을 받으려고 앉은 테리는 앤과 애초에 로맨틱 파트너 사이가 아니었다는 걸 밝혀야 할까 봐 초조했다. 판사가 자기더러 법을 어겼다고 할지도 걱정스러웠다. 이혼할 때 비용과 사생활 침해를 감당해야 하는 것과 반대로 결혼하기는 그렇게나 쉽다는 데서 앤은 "결혼은 사실 재산 문제"라는 확신을 얻었다. 어차피 결혼은 둘의 우정을 담기에 이상적인 법적 형태도 아니었다.

치데라와 디드러, 테리와 앤은 사회 비평가 마이클 워너Michael Warner의 견해를 실제 삶으로 보여주고 있었다. "결혼이 단순히 두 사람이 하는 어떤 일이라 믿고 싶은 유혹은 언제나 있다. 그러나 결혼은 결코 두 개인 간의 사적 계약이 아니다. 여기에는 언제나 제삼자의 인정이 수반된다. 심지어 그 인정은 그저 자발적이거나 중립적인 인정이 아니라 법적 집행력이 있는 인정이다."[28] 테리는 앤과 가족을 꾸려서 "꿈꾸던 모든 걸 다 누렸"지만, 정부가 서로 헌신하는 사람들의 플라토닉 관계를 인정해 결혼 외에도 중요한 권리들을 얻을 경로가 있으면 좋겠다고 말했다.

결혼이라는 선택지를 아예 고려하지 않은 친구들도 있었다. 결혼이라는 제도에 반대해서이기도, 성적 관계가 있다는 암시가 너무 거대한 장벽으로 작용해서이기도 하다. 내가 에이밀리와 존에게 결혼도 생각해 봤냐고 묻자 에이밀리는 참 얼떨떨해지는 질문이라고 대꾸했다. 그러곤 결혼 비판에 열을 올리고 이어 말했다. "다시 말하지만, 오직 나만이 존을 돌볼 수 있다고 한정하거나 존이 오직 나랑만 어울리고 다른 사람과는 어울리면 안 된다고 한정하는 그런 제도에 동참할 마음은 조금도 없었어요." 6장에 나왔던 바브는 반세기 동안 이어진 우정이 결혼과 비교하면 어떻냐는 정도의 질문에도 당황했다. 친구와 결혼한다는 생각은 해본 적이 없는 게 분명했다.

바브가 느낀 불편함에서는 법률혼의 이중성이 나타난다. 혼인은 지위이자 계약이다.[29] 계약에 포함된 혜택이 좋다고 생각해도 그 지위가 자신들의 관계에 꼭 맞지는 않을 수 있다. 앤과 테리가 그랬다. 반대로 그 지위는 원하지만 현실적인 영향을 따지면 손해인 사람도 있다. 고령 미국인이 이런 경우가 많다.[30] 고령층은 일을 한 지 수십 년째에 만난 파트너와 금전적인 영역을 합치거나, 자녀로 지정해 둔 의사 결정 대리인 역할을 갑자기 새 배우자가 가져가는 걸 원치 않을 수 있다. 그러나 혼인 관계에서는 이런 권리가 배우자에게 돌아가는 게 기본값이다. 어떤 이들에게 혼인은 배우자에게 권리를 너무 많이 부여하면서 융통성은 너무 적은 제도다.

또 어떤 이들의 관계는 결혼의 법적 정의와 나란히 성립할 수 없다. '플라토닉 결혼'을 하자는 결정은 친구 사이면 가능하다. 하지만 생활동반자 역할을 하는 형제자매가 결혼해 그 관계를 '형제자매 결혼'이라 부를 수는 없다. 미국 여러 주에서 불법으로 규정하는 근친상간에 해당할 테니까. 법에 맞서는 건 십중팔구 무모하고 비현실적인 일이고, 평생을 함께 살아온 영국의 80대 자매에게도 그랬다.[31] 자매는 부부에게 적용되는 상속세 면제권을 자신들에게도 적용해 달라고 영국과 유럽의 재판소에 청원을 제기했지만 받아들여지지 않았다. (우리가 사는 시대는 '결약한 형제'라는 비유적 표현이 이상하게 들리지 않았던 블록섬과 휘튼의 시대와는 한참 동떨어져 있다.) 결혼은 삶에 중요한 사람이 별자리의 별만큼 많고 단일한 파트너 관계는 맺고 있지 않은 미국인에게도 도움이 되지 않는다. 간단히 말해 서로 헌신하는 관계의 유형 다수는 결혼이라는 틀에 맞아떨어지지 않는다.

그렇다면 결혼에 딸려 오는 풍성한 혜택을 정당화하는 근거는 무엇일까? 역사에서 몇 가지 이유를 찾을 수 있다. 듀크 대학교 법학대학원 학장 케리 에이브럼스Kerry Abrams가 설명하기로,

20세기 동안 대중은 결혼에 경제적 관심과 도덕적 관심을 모두 보였다. 결혼은 근본적으로 축소판 복지국가였고, 남성과 여성이 결혼반지뿐 아니라 돌봄과 경제적 지원을 교환하는 단위였다. 혼인 관계가 문화적으로나 법적으로나 유일하게 인정되는 성관계와 출산의 장이기도 했으므로[32] 정부가 결혼을 장려하는 것은 타당했다. 그러지 않았으면 사회에 간통자와 '사통자'* 그리고 '사생아'가 넘쳐났을 것이다.

20세기 중반, 혼인 상태는 점점 늘어나는 공공복지의 수혜를 받을 자격이 있는지를 결정했다.[33] 남편과 아내는 서로에게 의지한다고 가정되었고, 정부는 이들이 서로를 지원하고 뒷바라지하도록 장려하거나 그 지원이 불가능해지면 다른 수단으로 대체하도록 개입했다. 가령 정부는 남편과 사별한 여성에게 사회보장 연금을 제공해 생계 부양자의 빈자리를 효과적으로 메웠다. 결혼이 보편이었던 사회에서 혼인 상태는 공공 부조 수급 대상을 간단히 정할 수 있는 수단이었다.

하지만 사회 풍경이 급변했다. 혼인율은 곤두박질쳤고 사회경제적으로 불리한 계층에서는 특히 더 그렇다.[34] 메이에리 펜실베이니아 대학교 법학 교수가 쓰기로 "결혼이 특권층의 영역이 되어가는 지금 결혼 우월주의의 위험 부담은 어느 때보다 높다."[35] 기혼 커플에게 혜택이 쌓이면 결혼한 사람과 하지 않은 사람 간의 불평등이 악화되기 때문이다.

* 당시 불법이었던 혼전 성관계를 한 사람들을 가리키는 말.

기혼자와 미·비혼자 사이의 불평등이 오류가 아니라 당연한 요소라 보는 사람도 있다. 이들은 결혼의 실질적 의미가 약해지는 현실을 반영해 법을 고치기보다는 결혼에 유인책을 마련하려 한다.

2023년 보수 성향 싱크탱크 미국기업연구소의 패널 토론에 참관해 보니 연구자들은 도덕적 이유와 실용적 이유를 섞어 결혼을 장려해야 한다고 주장했다. 사회학자 W. 브래드퍼드 윌콕스가 '미국에서 사랑이 막을 내리고 있다'라는 불길한 제목의 발표로 포문을 열었다. 이 제목은 지난 수십 년간 가파르게 감소한 혼인율을 이르는 윌콕스 특유의 표현이다. 그는 결혼을 멀리하는 현재의 추세가 "암담한 소식인데 왜냐하면 …… 우리는 다른 인간과 깊고 변함없는 유대를 맺고 있을 때 가장 풍성하게 번영할 수 있기 때문이며, 우리 대부분에게는 여러 유대 중에서도 따뜻한 가정에서 맺는 유대가 무엇보다 중요"하다고 말했다. 결혼을 "가장 근본이 되는 사회 제도"라고 설명한 윌콕스는 결혼의 유익함이 개인을 넘어서 밖으로 퍼져 나간다고 주장했다.

같은 정서가 우리 법에도 메아리친다. 오늘날 '복지개혁법'으로 통하는 1996년의 법안은 이런 말로 시작한다. "의회는 다음을 확인했다. (1) 결혼은 성공적인 사회의 기반이다." 이 법안은 혼인을 신장해야 할 경제적 이유도 제시한다. 복지 정책을 전면적으로 점검하는 중요한 이유가 "취업 준비와 근로, 결혼을 촉진해 형편 어려운 부모가 정부 혜택에 의존하는 것을 끝내기"[36] 위해서라는 설명이다. 혼인의 증가는 곧 정부 수당 수급자의 감소를 의미한다.[37]

잠시 멈춰 생각해 봐야 할 주장이다. 결혼이 빈곤 문제를 해결한다는 생각에는 역사적으로 인종주의가 들끓고 있다. 정치계와 언론이 들먹이는 악명 높은 미혼 '복지 여왕'*은 어김없이 흑인이나 라틴계 엄마다. 여기에는 이 여자들이 결혼만 했다면,**38 즉 둘이서 사적인 복지국가를 만들었으면 가난하지 않았을 테고, 그랬으면 경제적으로 취약한 미국인이나 유색인 미국인을 지원할 정부의 책임이 효과적으로 면제되었으리라는 암시가 깔려 있다.

결혼의 특별한 지위를 옹호하는 사람들은 다른 것보다도 혼인 관계가 자녀를 양육하기에 제일 좋은 환경이라는 믿음을 품고 있을지도 모르겠다. 미국기업연구소 패널 토론에서 이뤄진 논의 다수는 결혼해 사는 부부의 자녀가 교육과 취업에서 더 나은 성과를 내며 결혼한 청년이 가난해질 확률이 낮다는 결과를 내놓은 연구에 초점을 맞췄다.***39

혼인 관계가 자녀에게 미칠 수 있는 영향은 아주 심각하게 받아들여야 한다. 그러나 혼인 관계가 어떤 식으로 아이들에게 영향을 미치는지 파악하는 것은 골치 아픈 연구 문제다. 결혼하는 사람들은 결혼하지 않는 사람들에 비해 애초에 생활 여건이 나

---

*   허위로 복지 혜택을 받아내는 가상의 여성을 지칭하는 말로, 캘리포니아주 주지사를 거쳐 미국 대통령이 된 로널드 레이건이 선거 운동에 써먹었다. ─ 옮긴이
**   흑인 여성 양육자를 결혼시키려는 노력은 아이러니하다. 5장에서 논했듯 과거 미국 정부는 흑인 미국인이 결혼하지 못하게 막았다.
*** 이 패널 토론에서 미국기업연구소 선임 연구원 이언 V. 로(Ian V. Rowe)는 '성공 연쇄'를 이야기했다. 결혼 이후 아이를 갖는 등 일련의 단계를 따라가는 사람들은 빈곤에 빠지지 않을 것이 거의 보장된다는 견해다.

은 편이며, 각종 통계 기법을 총동원해 이 차이를 처리한다고 해도 인과 관계를 판단할 모범적인 기준은 찾을 수 없다. 결혼할 사람을 무작위로 배정할 수는 없지 않은가. 이는 빈곤, 가족 구조, 가족의 안정성이 자녀의 안녕감에 미치는 상대적 중요도를 둘러싸고 연구자들 사이에서 격렬한 논쟁[40]이 벌어지는 이유 중 하나다.

혼인 관계가 자녀에게 최적의 환경이라고 결론짓는 연구자들에게 동의한다 해도, 브루킹스 연구소의 선임 연구원 리처드 V. 리브스가 말했듯 "병에서 나온 지니를 어떻게 다시 집어넣겠단 건지는 모르겠다." 정부는 그간 지니를 도로 넣으려는 우격다짐으로 복지 예산 수억 달러를 결혼 장려 프로그램에 지출했지만, 여러 연구 결과를 살펴볼 때 혼인율에 뚜렷한 효과는 거의 확인되지 않았다.[41] 오늘날 아동 약 40%는 결혼하지 않은 양육자에게 태어난다.[42] 『양육자가 둘이라는 특권: 미국인들은 어쩌다 결혼하지 않고 뒤처지기 시작했나 The Two-Parent Privilege: How Americans Stopped Getting Married and Started Falling Behind』라는 책을 쓴 경제학자 멀리사 커니 Melissa Kearney는 "결혼은 수많은 이점을, 그것도 특히 자녀에게 준다는 점에서 독특한 제도"라 생각한다고 말했다. 하지만 "결혼하지 않은 사람이 많고 결혼의 중요성은 회복하기 어려우리란 현실을 고려하면" 결혼의 법적 대안을 탄탄히 마련하는 쪽으로 고민하는 것이 타당하다고 설명했다. 이런 말도 덧붙였다. "내가 보기엔 아이들을 생각하면 더욱 이렇게 가야 해요." 대안이 될 법적 형태가 있으면 양육자가 미·비혼일 때 얻지 못하는 가족의 안정성을 어느 정도 얻을 수 있다.

 자녀의 안녕감이라는 요소를 고려하는 것도 중요하지만, 모든 파트너 관계의 목표가 출산인 것은 아니다. 그러나 법률혼과 그 최고 지위를 옹호하는 주장들은 아이가 있는 가족의 이익을 중심으로 한다.[43] 1999년에 캘리포니아주 의원들은 인구에서 상당한 비중을 차지하는 집단 중 한 집단, 고령층에게는 결혼이 필요하지 않다고 인정하며 62세 이상 이성 커플에게 동거동반자 관계를 허용했다. 그런가 하면 에이밀리와 존처럼 '깊고 변함없는 유대'를 맺은 건 확실하지만 그 관계가 결혼에 부합하지는 않는 사람들도 있다.

 많은 법학자는 관계의 형식에 초점을 맞추기보다 관계가 수행하는 기능에 주목하자고 제안한다. 윌리엄앤드메리 대학교 법학대학원 교수 비비언 해밀턴Vivian Hamilton은 정부의 이해와 관계되는 핵심 기능은 두 가지, 돌봄과 경제적 지원이라고 주장하며[44] 이렇게 질문한다. "(정부가) 사회적으로 같은 기능을 수행하는 여러 동반자적 관계 가운데 한 가지 형태에만 특권을 부여할 이유가 무엇인가?" 해밀턴은 결혼이 돌봄과 경제적 의존의 "투박한" 대용물이라고 말하며 정부가 이 기능을 직접 지원할 것을 촉구한다. 5장에서 간략히 소개한 친권 판결을 내린 재판부도 비슷한 논리를 활용했다. 가족의 구조가 아니라 개인이 수행한 역할을 근거로 친권자를 판단했다. 사건 당사자인 성인이 양육자 구실을 했는가. 책을 볼 때 표지가 아니라 내용을 보고 판단하겠다는 법적 결정이라 할 수 있겠다.

○ ● ○

존이 키스 셀카를 찍고 반세기가 지나, 존의 작업에 그 어느 때보다 많은 관심이 쏟아지기 시작했다. 존이 1979년에 자가로 출판한 사진집이 2021년 재출간되어 곧바로 2쇄를 찍었다. 신시내티의 한 미술관에서 존이 수십 년 전 차고와 주민센터에서 선보인 슬라이드 쇼 〈다이크 쇼〉를 상영했다. 뉴욕 레슬리로먼 미술관에서는 설치 작품을 의뢰해, 커다랗게 인쇄한 존의 사진들이 소호 거리 보도를 바라보는 높이 약 2.4m의 미술관 창문을 가득 채웠다. 뉴욕 프라이드 위켄드*와 일정이 맞물린 전시 개막을 축하하고자 존은 미술관에서 파티를 열기로 했다. 전국에서 100명도 넘는 친구와 친척을 초대하니 성인이라면 결혼식에나 모을 수 있을 법한 사랑하는 사람들이 한자리에 모였다. 존과 에이밀리는 파티를 준비하며 어떤 용어로 자신들의 관계를 설명해야 다른 사람들이 이해할 수 있을지 상의했다. 존은 에이밀리가 자기에게 어떤 존재인지 남들이 알아줬으면 하는 상황을 점점 자주 맞이하고 있었다. 두어 해 전 모교 마운트 홀리요크 칼리지에서 명예박사 학위를 받을 때는 수여식에서 만난 학교 총장이나 다른 귀빈들에게 에이밀리를 어떻게 소개해야 할지 몰랐다. 이제는 레슬리로먼 미술관에서 전시할 사진을 선정하고 시안을 확인하는 회의에서 미술관 직원들이 에이밀리

---

*   매년 6월에 열리는 LGBTQ 축제. — 옮긴이

가 누구인지를 묻고 있었다.

존과 에이밀리는 원래 쓰던 '자매 겸 이웃 겸 동지'란 말이 다소 장황하다는 데는 동의했다. 늘 불온분자 같은 면이 있었던 에이밀리는 그 장황함을 조금 즐겼다. "그 말에 사람들이 혼란스러워하는 맛이 나쁘지 않던데. 우리를 어떻게 이해해야 할지 갈피를 못 잡잖아."라고 존에게도 말했다. 하지만 존은 당혹감이 번진 얼굴들을 보는 게 지긋지긋했다. 존의 말이다. "난 커뮤니케이션 전문가예요. 소통이 직업인 사람이죠. 내가 느낀 감정을, 에이밀리가 내 삶에서 어떤 사람인지를 전달하지 못한다는 게 유쾌하지 않았어요." 50년 동안 레즈비언 관계를 가시화하고자 힘써온 존에게 새로운 과제가 생긴 것이었다. 자신의 삶을 형성한 또 다른 유형의 관계, 섹스와 무관한 그 관계를 사람들에게 이해시키기. 존과 에이밀리는 '비로맨틱 생활동반자non-romantic life partner'라는 말을 쓰기로 했다. '생활'이란 단어를 넣은 이름표인 만큼 다른 후보들에 없었던 무게감이 생기기를, '배우자'에 더 가깝게 느껴지기를 바랐다.

미술관 파티 날, 존은 네모난 단상에 서서 연설했다. 마이크를 손에 쥐고 헐렁한 하와이안 셔츠를 입고 금빛 화환을 두르고 있었다. 존은 미술관 직원과 사랑하는 사람들이 섞여 있는 참석자들에게 미리 경고했다. "난 울기도 하는 부치 레즈비언이에요. 그러니 감정이 북받쳐 목이 메어도 개의치 않을 겁니다." 존은 함께 설치 작업을 해준 미술관 직원 한 명 한 명에게 아낌없는 찬사를 보냈다. 이어서 청중 사이에 있는 에이밀리를 바라보고,

고개를 살짝 기울이며 말했다. "앞으로 나와줘, 에이밀리." 단상으로 올라오는 에이밀리에게 환호가 쏟아졌다. 존은 에이밀리가 얼마나 고마운 존재인지 이야기했다. 등 뒤에서 손을 맞잡은 에이밀리의 얌전한 자세가 뒤통수 아랫부분을 짧게 민 머리 모양과 무늬가 들어간 검정 타이츠, 트랜스젠더 인권 운동가 실비아 리베라Sylvia Rivera의 얼굴이 선명하게 프린트된 민소매 차림과 대비를 이뤘다. 존은 에이밀리가 "내 신념 앞에 부끄럽지 않은 삶을 살도록 나를 고무"하고, "떨 듯이 기쁠 때나 축 처져 울적할 때, 아니면 기겁해 어쩔 줄 모를 때" 자기 손을 잡거나 꼭 안아준다고 이야기했다. "물론 내가 기겁하는 일은 죽었다 깨도 없지만요."라고 말을 덧붙이자 청중은 알아들었다며 일제히 웃음을 터뜨렸다. 그리고 존은 선포했다. "우린 비로맨틱 생활동반자입니다." 어떤 사람들은 "흐음" 소리를 내고 누군가는 "그렇고 말고"라고 화답한 데 이어 박수갈채가 터져 나왔다. 에이밀리는 존의 말이 자신들의 관계를 "아름답게 긍정"했다고 느꼈다. 연설이 끝나고 친구들은 존에게 '비로맨틱 생활동반자'가 썩 괜찮은 표현이었다고 말했다. 이후로 존과 에이밀리는 '비로맨틱'이란 말에 시큰둥해졌다. 그러면 관계에 없는 것으로 관계를 규정하게 되기 때문이었다. 게다가 3장에 나온 스테이시처럼, 존과 에이밀리도 자신들의 우정에 로맨스의 요소가 있다고 생각했다. 두 사람은 '우정애friendship love'란 표현을 택했다.

적절한 언어지만, 법이 인정하는 이름표는 아니다.

결혼을 원하지 않거나 결혼할 권리가 없는 친구들에게는 두 가지 선택지가 있다. 법적 권리 없이 살거나, 맞춤 해결책을 직접 만들기. 존은 후자를 택했다. 그렇게 찾은 변호사 미셸 자보스는 결혼을 할 수 없거나 하지 않은 사람들에게 기발한 법적 해결책을 고안해 주는 일을 자랑스럽게 여겼다. 40년간 LGBTQ 의뢰인과 결혼하지 않은 의뢰인에게 법적 보호 장치를 제공하는 일을 전문으로 해온 사람이었다.

코로나-19 팬데믹이 한창이던 2021년 여름, 미셸네 집 현관 테라스에 존의 유언장에 서명할 여섯 사람이 모였다. 일흔일곱 살 존, 미셸, 증인 두 명과 공증인 한 명, 그리고 존의 유언 집행인이 될 에이밀리가 접이식 협탁 앞에 2미터씩 거리를 띄우고 앉았다. 사용한 펜과 새 펜을 구분할 통을 두고, 얼굴의 아래 절반을 마스크로 가린 사람들이 서류를 돌려 보고 또 돌려 봤다. '이름 머리글자를 쓰세요. 이곳에 서명하세요.' 존의 소감은, "무슨 슬랩스틱 코미디 영화인 줄 알았어요. 서류가 끝도 없이 오잖아요."

존은 에이밀리를 비롯한 공동체의 사랑하는 사람들과 삶의 막바지에 물어야 할 질문들을 놓고 여러 달 동안 대화를 나누어 왔고, 멈출 줄 모르는 서류 뺑뺑이는 그 작업의 정점이었다. 존이 '식물인간'이 되니 생명 유지 장치의 전원을 끄는 편을 택하겠다고 하면 사전 의료 지시서의 용도는 어떻게 되는가? 기억 손실이 어느 정도로 일어나야 치매로 간주할 수 있나? 존의 죽음을 전면에 내세운 자세한 대화는 편치 않았지만, 대화를 마친 존은 안도감이 들었다. 에이밀리도 그랬다. 뭘 원하고 뭘 우려하는지 명확하게 말해뒀으니 존과 관련된 결정이 기본값대로 혹은 본인 동의 없이 이뤄지진 않을 것이었다. 에이밀리가 숱하게 임종을 지켰던 에이즈 환자, 암 환자와는 다를 것이었다. 존과 상의한 내용은 열 장도 넘는 법률 문서가 되었고, 그렇게 하는 데 수천 달러 비용이 들었다.

이 우정의 토대는 상호 지원이지만 두 사람의 법적 서류는 상호적이지 않다. 에이밀리의 유언장에는 존의 이름이 없다. 친구보다 스무 살 어린 에이밀리는 아마 존보다 오래 살 테고, 지금 에이밀리의 건강과 돈에 관한 결정을 내릴 책임은 에이밀리의 남자 형제에게 있다. 물론 존 생전에 에이밀리에게 문제가 생기면 존이 그 남자 형제와 같이 결정을 내릴 것이다. 에이밀리는 "이 관계를 인정하는 의미에서" 각자의 유언장에 서로의 이름을 넣는 게 자연스러워 보이긴 하지만 "그런다고 실질적인 의미가 생기는 건 아니"라고 말했다.

맞춤 계약서로 서류상 권리를 얻어도 상응하는 지위가 갖춰지지 않는 한 그 관계를 바라보는 다른 사람들의 인식에 영향이 갈 가능성은 적다. 파티나 모임에서 동행을 '내 유산 관리인'이나 '내 법정 대리인'이라고 소개하는 게 일반적이진 않으니. 허미티지에서 20년 이상을 함께 살아왔고 친구로 지낸 지는 50년도 넘은 바브와 아이네즈는 공적으로 인정되는 권리와 사회에서 통하는 의미에 괴리가 있을 때 어떤 결과가 생기는지 알게 되었다. 2020년에 아이네즈에게 탈장이 발생해 응급 구조대가 아이네즈를 구급차에 실을 때 구급차 기사는 바브가 아이네즈와 같이 병원에 들어가지 못할 수도 있다고 알렸다. 바브는 그래도 구급차를 따라갔다. 병원 밖에 도착하니 간호사가 바브더러 친척이냐고 물었다. "아뇨, 친구예요."라고 바브가 대답하자 간호사는 30분 후 다시 오라고 말했다. 2월에 냉골인 차에 앉아 기다리는 동안 바브는 부부로 보이는 남자와 여자가 같은 간호사의 질문을 받고 병원에 함께 들어가는 모습을 봤다. 30분 뒤 돌아온 바브에게 병원 직원은 아이네즈가 의료 결정 대리인을 지정해 뒀냐고 물었다. 바브는 그 대리인이 자기라고 답한 뒤 안으로 안내받았다. 미리 준비해 둔 법적 권리가 막판에는 이 친구들을 보호해 줬다.

 그러나 이 상황은 좀 더 부정적으로도 해석될 수 있다. 법이 결과적으로 바브가 (적어도 병원에 머문 시간 중 일부는) 아이네즈와 함께 있도록 보장해 주긴 했으나 바브의 존엄성이 침해당하는 것을 막아주진 못했다. 바브는 추운 날 바깥에 방치되었고, 아이네즈의 인생에 반드시 있어야 하는 사람이 아니라고 치부되었고, 아파하는 친구의 머리맡을 지켜줄 수도 있었을 상황에 분리되어 곁에 있지 못했다. 로욜라 법학대학원 교수 카이포 마쓰무라Kaipo Matsumura는 바브가 자기 권리를 의심받지 않으려면 "지위를 증명할 서류를 항상 소지해야 한다는 부담"을 맞닥뜨린 거라고 말했다. 이런 부담을 기혼자들은 마주할 일 없다.

 존이 미술관 파티에서 자신의 공동체에 부탁했듯 친구들이 자기들의 관계를 인정해 달라고 명시적으로 요구할 수는 있지만, 그런다고 사람들이 그대로 인정해 주리라는 보장은 없다. 존은 에이밀리가 자신의 '비로맨틱 생활동반자'라고 선언했을 뿐 아니라 어디든 자기를 초대한다면 에이밀리도 같이 불러달라는 구체적인 부탁도 했다. 에이밀리에겐 감동적인 일이었다. 하지만 그런 뒤에도 존은 뒷마당 바비큐 파티나 생일 파티에 초대받을 때마다 에이밀리까지 동행으로 참석 인원에 넣어달라고 자꾸 다시 얘기해야 했다. 동성 결혼이 법제화되고 동성 배우자가 모임이나 파티의 동행인이 되는 게 당연해진 이후로 존은 자신과 에이밀리의 우정이 간과되는 게 "조금 더 힘들어졌다"고 했다. "정부에서 (동성 결혼을) 인정했잖아요. 그게 앞으로도 변하지 않으면 좋겠지만, 그런 뒤로 정부에서 승인 도장을 받지 못한 사람들은 자기들이 어떤 관계라고 주장하기가 더 어려워졌어요." 존은 에이밀리와의 우정이 얼마나 중요한지를 연설로 전달하려 했지만, "그걸로 성대한 잔치를 열거나 결혼식을 올렸을 때처럼 평생 선언이 남지는 않는다." 존의 말처럼, 결혼식을 올리고 나면 "대개는 배우자를 같이 초대하는 걸 까먹지 않는데" 말이다.

지금 혼인 관계와 혼인 외 관계 사이에 존재하는 불공정을 축소하려면 크게 두 가지 방법으로 접근할 수 있다. 결혼의 법적 대안을 마련하기, 그리고 결혼에서 본질만 남기고 곁가지를 쳐내기.
법학 교수이자 권익 옹호자인 폴리코프는 혼인 외의 관계에 법적 보호 장치를 마련할 간단한 방안을 제안한다. 비상 연락망과 유사하게, 기본 의사 결정 대리인을 지정 등록하게 하는 것이다. 면허를 따거나 선거인으로 등록할 때 지정한 사람을 쓰게 하면 된다.

조금 더 정교하면서도 유연한 해법을 원한다면 콜로라도주에서 시행되었지만 잘 알려지지 않은 한 법안을 본보기 삼아 미국 전역에서 활용해도 좋을 것이다. 2000년대 후반, 콜로라도주 상원의원 팻 스테드먼Pat Steadman은 개개인에 맞춰 조정하기가 결혼보다 쉬운 법적 형태를 새로 설계해, 성인 두 명이 어떤 관계를 맺고 있든 모두가 권리를 누릴 수 있도록 확장하고자 했다. 스테드먼의 말이다. "지정수혜자법designated beneficiary law으로 혼인법처럼 차별적인 선택지를 또 만들고 싶진 않았습니다."[45] 2009년부터 콜로라도주 주민은 건강과 재정 위주로 열여섯 개 권리 항목을 나열한 두 장짜리 양식을 채워 지정수혜자동의서를 등록할 수 있게 되었다. 결혼과 달리 지정 수혜자 동의는 개별 선택 모델을 취한다. 두 사람은 각각의 권리를 부여하거나 부여하지 않겠다고 선택할 수 있고, 같은 권리를 양자가 서로 위임하지 않아도 괜찮다. 아버지와 아들이 등록한다고 해보자. 아버지가 아들을 자신의 건강보험 대리인으로 정했다고 해서 아들이 자기 건강보험 대리인으로 아버지를 지정할 필요는 없다. 이 방식은 간단하고 비용도 저렴하며, 돈이 많이 드는 상속 계획 절차에 포함되는 핵심 권리를 다수 보장한다.*[46] 전문 변호

---

* 대조적으로 미국에 남아 있는 동거동반자법은 권리를 거의 보장하지 않는 편이다. 존의 변호사는 의뢰인에게 이 제도를 권한 기억도 없었는데, 메릴랜드주 동거동반자법이 제공하는 권리가 무의미할 정도로 적다고 생각했기 때문이다.

사의 도움으로 법률 문서를 작성하고 그 과정이 계기가 되어 사랑하는 사람들과 어려운 대화를 나누면 좋은 점이 있기는 하다. 존도 그랬다. 그러나 이런 방법을 쓰지 않았거나 쓸 형편이 되지 않아서, 중요한 의료 결정이나 생애 막바지를 스스로는 택하지 않았을 누군가에게 맡기게 되는 사람이 많다는 현실을 콜로라도주 의원들은 알았다.[47] 이런 현실은 에이밀리와 존도 모르지 않았다. 두 사람은 자신들은 재정 상황과 교육 수준에서 특권을 누리고 있기에 대다수가 마련하지 못할 해법을 찾을 수 있었다고 강조했다. 적어도 지정 수혜자 동의 제도가 있으면 사람들은 결혼에 대용량 번들 상품처럼 딸려 오는 권리 뭉치를 받겠다고 나서는 대신 열여섯 가지 권리 각각을 충분히 숙고해 보게 된다. 이는 의도에 충실하면서 접근성도 확보한 균형적인 법이다.*

일부 법학자는 세 명 이상의 수혜자 동의를 허용해야 한다고 주장한다. 시 단위의 몇몇 동거동반자 조례[48]에는 이미 이런 요소가 있고, 이런 형태라면 앞서 나온 물리학자 친구 앤드루와 톨리처럼 플라토닉 파트너와 로맨틱 파트너를 모두 두고 있는 사람들에게 도움이 된다. 존이 대화해 본 사람 중에는 가령 건

---

* 정부가 승인하는 혼인을 폐지해야 한다는 주장을 설득력 있게 펼친 사례들이 있다. 철학자 클레어 체임버스(Clare Chambers)가 저서 『결혼에 반대한다(Against Marriage)』에서 논증한 것이 한 예다. 그러나 체임버스는 스스로 제안한 변화의 정치적 실행 가능성을 다루지 않음을 인정한다. 그의 논증은 논리학과 윤리학에 기반한 것이다. 나는 대신 그간 대화를 나눠본 학자들이 현행안을 대폭 개선하면서도 실행 가능한 영역에 있다고 보는 개혁안을 제안하고자 한다.

강과 관련된 특정 결정을 대신 내려줄 사람이 배우자보다는 단짝이었으면 한다는 사람도 있었다. 혼인 관계를 보면 "부부에게 기대되고 법적으로 강제되는 온갖 일을 해내기에 두 파트너가 항상 최고 적임자인 건 아니"라고 존은 말했다. 행정적 편의를 위해 권리를 부여할 사람 수에 어느 정도 제한을 두는 건 필요하겠으나 그 사람이 최대 한 명이어야 할 필요가 있는지는 명확하지 않다. 방법을 알고 수단도 갖춘 사람들은 지금도 존처럼 유언장에서 권리를 여러 사람에게 분산할 수 있다. (존은 사는 동안에도 한 사람에게 모든 요구를 들어달라고 해선 안 된다고 생각한다. 존은 이렇게 물었다. "죽을 때가 됐다고 그 많은 요구를 들어줄 사람을 한 명만 둘 이유가 있나요?") 지정 수혜자 동의와 비슷하게 두 명 이상을 등록할 수 있는 간단한 동의 제도가 있으면 훨씬 부담 없이 그렇게 할 길이 생긴다.

  중요한 권리를 보장해 주던 결혼의 법적 대안이 되는 제도들은 아직 충족되지 않은 중대한 필요를 건드릴 것이다. 로맨틱하게 사귀고 있는 커플들의 필요도 예외가 아니다. 동거동반자 관계 등록 제한을 몇 차례 폐지한 캘리포니아주에서 그 미리보기를 확인할 수 있다. 이 주에서 동거동반자 제도는 우선 2002년에 파트너 한 명만 62세 이상인 이성 커플도 등록 가능하도록 확대되었고, 이어서 2020년에는 전 연령 이성 커플에게 허용되었다. 각 변경 이후 동거동반자 등록 신청자 수는 급증했다.[49] 이성애자 커플도 있었다. 캘리포니아 공영 라디오인 캐피털퍼블릭라디오에서 인터뷰한 커플 가운데 크리스티 스나이더와 마이클 핼버슨은 이전 결혼 생활에서 남편과 아내라고 저절로 맡게 된 역할[50]이 싫었기 때문에 동거동반자 관계를 택했다. 스나이더의 말이다. "나한테 기대되는 것들이 있었죠. 아내니까 어떤 식으로 살아야 하고 어떤 일을 해야 한다고요. 결혼하고 정체성을 잃은 것 같다는 여자들을 한두 명 만나본 게 아니에요." 이미 딱딱하게 굳은 결혼의 문화적 의미가 짐으로 얹히지 않았으면서도 법적으로 인정되는 파트너 관계가 두 사람에게는 잘 맞았다. 보호해야 할 가족 재산이 있는 사람들이 주로 손대며 작성에 수천 달러가 들기도 하는 혼전계약서를 쓰는 커플들 역시 표준 혼인 관계가 모두에게 통하지는 않는다는 점을 보여준다. 지정 수혜자 동의 같은 법적 형태가 있으면 적은 비용으로 쉽게, 각자에게 맞는 부분을 따져서 고를 수 있다.

프랑스의 파트너 등록 제도인 팍스PACS, Pacte De Solidarit(시민연대계약)는 결혼 못지않게 대중적으로 쓰인다.[51] 2019년에는 팍스 등록이 약 196,000건, 혼인 신고가 225,000건 이뤄졌다. 결혼의 대안인 이 제도는 파트너 관계를 공식적으로 승인받고는 싶지만 결혼할 준비가 되지 않았다고 느끼거나, 결혼에 원칙적으로 반대하거나, 금전적으로 엮이기 싫거나, 긴 이혼 절차를 밟아야 할 위험을 감수하고 싶지 않은 사람들에게 매력적이다. 전국적으로 도입된 팍스는 주나 지방 차원에서 작동하는 미국의 동거동반자법과는 달리 프랑스 내에서 널리 알려진 선택지다. 콜로라도식 지정 수혜자 동의 비슷한 제도가 국가적 차원에서 존재한다면 모든 주에서 같은 형식을 쓰는 전국 캠페인으로 미국인들에게 이런 제도가 있다는 사실을 확실히 알릴 수 있을 것이다.

결혼의 법적 대안을 만드는 것과 더불어 혼인 제도에 곤도 마리에*식 처방을 적용해 꼭 필요한 요소만 유지하는 것도 방법이다. 미국에서 혼인 상태는 어마어마하게 광범위한 혜택을 받을 자격이 있는지를 결정하는 기준인데, 폴리코프는 그 혜택 목록을 한번 점검해 보자고 제안한다. "결혼이란 구분선으로 법의 테두리 안팎에 있는 사람을 가르는 법을 하나하나 잡고 이런 질문을 던져보면 제일 좋겠죠. 이 법은 왜 존재하나? 목적은 무엇인가? 무엇을 이루려고 하는가?" 그런 다음 결혼이 결정적 요소가 아니어도 그 목적을 달성할 수 있도록 법을 조정하는 것이다. "법 하나하나를 모두 이렇게 살펴볼 수 있어요."

토지 용도 지정부터 임대료 규제, 세금, 주택 명의, 의료와 장례 결정에 상속까지, 폴리코프는 관련 법 영역을 줄줄이 늘어놓았다. 업무 중 사망한 노동자의 배우자에게 정부가 보상금을 지급하는 산업재해보상보험 유족 급여를 예로 들어보자. 폴리코프는 법의 기저에 깔린 목적을 이렇게 규명한다. 해당 임금 노동자에게 경제적 측면에서 일방 또는 쌍방으로 의존하던 사람에게 보상하기. 그러니 수급 자격은 혼인 관계가 아니라 의존 관계를 근거로 판단해야 타당하다. 캘리포니아 등 일부 주는 이미 이렇게 해왔다. 혼인 상태를 기준 삼을 때보다 법의 목적을 더 잘 충족하는 한층 정밀한 거름망이다. 결혼에 붙어 있는 혜

---

*   일본의 정리 전문가. 넷플릭스 시리즈 〈설레지 않으면 버려라〉 등으로 큰 인기를 얻었다. ─ 옮긴이

택을 다듬고 깎아 내면 현재의 극단적인 상황을 완화할 수 있다. 한쪽에는 결혼해 두둑한 혜택을 받는 배우자들이 있고, 다른 한쪽에는 결혼하지 않아 사회적 지위도 없고 법적 보호도 받지 못하는 사람들이 있는 이 상황을.

혼인 외의 여러 관계에 권리를 부여하면 정부는 사회 안정성을 강화하고 시민들이 사생활에서 더 많은 자유를 누리게 할 수 있다. 오버게펠 판결 의견문에서 케네디 대법관은 결혼을 자율성과 자유에 결부했는데,* 마쓰무라 법학 교수는 이렇게 말한다. "자율성과 자기규정이 혼인을 통해 법이 보호하는 가치의 중요한 부분임을 인정한다면, 자신들의 관계를 그런 식으로 생각하지 않는 사람들에게 (혼인이라는) 한 가지 선택지밖에 주지 않는 것은 법의 그 소중한 측면을 허락하지 않는 것이다." 선택지가 많아지면 각자 삶에서 가능성을 더 폭넓게 탐색할 수 있다. 하버드 대학교 역사학 교수 낸시 콧Nancy Cott이 저서 『공공의 서약: 혼인과 국가의 역사Public Vows: A History of Marriage and the Nation』에 쓰기로, 혼인이라는 법적 제도는 "개개인에게 열린 인식 가능성의 영역"을 규정한다. 일대일 부부 관계를 넘어 법적 권리가 확장되면 다른 유형의 관계에서 동반자를 발견하는 상상을 하기 쉬워진다. 이 확장된 가능성은 배우자가 없거나 로맨틱 파트너와

---

* 대법관은 오버게펠 판결 의견문에 이렇게 쓴다. "법원의 유관 선례들에 나타나는 첫 번째 전제는 혼인에 관한 각자의 선택권이 개인의 자율성 개념에 내재한다는 것이다. 결혼과 자유의 이 변치 않을 관계는 러빙 사건(1967년 러빙 대 버지니아주 판결.—옮긴이)에서 적법절차 조항에 따라 인종 간 결혼 금지를 무효화한 이유다."

같이 살고 있지 않은 미국인, 25세부터 54세 사이 미국인의 약 40%를 이루는 사람들[52]에게 특히나 유익할 것이다.

미국 법은 현실에 펼쳐진 관계의 풍경을 따라가지 못하는 뒤처진 지도다. 우리가 사는 시대는 섹스가 꼭 출산으로 이어지지 않아도 되는 시대, 섹스 없이도 출산이 가능한 시대, 너도나도 결혼하고 그 결혼을 평생 지속하는 것이 한참 옛말인 시대다. 이토록 많은 변화 사이에서, 해법은 수십 년 묵은 먼지를 덮어쓴 채 솔질을 기다리고 있다. 이 해결책들은 에텔브릭이 1989년에 서술한 바로 그 접근법과 겹치고 에이밀리와 존을 비롯해 무수히 많은 이들이 지지한 방식과 겹친다. 법은 결혼 너머로 관심의 영역을 넓힐 때 비로소 국민의 삶에서 주춧돌이 되는 다양한 관계의 범위를 인정하게 될 것이다.

● 나가는 글 ●

 이야기는 흔히 결혼식으로 끝나곤 한다. 영화는 '방금 결혼했어요'란 문구를 뒤에 걸고 지평선을 향해 질주하며 떠나가는 신혼부부의 뒷모습을 비춘다. 그렇게 부부의 앞길이 희망 가득한 세상으로 이어지리라 암시한다.
 오히려 결혼식으로 시작한 이 책은 결혼이 우리에게 어떤 의미인지 질문을 던졌다. 유일한 해피엔드 자리를 차지하고 있는 한, 결혼은 우리의 세계를 열어주는 만큼이나 쉽게 닫아버리기도 한다. 현대의 로맨스에 걸려 있는 기대는 우리 상상력의 범위를 좁혀, 우리에게 주어진 적법한 선택지가 로맨틱 관계 하나뿐이라고, 한 사람에게서 필요한 것 전부를 찾아야만 한다고 믿게 할 위험이 있다. 그러면 다른 사람들이 반려자가 되는 상상을 해볼 여지가 별로 남지 않는다.
 그러나 로맨틱 관계는 우리 삶을 형성하는 유일한 결합이 아니다. 이 책에 등장한 친구들은 배우자들과 다를 것 없이 한 팀으로 움직인다. 돈과 집을 공유하고, 간단한 말로도 자기들끼리는 의미가 통한다. 서로를 돌보는 데 주저함이 없으며 서로의 가장 빛나는 순간에 한껏 기뻐하고 자신들의 우정을 기념한다. 서로를 변화시킨다. 캐미는 로맨틱 파트너에게, 또 자기 인생에 기대를 더 걸어볼 자신감을 얻었다. 닉은 자신의 감정을 조목조목 뜯어보고 자기에게 무엇이 중요한지 검토하는 법을 배웠다. 존은 다른 사람에게 의지해도 괜찮다는 걸 깨달았다. 이 친구들은 서로에게 변치 않는 상수다.

소설 『리틀 라이프』가 던진 물음, "하지만 성인답게 산다는 게 무엇인가? 정말 누군가와 한 쌍을 이루는 것만이 적절한 선택지인가?"라는 질문에 이 책에 등장한 친구들의 우정은 단호하고 분명한 답이 된다. 절대 그렇지 않다고. 이 친구들이 지향하는 사회는 일대일 로맨틱 파트너 관계라는 하나의 문화만을 권장하지 않고 더 깊고 다양한 유대 관계를 인정한다. 여러 유형의 관계에 기댈 수 있는 이 사회에서는, 로맨틱 파트너와 핵가족이 개인주의로부터의 유일한 탈출구가 되지 않을 것이다.

사이즈를 하나만 만들어놓고 이 제품이 누구에게나 맞을 거라고 주장하는 대다수의 제품들처럼, 로맨틱한 커플살이라는 단일 모델 역시 실제로는 많은 사람에게, 원스톱 쇼핑센터 같은 로맨틱 관계를 찾지 못했거나 원하지 않는 사람들에게 맞지 않는다. 선택지가 딱 하나뿐이라면 우리는 로맨틱 결합을 자유롭게 선택하지 못한다. 설사 모두가 짝을 만나도 결혼이 널리 퍼진 고독이란 유행병을 고칠 만병통치약이 되진 않는다. 우리에게는 친밀한 유대의 다른 형태들이 필요하다.

장기적인 로맨틱 관계가 충만한 삶의 받침목이라는 생각을 극복하려면 더 큰 진실을 인식하는 것이 도움이 된다. MIT 철학 교수 키런 세티야Kieran Setiya는 저서 『인생은 고달프다Life Is Hard』에 이렇게 쓴다. "무언가가 가치 있다고 해서 우리도 그걸 하는 게 좋다거나 반드시 해야 하는 것은 아니다." 잘 살아온 인생은 본래 한정적이라는 말도 덧붙인다. "좋은 일이 여럿 일어난 삶인데 생략할 수밖에 없는 많은 일이 빠졌다고 무조건 원래보다 못한 삶이 되진 않는다." 코스타리카에서 스쿠버 다이빙하기, 테네시주에서 조카들 옆집 살기, 비욘세만큼 인정받는 가수 되기, 수학자로 획기적인 연구 해내기 같은 일을 동시에 하는 삶은 가능하지 않다. 모두 노력할 가치가 있는 일이지만, 이런 일을 하지 않았다고 삶의 풍성함이 줄어드는 건 아니다. 로맨틱 파트너 관계가 많은 사람에게 의미 있다고 인정한다고 해서, 이런 유형의 관계를 맺지 않은 삶은 결핍되어 있다는 결론으로 이어지진 않는다. 인생을 잘 사는 방법은 풍성하다.

깊은 관계의 모델이 많아지면 로맨틱 파트너와 충만한 관계를 맺고 있는 사람들에게도 좋은 점이 있다. 성인기의 삶은 한 장면이 쭉 이어지는 게 아니라 예상 밖의 전환점이 나오는 여러 외전의 연결이기 때문이다. 아이네즈처럼 결혼해서 스물다섯 살까지 교외에서 두 아이를 키우다가 나중에야 자신과 아이들을 위해 새 인생을 살아야겠다고 결심할 수도 있다. 성인이 되어서 자신의 섹슈얼리티를 발견하고 관습에 따르는 관계들이 너무 숨 막히거나 자신의 욕망에 맞지 않는다는 걸 깨달을 수도 있다. 아이를 키우게 되어 도움의 손길을 받고 기쁨에 겨울 수도, 친구가 낳은 갓난아이에게 푹 빠져서 그저 아기와 눈을 맞출 수 있을까 싶어 새벽같이 일어날 수도 있다. 어쩌면 술집에서 건너편에 서 있는 사람을 보고 마음을 빼앗기고, 오래지 않아 이제까지 들어온 것보다 더 많은 사랑의 형태가 있다는 걸 알게 될지도. 충만한 성인기의 모델이 하나만 있다는 건, 인생이라는 긴 드라마 속 장면과 캐릭터 전환을 다 수용하기에 충분하지 않다.

○ ● ○

낯섦에는 자유가 있다. 맺고 있는 관계가 닳도록 쓰인 범주 밖에 있을 때 그렇다. 내가 대화한 친구들 대다수는 자신들의 관계가 어느 범주로 분류되지 않는다는 걸 기쁘게 생각했고 거의 영적인 말로 그 관계를 이야기했다. 7장의 조이는 로맨틱 관계에는 소울메이트가 없다고 생각하지만 해나가 다른 유형의 소울메이트라 믿었다. 오프라 윈프리는 단짝 게일 킹을 이렇게 설명했다. "이 관계는 왠지 모르게 다른 세상의 관계처럼 느껴지는 구석이 있어요. 나를 넘어서는 위대한 힘과 영향력이 작용해 만들어진 것 같달까요." 플라토닉 파트너 관계를 다룬 내 기사를 읽은 여성 독자 밸런티나 에스파냐는 자신이 맺고 있는 우정의 수수께끼에 몸을 맡겼다. 친구와는 이 관계를 "절대 우정"이라고 부른다. 에스파냐가 보내온 글이다. "이 관계를 이해하려는 건 조리법만 읽고 음식 맛을 기대하는 거랑 비슷해요. 우리도 이 관계가 어떻게, 왜 이렇게 되는지 모르겠어요."

　우정에서는 미리 쓰여 있는 각본을 따를 수 없으므로 친구들은 모든 걸 직접 결정해야만 한다. 그러려면 시간과 노력이 드는데도, 3장의 스테이시는 우정의 이런 면을 소중하게 생각한다. 그레이스와 맺고 있는 파트너 관계의 미래에 대해서도 믿음이 커졌다. 본인 말처럼 "우리 스스로 서술자가 되어 써온" 관계이기 때문이다. 스테이시와 그레이스의 헌신과 의지는 대화를 자극한다. 말하거나 요구하지 않으면 만사가 흘러가지 않으므로 편리하게 '관계의 에스컬레이터'를 타고 올라갈 수 있는 로맨틱 파트너들과는 대조된다. 예측 가능한 에스컬레이터의 길을 따르면, 그러니까 데이트부터 시작해 사귀기로 못 박고 살림을 합치는 과정을 거치면, 관계를 헤쳐 나가는 파트너들로서 더 안전하게 느껴질 수는 있다. 하지만 상대의 생각을 당연다는 듯 넘겨짚어 안타까운 일이 일어나기도 한다. 한 커플 상담사는 일대일 관계인 한 커플이 상담을 받다가 각자 생각하는 일대일 관계의 정의가 다르단 사실을 알게 된 이야기를 해줬다. 여자는 스트립 클럽에 가거나 포르노를 보는 것도 부정이라 생각했다. 파트너는 이 두 가지를 전부 했다고 밝히면서 자기도 모르게 여자의 선을 넘어버렸다. 여자는 그 자리에서 남자에게 이별을 고했다. 서로를 독점하는 로맨틱 관계에는 이미 정해진 틀이 있으니, 두 사람은 각자가 생각하는 선이 어디까지인지에 대해 분명하게 대화한 적이 한 번도 없었고 서로 생각이 같으리라는 환상을 품고 있었다.

플라토닉 파트너 관계와 통상적인 로맨틱 관계는 다른 중요한 길에서도 갈라진다. 플라토닉 파트너들은 우정이 너무 많은 영역을 포괄하지 않게 하려고 조심하는 경향이 있다. 4장에 나온 전직 청소년 사역자 아트는 웨비나 청중에게 이렇게 경고했다. "조심하지 않으면 다른 사람들이 연애를 대하듯이 우정을 대하게 돼요. 상대를 우상처럼 떠받들면서 우리의 욕구가 그 관계 안에서 전부 채워지길 기대하죠." 친구 한 쌍을 인터뷰하면, 둘만큼이나 중요한 세 번째 친구나 두 친구를 포함하는 다른 친구 집단이 있다는 걸 알게 될 때가 많았다. 에이밀리는 자신이 속한 공동체를 강조했는데, 자신과 존의 삶에서 서로만이 중요한 존재인 것처럼 그려지길 바라지 않았기 때문이다. 그래서야 특권화된 한 쌍을 마찬가지로 특권화된 다른 한 쌍으로 바꾸는 게 될 뿐이다. 존을 이모나 할머니로 대하는 아이들은 에이밀리네 아이들 말고도 더 있었는데, 이 점으로 "한 쌍다움이 희석"되어도 "존이 내게 얼마나 중요한지는 희석되지 않는다"고 에이밀리는 말했다. "존이 내 아이들 말고 다른 아이들도 사랑하면 가치가 더해질 뿐이죠. 다 같이 한 땀 한 땀 유대의 조각보를 만들고 있는 거예요."

우정을 깊이 고찰하는 것만으로 관계의 마찰이나 해로운 역학에서 완전히 벗어날 수 있는 건 아니다. 임상심리학자 친구는 이 책의 초고 한 챕터를 읽고 거기에 나오는 친구들이 불안-회피 애착* 결합 상태로 보인다는 의견을 줬다. 친구가 배우기로는 커플에게서 발견되는 상태였다. 모든 종류의 사적·공적 관계와 마찬가지로 이런 우정에서도 권력 불균형과 노력의 쏠림, 건강하지 못한 밀착 관계가 나타날 수 있다.

로맨틱 관계와 플라토닉 파트너 관계 사이의 차이 한 가지는, 플라토닉 파트너 관계가 삐걱거릴 때는 도움을 받기가 힘들다는 점이다. 로맨틱 관계에 관해서 넘쳐나는 책과 자원을 우정 지침을 찾는 사람들은 활용할 수 없다. 우정 상담을 전문으로 하는 상담사를 어디 한번 찾아보시라. (수년 전 공영 라디오 NPR의 〈보이지 않는 것들Invisibilia〉 팀 동료들은 그런 상담사를 끈질기게 수소문했지만 허사였다.) 애도 중인 친구는 로맨틱한 사랑을 이야기하는 노래로 자신을 달래야 한다.[1] 가까운 친구가 살해당하는 일을 겪은 《뉴요커》의 음악 평론가 화 수Hua Hsu도 그랬다. 우정을 다루는 노래는 드물었고, 있어도 수가 느낀 막대한 슬픔에는 미치지 못했다. 플라토닉 파트너 관계라는 든든한 품에 안겨드는 건 축복처럼 느껴진다. 하지만 여기에는 대중적으로 이해받는 영역에서 추방되어 여러 난관을 맞닥뜨려도 자기만의 해법을 생각해 내는 것 말고 다른 도리가 없어진다는 대가가 따른다. 병원에 상주하면서 친구를 돌보려 하거나 직접 낳은 자식처럼 키운 아이에 대해 법적 권리를 얻고 싶을 때처럼 인정과 보

---

* 불안 애착과 회피 애착이 합쳐진 유형으로 타인과의 유대감을 갈구하면서도 친밀성을 쌓는 것을 두려워하는 모습을 보인다. — 옮긴이

호가 어느 때보다 절실한 상황에 그 인정과 보호를 받지 못하는 건 예사다.

이런 우정을 비롯해 인생을 정의하는 여러 관계가 온전히 인정되려면 강제적 커플살이 관념이 차차 사라져야 한다. 법에서도 그렇다. 이 목표에 도달할 방법은 법을 두 방향으로 개혁하는 것이다. 법적으로 인정되는 관계를 결혼이 독점하는 상황을 끝내기, 그리고 결혼에 묶음으로 딸려 오는 많은 권리를 분리하기. 결혼의 법적 대안이 있으면 혼인 관계라는 제한된 틀에 맞지 않는 관계를 맺고 있는 사람들에게 중요한 보호 장치가 생긴다.

법이 관계의 형식이 아니라 기능에 집중한다면 결혼한 사람과 결혼하지 않은 사람의 권리를 대등하게 할 수 있다. 친인척이 아닌 사람들끼리 함께 살려고 할 때 걸림돌이 되는 토지용도지정법[2]*은 선출 공무원이 폐지할 수 있다. 지금 비관습적 관계를 맺고 살아가는 사람들은 자녀 양육권과 직장, 그 외에도 많은 것을 잃을 수 있는 위험 속에 있지만,[3] 법적으로 양육자를 세 명 이상 인정하고 가족 구조에 근거한 차별을 금지하면 서로 사랑하는 가족을 더 폭넓게 보호할 수 있다. 회사와 정부가 정책적으로 가족 돌봄 휴가와 상조 휴가 대상을 확대하면 조이 같은

* 미국의 토지용도지정법은 토지 구획에 따라 건축물의 용도와 사양을 규제하는데, 특정 구역에는 한 가족이 거주하는 단독 주택만 지을 수 있게 하고 혈연, 혼인, 입양으로 이뤄진 관계만을 가족으로 인정한다. 이런 거주 제한을 없애고자 법을 제정한 주도, 조례를 개정한 시도 일부 있으나 지역에 따라 차이가 있어 제약이 여전히 남아 있다. — 옮긴이

사람들이 자신에게 필요한 시간 만큼 애도를 할 수 있다.*

이런 개혁에는 선례가 있다. 미국의 여러 주와 시에 결혼의 법적 대안이 흩어져 있다.**4 몇몇 주 법령은 이미 아동의 법적 양육자를 셋 이상 지정하는 것을 허용하고, 법원에서도 다중 양육자 가정을 수십 년간 조용히 인정해 왔다.5 매사추세츠주 서머빌에서는 2023년 비핵가족을 명시적으로 보호하는 차별 금지 조례가 처음으로 통과되었다.6 미국 밖에서는 국가 차원의 변화가 이미 일어나고 있다. 스웨덴에서는 2022년 농장에 같이 사는 친구 한 쌍을 동거법의 취지에 따라 커플로 인정하는 대법원 판결이 내려져7 한 친구의 사망 이후 다른 친구에게 3만 달러 보험금의 수혜 자격이 생겼다. (사망한 여성의 부모는 딸과 친구가 성적 관계를 맺은 게 아니니 두 여자를 커플로 보면 안 된다고 주장했으나 인정되지 않았다.) 캐나다 앨버타주에서는 '성인 상호의존 관계Adult Interdependent Relationship'라는 법적 지위가 인정되어 친척과 친구를 포함해 '경제와 가계 단위'로 기능하는 두 사람이 혼인 관계에 맞먹는 권리를 가질 수 있다.8 내가 이 원고를 넘길 무렵에는 독일 연방 법무부가 친구들에게도 결혼한 커플과 유사한 권리를 제공할 수 있는 가족법 개혁을 준비하고 있었다.9

---

*   연방 차원의 병가 정책 수립을 목표로 2004년부터 매년 의회에 제출된 건강가족법(Healthy Families Act)은 자격 대상을 더 넓게 규정한다. "아동, 양육자, 배우자, 동거동반자, 그 외 혈연 혹은 친연성으로 맺어져 직원과의 가까운 관계가 가족에 준하는 모든 개인."
** 주 차원의 법적 형태로는 일리노이주의 시민 결합, 워싱턴 D.C.의 동거동반자 등이 있다. 매사추세츠주 케임브리지와 서머빌에서 시 차원으로 인정하는 동거동반자 관계는 로맨틱한 성격을 내포하지 않는다.

법이 변하면 문화가 변할 동력이 생긴다. 그러면 언젠가는 바브가 겪었던 것 같은 상황도 일어나지 않을지 모른다. 병원 직원이 바브와 아이네즈의 우정을 이해하지 못해 바브가 공식 보호력이 있는 서류를 들고도 병원에 따라 들어갈 수 없었던 일. 그러나 지금 당장은 법과 문화의 되먹임 고리가 우정을 내리누르고 있다. 우정 관계가 법에서 보이지 않으니 이 관계가 로맨틱 관계보다 가치가 덜하다는 생각이 지속되고, 이로써 우정 관계가 법적 보호를 받지 못하는 현실이 정당화된다. 우정이 서로 헌신하는 관계가 될 수 있다는 잠재성을 법이 인정한다면 이 순환을 깰 수 있다.

그러나 법만으로 문화 규범이 변화하지는 않는다. 우리에게는 로맨틱한 관계가 아닌 플라토닉한 관계가 플롯이 되어 진행되는 영화와 드라마와 책이 필요하다. 딱풀처럼 붙어 다니는 친구들이 주인공인 〈인시큐어Insecure〉, 〈브로드 시티〉, 〈북스마트Booksmart〉처럼. 플라토닉한 사랑을 예찬하고 그 사랑으로 아파하는 노래가 필요하다. 우리 자신이 무엇을 바라는지 분별하고, 그 바람을 다른 사람에게 표현하는 능력을 기르도록 장려하는 문화가 되어도 좋겠다. 이런 변화는 어떤 유형의 관계에든 도움이 될 것이다.

서로 헌신하는 우정 관계를 그리는 문화적 재현에는 사람들이 생각하는 플라토닉한 사랑의 개념을 바꿀 힘이 있다. 19세기 두 여성 간의 낭만적 우정을 연구한 어떤 교수가 결혼한 지 20년이 지나니 사람들과 새롭게 유대를 형성할 때의 불꽃이 그

롭다고 이야기한 적이 있다. 기혼자가 맺을 수 있는 관계로는 외도 하나만이 생각 났지만, 그런 불꽃에는 관심이 없었다. 이 교수는 한때는 우정의 범위가 현대의 정의보다 훨씬 멀리까지 뻗쳤다는 사실을 발견했고, 이제는 자신이 갈망하는 반짝이는 설렘과 깊은 유대를 플라토닉한 관계에서 얻을 수 있다는 걸 안다. 앞으로 만날 사람들을, 그 우정이 어떻게 될지를 생각하면 교수는 활력이 솟는다.

    인터뷰원 중에는 자신들이 살아온 친밀한 삶을 공개적으로 밝히겠다고 한 사람이 많았는데, 이유는 간단했다. 에이밀리의 말이다. "다른 본보기도 있고, 인생을 사는 다른 길도 있다는 점을 다른 사람들이 똑똑히 실감하게 하고 싶거든요. 그 사람들도 스스로 본보기나 길을 만들 수 있잖아요." 존은 다른 방식의 삶이 "눈앞에 드러나야 다른 사람들도 그 삶을 알고, 바라고, 그 삶을 위해 우리와 함께 싸워 세상을 바꿀 수 있다"고 했다. 존의 말에 나는 2019년 뉴욕에 걸렸던 존의 설치 사진전 제목을 생각했다. 〈눈에 보여야 운동도 일어난다 Being Seen Makes a Movement Possible〉. 존은 에이밀리와 자신이 "다른 미래상"을 보여주려 하는 거라고 말했다. 이 친구들은 앞으로 가능한 세계에서 온 특사다.

    다양한 유형의 관계에 대한 우리의 기대는 행동에 영향을 미치고 나아가 그 관계들의 형태에 영향을 미친다. 우리는 데이팅 앱에서 장난스레 찔러보는 이모티콘을 보내오던 안면 없는 사람이, 몇 달 후에는 울어서 눈이 퉁퉁 부었을 때 안기고 싶은 사람 1순위로 급부상할 수 있음을 안다. 유난스러워 보일까 봐 인정하긴 어려울지 몰라도 첫 데이트에서는 건너편에 앉은 저 사람과 사랑에 빠질 수 있을지, 저 사람과 꾸리는 삶이 머릿속에 그려지는지를 많이들 조용히 가늠한다.

하지만 친구를 새로 사귈 때 그 친구와 함께하는 미래를 상상해 보라고는 배우지 않았다. 로맨틱 관계에서만큼 우리 자신을 많이 드러내라고 배우지도 않았다. 아트는 사람들이 친구에게는 흐트러진 모습을 보이지 않으려 한다는 걸 발견했고, 교외에 사는 중산층에 빗대어 말했다. "우린 깔끔하게 손질된 잔디를 사랑하잖아요. 정서 면에서도 그렇지만 다른 면에서도요. 집 안은 엉망진창인데 잔디만 말끔하게 다듬어놓고, 집을 청소하기 전에는 누구도 집에 들이지 않죠. …… 그래도 괜찮지 싶다가 어느 순간 깨달아요. 그런 식이면 누구도 그냥 와서 우리랑 같이 인생을 즐길 수 없다는 걸요. 누가 놀러 오려면 청소부터 해야 하니까요." 우리가 인생의 너저분한 부분을 친구들에게 숨겨서 친구들과 친밀성을 키울 능력을 스스로 제한한다고 아트는 생각한다. 요즘 관계가 어떻고 이 관계에서 각자 원하는 게 무엇인지 로맨틱 파트너와 이야기하는 건 정상이라 여겨지지만, 친구 사이에서는 우리 다수가 어린 시절 닉이 들었던 원칙대로 행동한다. "우정 문제로 대화하는 건 너무 무리하는 것"이라는 원칙. 그러나 우리는 원인과 결과를 인지하지 못할 때가 있다. 로맨틱 관계와 플라토닉 관계 사이의 친밀성 격차가 우리의 행동으로 어떻게 커지는지 말이다. 친구 관계에서 정서적으로 거리감을 느껴도 우정의 한계 때문이라고 생각하지 기대가 개입해서 생긴 감정인가 하는 의문은 품지 않는다.

우리는 삶에서 우정에 더 많은 자리를 내어줌으로써 친밀성이 자라나는 환경을 조성할 수 있다. 플라토닉 파트너 관계를 보면 친구가 못 할 일은 없다시피 하다. 이런 우정은 성장할 잠재력이 있는 관계를 알아보는 데도 도움이 된다. 몇 세기 전의 낭만적 우정을 접하고 우정에 힘을 더 쏟아도 되겠다는 걸 깨달은 교수처럼, 아트는 닉과 쌓은 우정을 계기로 자기 인생의 다른 플라토닉 관계를 돌아보게 되었다. 닉을 만나기 전에 아트는 친구 관계에서 자신이 원하는 걸 자유롭게 요구해도 된다고 느끼지 못했다. 닉과 함께 우정이 어디까지 갈 수 있는지를 경험하니 자기 삶에 들어와 있는 사람들을 유심히 살피며 "이 우정의 최선은 어떤 모습일지 상상"해 보게 되었다고 아트는 말했다.

그 최선이 꼭 닉과 아트의 우정만큼 강렬할 필요는 없다. 모든 조합이 그렇게 깊은 관계로 엮일 만큼 찰떡궁합을 자랑하거나 그럴 시간을 누리지는 않는다. 닉은 아트와의 관계를 다른 친구 관계에 "복붙하려는 시도"는 효과가 별로 없을 거라고 말을 더했다. 그래도 유대를 더 깊게 할 기회는 있다. 아트는 친하게 지내는 커플에게 협업을 제안했다가 그 기회를 발견했다. 그 친구들과 매주 같이 작업하면서 아트는 일의 생산성을 높이고 우정도 단단히 다졌다. 짧지 않은 시간 동안 붙어 있다 보니 친구 커플이 말다툼하는 걸 직접 보기도 하고 친구들이 다른 방에서 해결을 보는 동안 아기를 맡아주기도 했다. "그러다 보니 인생의 많은 부분을 나란히 공유하게 되더라고요." 너저분한 모습까지 전부.

M과 내가 5분 거리에 살 때 우리 우정의 속도와 강도가 그렇게 훌쩍 높아진 건 M과 나란히 생활하기가 너무 쉬웠기 때문이다. 저녁 내내 M네 소파 양쪽 끝에 앉아 서로를 향해 다리를 뻗고 각자 책에 코를 파묻고 있어도 같이 있는 시간을 허비했다는 느낌이 들지 않았다. 딱히 특별한 일을 하지 않고 함께 보낸 시간이 있었기에 나는 M이 일상적으로 하는 여러 행동에 익숙해졌고, 그런 행동을 알고 나니 친밀성이 더해졌다. M은 60초에서 90초 사이로 물을 데워(정확한 시간은 전자레인지에 따라 달라진다) 좋아하는 온도를 맞춘다. 머리카락에 시어버터를 바를 때는 양손을 반대 방향으로, 한 손은 시계 방향, 다른 손은 반시계 방향으로 움직인다. 워싱턴 D.C.의 밤거리를 산책하다가 우리 옆으로 잽싸게 달려가는 쥐를 발견하면 떨리는 목소리로 "찌, 찌, 찌, 찌, 쥐!"라고 소리 지른다. 우리는 이웃으로 지내면서 심리학 교수 리사 다이아몬드가 꼽은 애착의 세 가지 '마법 재료', 시간, 함께 있음, 접촉을 후루룩 집어삼켰다. 그 정도로 가까운 사이가 되겠다고 작정한 건 아니었지만(우리가 쌓은 것과 같은 우정은 예전의 나로선 상상하기도 어려웠다) 워낙 가까이 살았기 때문에 흔히 우정을 제약하는 갖은 규범을 무시할 자유가 있었다. 아트가 그랬듯, 나는 M과의 우정을 계기로 다른 친구들과의 우정이 어떻게 발전할 수 있을지 궁금해하게 되었다.

○ ● ○

나오미와 대니얼이라고 부를 두 친구가 나와 내 남편에게 메일을 보내왔다. 그 첫 번째 꼭지는 우리 모두가 함께 살면 "꿈만 같을" 거라는 내용이었다. 이어지는 꼭지에는 두 사람이 생각하기에 우리 커플이 자기들과 같이 살기를 꺼려할 만한 이유가 나열되어 있었다. 자기들은 샤바트와 코셔*를 지키고, 아이를 한 명 키우고 있는 데다 앞으로 더 낳을 생각도 있다. 그러니 아이가 없고 세속적으로 생활하는 우리 커플에겐 분명 불편할 거다. 그 주 초반에 마코와 나, 나오미와 대니얼이 줌을 켜놓고 화상통화를 하며 저녁을 먹을 때 우리가 한 집에 사는 이야기가 나왔다. 지난 몇 달간의 근황을 전하던 중 마코와 나는 주택 한 채를 같이 사면 어떻겠냐고 다른 두 친구와 얘기해 봤다는 말을 꺼냈다. 우리는 친구들에게 둘러싸여 있을 때의 활기찬 분위기에 끌렸고, 언젠가 우리 아이가 생기면 가족생활이 폐쇄적이란 느낌이 들지 않는 환경을 만들고 싶었다.

다른 커플과 그런 대화를 했다고 마코가 말한 다음 나는 혹시라도 나오미와 대니얼이 관심 있다면 두 사람과 그렇게 살아도 너무 좋을 것 같다는 말을 덧붙였다. 나오미와 대니얼이 내 말을 진지하게 고려하리라고는 생각하지 않았다. 종교적으로 엄격한 젊은 가족에게는 너무 특이하게 보일 생활 방식이었다. 우

---

* 유대교의 식사 율법과 이 율법에 따라 재료를 고르고 조리한 음식. — 옮긴이

리 결혼식 주례를 나오미가 맡아줄 정도로 가깝긴 했어도, 나오미와 대니얼이 우리와 제일 친한 친구는 아니었다. 마코와 나는 두 사람이 우리 친구로 과분하다는 농담도 했다. 우리가 나오미와 대니얼의 인생에서 선택받은 사람이 되기에는 둘을 아끼는 사람이 너무 많았다.

그런데 나오미와 대니얼 생각은 다른 모양이었다. 화상 통화를 하는 동안 두 사람은 조그마한 도심 속 키부츠*를 어떻게 꾸릴지 우리와 같이 공상했다. 마코는 나오미와 대니얼이 대화 이후 '키부츠 D.C.'란 제목의 이메일에서 하나하나 읊은 단점들을 읽고도 눈 하나 깜짝하지 않았다. 마코는 "아이들이랑 함께하는 샤바트라니, 내가 꿈꾸던 삶이야!!! \:D/"라고 답장을 보냈다. (혹시 단어에서 마코의 열광이 잘 전달되지 않았어도 마코의 전매특허인 웃는 얼굴 이모티콘은 분명 효과를 냈을 거다.) 나오미, 대니얼과 함께 살면 친구가 동거인이 되는 것 이상일 듯싶었다. 생활 방식이 달라질 것이었다. 손님들에게 문을 열어놓고, 일과 기술 중심으로 돌아가던 우리 생활을 유대교 명절에 맞춰 강제로 일시정지시키는 시계가 작동하는 생활로.

나오미와 대니얼이 몇 달 뒤면 매사추세츠주에서 워싱턴 D.C.로 이사할 예정이어서, 우리가 집을 사려면 준비 시간이 부족하겠다 싶었다. 게다가 우리 상황은 복잡해질 것이었다. 부동산 중개 사무실이나 은행이 두 커플의 담보 대출을 함께 심사

---

*   마을 공동체를 뜻하는 히브리어 단어.

해 본 경험은 별로 없을 것 같았다. 공유한 집을 팔거나 퇴거할 방안을 계획해 뒀다고 보장하는 계약서도 작성해야 할 것이었다. 우리는 임대로 눈을 돌렸다. 마코와 하이킹 중에 이 얘기를 하면서 나는 친구들과 같이 살게 되는 건 너무 신나지만 돈 문제가 걱정이라고 했다. 마코와 내가 살던 거실과 방 하나짜리 집은 유독 싸게 나온 매물이었다. 나오미, 대니얼과 함께 더 큰 집으로 이사하면 집세를 더 많이 내야 할 테니 집을 살 계약금을 저축하겠다는 우리 목표에서 멀어질 것이었다. 마코는 사실을 반박하지 않고 대신 그 문제가 얼마나 중요한지 물었다. 조만간 집을 사는 게 우리한테 어느 정도로 의미 있는 일이냐고. 그냥 기본값으로 정해진 다음 단계인 건 아니냐고. 이번 기회가 얼마나 특별한지도 짚었다. 다른 누구도 아닌 이 친구들과, 이 친구들 아이가 다른 때도 아닌 이 시기를 지날 때 같이 살 기회였다.

이런 말이 전부 마코에게서 나왔다는 게 나를 움츠러들게 했다. 여러 해를 들여 우정의 중요성을 고찰하고 친구들 중심으로 삶을 꾸린 사람들을 인터뷰한 쪽은 나였다. 하지만 강제적 커플살이라는 관념은 극복했을지 몰라도(나중에 엄마가 내 동거 계획을 놓고 "마코로는 부족해서 그러니?"라 했을 때는 대수롭지 않게 넘겼다) 사회가 짜놓은 일련의 과정에서 완전히 벗어나진 못한 것이었다. 내 본능은 재산 불리기를 우정보다 우선으로 두고 있었다. 경력을 쌓기 위한, 또 로맨틱 파트너나 양육자 혹은 자녀와의 관계 등 특정 관계를 가꾸기 위한 희생은 감수할 만하다는 생각을 흡수하고도 친구와의 관계는 희생을 감수할 일 목록에서 빼놓았다. 사실 마코도 나도 자가를 소유하고 싶다는 바람이 아주 강하진 않았으니 딱히 대단한 희생을 하는 것도 아니었다.

마코와 나는 숲속을 거닐며 우리에게는 공동체가 가장 중요하다는 결론을 내렸다. 이 가치를 지목하고 나니 결심이 분명하게 섰다. 관습을 따르지 않는 이런 선택에서는 단점이 쉽게 보인다. 자가 마련을 나중으로 미뤄서 생기는 금전상 비용부터 네 명분 살림살이를 어떻게 한집에 맞춰 넣을지 구글 공유 문서로 철저히 계획해야 하는 부가적인 수고로움까지. 일반적인 길을 밟을 때의 단점은 이보다 알아차리기 어렵다. 다른 사람 없이 쭉 둘이 살았을 때 마코와 내가 느꼈을 상대적 고립감이나 달랑 둘에서 집 전체를 관리하는 데 들어갔을 적잖은 수고 같은 것들. 나는 공유하는 집에서 어떤 일이 생기든 그 단점은 내가 내 뜻으로 시작한 관계에 있는 일장일단의 한 면이라 이해했다. 키부츠 D.C.는 해볼 만했다.

우리 넷은 워싱턴 D.C.의 빡빡한 주택 시장에서 굽이치는 파도를 타듯 기대하고 실망하기를 반복했다. 어떤 집주인은 "두 가족"이 살기에는 안 맞을 거라며 집을 보여주기조차 거절했다. 나오미는 크레이그리스트*에서 강박적으로 새로고침 버튼을 누른 끝에 위치는 이상적인데 금액이 우리 예산을 초과하는 연립

---

* 온라인 생활 정보 사이트로 정보 교환은 물론 구인 구직, 중고 판매, 주택 임대 등 다양한 활동이 이뤄진다. — 옮긴이

주택을 발견하고 집주인을 설득해 집세를 10% 이상 깎았다. 몇 달 뒤 2021년 여름에 이사할 때는 태즈메이니아데빌*의 정반대 면모를 보여줬다. 난장판 길을 만드는 대신 집안 곳곳을 누비며 문제를 척척 해결했단 거다. 나오미는 2주 만에 그림을 전부 벽에 걸었고 아기 안전장치를 다 설치했으며 임대인에게 얘기해 100년은 된 집에서 제 기능을 못 하는 곳곳을 고쳤다.

샤바트 점심을 먹던 어느 토요일, 우리 넷은 마코가 앞서 보내놓은 질문들에 답하며 대화를 나누었다. 그 질문들은 마코가 나와 결혼하기 전에 랍비와 했던 혼전 상담 내용을 본떠 만들었다. 그중에는 사후 검토를 뒤집은 '사전 검토' 문항도 있었다. 우리가 1년 뒤 이 집 살림을 해산하는 시나리오를 상상하고 원인이 될 만한 일을 예측해 보는 것이다. 그러면 그 위험을 방지할 수도 있을 테니까. 걱정하는 부분에 대해 함께 대화하고 우리의 생활 방식이 자칫 깨질 수도 있다는 걸 인정하자 앞날이 캄캄하기는커녕 오히려 나오미, 대니얼과 더 가까워진 느낌이 들었다.

나오미와 대니얼, 그리고 요나라고 부를 둘의 한 살배기 아들과 함께 살게 되니 그러지 않았더라면 단조로웠을 팬데믹 생활의 분위기가 즉각 다채로워졌다. 자동차가 된 빈 종이 상자가 까르륵 웃는 요나를 태우고 거실에서 질주했다. 나는 토요일 밤이면 샤바트의 끝을 알리는 시나몬 향과 몸통 밀랍이 땋여 있는 양초의 촛불을 떠올리게 되었다. 다음에는 우리 사이에 금세

---

* 오스트레일리아에 서식하는 동물로, 죽은 동물의 사체를 먹는데 그 사체 안에서 잠을 잤다가 마저 먹기를 반복한다.—옮긴이

자리 잡은 의식이 이어졌다. 한 줄로 서서 앞 사람 어깨를 잡고 집 안을 구불구불 돌아다니며 〈샤부아 토브Shavua Tov〉*라는 노래 부르기. 요나는 말을 배울 때 일찌감치 우리 이름부터(유아의 말하기 능력에 맞춰 조정한 이름으로) 익혔다. 남편은 '코코', 나는 '나나'였다. 마코 어머니나 우리 엄마가 집에 놀러 오면 요나는 두 분을 '코코맘마'와 '맘마나나'라고 불렀다. 그러면 우리 집이 더 멀리 뻗어 나가는 느낌이 들었다.

  같이 살기 전에 나는 나오미와 대니얼을 우러러보았었다. 존경했지만 당연하게도 그만큼 거리감이 느껴졌다. 왕족 같은 존재감을 발산하는 현명한 나오미는 뭐랄까, 감탄스러웠다. 독일어와 영국, 미국식 영어가 섞인 억양을 쓰는 데다 철학에 정통한 것도 그 존재감에 힘을 보탰다. 대니얼은 조류의 인지 능력부터 모르몬교 역사에 이르기까지 백과사전 저리 가라 할 지식의 소유자였고 지적 판단의 기준이 혹독했다. 감흥이 없으면 열 페이지 만에 책을 덮는 사람이었다. (나는 대니얼이 내 책을 펼치고 열 페이지 이상 읽게 하는 게 목표라고 농담하기도 했다.)

  동거인이 되고 나서도 나오미와 대니얼을 향한 존경심은 오히려 커졌다. 거실에 있으면 대니얼이 헝겊 인형처럼 상반신을 접어 다리 사이로 요나를 바라보았고, 그러면 요나 볼에 보조개가 쏙 파였다. 나오미는 대화 중에 자신이 여러 달 동안 몰두해 온 법률 프로젝트 주제인 죽음 이야기가 나오면 눈을 빛내며 관

---

* 다음 한 주도 잘 보내라는 뜻의 히브리어 인사. —옮긴이

심을 드러냈다. 둘의 사려 깊은 마음 씀씀이는 말문이 막힐 정도였다. 둘째 아이가 태어나 병원에 있는 동안 요나를 돌봐줘서 고맙다며 마코와 내게 선물을 주는 사람들이라니. (코코로 통하는 마코는 '코코'넛이 그려진 양말, 나는 '#나나라이프'라고 적힌 셔츠를 전리품으로 얻었다.) 언제 이런 선물을 준비할 짬을 냈을까? 나오미 말로는, 인터넷으로 선물 뒤지기가 "조기 진통이 왔을 때 하기 딱 좋은 활동"이었단다.

  그럼에도 동거인들과의 거리는 좁혀졌다. 일상적이면서도 친밀한 나오미와 대니얼의 결혼 생활을, 우리 자신의 관계에서가 아니면 좀처럼 보기 어려운 그런 모습을 눈으로 본 덕이었다. 나오미와 대니얼이 서로를 부르는 애칭인 '고지'는 알고 보니 아름답고 멋지다는 '고져스'의 줄임말이었다(처음 들었을 땐 지형 얘기인가 했는데 아니었다.)* 내가 손을 베였을 때는 사용 기한이 지났고 믿을 만한 회사에서 나온 것도 아닌 항균 크림을 발라주느냐 마느냐 하는 사소해 보이는 문제를 놓고 둘의 의견이 충돌해 긴장감이 조성되었다. 두 사람 관계를 짧지 않게 지켜봤으니 그 크림이 건강 사수와 지갑 사수 사이에서 오래 이어져 온 의견 대립을 드러내는 대용물임은 짐작할 수 있었다. 내 못난 면과 별스러운 면도 나오미와 대니얼 앞에 고스란히 드러났다. 나는 가족에게 땍땍거릴 때가 있고, 내 책상에 종이 뭉치와 책이 쌓여 둥지를 이루면 마코 책상을 차지하고, 대니얼의 표현을 빌

---

*   영어 고지(gorge)는 협곡을 가리킨다. ─ 옮긴이

리자면 "바나나를 50분의 1씩" 남긴다. 몇 년 전만 해도 나오미와 대니얼은 내게 얼기설기 그린 밑그림 같았고 나도 둘에게 그랬다. 이제 우리는 세밀하게 그려진 초상화를 본다.

○ ● ○

내 친구 애덤이 워싱턴 D.C. 집을 떠날 날을 며칠 남겨놓고 같이 저녁을 먹자며 마코와 나를 초대했다. M과의 관계가 마코와의 관계와 어떻게 다르냐고 물었던 그 친구다. 우리 셋은 포장해 온 소울푸드를 식탁 가운데에 차려놓고 관계를 주제로 이야기판을 벌였고, 애덤은 자기가 폴리아모리를 해보긴 했지만 그렇다고 폴리아모리를 고집하는 건 아니라고 확실히 밝혔다. 식사 당시 맺고 있던, 그리고 애덤이 조만간 나라 반대편으로 이사하는 이유였던 진지한 로맨틱 관계는 일대일 관계였다. 그러니까 일대일 관계에 반대하는 건 아니었다. 애덤이 반대하는 건 기본값을 고수하려는 태도였다. 애덤은 즉흥으로 용어를 만들었다. '기본값 관계defaultamy.' 애덤 입에서 나온 용어를 듣고 나는 사람들이 제발 플라토닉 파트너 관계라는 걸 들어봤으면 하는 내 절절한 바람의 이유를 깨달았다. 플라토닉 파트너 관계는 기본값을 거부하는 사례 연구이기 때문이다. 이미 이 관계를 맺었든 그저 이해해 보려고 노력하는 중이든, 이런 우정을 알면 우리를 움직이던 자동조종 기능이 꺼진다.

앤드루의 어머니 리사가 이를 경험했다. 톨리와의 우정에 대해 아들과 이야기한 뒤 리사는 인생에서 내린 여러 결정에 자기 뜻이 얼마나 들어가 있었는지 돌이켰다. 리사를 키워주신 부모님은 홀로코스트 생존자였고 안정이 보장되는 길로 리사의 등을 떠밀었다. 벌이가 좋은 직업을 갖고 남편을 만들라고. 리사는 늘 스스로 물었다. "다음 단계는 뭐지?" 리사의 삶은 다음에 어느 돌을 디딜지 고를 수 있는 암벽 등반용 벽이 아니라 사회가 지어놓은 사다리 같았다. 리사가 택한 교사라는 직업은 실속 있었다. 결혼은 "굳이 의논하지도 않는 문제"였다. "우린 그냥 으레 저 길을 가겠거니 생각하고 살았거든요." 톨리와 우정을 다지며 표지 없는 길을 밟아가는 아들을 보니 리사는 궁금해졌다. 자신도 비슷한 시도를 했으면 어떤 삶이 펼쳐졌을까. "더 재미있고 보람찰 수도 있었는데, 겁이 많아 시도하질 못했네요."

앤드루와 톨리 사이 같은 우정을 경험하거나 목격하면 시야가 선명해진다. 아트와 닉의 말처럼 우리가 가는 길에서 줄곧 방향잡이 역할을 해온 구조물의 존재를 알아차리게 된다. 이런 우정을 한 번만 접해도 평생을 함께 보낼 사람은 누구여야 한다는 (그리고 몇 명이어야 한다는) 고정관념은 박힌 돌 빠지듯 제거된다. 구조물이 누군가에게는 완벽하게 맞을지도 모른다. 남들이 많이 쓰는 구조물이니 의미가 있나 보다 싶고, 구조가 미리 정해져 있으니 마음이 놓일지도 모른다. 그러나 의구심이 들거나 호기심이 솟는 사람들에게, 이런 우정은 구조물에서 떨어져 빛을 향해 자라날 용기가 된다.

● 감사의 말 ●

작가들은 글이 명확해지도록 이야기에 등장하는 인물 수를 의도적으로 제한한다. 인물이 많으면 아무래도 독자들이 따라가기 어렵다. 하지만 현실 세계에서는 수많은 사람이 모여 우리를 만들고 책 집필처럼 거창한 프로젝트를 구성한다. 이 책은 확실히 그렇게 만들어졌다.

격한 응원을 보내준 담당 에이전트 게일 로스는 처음 대화를 나눴을 때부터 이 책에 대한 내 구상을 이해하고 이후로 쭉 내 편이 되어주었다. 다라 케이의 날카롭고 안목 있는 편집 덕분에 이 책이 사회에 대해 내가 생각하는 것보다도 더 큰 이야기를 담고 있단 걸 알았다.

담당 편집자 해나 필립스는 내가 제안서를 쓰기 전부터도 이 책의 굳건한 지지자였고, 끝없이 들어오는 내 이메일에도 흔들림 없는 열정과 인내심을 보여줬다.

개러스 쿡과 캐런 올슨은 이 책의 목표를 키우고 기자이자 작가로서 내 도전 의식을 고취했다. 두 사람 덕분에 훨씬 나은 책이 나왔고, 나도 훨씬 나은 기자가 되었다.

원고의 사실 확인을 성실하게 맡아준 에밀리 크리거는 우스꽝스러운 실수부터 미묘한 오류까지 잡아내 너무나 중요한 방어선이 되어준 동시에 책을 꾸준히 응원해 줬다.

로라 클라크, 어밀리아 베커먼, 로리 헨더슨, 게일 프리드먼, 젠 에드워즈, 솔레이 파즈, 해나 존스, 제시카 지머먼을 비롯해 이 책이 세상에 나와 더 많은 독자 손에 들어가게 해준 세인트 마틴 출판사의 모두에게 감사를 전한다. 데버뢰 샤틸런이 원고를 꼼꼼히 검토해 줘 안심이었다. 코트니 라이트는 귀한 연구 자료를 취합하고 초기 테스터 역할을 해줬다. 몰리 코바이트의 빛나는 아이디어 덕에 책의 제목을 지을 수 있었다. 이 친구들의 우정을 《애틀랜틱》에 길게 기고하게 해준 줄리 벡에게도 빚을 졌다.

일하면서 만난 사람 중 이런 책을 쓰고 싶다는 말을 처음 꺼낸 상대인 샹카르 베단탐은 스물여섯 살이던 내 얘기에 웃고 마는 대신 당장 제안서를 들고 밖으로 나가라며 나를 채찍질해 줬다. 피터 슬레빈은 조급해하지 말고 기사부터 써보라고 권해줬다. 좌우지간 두 조언은 모두 옳았다. 피터, 내가 공부하고 일하고 또 자신감을 갖는 데 당신이 얼마나 큰 영향을 줬는지는 아무리 말해도 부족할 거예요. 모두가 당신처럼 든든한 선배를 만날 수 있으면 좋겠어요.

리베카 트레이스터, 대학생 시절에는 당신의 팬으로, 다음에는 연구 조교로 날 받아줘서 고맙습니다. 이제는 어쩌면 동료라고 해도 되려나요? 해나 로즌, 이 책의 구상을 처음부터 지지해 주고 이후로도 쭉 응원해 줘서 정말 큰 힘이 되었습니다. 이런 선배들을 비롯해 브리앨런 호퍼, 린다 킨슬러, 케일린 셰이퍼, 맷 시핸, 로건 유리처럼 내가 출판계를 이해하도록 도와준 다른 작가들에게 감사하고 있다. 머리사 프랭코는 출간 과정을 밟는 동안 훌륭한 가이드가 되어주었다. 현명한 조언을 많이 해준 작가지원모임에도 감사를 전한다.

나는 NPR에서 성인기 대부분을 보냈고, 이름을 한 사람씩 부르기도 힘들 만큼 많은 동료에게서 배움을 얻었다. 최고의 스토리텔링을 곁에서 직접 전수해 준 〈묻혀 있는 이야기Embedded〉, 〈우리가 모르던 뇌Hidden Brain〉, 〈보이지 않는 것들〉, 〈거칠게 옮기자면Rough Translation〉, 〈돈의 세계Planet Money〉, 〈폭동보다 시끄러운Louder Than a Riot〉, 〈일요 이야기The Sunday Story〉 팀 모두에게 감사를 전하겠다. 상사 운도 얼마나 좋았는지 모른다. 누구도 흉내 낼 수 없는 태라 보일을 첫 상사로 만났고, 니콜 빔스터보어는 내가 집필 시간을 확보할 수 있게 신경 써줬다. (우리 계약서에 안식 휴가 내용을 넣어준 NPR의 미국배우·방송인조합에 큰절을!) 이후로 만난 상사들, 리애나 심스트롬과 케이티 사이먼도 못지않은 응원을 보내줬다. 국립인문재단 공공 장학 프로그램의 보조금이 있었기에 여러 달 동안 일을 쉬면서 책에만 몰두하는 것이 현실적으로 가능했다.

사회적으로 보이지 않는 관계를 맺고 있는 사람들의 이야기를 글로 쓰는 건 까다로운 모험이다. 내가 여기서 소개한 사람들 몇몇을 만날 수 있었던 건 친절하게도 자신이 속한 공동체와 나 사이에 다리를 놓아준 사람들 덕분이었다. 레이철 버그먼, 케이티 데이비드슨, 줄리 클리그먼, 낸시 폴리코프, 이브 투시닛, 고맙습니다.

인생을 정의하는 우정을 다진 사람들 수십 명과 이야기를 나눴는데, 생판 남이 사생활을 이것저것 캐묻는 걸 기꺼이 허락해준 이들에게 깊이 감사한다. 인터뷰나 조사에 응해주신 한 분 한 분께, 이 책에 담긴 생각들이 모양을 갖추는 데는 여러분의 역할이 중요했습니다. 부디 지면에서 여러분의 모습이 보이면 좋겠습니다.

글쓰기가 고독한 일이라는 고정관념은 내겐 부분적으로만 사실이었다. 먼슨 아트와 젠텔 아트의 입주 작가 프로그램은 다른 걱정거리 없이 내 생각으로 채울 수 있는 평온하고 그림 같은 공간을 제공해 줬다. 공간만큼이나, 이 프로그램 덕에 여러 비범한 작가와 예술가를 만나 어울릴 수 있었던 것에도 감사하다. 킴 트로브리지, 당신이 그림을 그리는 동안 작업실에 앉아 있게 해주고 장 구성을 조정하는 날 도와줘서 고맙습니다.

앤절라 첸, 줄리아 크레이븐, 내털리아 이매뉴얼, 벳시 퓨어스틴, 세라 허위츠, 엘라 레셤, 제니 슈미트, 로재나 서머스, 에밀리 탬킨, 브랜던 텐즐리, 루이스 트레이스, 리아 와인트라웁을 비롯한 많은 사람이 각자의 시간과 주제에 대한 전문 지식, 편집 기술을 들여 이 책의 여러 장에 피드백을 줬다. 해나 그로치 베글리, 내가 무슨 덕을 쌓았기에 당신의 역사 수업을 들을 수 있었나 모르겠어요.

시모 스톨조프는 엉망인 초고라도 써내도록 가르치고 이어서 자비롭게도 그 원고 뭉텅이를 손봐줬다. 시모, 작가로 승승장구 하는 당신을 지켜볼 수 있어서 정말 기뻐요. 스마일리 포즈웰스키, 우리 수다쟁이 친구가 되어줘서 고마워.

작가 귀스타브 플로베르의 어머니는 이런 푸념을 했다. "넌 문장에 광적으로 열중하는 바람에 마음이 메말라 버렸다." 이번 작업을 하는 동안 나도 같은 비판을 듣진 않을까 두려웠다. 아이러니를 무시할 수가 없었다. 우정을 다루는 책을 쓰기 위해 정작 내 친구들과 보내는 시간을 줄여야 했다는 것. 하지만 친구들은 이런 나를 이해하고 계속 나아가도록 응원해 줬다. 애덤, 치고지 애카, 앨릭스 배런, 리사 아인스타인, 베카 케이건, 세라 캐츠, 캐럴라인 멜, 캐서린 나가사와, 개브리엘 뉴얼, 타냐 레이, 볼레이자 사이디, 파스 샤, 리아 발자크, 애나 웨리, 고마워. 워싱턴 D.C.를 집처럼 느끼게 해준 친구들에게 고맙다. 책임을 나누는 파트너가 되어 내가 목표를 이루도록 지켜봐 주고 글을 쓸 수밖에 없는 환경을 조성해 준 친구들 덕분에 집필이 휴가처럼 느껴졌다.

나는 질문을 던지며 주변 세계에 관심을 보이는 걸 중요하게 생각하는 가족 사이에서 자랐다. 아버지 허셜 코언은 내가 스스로 길을 정하도록 독려하며 어마어마한 자유를 누리게 해줬다.

어머니 토비 위틀린은 가족을 향한 긍지 느끼기의 장인, 내 페미니스트 의식의 원천이다. 남자 형제 제이슨 코언과 시간을 보내면 어김없이 제이슨처럼 지식을 흡수하고 싶다는 마음이 든다. 올케 팅 공은 우리 가족을 자기 가족처럼 받아들여 줬다. 외삼촌 노먼 위틀린은 일찍이 관습이 아닌 자기 뜻을 따르는 만족스러운 삶의 본보기가 되어줬다. 키스, 리오니, 이런 아들을 키워주셔서 고맙습니다(공을 내세우지 않는 분들인 건 알지만요). 저를 가족으로 맞아준 두 분과 아키에게 감사해요.

스완 키부츠의 동거인들은 샤바트 저녁 식사 자리가 자꾸 플라토닉 파트너 관계에 관한 대화의 장으로 바뀌어도 지겨운 기색을 보인 적이 없다. 2019년 후파* 아래에 서 있을 때만 해도 남편과 꾸릴 가정에 언젠가 너희 둘 그리고 너희 아이들이 함께하게 되리라곤 생각도 못 했어. 정말 꿈같은 생활이야. #나나라이프

레이철 애플렉, 너만큼 내 정신을 산만하게 하는 사람도 없었지만 덕분에 사랑하고 사랑받는다는 게 뭔지를 알았으니 다 보상이 됐어. 존, 넌 주간 러닝 모임이라는 즐거움을 선사해 줬고, 원고를 전부 읽어줬고, 말이 안 나올 만큼 큰 응원을 몇 번이고 보내줬지. 시걸 새뮤얼, 스위플푸프 저택에서 비트겐슈타인 이야기로 늦게까지 밤을 새우고 네 개그력으로 내 배에 복근을 만들어줘서 고마워. 아드리아나 스미스 리그, 이루 말할 수 없이

---

* 유대교식 결혼식에서 신랑 신부가 들어가 서는 천막. — 옮긴이

너그러운 독자이자 친구인 네가 있어서 헌신과 전통과 시의 아름다움을 배울 수 있었어.

헬렌 토너, 넌 진짜 눈부신 사람이야. 현명하고 따뜻하고, 사랑하는 사람들의 곁을 언제나 지켜주는 사람. 우정으로 책을 쓴 건 나지만 사실 좋은 친구가 되어준다는 게 뭔지 너한테서 정말 많이 배웠어.

크레이그 피어슨! 여기엔 느낌표를 붙여야 할 것 같아. 글을 쓰는 과정에서 네가 얼마나 핵심적인 역할을 해줬는지 확실히 밝히고 싶거든. 지금까지 몇 년 동안 아침에 날 일으켜 글을 쓰게 하고, 내 코치가 되어주고, 자기 시간도 거의 못 쓰면서 내 원고를 그렇게나 많이 읽고 피드백을 줬잖아. 이 책에는 네 흔적이 가득해.

지금부터 얘기할 두 사람이 없었으면 이 책의 구상도 나오지 못했을 것이다. 코코, 책에서 부른 이름으로 부를게. 내가 집필을 헛웃음 나는 대담한 상상이 아니라 그럴듯한 얘기로 받아들일 수 있었던 건 전부 네가 나더러 책을 꼭 쓰라고 강력하게 말해준 덕이야. 책을 내는 그 자체가 중요했다기보다 내가 그렇게 거대한 프로젝트를 해낼 수 있다고 생각하길 바랐다는 거 알아. 그거야말로 내가 받을 수 있는 정말 뜻깊은 선물이었어. 이 책을 쓰면서 파트너 관계를 많이 돌아볼 수 있었는데, 우리가 맺고 있는 관계에는 지금도 무한한 감사를 느껴. 우린 이 관계를 언제든 고칠 자세가 되어 있지.

M, 너와 친구가 되지 않았더라면 이렇게 꼬리에 꼬리를 무는

생각의 늪에 빠지지도 않았을 거야. 네 이야기를, 우리 이야기를 쓰도록 허락해 줘서 고마워. 무언가 확장되는 느낌을 책에 담아 보라고 초반에 네가 격려해 줬잖아. 자신의 삶에서 무엇이 가능하다고 느끼는 독자들의 감각이 확장될 수 있게 말이야. 네가 그런 느낌을 주는 사람이야. 넌 새로운 감정과 생각과 경험이 아무리 낯설고 불편해도 그쪽을 향해 마음을 열도록 네 곁에 있는 사람들을 격려해 줘. 내 세계가 헤아릴 수 없이 넓어지고 풍부해지고 아름다워진 건 네가 있기 때문이야.

미주

들어가는 글

1. Eleanor Wilkinson, "Learning to Love Again: 'Broken Families,' Citizenship and the State Promotion of Coupledom," *Geoforum* 49 (2013): 206–13.
2. Richard Fry and Kim Parker, "Rising Share of U.S. Adults Are Living Without a Spouse or Partner," Pew Research Center, October 5, 2021, https://www.pewresearch.org/social-trends/2021/10/05/rising-share-of-u-s-adults-are-living-without-a-spouse-or-partner/.
3. Richard V. Reeves and Christopher Pulliam, "Middle Class Marriage Is Declining, and Likely Deepening Inequality," Brookings Institution, March 9, 2022, https://www.brookings.edu/research/middle-class-marriage-is-declining-and-likely-deepening-inequality.
4. Fry and Parker, "Living Without a Spouse or Partner."
5. Philip N. Cohen, "Healthy Marriage and Responsible Fatherhood: Time for Some Results," *Family Inequality* (blog), November 11, 2014, https://familyinequality.wordpress.com/2011/11/14/hmi-and-rf-results/.
6. 이 기발한 표현은 존 캐럴(John Carroll)의 작품이다. 나는 2020년 《애틀랜틱》에 쓴 기사에서 캐럴과 그의 플라토닉 파트너 관계를 다뤘다. "What If Friendship—Not Marriage—Was at the Center of Life?," October 20, 2020, https://www.theatlantic.com/family/archive/2020/10/people-who-prioritize-friendship-over,-romance/616779/.
7. 여기에 대해 더 알고 싶다면 다음을 보라. *The State of Affairs: Rethinking Fidelity* (New York: Harper, 2017), 41–45.
8. Andrew W. Roberts et al., "The Population 65 Years and Older in the United States: 2016," U.S. Census Bureau, October 2018.
9. Philip N. Cohen, "For Social Relationships Outside Marriage," *Family Equality* (blog), February 10, 2018, https://familyinequality.wordpress.com/2018/02/10/for-social-relationships-outside-marriage/.
10. Daniel Cox, "American Men Suffer a Friendship Recession," *National Review*, July 6, 2021, https://www.nationalreview.com/2021/07/american-men-suffer-a-friendship-recession/.

11 Jena McGregor, "This Former Surgeon General Says There's a 'Loneliness Epidemic' and Work Is Partly to Blame," *Washington Post*, October 4, 2017, https://www.washingtonpost.com/news/on-leadership/wp/2017/10/04/this-former-surgeon-general-says-theres-a-loneliness-epidemic-and-work-is-partly-to-blame/.

12 Julianne Holt-Lunstad et al., "Social Relationships and Mortality Risk: A Meta-Analytic Review," *PLOS Medicine* 7, no. 7 (2010), https://doi.org/10.1371/journal.pmed.1000316.

13 David Brooks, "The Nuclear Family Was a Mistake," *The Atlantic*, February 10, 2020, https://www.theatlantic.com/magazine/archive/2020/03/the-nuclear-family-was-a-mistake/605536/. 영향력 있는 자유지상주의 경제학자 타일러 코웬은 자신의 웹사이트 '한계 혁명(Marginal Revolution)'에서 이 기사를 "올해 나온 에세이 중 단연 최고"로 꼽았다.

14 팬데믹 이후의 예배 출석률 하락에 관해서는 다음을 보라. Lindsey Witt-Swanson et al., "Faith After the Pandemic: How COVID-19 Changed American Religion," Survey Center on American Life, January 12, 2023, https://www.americansurveycenter.org/research/faith-after-the-pandemic-how-covid-19-changed-american-religion;for declining religiosity over the last few decades, see Jeffrey M. Jones, "How Religious Are Americans?," Gallup, December 23, 2021, https://news.gallup.com/poll/358364/religious-americans.aspx.

15 Daniel A. Cox, "The State of American Friendship: Change, Challenges, and Loss," Survey Center on American Life, April 7, 2022, https://www.americansurveycenter.org/research/the-state-of-american-friendship-change-challenges-and-loss.

16 Dan Witters,"U.S. Depression Rates Reach New Highs," Gallup, May 17, 2023, https://news.gallup.com/poll/505745/depression-rates-reach-new-highs.aspx; Renee D. Goodwin et al., "Trends in Anxiety Among Adults in the United States, 2008–2018: Rapid Increases Among Young Adults," *Journal of Psychiatric Research* 130 (November 2020): 441–46, https://doi.org/10.1016/j.jpsychires.2020.08.014.

1장

1 Kristen Berman, "The Family Gathering: Aka Our 'Non-Wedding,'" Medium, July 18, 2018, https://bermster.medium.com/the-family-gathering-aka-our-non-wedding-1201364b4cb7.

2 Alan Bray, *The Friend* (Chicago: University of Chicago Press, 2006), 80.

3 Bray, 80.

4   Claudia Rapp, *Brother-Making in Late Antiquity and Byzantium: Monks, Laymen, and Christian Ritual* (Oxford, England: Oxford University Press, 2015), 4.
5   Rapp, 160.
6   Rapp, 159.
7   Rapp, 49.
8   Rapp, 6.
9   Rapp, 178.
10 P. J. Heather, "Sworn-Brotherhood," *Folklore* 63, no. 3 (September 1952): 158–72, https://doi.org/10.1080/0015587x.1952.9718120.
11 Rapp, *Brother-Making*, 229.
12 라프의 연구는 존 보즈웰(John Boswe)ll이 영향력 있는 저서 『전근대 유럽의 동성 결합(Same-Sex Unions in Premodern Europe)』에서 이런 의식을 다루며 제시한 해석과는 길을 달리한다. 보즈웰은 이런 의식이 동성 로맨틱 관계를 승인하는 것이라 본다.
13 Bray, *The Friend*, 236.
14 Craig A. Williams, *Reading Roman Friendship* (Cambridge, England: Cambridge University Press, 2020), 15.
15 Allan A. Tulchin, "Same-Sex Couples Creating Households in Old Regime France: The Uses of the Affrerement," *Journal of Modern History* 79, no. 3 (September 2007): 613–647, https://doi.org/10.1086/517983.
16 Allan Tulchin, "The 600 Year Tradition Behind Same-Sex Unions," History News Network, https://historynewsnetwork.org/article/42361.
17 David K. Jordan, "Sworn Brothers: A Study in Chinese Ritual Kinship," UC San Diego, March 1, 2001, https://pages.ucsd.edu/~dkjordan/scriptorium/jyebay.html #metaphor.
18 Bray, *The Friend*, 94.
19 Bray, 96.
20 Bray, 104.
21 예를 들어 샤론 마커스는 『Between Women: Friendship, Desire, and Marriage in Victorian England』 (Princeton, NJ: Princeton University Press, 2007)에서 약혼자에게는 머리 브로치를 보내면서 동시에 친구에게 사랑 가득한 편지를 보내는 여성을 기술한다. (40쪽)
22 Jean-Jacques Rousseau, *La Nouvelle Heloise: Julie; Or, the New Eloise: Letters of Two Lovers, Inhabitants of a Small Town at the Foot of the Alps* (University Park, PA: Pennsylvania State University Press, 1968), 174.
23 Rousseau, 383.
24 레일라 J. 루프(Leila J. Rupp)와 수전 프리먼은 『Understanding and Teaching U.S. Lesbian, Gay, Bisexual and Transgender History』에 이렇게 쓴다. "18세기 이후 근대 과학과 의학과 문화는 여성과 남성을 대립하는 양극으로 정립했다. 여성은

가슴으로, 남성은 머리와 손으로 규정되었다. 이성 간 결혼은 두 대립 항을 하나의 전체로 통합하는 것으로 여겨졌다."(144쪽)

25 Marcus, *Between Women*, 39.
26 Marcus, 39.
27 Lillian Faderman, *Surpassing the Love of Men: Romantic Friendship and Love Between Women, from the Renaissance to the Present* (New York: HarperCollins, 1998), 186–88; 웰즐리 칼리지 같은 신설 여자 대학과 미시간 대학교는 다음에 언급된다. Nancy Sahli, "Smashing: Women's Relationships Before the Fall," Chrysalis no. 8 (Summer 1979): 17–27.
28 Faderman, *Surpassing the Love of Men*, 190.
29 Faderman, 190.
30 Helen T. Verongos, "Overlooked No More: Lucy Diggs Slowe, Scholar Who Persisted Against Racism and Sexism," *New York Times*, October 7, 2020, https://www.nytimes.com/2020/10/01/obituaries/lucy-diggs-slowe-overlooked.html.
31 Verongos; Carroll L.L. Miller and Anne S. Pruitt-Logan, Faithful to the Task at Hand: The Life of Lucy Diggs Slowe (Albany: State University of New York Press, 2012), 44.
32 Verongos; Carroll L.L. Miller and Anne S. Pruitt-Logan, *Faithful to the Task at Hand: The Life of Lucy Diggs Slowe* (Albany: State University of New York Press, 2012), 44.
33 Samantha Schmidt, "This Pioneering Howard Dean Lived with Another Woman in the 1930s. Were They Lovers?," *Washington Post*, March 26, 2019, https://www.washingtonpost.com/history/2019/03/26/this-pioneering-howard-dean-lived-with-another-woman-s-were-they-lovers/.
34 Karen Anderson, "Brickbats and Roses: Lucy Diggs Slowe," in *Lone Voyagers: Academic Women in Coeducational Universities, 1870–1937*, ed. Geraldine Joncich Clifford (New York: Feminist Press, 1989), 295.
35 "Slowe-Burrill House," DC Historic Sites, https://historicsites.dcpreservation.org/items/show/1085.
36 Miller and Pruitt-Logan, *Faithful to the Task*, 232.
37 Miller and Pruitt-Logan, 233.
38 다음을 보라. Wendy Rouse, "The Very Queer History of the Suffrage Movement," National Park Service, https://www.nps.gov/articles/000/the-very-queer-history-of-the-suffrage-movement.htm; Selbry Kiffer and Halina Loft, "Literally in Love: The Story of Walt Whitman and Peter Doyle," Sotheby's, June 20, 2019, https://www.sothebys.com/en/articles/literally-in-love-the-story-of-walt-whitman-and-peter-doyle.
39 Bray, *The Friend*, 271.

40 Richard Godbeer, *The Overflowing of Friendship: Love Between Men and the Creation of the American Republic* (Baltimore: Johns Hopkins University Press, 2009), 3.
41 Sahli, "Smashing," 21.
42 Faderman, *Surpassing the Love of Men*, 246.
43 Sahli, "Smashing," 21.
44 E. Anthony Rotundo, "Romantic Friendship: Male Intimacy and Middle-Class Youth in the Northern United States, 1800 – 1900," *Journal of Social History* 23, no. 1 (Autumn 1989): 1; Donald Yacovone, "Surpassing the Love of Women," in *A Shared Experience: Men, Women, and the History of Gender*, ed. Laura McCall and Donald Yacovone (New York: New York University Press, 1998), 207.
45 Godbeer, *Overflowing of Friendship*, 55.
46 Godbeer, 36; Yacovone, "Surpassing the Love of Women," 20.
47 Bray, *The Friend*, 6.
48 Marcus, *Between Women*, 112 – 13.
49 Marcus, 113.
50 Marcus, 111.
51 Marcus, 113.
52 Lindsay Powers, "Oprah Winfrey Cries to Barbara Walters: 'I Am Not a Lesbian,'" *Hollywood Reporter*, December 8, 2010, https://www.hollywoodreporter.com/tv/tv-news/oprah-winfrey-cries-barbara-walters-57842/.

2장

1 Percy Bysshe Shelley, *Epipsychidion: Verses Addressed to the Noble and Unfortunate Lady, Emilia V—Now Imprisoned in the Convent of—*(London: C. and J. Ollier, 1821), 13.
2 Bella DePaulo, *Singled Out: How Singles Are Stereotyped, Stigmatized, and Ignored, and Still Live Happily Ever After* (New York: St. Martin's Press, 2007), 4.
3 다음을 보라. Rebecca Traister, *All the Single Ladies: Unmarried Women and the Rise of an Independent Nation* (New York: Simon & Schuster, 2016).
4 Reva B. Siegel, "'The Rule of Love': Wife Beating as Prerogative and Privacy," *The Yale Law Journal* 105, no. 8 (1996): 2117 – 2207, https://doi.org/10.2307/797286.
5 Stephanie Coontz, *Marriage, a History: How Love Conquered Marriage* (New York: Penguin Books, 2005).
6 Nancy Cott, *Public Vows: A History of Marriage and the Nation* (Cambridge, MA: Harvard University Press, 2000).
7 Cott, 150.

8   Deborah Valenze, *First Industrial Woman* (Oxford, England: Oxford University Press, 1995).
9   Anya Jabour, "'The Language of Love': The Letters of Elizabeth and William Wirt, 1802 – 1834," in *A Shared Experience: Men, Women, and the History of Gender*, ed. Laura McCall and Donald Yacovone (New York: New York University Press, 1998), 120 – 1.
10 시대를 보는 엘리 핀켈의 관점은 쿤츠의 역사학 연구에서 빌려온 것이다. 쿤츠는 『Marriage, a History』에 이렇게 쓴다. "결혼에 대한 이토록 높은 기대치가 현실적이거나 바람직하다고 여긴 사회는 역사상 전례가 없다."
11 Hope Reese, "Studying U.S. Families: 'Men Are Where Women Were 30 Years Ago,'" *The Atlantic*, March 27, 2014, https://www.theatlantic.com/education/archive/2014/03/studying-us-families-men-are-where-women-were-30-years-ago/284515/.
12 세라 에켈(Sara Eckel)은 저서 『It's Not You: 27 Wrong Reasons You're Single』(New York: Perigee, 2007)에 이렇게 쓴다. "기혼자는 결혼이 '일'이라고 즐겨 말하며 종종 우쭐대는 개신교도의 자부심까지 내비친다. 싱글 친구들이 애플 마티니를 홀짝대는 동안 자기들은 온종일 밭을 갈았다는 투다." (64쪽)
13 A. O. Scott, "The Hard Work in 'Before Midnight,' 'Amour' and Other Films and Shows," New York Times, June 19, 2013, https://www.nytimes.com/2013/06/23/movies/the-hard-work-in-before-midnight-amour-and-other-films-and-shows.html?pagewanted=1&ref=weddings&_r=0.
14 Eli J. Finkel, "The All-or-Nothing Marriage," *New York Times*, February 14, 2014, https://www.nytimes.com/2014/02/15/opinion/sunday/the-all-or-nothing-marriage.html.
15 Eli J. Finkel, *The All-or-Nothing Marriage: How the Best Marriages Work* (New York: Dutton, 2017), 22.
16 Tom W. Smith, Jaesok Son, and Benjamin Schapiro, *General Social Survey: Trends in Psychological Well-Being 1972–2014*, NORC, 2015, 5, https://www.norc.org/PDFs/GSS%20Reports/GSS_PsyWellBeing15_final_formatted.pdf.
17 Naomi Gerstel and Natalia Sarkisian, "Marriage: The Good, the Bad, and the Greedy," *Contexts* 5, no. 4 (2006): 16 – 21.
18 Naomi Gerstel and Natalia Sarkisian, "Marriage Reduces Social Ties," Council on Contemporary Families, https://sites.utexas.edu/contemporaryfamilies/2007/01/01/marriage-reduces-social-ties/.
19 Gerstel and Sarkisian, "Greedy," 16.
20 Young-Il Kim and Jeffrey Dew, "Marital Investments and Community Involvement: A Test of Coser's Greedy Marriage Thesis," *Perspectives* 59, no. 4 (2016): 743 – 59, https://doi.org/10.1177/0731121415601270.

21 Lewis Coser, *Greedy Institutions: Patterns of Undivided Commitment* (New York: Free Press, 1974).

22 Elaine Cheung et al., "Emotionships: Examining People's Emotion-Regulation Relationships and Their Consequences for Well-Being," *Social Psychological and Personality Science* 6, no. 4 (2015): 407-14, https://doi.org/10.1177/1948550614564223.

23 Elizabeth Keneski, Lisa A. Neff, and Timothy L. Loving, "The Importance of a Few Good Friends: Perceived Network Support Moderates the Association Between Daily Marital Conflict and Diurnal Cortisol," *Social Psychological and Personality Science* 9, no. 8 (2018), https://doi.org/10.1177/1948550617731499.

24 Anonymous, *Satan's Harvest Home: Or the Present State of Whorecraft, Adultery, Fornication, Procuring, Pimping, Sodomy, and the Game of Flatts* (London: Sold at the Change, St. Paul's, Fleet Street, 1749), 51-52.

25 Alan Bray, *The Friend* (Chicago: University of Chicago Press, 2006), 271.

26 한 프로이센 역사학자의 기록에 나온다. Johann Wilhelm von Archenholz, *A Picture of England: Containing a Description of the Laws, Customs, and Manners of England. Interspersed with Curious and Interesting Anecdotes* (Dublin: P. Byrne, 1791), 198.

27 John Ibson, *Picturing Men: A Century of Male Relationships in Everyday American Photography* (Chicago: University of Chicago Press, 2002), 55.

28 Richard Godbeer, *The Overflowing of Friendship: Love Between Men and the Creation of the American Republic* (Baltimore: Johns Hopkins University Press, 2009), 197.

29 George Chauncey, *Gay New York: Gender, Urban Culture, and the Making of the Gay Male World, 1890-1940* (New York: Basic Books, 2008). 영국 사정에 관해서는 다음을 보라. Deborah Cohen, *Family Secrets: The Things We Tried to Hide* (New York: Penguin Books, 2014), 145.

30 Chauncey, *Gay New York*, 22.

31 Martha Vicinus, *Intimate Friends: Women Who Loved Women, 1778-1928* (Chicago: University of Chicago Press, 2004), xxii.

32 영국 상황은 다음 책을 보라. Cohen, *Family Secrets*, 144; 미국 상황은 다음 책을 보라. Margot Canaday, *The Straight State: Sexuality and Citizenship in Twentieth-Century America* (Princeton, NJ: Princeton University Press, 2009), 11-12.

33 Lillian Faderman, *Surpassing the Love of Men: Romantic Friendship and Love Between Women, from the Renaissance to the Present* (New York: HarperCollins, 1998), 244.

34 Cohen, *Family Secrets*, 154; 프로이트가 동성애를 대하는 복잡하고 때로 모순되는 관점들의 요약본은 다음을 보라. Sara Flanders et al., "On the Subject of

Homosexuality: What Freud Said," *International Journal of Psychoanalysis* 97, no. 3 (2016): 933–50, https://www.freud-zentrum.ch/wp-content/uploads/2017/10/Flanders_et_al-2016-Freud-and-Homosexuality_IJP.pdf.

35 Vicinus, *Intimate Friends*, 220.
36 Samantha Cooney, "What Monogamous Couples Can Learn from Polyamorous Relationships, According to Experts," *Time*, August 27, 2018, https://time.com/5330833/polyamory-monogamous-relationships/.

3장

1 From "Dearest Friend," chapter 6 of *Ruins*, an unpublished epistolary novel by Andrea Dworkin, excerpted by permission of the Estate of Andrea Dworkin.
2 Lisa M. Diamond, "Passionate Friendships Among Adolescent Sexual-Minority Women," *Journal of Research on Adolescence* 10, no. 2 (2000): 194, https://doi.org/10.1207/SJRA1002_4.
3 Diamond, 197.
4 Diamond, 201.
5 Kiran Misra and Robin Ye, "The Satellite Dorms: Culture, Traditions, and the Making of Home," *Chicago Maroon*, May 14, 2015, https://www.chicagomaroon.com/article/2015/5/14/satellite-dorms-culture-traditions-making-home/.
6 Lisa M. Diamond and Janna A. Dickenson, "The Neuroimaging of Love and Desire: Review and Future Directions," *Clinical Neuropsychiatry: Journal of Treatment Evaluation* 9, no. 1 (2012): 39; Lisa Diamond, *Sexual Fluidity: Understanding Women's Love and Desire* (Cambridge, MA: Harvard University Press, 2008), 218.
7 Diamond, 219.
8 Christopher Munsey, "Love's Not Sex," *Monitor on Psychology* 38, no. 2 (February 2007): 42, https://www.apa.org/monitor/feb07/lovesnot.
9 리사 다이아몬드 외에도 심리학자 신디 해잔(Cindy Hazan)과 필립 셰이버(Phillip Shaver)가 이런 주장을 한 바 있다. 다음을 보라. Cindy Hazan and Phillip Shaver, "Romantic Love Conceptualized as an Attachment Process," *Journal of Personality and Social Psychology* 52, no. 3 (1987): 511–24.
10 Diamond, *Sexual Fluidity*, 225.
11 Robert Nozick, *The Examined Life*, (New York: Simon & Schuster, 1990), 78.
12 Lisa Diamond, "What Does Sexual Orientation Orient? A Biobehavioral Model Distinguishing Romantic Love and Sexual Desire," *Psychological Review* 110, no. 1 (2003), doi:10.1037/0033-295x.110.1.173.

13 Dorothy Tennov, *Love and Limerence: The Experience of Being in Love* (New York: Scarborough House, 1979), 244.
14 G. Oscar Anderson, "Love, Actually: A National Survey of Adults 18+ on Love, Relationships, and Romance," AARP Research, November 2009, 3, https://assets.aarp.org/rgcenter/il/love_09.pdf.
15 Elaine Hatfield et al., "Passionate Love: How Early Does It Begin?," *Journal of Psychology and Human Sexuality* 1, no. 1 (1988): 35–51.
16 Angela Chen, *Ace: What Asexuality Reveals About Desire, Society, and the Meaning of Sex* (Boston: Beacon Press, 2020), 37.
17 Esther D. Rothblum et al., "Asexual and Non-Asexual Respondents from a U.S. Population-Based Study of Sexual Minorities," *Archives of Sexual Behavior* 49, no. 2 (2020): 757–67, https://doi.org/10.1007/s10508-019-01485-0.
18 Gary Gutting and Johanna Oksala, "Michel Foucault," *Stanford Encyclopedia of Philosophy*, Fall 2022, ed. Edward N. Zalta and Uri Nodelman, https://plato.stanford.edu/archives/fall2022/entries/foucault/.
19 Matt Lundquist, "Intimacy and Sex Aren't the Same Thing," Tribeca Therapy, June 15, 2017, https://tribecatherapy.com/4780/sex-intimacy-couples-therapy/.
20 "Relationship FAQ," Asexual Visibility and Education Network, http://www.asexuality.org/?q=relationship.html#gq1

4장

1 John 6:68 (New International Version)
2 Mark McCormack and Eric Anderson, "The Influence of Declining Homophobia on Men's Gender in the United States: An Argument for the Study of Homohysteria," *Sex Roles* 71, nos. 3–4(2014): 109–120.
3 McCormack and Anderson, 13.
4 Tina Fetner, "U.S. Attitudes Toward Lesbian and Gay People Are Better Than Ever," *Contexts* 15, no. 2 (2016): 20–27, https://doi.org/10.1177/1536504216648147; McCormack and Anderson, "The Influence of Declining Homophobia," 6.
5 Niobe Way, *Deep Secrets: Boys' Friendships and the Crisis of Connection* (Cambridge, MA: Harvard University Press, 2011).
6 David R. Hibbard&Gail E. Walton, *The Psychology of Friendship*, 222. 위 책에서 웨이(Niobe Way)가 한 작업 역시 남자아이들이 정서적 친밀성을 없애버리는 과정을 추적한 것이다.
7 Geoffrey Greif, *Buddy System: Understanding Male Friendships* (New York:

Oxford University Press, 2008).

8   Jaeyeon Yoo, "Korean American Stories About Kinship and Intimacy," *Electric Literature*, August 18, 2021, https://electricliterature.com/yoon-choi-stories-skinship-korean-american/.
9   Rekha Basu, "U.S. Men Must Embrace Their Friends, Literally," *Des Moines Register*, December 10, 2013, https://www.desmoinesregister.com/story/opinion/columnists/rekha-basu/2013/12/11/basu-us-men-must-embrace-their-friends-literally/3980935/.
10 "President Misquoted over Gays in Iran: Aide," Reuters, October 10, 2007, https://www.reuters.com/article/us-iran-gays/president-misquoted-over-gays-in-iran-aide-idUSBLA05294620071010.; Bernardine Evaristo, "The Idea That African Homosexuality Was a Colonial Import Is a Myth," *Guardian*, March 8, 2014, https://www.theguardian.com/commentisfree/2014/mar/08/african-homosexuality-colonial-import-myth.
11 예를 들어 다음을 보라. Leah Buckle, "African Sexuality and the Legacy of Imported Homophobia," Stonewall, October 1, 2020, https:// www.stonewall.org.uk/about-us/news/african-sexuality-and-legacy-imported-homophobia.
12 Ibson, *Picturing Men*, 30, 47.
13 Ronald F. Levant and Mike C. Parent, "The Development and Evaluation of a Brief Form of the Normative Male Alexithymia Scale (NMAS-BF)," *Journal of Counseling Psychology* 66, no. 2 (2019), doi:10.1037/cou0000312; Emily N. Karakis and Ronald F. Levant, "Is Normative Male Alexithymia Associated with Relationship Satisfaction, Fear of Intimacy and Communication Quality Among Men in Relationships?," *Journal of Men's Studies* 20, no. 3 (2012), https://doi.org/10.3149/jms.2003.179.
14 *APA Guidelines for Psychological Practice with Boys and Men* (Washington, DC: American Psychological Association, 2018), http://www.apa.org/about/policy/psychological-practice-boys-men-guidelines.pdf.
15 Anna Machin, *Why We Love: The New Science Behind Our Closest Relationships* (New York: Pegasus Books, 2022).
16 Cox, "The State of American Friendship."
17 Cox.
18 Reiner, "Budding Social Safety Nets."
19 "Men Have No Friends and Women Bear the Burden," *Harper's Bazaar*, May 2, 2019, https://www.harpersbazaar.com/culture/features/a27259689/toxic-masculinity-male-friendships-emotional-labor-men-rely-on-women/.
20 Ray Fava, "Revoice Conference Exposed: Perverting Friendship, Marriage, and Promoting Queer Theory," Evangelical Dark Web, April 8, 2021, https://

evangelicaldarkweb.org/2021/04/08/revoice-conference-exposed-perverting-friendship-marriage-and-promoting-queer-theory/.

21 John 13:23.

22 마리사 프랑코(Marisa Franco)의 책 『Platonic: How the Science of Attachment Can Help You Make—and Keep—Friends』 (New York: G. P. Putnam's Sons, 2022) (『어른이 되었어도 외로움에 익숙해지진 않아』, 이종민 옮김, 21세기북스, 2023) 중 '진정성을 발휘하여 진짜 친구를 가리는 법'이라는 장의 논의다.

23 "John Mulaney Monologue—SNL," YouTube video, 8:21, posted by *Saturday Night Live*, March 1, 2020, https://www.youtube.com/watch?v=jRLH8E_CpP0.

24 Julianne Holt-Lunstad et al., "Social Relationships and Mortality Risk: A Meta-Analytic Review," *PLOS Medicine* 7, no. 7 (2010), https://doi.org/10.1371/journal.pmed.1000316; "Social Isolation, Loneliness in Older People Pose Health Risks," National Institute on Aging, April 23, 2019, https://www.nia.nih.gov/news/social-isolation-loneliness-older-people-pose-health-risks.

25 Jialu L. Streeter, "Gender Differences in Widowhood in the Short-Run and Long-Run: Financial, Emotional, and Mental Wellbeing," *Journal of the Economics of Ageing* 17, suppl. 1 (2020), https://doi.org/10.1016/j.jeoa.2020.100258; Janice Kiecolt-Glaser and Tamara L. Newton, "Marriage and Health: His and Hers," Psychological Bulletin 127, no. 4 (2001): 472–503, https://doi.org/10.1037/0033-2909.127.4.472.

26 Michel de Montaigne, "On Friendship," in *Shakespeare's Montaigne: The Florio Translation of the Essays, a Selection*, ed. Stephen Greenblatt and Peter Platt (New York: New York Review Books, 2014), 43.

27 Donald Yacovone, "Surpassing the Love of Women," in *A Shared Experience: Men, Women, and the History of Gender*, ed. Laura McCall and Donald Yacovone (New York: New York University Press, 1998), 196.

28 Richard Godbeer, *The Overflowing of Friendship: Love Between Men and the Creation of the American Republic* (Baltimore: Johns Hopkins University Press, 2009), 10.

29 Stefan Robinson, Adam White, and Eric Anderson, "Privileging the Bromance: A Critical Appraisal of Romantic and Bromantic Relationships," *Men and Masculinities* 22, no. 5 (2017): 850–71.

30 Eric Anderson and Mark McCormack, "Inclusive Masculinity Theory: Overview, Reflection and Refinement," *Journal of Gender Studies* 27, no. 5 (2018): 547–61; Wendy Luttrell, "Making Boys' Care Worlds Visible," *Boyhood Studies* 6, no. 2 (2012): 186–202, https://doi.org/10.3149/thy.0601.186.

5장

1 "Co-Parenting Elaan," YouTube video, 4:21, posted by *National Post*, March 24, 2018, https://www.youtube.com/watch?v=apJ_7ow1ifU.
2 "Portrait of Children's Family Life in Canada in 2016," Statistics Canada, August 2, 2017, https://www12.statcan.gc.ca/census-recensement/2016/as-sa/98-200-x/2016006/98-200-x2016006-eng.cfm.
3 Paul Hemez and Chanell Washington, "Percentage and Number of Children Living with Two Parents Has Dropped Since 1968," U.S. Census Bureau, April 12, 2021, https://www.census.gov/library/stories/2021/04/number-of-children-living-only-with-their-mothers-has-doubled-in-past-50-years.html.
4 "Parenting in America: Outlook, Worries, Aspirations Are Strongly Linked to Financial Situation," Pew Research Center, December 17, 2015, https://www.pewresearch.org/social-trends/2015/12/17/1-the-american-family-today.
5 Marco Rubio, "Protecting Family as the Center of Culture," Edify, November 15, 2022, https://edify.us/video/protecting-family-as-the-center-of-culture/.
6 Julie Bosman, "Obama Sharply Assails Absent Black Fathers," *New York Times*, June 16, 2008, https://www.nytimes.com/2008/06/16/us/politics/15cnd-obama.html.
7 Julie Ireton, "Raising Elaan: Profoundly Disabled Boy's 'Co-Mommas' Make Legal History," CBC, February 21, 2017, https://www.cbc.ca/news/canada/ottawa/multimedia/raising-elaan-profoundly-disabled-boy-s-co-mommas-make-legal-history-1.3988464.
8 Helen Rose Ebaugh and Mary Curry, "Fictive Kin as Social Capital in New Immigrant Communities," *Sociological Perspectives* 43, no. 2 (2000), https://doi.org/10.2307/1389793.
9 예를 들어 다음을 보라. Marshall Sahlins, *What Kinship Is—and Is Not* (Chicago: University of Chicago Press, 2013).
10 Joanna L. Grossman, "We Are Family: Connecticut Passes New Parentage Law to Embrace Modern Families," Verdict, June 23, 2021, https://verdict.justia.com/2021/06/23/we-are-family-connecticut-passes-new-parentage-law-to-embrace-modern-families.
11 "Illegitimacy," Law Library, https://law.jrank.org/pages/7473/Illegitimacy-Modern-Law.html; for financial support, see "Inheritance Rights for Legitimate and Illegitimate Children," HG.org, https://www.hg.org/legal-articles/inheritance-rights-for-legitimate-and-illegitimate-children-47186; Stephanie Coontz, "Illegitimate Complaints," *New York Times*, February 18, 2007, https://www.nytimes.com/2007/02/18/opinion/18coontz.html.

12 해당 판결인 레비 대 루이지애나주 판례와 글로나 대 미국보증·배상책임보험 판례는 다음에 요약되어 있다. Doug NeJaime, "The Constitution of Parenthood," Stanford Law Review 72, no. 2 (2020): 261–379.
13 Doug NeJaime, "Marriage Equality and the New Parenthood," *Harvard Law Review* 129, no. 5 (2016): 1194.
14 "Parenting in America," Pew Research Center.
15 Susan H. v. Jack S., 30 Cal. App. 4th 1435 (Cal. Ct. App. 1994).
16 Susan H. v. Jack S., quoting Estate of Cornelious, 35 Cal. 3d 461 (Cal. 1984).
17 Charlotte J. Patterson, "Families of the Lesbian Baby Boom: Parents' Division of Labor and Children's Adjustment," *Developmental Psychology* 31, no. 1 (1995): 115, http://citeseerx.ist.psu.edu/viewdoc/download?doi=10.1.1.454.9133&rep=rep1&type=pdf.
18 Stephanie Coontz, *The Way We Never Were: American Families and the Nostalgia Trap* (New York: Basic Books, 2001), 19.
19 Ashley Csanady, "Meet the Co-Mammas: Women Who Are Partners in Raising a Son, but Not Romantic Partners," *National Post*, April 4, 2017, https://nationalpost.com/news/canada/meet-the-co-mommas-women-who-are-partners-in-raising-a-son-but-not-romantic-partners.
20 "*The Current* Transcript for July 7, 2017," CBC, July 7, 2017, https://www.cbc.ca/radio/thecurrent/the-current-for-july-7-2017-1.4193157/july-7-2017-full-episode-transcript-1.4195184.
21 Ireton, "Raising Elaan."
22 "Co-Parenting Elaan."
23 Radhika Sanghani, "Platonic Parenting—Is This the Way of the Future?," *West Australian*, April 13, 2017, https://thewest.com.au/lifestyle/parenting/platonic-parenting-is-this-the-way-of-the-future-ng-b88446248z.
24 Sanghani.
25 Ireton, "Raising Elaan."
26 "*The Current* Transcript," CBC.
27 Natasha Bakht and Lynda Collins, "Are You My Mother? Parentage in a Nonconjugal Family," *Canadian Journal of Family Law* 31, no. 1 (2018): 105–150.
28 다음 자료에서 표2를 보라. Susan Hazeldean, "Illegitimate Parents," *UC Davis Law Review* 55, no 3 (2022): 1583–1715.
29 "Co-Mammas Fight Rights," *New Family*, http://thenewfamily.com/2017/04/podcast-episode-131-co-mammas-fight-rights/.
30 Richard V. Reeves, "How to Save Marriage in America," *The Atlantic*, February 13, 2014, https://www.theatlantic.com/business/archive/2014/02/how-to-save-marriage-in-america/28373

31 W. Bradford Wilcox and Alysse ElHage, "COVID-19 Is Killing the Soulmate Model of Marriage. Good," *Christianity Today*, June 22, 2020, https://www.christianitytoday.com/ct/2020/july-august/coronavirus-covid-19-killing-soulmate-model-marriage-good.html.
32 Bakht and Collins, "Are You My Mother?," 11.
33 Brandie Weikle, "Is There Sex After Kids?," *New Family*, http://thenewfamily.com/2016/02/podcast-episode-44-is-there-sex-after-kids/.
34 Sacha M. Coupet, "Beyond Eros: Relative Caregiving, Agape Parentage, and the Best Interests of Children," *Journal of Gender, Social Policy & the Law* 20, no. 3 (2012): 611–21.
35 Nancy Polikoff, "The New Illegitimacy: Winning Backwards in the Protection of the Children of Lesbian Couples," *Journal of Gender, Social Policy & the Law* 20, no. 3 (2012): 721–40.
36 James C. Dobson, "Two Mommies Is One Too Many," *Time*, December 12, 2006, https://content.time.com/time/subscriber/article/0,33009,1568485,00.html.
37 다음을 보라. Paul Puschmann and Arne Solli, "Household and Family During Urbanization and Industrialization: Efforts to Shed New Light on an Old Debate," *History of the Family* 19, no. 1 (February 2014): 3–5, https://doi.org/10.1080/1081602x.2013.871570.
38 Sarah Blaffer Hrdy, "How Humans Became Such Other-Regarding Apes," National Humanities Center, https://nationalhumanitiescenter.org/on-the-human/2009/08/how-humans-became-such-other-regarding-apes/.
39 Sarah Blaffer Hrdy, *Mothers and Others: The Evolutionary Origins of Mutual Understanding* (Cambridge, MA: Harvard University Press, 2011), 109.
40 Elaine Tyler May, *Homeward Bound: American Families in the Cold War Era* (New York: Basic Books, 2008), 13–14.
41 Philip Cohen, *The Family: Diversity, Inequality, and Social Change* (New York: W. W. Norton, 2020), 44.
42 Herbert G. Gutman, *The Black Family in Slavery and Freedom* (New York: Vintage, 1977), 222.
43 "Kinship and Family" in *African American Psychology: From Africa to America*, ed. Faye Z. Belgrave and Kevin W. Allison (Los Angeles: SAGE, 2009), 125.
44 Robert Joseph Taylor et al., "Older African American, Black Caribbean, and Non-Latino White Fictive Kin Relationships," *Annual Review of Gerontology & Geriatrics* 41, no. 1 (2021), https://www.ncbi.nlm.nih.gov/pmc/articles/PMC9005029/.
45 Cohen, *Family*, 54–55.
46 Rose Cuison Villazor, "The Other Loving: Uncovering the Federal Government's

Racial Regulation of Marriage," *New York University Law Review* 86, no. 5 (2011).
47 Coontz, *The Way We Never Were*, 8.
48 Coontz, 5.
49 Kath Weston, *Families We Choose: Lesbians, Gays, Kinship* (New York: Columbia University Press, 1992), 109. 예를 들어 다음을 보라. Marlon M. Bailey, *Butch Queens Up in Pumps: Gender, Performance, and Ballroom Culture* (Ann Arbor: University of Michigan Press, 2013).
50 Susan Golombok et al., "Single Mothers by Choice: Mother-Child Relationships and Children's Psychological Adjustment," *Journal of Family Psychology* 30, no. 4 (2016): 409–18, doi:10.1037/fam0000188.
51 Susan Imrie and Susan Golombok, "Long-Term Outcomes of Children Conceived Through Egg Donation and Their Parents: A Review of the Literature," *Fertility and Sterility* 110, no. 7 (2018): 1187–93, https://doi.org/10.1016/j.fertnstert.2018.08.040; Susan Golombok, "Love and Truth: What Really Matters for Children Born Through Third-Party Assisted Reproduction," *Child Development Perspectives* 15, no. 2 (June 2021): 103–9, https://doi.org/10.1111/cdep.12406.
52 Susan Golombok, *We Are Family: The Modern Transformation of Parents and Children* (New York: PublicAffairs, 2020), 27.
53 Golombok, 270.
54 Ireton, "Raising Elaan."
55 "February 21, 2017, Full Episode Transcript," CBC, February 21, 2017, https://www.cbc.ca/radio/thecurrent/the-current-for-february-21-2017-1.3991287/february-21-2017-full-episode-transcript-1.3993019 #segment2.
56 Elaine Cheung et al.,"Emotionships: Examining People's Emotion-Regulation Relationships and Their Consequences for Well-Being," *Social Psychological and Personality Science* 6, no. 4 (2015): 407–14, https://doi.org/10.1177/1948550614564223.
57 Branwen Jeffreys, "Do Children in Two-Parent Families Do Better?," BBC News, February 5, 2019, https://www.bbc.com/news/education-47057787.
58 한 아이의 생물학적 어머니가 사망한 뒤 그 아이의 양육권을 복수의 성인이 취득하려 한 사건 판례에서 인용했다. In re Clifford K, 217 W. Va. 625 (W. Va. 2005).
59 Csanady, "Meet the Co-Mammas."
60 Bakht and Collins, "Are You My Mother?," 134.
61 Debra Kamin, " 'Mommunes': Mothers Are Living Single Together," *New York Times*, May 12, 2023, https://www.nytimes.com/2023/05/12/realestate/single-mother-households-co-living.html.
62 "Platonic Co-Parenting Goes Mainstream," Trends, June 22, 2021, https://link.

trends.co/view/5f32c6fd3891211a672a9555ef5sc.2y7/13598f6e.
63 Sanghani, "Platonic Parenting."
64 "Key Findings: Survey on Today's Women," Lake Research Partners, July 2017, https://familystoryproject.org/wp-content/uploads/2018/10/LRP-Memo Key-Findings 2017.07.25.pdf.
65 Baidar Bakh, Affidavit, February 2, 2016, 2.

6장

1   "2021 Profile of Older Americans," Administration for Community Living, November 2022, https://acl.gov/sites/default/files/Profile%20of%20OA/2021%20Profile%20of%20OA/2021ProfileOlderAmericans_508.pdf.
2   "2021 Profile of Older Americans," 6.
3   Bureau of Labor Statistics, "Median Weekly Earnings $971 for Women, $1,164 for Men, in Third Quarter 2022," Economics Daily, November 2, 2022, https://www.bls.gov/opub/ted/2022/median-weekly-earnings-971-for-women-1164-for-men-in-third-quarter-2022.htm. 여성 노인과 남성 노인의 빈곤율에 관해서는 다음을 보라. United States Census Bureau, *Income and Poverty in the United States: 2020*, Report Number P60-273 (Washington, DC: U.S. Government Printing Office, 2021), 16, https://www.census.gov/content/dam/Census/library/publications/2021/demo/p60-273.pdf.
4   Zhe Li and Joseph Dalaker, "Poverty Rates Among the Population Aged 65 and Older," Congressional Research Service, December 6, 2022, 14, https://sgp.fas.org/crs/misc/R45791.pdf.
5   Lauren Medina, Shannon Sabo, and Jonathan Vespa, *Living Longer: Historical and Projected Life Expectancy in the United States*, Report Number P25-1145 (Washington, DC: U.S. Government Printing Office, 2020), 1, https://www.census.gov/content/dam/Census/library/publications/2020/demo/p25-1145.pdf.
6   미국 질병통제예방센터(CDC)에서는 미국 인구가 증가하고 노화함에 따라 전체 암 발병 사례가 50% 가까이 증가할 것으로 예측한다. 이는 기존 추세의 연장이다. Hannah K. Weir et al., "Cancer Incidence Projections in the United States Between 2015 and 2050," *Preventing Chronic Disease 18*, no. 59 (June 2021): 1-8, https://www.cdc.gov/pcd/issues/2021/pdf/21 0006.pdf. 치매 발병 사례에 관해서는 다음을 보라. "Dementia Incidence Declined Every Decade for Past Thirty Years," August 14, 2020, Harvard T. H. Chan School of Public Health, https://www.hsph.harvard.edu/news/press-releases/dementia-incidence-declined-every-decade-for-past-thirty-years/; "Minorities and Women

Are at Greater Risk for Alzheimer's Disease," Centers for Disease Control and Prevention, August 20, 2019, https://www.cdc.gov/aging/publications/features/Alz-Greater-Risk.html.

7   Andrew W. Roberts et al., "The Population 65 and Older in the United States: 2016," U.S. Census Bureau, October 2018, https://www.census.gov/content/dam/Census/library/publications/2018/acs/ACS-38.pdf.

8   Wendy Wang and Kim Parker, "Record Share of Americans Have Never Married," Pew Research Center, September 24, 2014, https://www.pewresearch.org/social-trends/2014/09/24/record-share-of-americans-have-never-married/.

9   Wendy Wang, "The State of Our Unions: Marriage Up Among Older Americans, Down Among the Younger," Institute for Family Studies, February 12, 2018, https://ifstudies.org/blog/the-state-of-our-unions-marriage-up-among-older-americans-down-among-the-younger.

10 Renee Stepler, "Led by Baby Boomers, Divorce Rates Climb for America's 50+ Population," Pew Research Center, March 9, 2017, https://www.pewresearch.org/fact-tank/2017/03/09/led-by-baby-boomers-divorce-rates-climb-for-americas-50-population/.

11 Paola Scommegna, "Family Caregiving for Older People," Population Reference Bureau, February 24, 2016, https://www.prb.org/resources/family-caregiving-for-older-people/.

12 '노인 고아'가 언급된 사례는 다음을 보라. Deborah Carr and Rebecca L. Utz, "Families in Later Life: A Decade in Review," *Journal of Marriage and Family* 82, no. 1 (February 2020): 346-63. '친족이 없는'이라고 쓰인 예시는 다음을 보라. Rachel Margolis and Ashton M. Verdery, "Older Adults Without Close Kin in the United States," *Journals of Gerontology: Series B, Psychological Sciences and Social Sciences* 72, no. 4 (2017): 688-93, doi:10.1093/geronb/gbx068.

13 Carr and Utz, "Families in Later Life," 357.

14 "Daughters Provide as Much Elderly Parent Care as They Can, Sons Do as Little as Possible," ScienceDaily, August 14, 2014, https://www.sciencedaily.com/releases/2014/08/140819082912.htm.

15 Paola Scommegna, "Family Caregiving."

16 Joanne Binette, 2021 *Home and Community Preferences Survey: A National Survey of Adults Age 18+ Chartbook*, AARP Research, 2022, 9, https://www.aarp.org/content/dam/aarp/research/surveys_statistics/liv-com/2021/2021-home-community-preferences-chartbook.doi.10.26419-2Fres.00479.001.pdf.

17 *2021 Profile of Older Americans*, The Administration for Community Living, 2022, 3, https://acl.gov/sites/default/files/Profile%20of%20OA/2021%20Profile%20of%20OA/2021ProfileOlderAmericans_508.pdf.

18 Joanne Binette and Kerri Vasold, *2018 Home and Community Preferences: A National Survey of Adults Age 18-Plus*, AARP Research, August 2018, 18, https://doi.org/10.26419/res.00231.001.
19 Kaya Laterman, "Getting a Roommate in Your Golden Years," *New York Times*, January 12, 2018, https://www.nytimes.com/2018/01/12/realestate/getting-a-roommate-in-your-golden-years.html.
20 Valerie Finholm, "More Renters over Age 50 Turning to 'Golden Girls' Trend," *USA Today*, August 19, 2018, https://www.usatoday.com/story/news/nation/2018/08/19/golden-girls-home-sharing/1019790002/.
21 Laterman, "Getting a Roommate."
22 Alexa Liacko, "Home Sharing Is Helping Seniors Afford Housing," Denver 7 Colorado News, March 17, 2022, https://www.thedenverchannel.com/news/national-politics/the-race/home-sharing-is-helping-seniors-afford-housing.
23 "Intergenerational Homeshare," City of Boston, September 19, 2017, https://www.boston.gov/departments/new-urban-mechanics/housing-innovation-lab/intergenerational-homeshare-pilot.
24 네스털리 웹사이트(https://www.nesterly.com)에는 오하이오주 중심부와 매사추세츠주 해안 지역, 루이빌과 보스턴의 매물이 등록되어 있다.
25 Jeff Foss, "The True Story of the Llano Tiny Home Exit Strategy," *Outside*, February 10, 2016, https://www.outsideonline.com/outdoor-gear/gear-news/true-story-llano-tiny-home-exit-strategy/.
26 Alex Heigl, "'Tiny House Compound' in Texas Goes Viral as 'Bestie Row,'" *People*, May 13, 2015, https://people.com/celebrity/bestie-row-texans-tiny-house-compound-goes-viral/.
27 Foss, "The True Story."
28 "7個廣州閨蜜合力造民宿 7 Girlfriends in Guangzhou Build a House to Live Together," YouTube video, 3:56, posted by "一 Yit," June 28, 2019, https://www.youtube.com/watch?v=Rqt2rZ99X4U&feature=youtu.be.
29 Eve Grzybowski, "Share-Housing in Your 60s: 'Six of Us Wanted to Do Retirement in an Extraordinary Way,'" *Guardian*, June 17, 2021, https://www.theguardian.com/lifeandstyle/2021/jun/13/share-housing-in-your-60s-six-of-us-wanted-to-do-retirement-in-an-extraordinary-way.
30 Heather Bolstler, "The Power of Ritual," *Shedders* (blog), May 13, 2017, https://shedders.wordpress.com/2017/05/23/the-power-of-ritual/.
31 Phil Galewitz, "With Workers in Short Supply, Seniors Often Wait Months for Home Health Care," NPR, June 30, 2021, https://www.npr.org/sections/health-shots/2021/06/30/1010328071/with-workers-in-short-supply-seniors-often-wait-months-for-home-health-care.

32 Galewitz.
33 Ateret Gewirtz-Meydan et al., "Ageism and Sexuality" in *Contemporary Perspectives on Aging*, ed. Liat Ayalon and Clemens Tesch-Romer (New York: Springer, 2018), 151.
34 Teresa E. Seeman et al., "Social Network Ties and Mortality Among the Elderly in the Alameda County Study," *American Journal of Epidemiology* 126, no. 4 (1987): 714–23.
35 William J. Chopik, "Associations Among Relational Values, Support, Health, and Well-Being Across the Adult Lifespan," *Personal Relationships* 24, no. 2 (2017): 408–22, https://doi.org/10.1111/pere.12187.
36 *Caregiving in the U.S. 2020*, AARP Family Caregiving, 2020, E-2, https://www.caregiving.org/wp-content/uploads/2020/06/AARP1316_ExecSum_CaregivingintheUS_WEB.pdf.
37 *Still Out, Still Aging: The MetLife Study of Lesbian, Gay, Bisexual, and Transgender Baby Boomers*, MetLife Mature Market Institute & American Society on Aging, 2010, 3, https://www.asaging.org/sites/default/files/files/mmi-still-out-still-aging.pdf/.
38 Muraco and Fredriksen-Goldsen, "'That's What Friends Do,'" 10.
39 Anna Muraco and Karen Fredriksen-Goldsen, " 'That's What Friends Do': Informal Caregiving for Chronically Ill Midlife and Older Lesbian, Gay, and Bisexual Adults," *Journal of Social and Personal Relationships* 28, no. 8 (2011): 1073–92, https://doi.org/10.1177/0265407511402419.
40 Shari Brotman et al., "Coming Out to Care: Caregivers of Gay and Lesbian Seniors in Canada," *Gerontologist* 47, no. 4 (2007): 490–503, https://doi.org/10.1093/geront/47.4.490.
41 Victoria Sackett, "LGBT Adults Fear Discrimination in Long-Term Care," AARP, March 27, 2018, https://www.aarp.org/home-family/friends-family/info-2018/lgbt-long-term-care-fd.html.
42 Andrew Nocon and Maggie Pearson, "The Roles of Friends and Neighbours in Providing Support for Older People," *Ageing & Society* 20, no. 3 (2000): 341–67, doi:10.1017/S0144686X99007771.
43 University of Michigan National Poll on Healthy Aging, "Loneliness Among Older Adults and During the COVID-19 Pandemic," December 2020, https://www.healthyagingpoll.org/reports-more/report/loneliness-among-older-adults-and-during-covid-19-pandemic.

7장

1. Ann Friedman and Aminatou Sow, *Big Friendship: How We Keep Each Other Close* (New York: Simon & Schuster, 2020), 19.
2. Pauline Boss et al., *Family Stress Management: A Contextual Approach*, 3rd ed. (Thousand Oaks, CA: SAGE Publications, 2017), 74-75.
3. Meg Bernhard, "What If There's No Such Thing as Closure?," *New York Times*, December 19, 2021, https://www.nytimes.com/2021/12/15/magazine/grieving-loss-closure.html.
4. Sheon Han, "You Can Only Maintain So Many Close Friendships," *The Atlantic*, May 20, 2021, https://www.theatlantic.com/family/archive/2021/05/robin-dunbar-explains-circles-friendship-dunbars-number/618931/. 글리니스 맥니콜(Glynnis MacNicol)은 결혼 때문에 우정을 잃은 경험을 회고록에 절절하게 기술했다. Glynnis MacNicol, *No One Tells You This* (New York: Simon & Schuster, 2018), 65.
5. Rebecca Traister, *All the Single Ladies: Unmarried Women and the Rise of an Independent Nation* (New York: Simon & Schuster, 2016), 102.
6. Sheila Heti, *How Should a Person Be?* (New York: Henry Holt, 2012), 265-6.
7. Patti Miller, "A Friendship Breakup Is a Radical Loss. Why Don't We Talk About It More?," *Guardian*, April 12, 2022, https://www.theguardian.com/books/2022/apr/13/a-friendship-breakup-is-a-radical-loss-why-dont-we-talk-about-it-more.
8. Hannah Friedrich, "Initial Diagnosis," CaringBridge, May 16, 2011, https://www.caringbridge.org/visit/hannahfriedrich/journal; Friedrich, "Cycle 3 day 8," CaringBridge, July 13, 2011, https://www.caringbridge.org/visit/hannahfriedrich/journal.
9. Friedrich, "IV Port," CaringBridge, May 16, 2011, https://www.caringbridge.org/visit/hannahfriedrich/journal.
10. Friedrich, "Happy Fall!," CaringBridge, September 23, 2011, https://www.caringbridge.org/visit/hannahfriedrich/journal.
11. Hannah Friedrich, "Change in Plans," CaringBridge, February 17, 2013, https://www.caringbridge.org/visit/hannahfriedrich/journal.
12. Kenneth J. Doka, *Disenfranchised Grief: Recognizing Hidden Sorrow* (Lexington, MA: Lexington Books, 1989).
13. Pauline Boss and Janet R. Yeats, "Ambiguous Loss: A Complicated Type of Grief When Loved Ones Disappear," Bereavement Care 33, no. 2 (2014): 63-69.
14. Friedman and Sow, *Big Friendship*, 176.
15. "Complicated Grief," Mayo Clinic, December 13, 2022, https://www.mayoclinic.org/diseases-conditions/complicated-grief/symptoms-causes/syc-20360374.

16 George A. Bonanno, *The Other Side of Sadness: What the New Science of Bereavement Tells Us About Life After Loss* (New York: Basic Books, 2019), 21–22.
17 Pauline Boss, *The Myth of Closure: Ambiguous Loss in a Time of Pandemic and Change* (New York: W. W. Norton, 2019).
18 Judith Butler, "Violence, Mourning, Policing," *Center for LGBTQ Studies News* 12, no. 1 (2002): 3–6, https://academicworks.cuny.edu/clags pubs/54/.
19 "Shraddha," Encyclopedia Britannica Online, October 9, 2015, https://www.britannica.com/topic/shraddha.
20 Meg-John Barker, *Rewriting the Rules: An Anti Self-Help Guide to Love, Sex, and Relationships* (New York: Routledge, 2018), 143.
21 Barker, 262.
22 J.S. Park, "Intrapsychic Grief," Facebook, August 11, 2021, https://www.facebook.com/jsparkblog/posts/intrapsychic-grief-grieving-what-could-have-been-and-will-never-bethe-pain-of-lo/368905264828536/.
23 예를 들어 다음을 보라. Lalin Anik and Ryan Hauser, "One of a Kind: The Strong and Complex Preference for Unique Treatment from Romantic Partners," *Journal of Experimental Social Psychology* 86 (2020), https://doi.org/10.1016/j.jesp.2019.103899.

8장

1 Nancy Polikoff, "Equality and Justice for Lesbian and Gay Families and Relationships," *Rutgers Law Review* 61, no. 3 (2009): 529–65, http://rutgerslawreview.com/wp-content/uploads/2011/08/Equality-and-Justice-for-Lesbian-and-Gay-Families-and-Relationships.pdf.
2 Nancy Polikoff, *Beyond (Straight and Gay) Marriage: Valuing All Families Under the Law* (New York: Beacon Press, 2009), 57–58.
3 Thomas Stoddard, "Why Gay People Should Seek the Right to Marry," *OUT/LOOK*, Fall 1989, 9.
4 낸시 폴리코프, 저자와의 인터뷰, 2022년 3월 23일.
5 Serena Mayeri, "Marital Supremacy and the Constitution of the Nonmarital Family," *California Law Review* 103, no. 5 (2015): 1277–1352.
6 Paula Ettelbrick, "Since When Is Marriage a Path to Liberation?," OUT/LOOK, Fall 1989, 14.
7 Ettelbrick, 17.
8 "Factbox: List of States That Legalized Gay Marriage," Reuters, June 26, 2013, https://www.reuters.com/article/us-usa-court-gaymarriage-states/factbox-

list-of-states-that-legalized-gay-marriage-idUSBRE95P07A20130626.
9 "ACLU Files Lawsuit Seeking Marriage for Same-Sex Couples in Maryland," ACLU, July 7, 2004, https:// www.aclu.org/press-releases/aclu-files-lawsuit-seeking-marriage-same-sex-couples-maryland.
10 "Joan E. Biren and Amelie Zurn-Galinsky" in *Collective Wisdom: Lessons, Inspiration, and Advice from Women over 50*, ed. Grace Bonney (New York: Artisan, 2021).
11 "Divorce," Maryland Courts, https://www.mdcourts.gov/sites/default/files/import/family/pdfs/familylawinformation-divorcelegaldigest.pdf. 다음을 보라. "Sexual Relations with Spouse During Pending Divorce Action," Meriwether&Tharp, https://mtlawoffice.com/news/sexual-relations-with-spouse-during-pending-divorce-action.
12 Joan E. Biren, interview by Kelly Anderson, transcript of video recording, February 27, 2004, Voices of Feminism Oral History Project, Sophia Smith Collection, 26, https://compass.fivecolleges.edu/object/smith: 1342624.
13 Biren, 23.
14 Biren, 25.
15 Gem Fletcher, "The Camera as a 'Revolutionary Tool': Joan. E. Biren on Unifying Lesbians in Their Struggle for Freedom," It's Nice That, March 15, 2021, https://www.itsnicethat.com/features/joan-e-biren-eye-to-eye-portraits-of-lesbians-photography-150321.
16 Paul Moakley, "How a Groundbreaking Book Helped a Generation of Lesbians See Themselves in the 1970s," *Time*, February 13, 2021, https://time.com/5938729/eye-to-eye-portraits-of-lesbians-jeb/.
17 Carrie Maxwell, "Joan E. Biren aka JEB Talks Portraits of Lesbians Book Journey and Re-issue," *Windy City Times*, April 21, 2021, https://www.windycitytimes.com/lgbt/Joan-E-Biren-aka-JEB-talks-Portraits-of-Lesbians-book-journey-and-re-issue/70325.html.
18 Sophie Hackett, "Queer Looking," *Aperture*, 2015, https://issues.aperture.org/article/2015/1/1/queer-looking.
19 뉴욕 대학교 법학 교수 멀리사 머리(Melissa Murray)는 이러한 동거동반자 관계의 역사를 추적한다. Melissa Murray, "Paradigms Lost: How Domestic Partnerships Went from Innovation to Injury," *New York Review of Law and Social Change* 37, no. 291 (2013): 291–305, https://socialchangenyu.com/wp-content/uploads/2017/12/Melissa-Murray_RLSC_37.1.pdf.
20 Scott L. Cummings and Doug NeJaime, "Lawyering for Marriage Equality," *UCLA Law Review* 57, no. 1235 (2010): 1235–1331.
21 Perry v. Brown, 671 F.3d 1052 (9th Cir. 2012), https://casetext.com/case/perry-

v-brown-3.

22 John Culhane, *More Than Marriage: Forming Families After Marriage Equality* (Oakland: University of California Press, 2023), 26 – 27.
23 다음을 보라. *Polikoff's Beyond (Straight and Gay) Marriage*, 60 – 61.
24 Obergefell v. Hodges, 576 U.S. 644 (2015).
25 Perry v. Brown, 52 Cal. 4th 1116 (Cal. 2011).
26 제이 거초(Jay Guercio)는 틱톡을 비롯한 여러 매체에서 자신이 한 플라토닉 결혼을 이야기했다. 제이와 친구는 이후 이 관계를 끝냈다. 다음을 보라. "Viral Best Friends in Platonic Marriage Have a Shocking Update," YouTube video, 5:54, posted by the *Tamron Hall Show*, February 6, 2023, https://www.youtube.com/watch?v =kmZzs5vh9Hk.
27 Ed O'Loughlin, "In Ireland, a Same-Sex Marriage with a Tax Benefit," *New York Times*, December 24, 2017, https://www.nytimes.com/2017/12/24/world/europe/ireland-gay-marriage-inheritance-tax.html.
28 Michael Warner, *The Trouble with Normal: Sex, Politics, and the Ethics of Queer Life* (Cambridge, MA: Harvard University Press, 2000), 117.
29 Kerry Abrams, "Marriage Fraud," *California Law Review* 100, no. 1 (2012): 1 – 67, 10.
30 Naomi Cahn et al., "Family Law for the One-Hundred-Year Life," *Yale Law Journal* 132, no. 6 (2023): 1691 – 1768.
31 Hilary Osborne, "Sisters Lose Fight for Tax Rights of Wedded Couples," *The Guardian*, April 29, 2008, https://www.theguardian.com/money/2008/apr/29/inheritancetax.humanrights.
32 Abrams, "Marriage Fraud," 56; 사통과 간통에 관한 상세 내용은 39~40쪽을 보라.
33 Abrams, 42.
34 Kim Parker and Renee Stepler, "As Marriage Rate Hovers at 50%, Education Gap in Marital Status Widens," Pew Research Center, September 14, 2017, https://www.pewresearch.org/short-reads/2017/09/14/as-u-s-marriage-rate-hovers-at-50-education-gap-in-marital-status-widens/.
35 Mayeri, "Marital Supremacy," 1279.
36 "Personal Responsibility and Work Opportunity Reconciliation Act of 1996," Public Law 104-193, U.S. Statutes at Large 110 (1996): 2105 – 2355.
37 페미니스트 작가 리즈 렌즈(Lyz Lenz)는 이런 논리에 대한 비판을 상술한다. 다음은 자신의 뉴스레터에 쓴 글이다. "요약하자면, 지도자와 정치인들이 구축하지 않으려 하는 사회적 안전망 역할을 여자들이 하기 위해서는 이 여자들이 로맨틱 파트너 관계를 믿어야 한다." Lyz Lenz, "Finding New Narratives in Sex and the City," Men Yell at Me, January 12, 2022, https://lyz.substack.com/p/finding-new-narratives-in-sex-and.
38 Angela Onwuachi-Willig, "The Return of the Ring: Welfare Reform's Marriage

Cure as the Revival of Post-Bellum Control," *California Law Review* 93, no. 6 (2005): 1647-96, http://www.jstor.org/stable/30038499; Ife Floyd et al., "TANF Policies Reflect Racist Legacy of Cash Assistance," Center on Budget and Policy Priorities, August 4, 2021, https://www.cbpp.org/research/family-income-support/tanf-policies-reflect-racist-legacy-of-cash-assistance.

39 다음을 보라. Isabel Sawhill, "Modeling Opportunity in America: The Success Sequence and Social Genome Model," Institute for Family Studies, December 5, 2018, https://ifstudies.org/blog/modeling-opportunity-in-america-the-success-sequence-and-social-genome-model; 사회학자 사라 매클래너핸의 주장은 다음을 보라. Marcia J. Carlson, "Sara McLanahan: Pioneering Scholar Focused on Families and the Wellbeing of Children," *PNAS* 119, no. 16 (2022), https://www.pnas.org/doi/10.1073/pnas.2204143119

40 가족 구조와 안정성, 아동의 안녕감을 중점적으로 다룬 주요 사회학 연구를 정리한 요약본은 다음을 보라. "Family Stability," Urban Institute, May 18, 2022, https://upward-mobility.urban.org/family-stability.

41 Emily Alpert Reyes, "Federal Funds to Foster Healthy Marriage Have Little Effect, Study Finds," *Los Angeles Times*, February 9, 2014, https://www.latimes.com/local/la-me-healthy-marriage-20140210-story.html; Philip N. Cohen, "More Marriage Promotion Failure Evidence," *Family Equality* (blog), June 1, 2018, https://familyinequality.wordpress.com/2018/06/01/more-marriage-promotion-failure-evidence/.

42 "Unmarried Childbearing," Centers for Disease Control and Prevention, https://www.cdc.gov/nchs/fastats/unmarried-childbearing.htm.

43 Cahn, "Family Law," 1691.

44 Vivian Hamilton, "Mistaking Marriage for Social Policy," *Virginia Journal of Social Policy & the Law* 11, no. 3 (2004): 307-72. 철학자 엘리자베스 브레이크 역시 저서 『결혼 최소화(Minimizing Marriage)』에서 이런 주장을 한다.

45 Culhane, *More Than Marriage*, 61.

46 미셸 자보스는 저자에게 보낸 이메일에서 콜로라도주의 지정 수혜자 동의가 제공하는 여러 권리 중 통상적인 상속 계획 절차에서 보장하는 권리를 열거했다.

47 Culhane, *More Than Marriage*, 67-68.

48 예를 들어 매사추세츠주 케임브리지와 서머빌이 있다. 폴리아모리권익옹호연합 (Polyamory Legal Advocacy Coalition)을 보라. https://polyamorylegal.org/.

49 Emily Zentner, "I Do: California Domestic Partnerships Surge After More Opposite-Sex Couples Allowed to File," Capitol Public Radio, September 22, 2020, https://www.capradio.org/articles/2020/09/22/i-do-california-domestic-partnerships-surge-after-more-opposite-sex-couples-allowed-to-file/.

50 Zentner.

51 "Is the Number of PACS Civil Unions in France the Same as the Number of Marriages?," Institut National d'Etudes Demographiques, June 2022, https://www.ined.fr/en/everything_about_population/demographic-facts-sheets/faq/is-the-number-of-pacs-civil-unions-in-france-the-same-as-the-number-of-marriages/.

52 Richard Fry and Kim Parker, "Rising Share of U.S. Adults Are Living Without a Spouse or Partner," Pew Research Center, October 5, 2021, https://www.pewresearch.org/social-trends/2021/10/05/rising-share-of-u-s-adults-are-living-without-a-spouse-or-partner/.

나가는 글

1 Terry Gross, " 'New Yorker' Culture Critic Says Music and Mixtapes Helped Make Sense of Himself," *Fresh Air*, October 18, 2022, https://www.npr.org/2022/10/18/1129644971/new-yorker-culture-critic-says-music-and-mixtapes-helped-make-sense-of-himself.

2 Kate Redburn, "Zoned Out: How Zoning Law Undermines Family Law's Functional Turn," *Yale Law Journal* 128, no. 8 (2019), https://www.yalelawjournal.org/note/zoned-out.

3 "Somerville Passes Historic Non-Discrimination Ordinance Protecting Polyamorous Families and Other Diverse Relationships," Chosen Family Law Center, March 24, 2023.

4 폴리아모리권익옹호연합을 보라. https://polyamorylegal.org.

5 Courtney G. Joslin and Douglas NeJaime, "Multi-Parent Families, Real and Imagined," *Fordham Law Review* 90 no. 6 (2022): 2561–89. 이 논문에서 조슬린과 니제임은 웨스트버지니아주의 40년 치 판례를 분석해 다중 양육자 가정이 법원에서 인정되었음을 확인한다. 대개는 이성 커플 사이에 아이가 생겼고 세 번째 성인이 양육에 참여하게 된 경우였다.

6 "Somerville Passes Historic Non-Discrimination Ordinance."

7 "Sex Is Not a Condition for Cohabitation," LexPress, July 8, 2022, https://www.lexpress.se/doc/482020.

8 "Adult Interdependent Relationships," Canadian Legal FAQs, https://www.law-faqs.org/alberta-faqs/family-law/adult-interdependent-relationships/.

9 "Germany Considers Granting Friends Similar Legal Rights to Married Couples," YouTube video, 3:42, posted by DW News, February 28, 2023, https://www.youtube.com/watch?v=VTkU9SFPPuI.

낭만적 우정과 무가치한 연애들

초판 1쇄 발행 2025년 9월 10일

지은이 라이나 코헨
옮긴이 박희원

펴낸이 조미현
책임편집 김솔지
디자인 엄혜리
마케팅 이예원, 공태희
제작 이현

펴낸곳 (주)현암사
등록 1951년 12월 24일 (제10-126호)
주소 04029 서울시 마포구 동교로12안길 35
전화 02-365-5051
팩스 02-313-2729
전자우편 editor@hyeonamsa.com
홈페이지 www.hyeonamsa.com

ISBN 978-89-323-2447-0(03330)

- 이 책은 저작권법에 따라 보호를 받는 저작물이므로 저작권자와 출판사의 허락 없이 이 책의 내용을 복제하거나 다른 용도로 쓸 수 없습니다.
- 책값은 뒤표지에 있습니다. 잘못된 책은 바꾸어 드립니다.